清华大学港澳研究丛书

港澳发展研究

Research of
Hong Kong and Macao's Development

清华大学港澳研究中心　编

主编／乌兰察夫

社会科学文献出版社
SOCIAL SCIENCES ACADEMIC PRESS (CHINA)

清华大学港澳研究中心简介

清华大学港澳研究中心于 2012 年 5 月 12 日挂牌成立，属综合交叉学科的软科学研究机构，由清华大学深圳研究生院和法学院合作发起，依托深圳研究生院，发挥相关学科专业的综合优势，利用国内外社会资源，吸纳相关领域专家学者的智慧，围绕国家发展需求和内地与港澳深度合作中具有全局性、综合性、战略性的课题开展学术研究和人才培养工作，努力为国家和区域发展做出贡献。

中心的宗旨：服务于建设世界一流大学总体目标，服务于国家战略需求和区域发展需要，努力在港澳研究领域形成相对学科优势和特色，为贯彻"一国两制"、推进内地与港澳深度合作和经济社会可持续发展发挥人才库、信息库和思想库作用。

中心的功能定位："一国两制"和基本法理论与实践的探索和研究平台；深化内地与港澳合作，推进大湾区建设的合作与交流平台；国家和港澳地区发展所需高层次人才的培养与教育平台；国家港澳政策研究和决策咨询的学术智库和咨政智库；发挥港澳独特优势，服务国家战略的思想智库和创新智库；汇聚和整合港澳及内地高端研究力量的人才智库和信息智库。

摘　要

《港澳发展研究》是清华大学港澳研究中心首批立项项目的集结和集中展示。

本书分为"一带一路"与港澳研究、法律政治、经济社会、文化教育四个专题。本书深入分析了港澳地区发展的状况和面临的各种问题，提出了在"一国两制"框架下港澳地区的发展思路、发展步骤和措施、发展方向，为港澳地区发展提供了决策建议。

"一带一路"与港澳研究专题。此专题深入论述了港澳地区在国家实施"一带一路"倡议中的优势和作用，分析了港澳地区在国家实施"一带一路"倡议中的区位优势、经济优势、贸易优势、交通优势和港澳地区在国家"一带一路"倡议中的重要责任和使命。同时，进一步分析了国家实施"一带一路"倡议，港澳地区发展面临的机遇和挑战，提出港澳地区参与国家"一带一路"建设的思路和建议。

法律政治专题。此专题深刻阐述了"一国两制"是港澳地区繁荣稳定的必然选择，指出"一国两制"是一个完整的概念，"一国"是前提，没有"一国"，"两制"就失去了基础，只有保证这一前提和基础，才能保持港澳地区的繁荣和稳定。

经济社会专题。此专题深刻分析了港澳经济社会发展趋势、问题，以及内在变化深层次的原因，进一步提出了提升和保持香港地区竞争力的路径和建议，并对深港科技产业发展的概况、特征、模式和路径，以及合作的前提，进行了深入的探讨。还从社会领域对港澳社会民生的现状和民生政策进行了分析与探讨。

文化教育专题。高等教育是粤港区域合作的重要组成部分，文化教育专题对深港高等教育合作的机制、基础，以及如何全面深化、务实合作提出了相应的对策建议。

关键词：港澳；"一带一路"与港澳研究；法律政治；经济社会；文化教育

目 录 Contents

"一带一路"与港澳研究

法律政治

经济社会

文化教育

"一带一路"
与港澳研究

"一带一路"倡议与"一国两制"

曹二宝[*]

一 "一带一路"倡议的重要特点

"一带一路"作为十八大以来国家主体提出的国家战略,同其他的国家战略比较,主要有三个显著特征。

第一,它是经济转型战略。当代中国正从资本和技术的承接国,转向资本和技术的输出国。改革开放三十多年来,中国内地或称大陆,也就是国家主体,成功招商引资,吸纳了庞大的境外包括港澳台地区的投资、先进技术和管理经验。这对我国在比较短的时间,就成为世界第二大经济体,起了重要作用。随着"一带一路"倡议的实施,我国资本将转向境外运作,深度融入国际资本市场。有学者形容,这是从"世界走向中国",转变为"中国走向世界",是实现中华民族伟大复兴"中国梦",也是新的大国崛起的必由之路。2013 年 9 ~ 10 月,习主席先后向世界提出了"一带"和"一路"的倡议。就在第二年即 2014 年,我国的资本输出首次超过资本输入,成为"净资本输出国",有力衬托出"一带一路"是国家经济转型应运而生的全新战略。

第二,它是跨国战略。"一带一路"将实现境内与境外、陆海空和 IT 的整体联动,以及东西南北四个方向的全面开放。这将打造出一个新中国成立以来,即便是十一届三中全会实行改革开放政策以后,都不曾有过的全新的开放格局。"一带一路"沿线国家已经达到 65 个,连同我国 32 个省、自治区、直辖市,若再加上港澳两个特别行政区,这种跨国、跨地区

* 曹二宝,清华大学港澳研究中心研究员,国务院参事室特约研究员。

经济联动及其辐射的广度、深度和力度，可以说是前所未有的。

第三，它是区域合作战略。区域经济合作的多边化、多元化，是当今世界经济发展的潮流，浩浩荡荡、不可阻挡。任何国家、任何利益集团、任何人，若想在国际贸易和投资活动中"画地为牢"，或者通过制定"游戏规则"成为主导力量，都很难做到了。"一带一路"本身就是区域合作的多边化、多元化，沿线国家约占世界经济总量的29%，也得到了亚太地区乃至整个国际社会的普遍欢迎。有关各国对"一带一路"的重要融资平台，即亚洲基础设施投资银行（简称"亚投行"）的积极回应和参与，就证明了这一点。"一带一路"也为我国境内的区域合作开拓了空间。"十三五"规划建议，首次将泛珠地区列入中央全会文件，这就是人们非常熟悉的"9＋2"。它西起云贵高原和四川盆地，穿越"两广"、"两湖"和江西，东达福建的海峡西岸，加上港澳两个特别行政区，可与"长江经济带"并称"超级经济圈"。因为二者都覆盖了11个省级地方行政单位，土地面积占比都是1/5，而人口，泛珠地区则远超长江流域，是全国的1/3。近期以来，内地和港澳、大陆与台湾，都在热议深港澳台的"大湾区经济"。其覆盖范围，西起北部湾，中经维多利亚港、大鹏湾、潮汕海湾，东到台湾海峡和宝岛湾区。联系对世界经济版图有重大影响的东京、纽约、旧金山三大湾区，以及生态优良、自然秀美的悉尼湾区，在"一带一路"的带动下，深港澳台大湾区的区域经济合作，前景更加诱人。

二 "一带一路"与"一国两制"

"一国两制"是实现祖国统一的国家战略，已在港澳两个特别行政区成功实施。这个战略的创立者邓小平同志，对于分别实行两制的国家主体和特殊地区的关系，有两个著名论断：一是"前提论"，二是"根基论"。"前提论"是讲国家主体和特殊地区的政治关系："一国"是"两制"的前提；国家主体实行社会主义，也是特殊地区保持资本主义的前提。"根基论"是讲国家主体与特殊地区的经济关系：邓小平同志有两个著名谈话。一是1982年9月会见撒切尔夫人时，他说："现在人们议论最多的是，如果香港不能继续保持繁荣，就会影响中国的四个现代化。我认为，影响不能说没有，但说会在很大程度上影响中国的建设，这个估计不正确。如果中国把四化建设能否实现放在香港是否繁荣上，那么这个决策本身就是不正确的。"二是 1983 年 6 月，接见出席"两会"的港区人大代表、政协委员时，邓小平同志说："中国根基在大陆，不在台湾，不在香港。四个现代化建设，香港出了点力，以后甚至出力更小也有可能，但我们不希望小。中国的建设不能依靠'统一'来搞，主要靠自力更生，靠大陆的基础。当然还要实行对外开放，吸收外资，但主要以自力更生为主。所以香港也好，台湾也好，不要担心统一以后大陆会向你们伸手，不会的。"

香港回归以来的现实，印证了邓小平同志的预见，证明他的"根基论"是正确的。数据显示，1997 年香港回归祖国时，GDP 相当于内地加港澳的 15.6%。2013 年，这一比例降至 2.9%。香港 GDP 在 2010 年被上海超越，2011 年被北京超越。有人按照未来几年香港 GDP 年增长率 2% 左右，而内地中心城市年增长率逾 7% 来推算，2017 年前后，广州、深圳、天津等城市 GDP 将超越香港；2022 年前后，重庆、成都、武汉、杭州等城市 GDP 也将超越香港。这组数字反映的现实和预测，应当怎么看？人们的茶余饭后和媒体舆论，可谓"见仁见智"。不少人认为，这说明香港回归以来"被边缘化了""香港沉沦了""香港失去优势了""香港没有希望了"。但笔者不这样看。

第一，这只是证实了邓小平同志的"根基论"，国家现代化建设的主动力和基础在内地，在国家主体，不取决于香港是否繁荣，也不依靠香港。第二，香港经济在国家经济中的占比相对下降，是我国综合国力大幅、快速提高的必然结果。香港与内地或国家主体的部分地区、城市，经济发展水平出现了此起彼伏的态势，也是非常自然、完全正常的，说明我们民族复兴的历史伟业，在各地区、各城市间，形成了竞争共赢的格局。第三，GDP 从来不是任何地方经济发展水平的唯一指标。正如内地，已经不再只用 GDP 来衡量每个地方经济发展的优劣，对香港的经济状况，也不能只以 GDP 论盛衰。实际上，香港有着内地任何地方，包括 GDP 已经超过或终将超过香港的地方或城市，都没有也不可替代的独特优势。

无论是"前提论"还是"根基论"，所强调的，或者说其设计理念对已经回到祖国怀抱的港澳两个特别行政区，无论政制发展还是经济发展，都应当放在国家整体布局中统筹谋划。五中全会公报和"十三五"规划建议首次提出，要提升港澳在国家经济发展和对外开放中的地位与功能，非常清晰地表达了上述设计理念，就是要把港澳经济发展放在国家经济发展的大战略、对外开放的大格局里加以确定和提升。也只有在"一国两制"这个国家战略的大框架下，才能发现、找准港澳的独特优势，从而确定或者说提升港澳在国家整体发展中的地位和功能。"一带一路"是国家主体因应经济转型（资本输入转为资本输出）和境内外、海陆空联动，应运而生的全新战略，香港、澳门作为在"一国两制"框架下运作的、全方位开放的经济实体，在"一带一路"国家倡议的实施中，将凸显自身的独特优势，以及由这种优势形成的地位和功能。换句话说，"一带一路"倡议要实施，就必须也亟须提升已在践行"一国两制"倡议的香港、澳门在国家经济发展和对外开放中的地位与功能；港澳在国家经济发展和对外开放中的地位和功能，也只有在"一国两制"与"一带一路"倡议的交集中，才能加以确定和提升。

如果说，中华民族伟大复兴的"中国梦"，现在比历史上任何时期更接近其实现，一个有力的支撑和得以实现的框架与平台，就是"一带一路"的话，那么，"一国两制"下的港澳两个特别行政区，就可以也应当"好风凭借力"，凭借"一带一路"这股温润、浩荡的东风，解决自身的经济转型及其在国家经济发展中的定位问题。简言之，港澳这两个特别行政区，实现了"一国两制"和"一带一路"两大国家战略的交集，势将成为中华民族伟大复兴"中国梦"实现进程中的一个亮点，其也是港澳经济再创辉煌的历史机遇。

三 香港的独特优势

五中全会公报和"十三五"规划建议都有一个提法：坚决贯彻"一国两制"、"港人治港"、"澳人治澳"高度自治的方针，发挥港澳的独特优势，提升港澳在国家经济发展和对外开放中的地位与功能。香港的独特优势，就是香港拥有而内地任何省、自治区、直辖市或任何城市都没有的，也是不可替代的地位和功能。

第一，资本主义。这是内地任何地方和城市，作为国家主体所没有的，而香港在国家宪法和宪制性法律下可以长期保留其制度特色。邓小平同志讲过："深圳特区姓'社'，不姓'资'。"他还说："在小范围内容许资本主义存在，更有利于发展社会主义。"比如新中国成立后，就受到以美国为首的西方国家的经济封锁。1949 年 11 月签订的巴黎秘密协定，成立了巴黎统筹委员会（简称"巴统"），禁止向包括苏联和新中国在内的社会主义国家出口战略物资和高新技术。仍在英国管制下的香港，却在突破禁令方面发挥了很独特的作用。又如 1989 年西方国家追随美国对我国实行制裁，包括中止海外私人投资公司对在中国经营实业公司的帮助，反对世界银行和亚洲发展银行对华贷款事宜等，但不包括香港地区。早在我国建立了社会主义制度、内地刚刚完成生产资料所有制改造的 1957 年，周恩来总理就提出了："香港要完全按资本主义制度办事，才能存在和发展，这对我们是有利的。"在考虑收回香港、我国政府恢复行使主权时，邓小平同志又指出："如果用社会主义来统一，就做不到三方面都接受。勉强接受了，也会造成混乱局面。即使不发生武力冲突，香港也将成为一个萧条的香港，后遗症很多的香港，不是我们所希望的香港。"

我们在考虑确定或提升香港在国家经济发展和对外开放中的地位与功能时，有些只能在资本主义条件下做的事情，只要对国家是有利的，为什么不可以把它拿到香港来做呢？或者就放手让香港特区政府去做？也可考虑，只要有助于维护国家主权、安全和发展利益，香港特别行政区可不可以按照香港基本法的规定，加入国家还未加入的国际组织，或者签署国家还未签署的国际协议？

第二，"一国两币"。内地金融体制改革不论怎么推进，即使"十三五"时期实现了人民币在资本项目下可自由兑换，有一点可以肯定，国家不会发行"上海币"、"广东币"或"深圳币"，而港币是香港基本法确定的香港特别行政区的法定货币。"一国两币"是"一国两制"在国家经济金融体制方面的体现，也是香港作为国际金融中心，不会被内地任何国际金融中心所取代的独特优势。加之港元与美元的联系汇率制，这种优势更为明显。

我们注意到，自 2008 年美国次贷危机以来，香港发生了多次集中规模的海外资本流入而未出现大规模流出，累计约有万亿港元。这些流入香港的资本至今还在香港金融体系里面。这一现象的重要背景是，美国通过三轮量化宽松政策，摆脱了国内经济困境之后，从 2014 年开始，量宽政策从市场退出，2015 年又要加息，美元开始走强，国际资本流向美国的趋势在增强。而在香港，港元与美元的联系汇率，使得港元资本随美元走强而走强。2014 年，香港在全球外国直接投资的流入和输出，都排名全球第二。

流入是 1030 亿美元，仅次于中国内地；输出是 1430 亿美元，仅次于美国。香港只是一个城市，但外国直接投资的流入和输出量，分别仅次于全球第二大经济体和第一大经济体。

香港还是全球最大、最活跃的人民币离岸中心。内地的金融中心无论怎么国际化，人民币都是在岸运作，而在香港金融体系里面的人民币，都是离岸的。"十三五"规划建议巩固香港国际金融中心地位，又有一新提法，就是强化香港作为全球离岸人民币业务的枢纽地位。香港作为国际金融中心，已经形成了良好的区域优势和高度聚集的经济效益，同时也成为首要的人民币离岸中心，目前已具备相当规模。2010 年人民币国际化起步时，香港的离岸人民币资金池仅 630 亿元，短短 5 年内就增长至 2015 年高峰期逾 1 万亿元。

随着人民币国际化的不断推进，内地和香港两地资本市场互联互通进程也在加快加深。从 2014 年 11 月推出"沪港通"至今，目前南下资金累计额度余额为 1595 亿元，占整体额度（2500 亿元）的 63.80%；北上资金累计额度为 1587 亿元，占整体额度（3000 亿元）的 52.90%。其间，两地股市同步造好带动全球投资氛围，港股日成交额一度创下 7 年高位，达 2000 亿元。"一带一路"倡议急需一个完全开放、监管有力有效、成熟运作并与国际资本市场全面接轨的资本市场，香港就是这样一个资本市场。

第三，国际仲裁中心。世界金融中心需要非常稳定的法律体系。香港适用的普通法，与纽约、伦敦两大国际金融中心适用的普通法，相得益彰。国际商业金融交易的实践已经证明，以判例法为核心的普通法，有利于仲裁复杂的商业金融案件。目前伦敦、巴黎、香港是世界公认的全球三大仲裁中心。伦敦、巴黎分别在普通法和大陆法的仲裁中心排名中，都排第一位，接下来就是香港。众所周知，从香港出发 5 小时飞行覆盖的范围，已占世界一半人口地区，并能便捷往返全球所有主要城市，香港因此成为处理复杂国际商业金融争端的理想地点，也是欧洲以外国际仲裁机构的最佳地点选择。香港是亚洲唯一的世界级仲裁中心。

"一带一路"及香港角色

张楠迪杨[*]

2013 年 9 月，习近平总书记在哈萨克斯坦纳扎尔巴耶夫大学发表演讲时首次提出"丝绸之路经济带"的概念，倡导与古丝绸之路沿线国家，以平等互利的方式展开新型合作，密切经济联系。2014 年 5 月，在亚信峰会上，习近平进而提出"海上丝绸之路"，强调与东盟国家加强海上合作。这两次战略构想的表达构成了"一带一路"的完整框架。概数统计，"一带一路"沿线总人口为 44 亿人，占全球总人口逾 60%，经济总量约为 21 万亿美元，占全球经济总量的 29%。这个带动全球六成人口、三成 GDP 的合作框架将由中国牵头。这是新中国自成立以来经济与外交策略的首次重大转向。经济上，中国由吸引外资变为对外投资；外交上，由韬光养晦变为积极走向世界。

一 "一带一路"及中国角色

"一带一路"共有 65 个沿线国家。"一路"包括东亚的蒙古、东盟 10 国和南亚 8 国；"一带"范围更广，包括西亚 18 国、中亚 5 国、独联体 7 国，以及中东欧 16 国。如上所述，这些国家虽然人口占世界总人口的六成，但经济总量只占约三成，可见这些国家以发展中国家和新兴经济体为主。旧有"三个世界"的划分，更多是在政治意义上将世界划分为发达、次发达和不发达地区。对于不发达地区，也是在宽泛意义上将亚非拉统一划分为第三世界。我国过去的外交与对外经济策略中，并没有特意强调依照地

---

* 张楠迪杨，中国人民大学公共管理学院助理教授。

缘与发展中国家展开不同合作。随着中国经济实力的增强，中国在逐渐掌握世界话语权的过程中，开始在地缘政治的意义上强化引领地位。

"一带一路"就是最好证明。目前，世界范围内，既有地区经济合作组织没有一个是由中国主导的，即便全部由东南亚发展中国家组成的东盟，中国也只是对话伙伴。中国对世界经贸规则的话语主导能力与飞速发展的经济以及对世界 GDP 的贡献并不相称。"一带一路"倡议以点带线、以线带面，明确指向与中国邻近或处于经济辐射区的欧亚发展中国家，旨在推动与这些国家共同发展。"一带一路"沿线国家的人口与 GDP 差距，恰是该倡议的成长空间。

"一带一路"不是一个区域性经济组织或联盟，而是区域合作的一种思路，因此不涉及 65 个成员必须一致同意的协议框架等。在"一带一路"的框架下，中国可以按需求主导若干个具体合作框架，更多的合作更可能是中国与沿线国家的双边合作。"一带一路"所涉及的谈判范围也会因此极其广泛，中国可据不同国家特点需求设计具体合作协议。每个合作框架和协议的参与成员可以不相同、不重叠，唯一不变的是中国都在其中。这样会很大程度免去多边谈判耗费的成本，增加中国作为框架主导国的谈判权重。

中国在这个历史时刻提出"一带一路"倡议并不仅仅为了提升大国话语权，也是冲破中国经济发展阶段性障碍的出路。目前中国有几大行业面临产能过剩，包括汽车、钢铁、水泥、船舶、电解铝、稀土、电子信息、医药、造船和农业等，共涉及 900 家左右上市公司，占 A 股上市公司的一半。输出过剩产能，并以输出过剩产能带动中国与被输出国家的共同发展，是"一带一路"的重要职能。因此，"一带一路"最核心的问题是如何使这几大行业的企业走出国门，在各自相关领域顺利投资"带路"覆盖国家。此外，积极投资合作或战略合作也是"一带一路"的应有之义。在这个意义上，"一带一路"倡议所涉及的投资产业和需要的辅助支持很大程度上可以对外投资为视角进行分析。目前"一带一路"框架下包括一系列基础设施建设，产业与金融合作，并涉及一揽子物流贸易共识章程的签署。基础设施建设旨在打通中国与"一带一路"国家的通路，这既是输出中国过剩的钢铁、水泥等产能，也是为进一步的产业合作打基础。

虽然目前"一带一路"框架尚处推广初期，但沿线国家已经表现出积极的合作热情。这体现在沿线国家对华投资的大幅增加。据商务部数据，2015 年 1~9 月，"一带一路"沿线国家对华实际投资为 61.2 亿美元，同比增长 18.4%。投资国别上，增幅较高的几个国家分别为沙特阿拉伯，2.77 亿美元，同比增长 812.1%；马来西亚，3.26 亿美元，同比增长 164.1%；新加坡，50.36 亿美元，同比增长 12.6%。投资行业上，金融服务业、租赁和商业服务业、制造业增长幅度最大，分别为 1509%、231% 和 9%。新设企业数量上，沿线国家对华投资设立企业 1604 家，同比增长 19%。直接投资的显著增长显示的不仅是热情，更是对"一带一路"的认可和信心。

二 香港及香港特区政府在"一带一路"中的角色

截至目前，香港参与了五十几个国际组织，但香港不具备在一个国际组织中的主要话语权。中国对"一带一路"的主导为香港的积极参与提供了宝贵机遇。中国的主导，使得香港可以获得在其他国际组织中不具备的话语权与规则制定权，通过积极参与"一带一路"倡议，香港可以提出需求，提请国家将需求纳入战略框架，从而变相享有规则制定权，增进国家及香港自身利益。

香港在其中的具体角色要根据国家推动"一带一路"倡议的目的、合作产业领域，以及自身优势来考虑。如上所述，既然国家提出并推进"一带一路"的重要经济考量之一是输出过剩产能，香港应在相关产业领域有所谋划。

第一，香港提供基础设施的设计、运营、管理和培训服务。"一带一路"的重要合作领域就是各类基础设施建设，如公路、铁路、地铁、机场等。香港在各类基础设施的设计、运营、管理和培训方面达到世界先进水平，并有成熟经验。在与沿线国家基础设施合作方面，国家可负责主要投资，香港可参与项目部分投资，项目选点、布线、设计，并通过当地人员提供培训输出管理经验。此种模式在内地与香港方面的合作上有不少成功案例，香港在"一带一路"具体基础建设项目的合作上可参考相关经验。

其中一个典型案例是北京地铁四号线建设。四号线项目由北京市政府与京港地铁公司合作。这是国内城市轨道交通首个以公司合营模式（PPP）投资的项目。四号线项目总投资额 153 亿元，北京市政府占 70%，特许经营公司北京京港地铁公司占 30%。北京京港地铁公司由北京市基础设施投资有限公司、北京首都创业集团有限公司和香港地铁有限公司共同出资组建。港铁公司投资 7.35 亿元，占四号线总投资额的 4.8%。京港地铁有限公司具有 30 年运营权。港铁公司的职责是负责管理。公司派高层管理人员常驻北京对四号线进行日常管理。在港铁公司高管的直接管理下，京港地铁公司自主开发了多项运营管理系统，在多处安全性能和服务细节上不断提升。四号线早高峰最小行车间隔小于两分钟，成为国内地铁发车间隔最短的线路。

第二，配套融资。作为"一带一路"基础设施的主要投资工具，亚投行的法定股本达 1000 亿美元，中方认缴股本达 297.8 亿美元，占总认缴股本的 30.34%，为亚投行第一大股东。范围更为宽泛的平台是丝路基金。丝路基金完全由中国出资，由中国外汇储备、中国投资有限责任公司、中国进出口银行、国家开发银行共同出资，旨在"一带一路"进程中寻找投资机会并提供融资服务。在首期 100 亿美元资本金中，外汇储备出资 65 亿美元，其余由中投、进出口、国开行出资。

虽然亚投行股本量大，中国占 1/3 强，但在具体项目开展上，仍要进行融资。首期资本金达 100 亿美元的丝路基金，由中国掌有决策权，国家外汇储备作为主要支撑，体现出中国对"一带一路"项目的全力支持。但在具体项目的融资方式和配资结构上，其实更加灵活。在融资方面，香港具有众所周知的优势，可发挥独特作用。比如，世界各地的机构投资者云集香港，市场的资金量十分充沛，融资成本低，融资环境宽松，审批程序便捷，监管严格。目前对香港的融资优势关注较多的为企业融资。企业融资之外，香港的优势同时适用于为亚投行及"一带一路"项目融资。

在港中资金融机构可以成为这种灵活融资方式的主要参与者。由于亚投行 57 个创始成员涵盖世界主要国家，众多主权国家的担保令亚投行融资的信誉度和安全性能极高，因此对金融机构有较高吸引力。在丝路基金对具体项目的支持上，金融机构同样可以提供配资，按照一定比例为项目提供资金，这样可增加资金来源多元化。更为重要的是，中国对很多"一带一路"沿线国家的投资经验不丰富，对当地的经济、社会、文化不十分熟悉，因此会增加投资风险。在港中资金融机构对评估国际项目具有较为丰富的经验，这些机构参与融资可以为国家在项目选择和风险投资上提供更多、更全面的信息和视角。

第三，资产管理及运营中心。香港在资产管理上具有成熟丰富的经验。香港管理的资产七成来自香港以外的投资者，八成资产配置于香港以外的市场。这种高度外向型的资产管理经验，使得香港十分适合管理国际性的投资基金。目前越来越多的中资金融机构在香港设立国际资产管理分中心，但这些资产管理中心基本为个体金融机构基于机构自身发展考虑的业务部署。香港尚未存在国家层面的资产管理中心，"一带一路"是借助香港管理国家级基金的契机。亚投行或丝路基金可以在香港设立地区资产管理中心，吸纳香港在资产管理上的优势，同时可借此机会培养内地在资产管理上的国际化人才。

基于香港在"一带一路"中可以扮演的几个角色，特区政府应该致力于在其中主导香港各界力量。目前，特区政府已经就"一带一路"开展系列讨论和研究，听取专业意见，提出了香港可以在商贸物流、高端专业服务、资产及财富管理等方面发挥作用。这些构想主要处于向业界征询意见以及研究设想层面，特区政府还可以在更加积极的层面上有所作为。

特区政府可在实质层面上整合业界意见。在研究与征询的基础上，特区政府可着手成立高层联席会议，根据收集的意见与中央保持畅通的日常沟通。一方面了解中央对"一带一路"具体项目的推进思路，另一方面与业界不断互动，寻求其中的可能性机遇。业界虽然有自己的声音，但在特区政府层面实质的整合机制匮乏。面对复杂宏大的国家战略，单凭业界分散的力量，很难把握与统合其中的利益格局。特区政府可令内地及政制事务局，以及商务等经济发展局为牵头部门，并统合相关部门，建立"一带一路"框架下统合各业界的办事机制。在充分了解国家具体部署的基础上，此办事机制需要在促进国家以及香港利益的前提下，引领并对业界做出具体部署。其中既包括公共机构，也包括私营公司。由政府牵头的统筹工作机制既可改变由业界分头寻求商机的零散而被动的局面，也可令特区政府倡导的"积极有作为"在"一带一路"倡议中落到实处。

建设"一带一路"过程中的外国法查明制度探究

张　超[*]

2015年6月16日，最高人民法院通过了《最高人民法院关于人民法院为"一带一路"建设提供司法服务和保障的若干意见》（以下简称《若干意见》）。该《若干意见》指出，要依法准确适用国际条约和惯例，准确查明和适用外国法律，增强裁判的国际公信力。为此，必须依照《涉外民事关系法律适用法》等冲突规范的规定，全面综合考虑法律关系的主体、客体、内容、法律事实等涉外因素，充分尊重当事人选择准据法的权利，积极查明和准确适用外国法，消除沿线各国中外当事人国际商事往来中的法律疑虑。《若干意见》是在实施"一带一路"建设过程中人民法院提供司法服务和保障的产物，是人民法院建设法治化"一带一路"的重要体现。

"一带一路"所经沿线，既有大陆法系的日本、德国、法国等国家，也有英美法系的中国香港、新加坡、印度、巴基斯坦等国家和地区，人口众多，疆域辽阔，经济联系密切。有鉴于此，我国涉外民商事案件的数量将有可能呈现增长态势。然而，人民法院审理涉外民商事案件如需适用外国法时，却不知如何更好地查明外国法和适用。因此，在建设"一带一路"过程中，有必要对外国法的查明作更深入的探究，以更健全法律制度去发挥人民法院司法保障的作用。

一　外国法查明制度概述

有学者指出[①]，外国法查明，又称外国法内容的确定，是指一国法院根

---

[*]　张超，广东财经大学法学院硕士研究生。

[①]　赵相林主编《国际私法》（第三版），中国政法大学出版社，2011，第124页。

据本国冲突规范指引应适用外国法时，如何查明该外国法的存在和内容。"法院的第一个任务是决定应该适用什么法律：是自己国内法还是外国法？而在后一种情形下，适用哪个外国法？"① 笔者认为，外国法查明，是指人民法院在审理涉外民商事案件时查明某一外国法律制度的活动。本文所说的外国法查明仅指中国内地人民法院查明其他国家法律制度的活动，不包括中国内地人民法院查明英美法系的中国香港和大陆法系的中国澳门的法律制度的活动。原因在于，第一，它们是中华人民共和国不可分割的一部分，不是外国；第二，在"一带一路"建设中，它们不是唯一的主角，是重要的参与者和受益者；第三，中国内地人民法院查明外国法的法律适用和法律制度，对于人民法院审理涉港澳台案件具有重要的借鉴和指导意义。

最高人民法院民事庭关于外国法查明和适用的基础调研显示②，近 3 年来，涉及域外法律查明适用的法律案件，有 166 件，涉及案件的类型有 41 种，包括海上货物运输、国际货物买卖、股权转让、船舶抵押、借款等。需要查明适用的法律主要是外国的法律条文、判例和国际条约。从上述调研资料可以看出，近 3 年来的外国法查明和适用的涉外民商事案件数量较多，类型多样，法律关系复杂。其中查明和适用较多的国际条约主要包括《国际货物销售合同公约》《承认和执行外国仲裁裁决公约》《见索即付保函统一规则》《国际海上碰撞规则》等。

二 外国法查明制度的立法规范

关于外国法的查明途径，我国先后有不同的立法。《最高人民法院关于贯彻执行〈中华人民共和国民法通则〉若干问题的意见（试行）》（以下简称《民通意见》）第 193 条规定，对于应当适用的外国法律，可通过下列途径查明：①由当事人提供；②由与我国订立司法协助协定的缔约对方的中央机关提供；③由我国驻该国使领馆提供；④由该国驻我国使馆提供；

---

① 〔德〕马丁·沃尔夫：《国际私法》（第二版），李浩培、汤宗舜译，北京大学出版社，2009，第 238 页。
② 关于《最高人民法院关于人民法院为"一带一路"建设提供司法服务和保障的若干意见》新闻发布会。

⑤由中外法律专家提供。通过以上途径仍不能查明的，适用中华人民共和国法律。《民通意见》是我国最早关于外国法查明的立法规范，对于当时的人民法院审理涉外民商事案件具有重要的指导作用。

2007年通过的《最高人民法院关于审理涉外民事或商事合同纠纷案件法律适用若干问题的规定》（以下简称《涉外民商事合同规定》）第9条规定：当事人选择或者变更选择合同争议应适用的法律为外国法律时，由当事人提供或者证明该外国法律的相关内容。人民法院根据最密切联系原则确定合同争议应适用的法律为外国法律时，可以依职权查明该外国法律，亦可以要求当事人提供或者证明该外国法律的内容。当事人和人民法院通过适当的途径均不能查明外国法律的内容的，人民法院可以适用中华人民共和国法律。《涉外民商事合同规定》在外国法查明制度上规定了当事人和人民法院两种查明主体，并且进一步重申了双方无法查明外国法后的补救措施，是对于《民通意见》的有益补充和集中概括。

2010年通过的《中华人民共和国涉外民事关系法律适用法》（以下简称《涉外民事关系法律适用法》）第10条规定：涉外民事关系适用的外国法律，由人民法院、仲裁机构或者行政机关查明。当事人选择适用外国法律的，应当提供该国法律。不能查明外国法律或者该国法律没有规定的，适用中华人民共和国法律。2010年通过的《涉外民事关系法律适用法》意义重大，其意义在于：第一，这是我国第一部关于国际私法冲突规范的法律（由全国人大常委会讨论通过，国家主席签字颁布），外国法查明制度也是首次在法律中予以明确，是立法的重大进步；第二，当前，我国国际贸易频繁，尤其在建设"一带一路"这样的大环境下，贸易摩擦可能难以避免，涉外民商事案件数量也将有可能持续增加，我国以立法的形式通过《涉外民事关系法律适用法》，为我国内地人民法院准确适用冲突法，提供了法律保障，增强了人民法院审理涉外民商事案件的信心。

三　外国法查明制度的问题

虽然外国法查明制度的立法规范有进步意义，但是关于外国法查明制度，无论从立法规范还是司法实践来看，都暴露出了一些问题。

(一) 立法规范的问题

1. 立法层级从低到高，内容并无实质性突破

从最初的《民通意见》到《涉外民商事合同规定》，再到后来的《涉外民事关系法律适用法》，立法层级从低到高，但是内容表述过于简单化，规定过于宽泛[①]。

在《民通意见》中，最高人民法院规定了外国法主要由当事人、缔约对方的中央机关、中外使领馆和中外法律专家等主体提供。虽然该意见指出查明外国法的主体较多，但是并没有规定如何查明外国法，查明外国法的先后顺序等程序性问题。这使得外国法查明仅仅停留在纸面上，人民法院具体操作外国法查明难度可想而知。当然，从当时的社会环境来看，人民法院审理涉外民商事案件并没有像在当前的社会环境下迫切需要一个健全的法律制度。因此，从某种程度上来说，这也是当时法律发展的产物，适应了当时社会发展的需要。

在《涉外民商事合同规定》中，最高人民法院缩小了外国法查明的提供主体，仅限定在了当事人和法院之间。这样一来，外国法查明增加了双方的压力，同时也可能造成外国法查明不清，只能适用我国法律（在建设 "一带一路" 中，要保证准确适用国际条约和惯例，准确查明和适用外国法律）或外国法查明和适用错误，造成错判等这样类似的弊端。

在最新的《涉外民事关系法律适用法》中，全国人大常委会终于以立法形式规定了外国法查明的主体、途径和查明不了的补救措施。但是，笔者认为，该法律对外国法查明制度并无具体的进一步说明，只是又一次做了宣誓性质的重申。《涉外民事关系法律适用法》扩大了外国法查明的主体，具体包括人民法院、仲裁机构、行政机关和当事人这四类主体。仲裁机构和行政机关被纳入外国法查明的主体范围，虽然有利于外国法查明途径的多元化，但是仲裁机构和行政机关作为查明主体应是外国法查明主体的应有之义。总而言之，上述这些规定都是建立在之前司法解释基础之上的，没有提供具有可操作性的法律规定，更无法在司法实践中进行严格的

---

① 郑新俭、张磊：《中国内地域外法查明制度之研究》，载黄进主编《我国区际法律问题探讨》，中国政法大学出版社，2012，第 184 页。

外国法查明。

2. 立法上存在漏洞，不符合法律的周延性和明确性

（1）在《民通意见》中，笔者认为，有以下几个问题需要探讨。

①何谓应当适用的外国法律呢？笔者认为"应当适用的外国法律"是价值判断，是事后判断，因为到底应不应当适用该法律，只有查明和准确适用才能予以明确。一旦出现查明和错误适用外国法的情况，则提供的查明途径即是不可靠的，此时应当按照正当程序予以改判。但是，该法律条文在无法保证外国法查明和正确适用的条件下即予以说明是"应当适用的法律"，欠缺周全和严谨。

②五类主体提供外国法，可是对于当事人协议选择外国法，人民法院予以认可，当事人对于选择的外国法无法提供来源，此时谁来对外国法查明负有义务呢？"无论是立法还是学术研究都对原有的五种外国法查明途径，没有结合大陆地区实际司法审判工作中所遇到的查明难问题进行深入的细化，同时对外国法查明后如何正确适用外国法的问题几乎还没有涉及。"① 换言之，这一条文没有清晰地阐述外国法查明的先后顺序，可能会造成实践中相互扯皮或为了简便，直接适用本国法的情况。

③通过以上途径查明不了的，直接适用我国法律，这一规定未免有失偏颇②。

（2）在《涉外民商事合同规定》中，因为最高人民法院的司法解释仅仅是针对涉外民商事合同做出了外国法的查明规定，其查明义务主要归于人民法院和当事人，这在一定程度上限制了主体范围。

（3）《涉外民事关系法律适用法》是相对全面规定了外国法查明的法律条文，也是立法层级最高、指导性更强的法律规范。但是，关于外国法查明制度，立法上可能也存在一定的漏洞。

①"涉外民事关系适用的外国法律"是否包括当事人协议选择的法律呢？从该条来看，涉外民事关系适用的外国法律，原则上都由人民法院、仲裁机构和行政机关（以下简称三机关）提供，但是对于当事人选择外国法律的，应当由当事人提供。这一规定建立起了"三机关查明为主，当事人查明为辅"

---

① 马擎宇：《从司法审判实践角度完善我国的外国法查明制度》，《南阳师范学院学报》（社会科学版）2011 年 7 月。

② 下面在《涉外民事关系法律适用法》中详述。

的外国法查明制度。可是，如果在审理涉外民商事案件之前，当事人已经协议选择法律，根据该条文，是否只需当事人提供？三机关是否对当事人协议选择的法律不负有提供义务？笔者认为，该条文对此解释不清。

②外国法查明主体的责任分配不明。从《民通意见》到现在的《涉外民事关系法律适用法》，外国法查明主体的责任如何分配，仍然不明确。虽然《涉外民事关系法律适用法》建立起了"三机关查明为主，当事人查明为辅"的外国法查明制度，但是三机关查明为主中，谁又是主要查明主体？当事人向三机关分别申请外国法查明，三机关是否都有义务查明？纵使三机关都查明了外国法，如若查明的外国法有差异（可能出现翻译不统一等问题），到底以谁为准呢？谁的效力更大呢？当然，人民法院在外国法查明中发挥了极为重要的作用，但谁又能监督人民法院为了简便起见，声称无法查明外国法或人民法院的翻译技术等客观因素导致的外国法错误适用呢？

③通过各种途径查明不了的，直接适用我国法律，有过当维护司法主权之疑。我国在审理涉外民商事案件中，涉及的当事人来自不同国家，法律关系复杂，标的额较大，诉讼成本较高，如果通过各种途径查明不了，直接适用我国法律，确实比较方便法院判案，加快审判效率，及时解决纠纷。但是，在建设"一带一路"过程中，我国是否更应当考量国际利益呢？当前，我国认可并加入的国际条约数量不在少数，为什么在外国法查明不了的情况下，直接适用我国法律呢？为何不能考虑适用国际条约和国际惯例呢？我国倡导的"一带一路"倡议覆盖了亚欧非三大洲，涉及的人数众多，经济联系更为密切，案情纠纷更为复杂，所以仅仅在无法查明外国法的情况下即直接适用我国法律，似乎并不能公平、公正地审理涉外民商事案件，相反，其他国家的当事人对我国这种做法可能会颇有微词，影响我国在国际上的形象。因此，虽然司法主权必须捍卫，但是外国法查明和适用必须考虑综合因素。

3. 立法规范不统一，可能存在冲突的法律位阶

前两部司法解释都是最高人民法院发布的，而《涉外民事关系法律适用法》是一部由全国人大常委会通过的规范性法律文件，具有最高的法律效力。因此，从法律位阶来看，《涉外民事关系法律适用法》高于前两部司法解释。《民通意见》对于外国法查明规定了 5 种不同的查明途径，其中包括当事人、中外使领馆、中外法律专家等；后来的《涉外民商事合同规定》

只规定当事人和人民法院；《涉外民事关系法律适用法》用法律的形式确立了四种不同途径，其中当事人和人民法院是在之前司法解释有过规定的，其他都是后来增加的。这不得不提出疑问：如果人民法院希望通过中外使领馆、中外法律专家等方式查明外国法并适用，这难道是违法行为吗？立法与司法解释存在冲突，是不是这样的不统一就取消了中外使领馆、中外法律专家等合法有效的方式了呢？笔者认为，在建设"一带一路"的大环境下，扩大外国法的查明途径是必然要求。因为三机关和当事人的能力毕竟是有限的，如果有像中外使领馆、中外法律专家等这样更好的方式可以查明并适用外国法，我们为何不采用呢？

（二）司法实践中的问题

1. 人民法院缺乏查明和适用外国法的积极性

在司法实践中，人民法院在处理涉外民商事案件时往往对适用外国法积极性不高。有资料显示，截至 2009 年 9 月 10 日，中国涉外商事海事审判网公布了 757 份裁判文书，共涉及 49 个国家和地区。在 717 份裁判文书中，其中查明并适用法院地法的多达 689 次，而适用其他国家、地区的法律、国际条约和国际惯例的次数仅有 28 次，可谓屈指可数。[①] 如表 1 所示。

表 1 我国涉外民商事审判适用

单位：次

被适用的法律	适用次数	被适用的法律	适用次数	被适用的法律	适用次数
法院地法	689	荷兰法	1	瑞士法	1
香港地区法	2	日本法	1	德国法	1
澳门地区法	1	英国法	1	URC 522	3
CISG	5	UCP 500	8	Intercom 2000	1
见索即付独立保证统一规则	1	1972 年国际海上避碰规则	1	万国邮政公约	1

注：这些数据是排除了 33 份管辖权异议、1 份驳回判决和 19 份申请承认与执行的裁判文书后的结果。

---

① 郭文利：《我国涉外民商事审判存在问题实证分析——以 757 份裁判文书为依据》，《时代法学》2010 年第 5 期。

2. 人民法院适用外国法过于随意，容易造成滥用司法权力之嫌

人民法院在查明外国法的过程中，由于不谙外国法律，但为了有效审理涉外民商事案件，往往会选择适用法院地法。这种情况的出现，与各国法律千差万别、法官不可能精通世界各国法律有莫大联系。此外，法律制度、法律技术、法律概念等的差异性也给法官适用外国法带来了很多障碍。因此，人民法院在审理具体的涉外案件中，如果涉及适用外国法的，会通过各种方式（比如说最密切联系原则、意思自治原则等）将其准据法指引到法院地法，以避开晦涩难懂的外国法。而且，人民法院可以避免适用本不熟悉的外国法而导致的错判。人民法院适用外国法的随意性就不言自明。法官适用外国法的自由裁量权容易被误认为滥用司法权力，值得反思。

3. 外国法查明的责任分配不明确，司法实践缺乏统一

关于外国法查明的责任孰轻孰重，立法无规定，司法实践更是难以开展工作。"是应该由法院主动依职权查还是应该由当事人来查？由于我国法律对此没有做出明确规定，以致在审判实践中，法官和当事人都不清楚各自对查明域外法是否应负有责任以及在多大程度上应负担责任，同时也造成多数当事人逃避证明域外法的责任，将查明域外法的责任完全推给法院，使法院独自承担查明责任，增大了法院审判工作的难度。"① 有鉴于此，外国法查明的责任分配不明确，从而造成了"踢皮球"或懈怠的现象。

四　外国法查明制度的完善

（一）确定外国法查明的责任主体

（1）在我国立法尚无实质性突破的大背景下，可以通过司法解释确定外国法查明的具体责任主体。若当事人没有协议选择应适用的法律，可以确定人民法院、仲裁机构、行政机关（按顺序）为主，当事人补充的外国法查明主体制度。人民法院作为我国统一的司法机关，具有法定的司法效力，其所查明的外国法效力应高于仲裁机构、行政机关。仲裁机构虽是我国民间的仲裁组织，但仲裁裁决仍具有我国法定的、得到法院承认与执行的法律效力。

---

① 郑新俭、张磊：《中国内地域外法查明制度之研究》，载黄进主编《我国区际法律问题探讨》，中国政法大学出版社，2012，第191页。

行政机关虽是我国主管行政的政府组织，但是它不同于人民法院和仲裁机构，不负有审理涉外民商事案件的职责。因此，可以建立人民法院、仲裁机构、行政机关（按顺序）为主的外国法查明主体制度。如果三机关都无法提供外国法，三机关可以要求当事人补充查明外国法。若当事人协议选择应适用的法律，那么当事人就应负有提供外国法的义务，如果当事人提供不了，人民法院可以协助当事人查明外国法，但这不是义务，义务主要是当事人承担。人民法院有辅助查明外国法的权利。在此条件下，若当事人和人民法院都查明不了外国法，应由当事人承担举证不能的后果。

（2）其他主体包括对方中央机关、中外使领馆、中外法律专家等应是外国法查明的建议主体。换句话说，这些主体对于外国法查明的提供有建议的权利，但不负有提供的义务。最终，他们的建议是否予以认可，应当由人民法院进行审查。在建设"一带一路"过程中，对方中央机关、中外使领馆、中外法律专家等对于保障"一带一路"的顺利进行将发挥极其重要的作用。

（3）关于谁来监督人民法院查明并适用外国法，笔者建议应当由人民检察院进行监督。我国《民事诉讼法》第14条规定：人民检察院有权对民事诉讼实行法律监督。因此，人民检察院在人民法院查明和适用外国法的审判活动中，负有法定的义务。但考虑到检察院对外国法知之甚少，应当建立的是形式审查制度。从查明的主体、程序等方面进行形式审查，从而保障人民法院程序合法。

（二）制定外国法查明的后续补救措施

（1）如果当事人协议选择应适用的外国法，但人民法院在查明外国法时发现无法查明，即根本无该外国法可以适用，在此种情况下，人民法院基本上都是适用法院地法进行的。但笔者认为，笼统地直接适用法院地法有待商榷。笔者建议如下。

①外国法无法查明，如果可以适用国际条约或国际惯例，则可以参考国际条约或国际惯例适用。国际条约或国际惯例是大多数国家所予以认可的，具有较强的认可度。我国在外国法查明过程中，借鉴国际条约或国际惯例，符合国际私法发展的趋势。②外国法无法查明，如果有与该外国法相类似的法律更为适合提供和适用，则可以在向当事人说明，而当事人予以接受之后适用该法律。因为没有一个国家法律制度是绝对完善的，出现

法律漏洞是难免的，此时如果有更好的法律制度可以参考，我们可以海纳百川，借之一用，加快审判效率，方便法院诉讼。③外国法无法查明，在上诉都无法查明的情况下，可以依据最密切联系原则或意思自治原则将准据法指引到法院地法。这也是一种补救措施，但是不宜扩大适用。

（2）因为一国人民法院法官知识水平有限，可能会发生外国法查明和适用错误的情况。

①如果在一审判决前，当事人发现人民法院查明和适用外国法有错误，可以及时向合议庭予以书面提出，合议庭在审核当事人的书面提出意见之后，及时向当事人反馈审核结果。如果查明并适用外国法确有错误，合议庭应当及时停止适用该法律，并负有准确查明该法律的义务。如果查明并适用外国法无误，合议庭也应当向当事人反馈审核无误的结果，并允许当事人有向审委会复议的权利，从而在各方面保障当事人的权利。②我国人民法院审理民商事案件实行两审终审制，没有像英美法系国家那样有事实审和法律审的区别，因此，当事人对于人民法院查明并适用外国法有错误的可以在一审判决后的法定上诉期限内提出上诉。如果一审判决后上诉期限已过，当事人也可以按照审判监督程序提出再审，纠正外国法查明并适用的错误做法。

（三）建立法官职业学习体系和平台

当前，人民法院的法官对于外国法的法律术语、法律概念和法律结构都不甚熟悉。在这种情况下，法官查明并适用外国法难免会有牵强之嫌，判决的合理性更难保障。因此，笔者建议如下。

（1）法官应加强国际私法理论的学习，善于利用互联网或书籍对外国法律术语、法律概念和法律结构进行系统掌握，并通过省高院定期组织的"考试"，检验学习成果。21世纪是信息化时代，互联网信息更新非常之快，国际私法理论的最新学习成果可通过互联网获得。外国法律术语、法律概念和法律结构等千变万化，法官掌握起来非一日之功，因而应该时刻保持学习的状态，在省高院定期组织的"考试"下，检验自己的理论成果和实务水平，这是非常有必要的。

（2）建立省市县法院、海事法院等专门法院的共享数据库，法官可以通过这样的数据库共享省市县法院、海事法院等专门法院的司法判例，学习和交流审判心得，提高业务水平。各法院建立共享数据库，旨在保证各法院通过这些司法判例进行学习和交流，提高司法效率，防止错判。

（3）严格准入涉外民商事案件审理的法官入职制度。审理涉外民商事案件是法官职业素养的体现，因此，我们应该严格选拔条件：那些工作经验丰富，业务水平精湛，有海外留学经历，国际私法理论功底深厚的法官作为重点选拔对象，做到宁缺毋滥。

（四）搭建"院校"合作的司法协助机制

在建设"一带一路"过程中，亚欧非法律纷繁复杂，法院时间紧、任务重，如何提高外国法查明的效率和水平也是摆在当前人民法院面前迫切需要解决的难题。对此，我们有必要搭建"院校"合作的司法协助机制。

"院校"合作的司法协助机制即人民法院和高等院校、科研机构等建立起的相互合作的司法协助机制。这里，我们更加强调高等院校、科研机构为人民法院提供高水平的智力支持。最高人民法院民四庭庭长罗东川在《最高人民法院关于人民法院为"一带一路"建设提供司法服务和保障的若干意见》新闻发布会上指出，我们在中国政法大学建立了一个外国法查明研究中心和研究基地；在西南政法大学有一个中国东盟法的研究中心，将来东盟的法律基本上可以通过这样一个平台来帮助查明；在深圳有一个专门的港澳台法律的查明中心，是在深圳前海的部门；现在北京有一个中非法律交流平台，将来非洲法律的查明也可以通过这样一个平台。

因此，最高人民法院与各高等院校、科研机构进行广泛合作，目的就是解决外国法查明的现实困惑，切实提高法官适用外国法的业务水平。为此，除了上述措施，笔者还提出以下建议。

（1）搭建我国省级以上人民法院和建设"一带一路"所经沿线国家的高等院校的数据共享平台。目前，在很多国家，我国孔子学院越来越多，华人也越来越多，因此我们可以充分利用高等院校华人资源（尤其是东南亚国家），搭建省级以上人民法院和各沿线国家的高等院校的数据共享平台。我们可以通过这样的平台，及时了解和更新最新的外国法律制度（因为法律不可能一成不变）。

（2）定期组织法院法官走出国门，同其他国家的法院法官进行学习交流，共商外国法查明和适用的解决办法，开阔法官的国际化视野，提高法官的国际职业素养。

法律政治

完善基本法实施的战略探究

王振民[*]

一　对行政主导制的重新认识

（一）行政主导制符合香港政制要求

十八大报告提出，中央政府对香港特区实行的各项方针政策，根本宗旨是维护国家主权、安全、发展利益，保持香港特别行政区长期繁荣稳定。这一宗旨具有正本清源的意义。香港特区基本法序言明确指出，在香港特区实行"一国两制"方针，是"为了维护国家的统一和领土完整，保持港澳特区的繁荣和稳定"。由此看出，"一国两制"是一个完整概念，"一国"是前提，没有"一国"，"两制"就失去了基础，只有保证这一前提和基础，才能保持香港特区的繁荣和稳定。

1. 坚持"一国两制"方针及香港持续繁荣稳定

"一国两制"基本方针是香港特别行政区政治、经济、文化建设的根本指引，在香港特区经济、法律等领域均有影响。其中，对香港法制的影响表现为，既尊重香港法制历史，又坚持祖国统一原则。在英国管制初期，香港法律属于大清律例。这一时期的香港法律仍在"中华法系的控制和影响之内"[①]。随着 1841 年，英国布伦默将军登陆港岛，并宣布香港被英国管制时，香港的社会性质已经彻底改变，与之相应的法律制度也发生质变。

　*　课题负责人：王振民，清华大学港澳研究中心主任、教授。课题组主要成员：朱育诚、王振民、程洁、李纬华、屠凯、徐霄飞、戴颖欣。
　①　顾敏康、徐永康、林来梵：《香港司法文化的过去、现在与未来——兼与内地司法文化比较》，《华东政法学院学报》2001 年第 6 期（总第 19 期）。

随着香港回归问题的临近，中英双方经过多次坚苦卓绝的谈判，在保障国家主权完整的前提下，中央权衡了各方利益，最终创设出了"一国两制"的基本方针。该阶段的香港法律及政策性文件主要是1984年中英签订的《中英关于香港问题的联合声明》及1990年第七届全国人大三次会议通过的《香港特别行政区基本法》。香港基本法是香港回归后的宪制性法律。《香港特别行政区基本法》作为香港特区宪制性法律文件的确立，不单标志着香港新的宪制体制的建立，同时也改变了香港特区的司法制度，具有多元的法律渊源。其多元性表现如下。

首先，香港基本法规定香港特区仍保持港英政府时期的法律，即普通法、衡平法、条例、附属立法和习惯法，但与香港基本法相抵触或经香港特区立法机关做出修改的除外。其次，香港回归后，中国内地的部分法律在香港特区有效，该部分法律在香港基本法附件三有规定。并且附件三的法律如需增减，在全国人大常委会征询香港特区基本法委员会和香港特区政府的意见后，由全国人大常委会做出增减。对于附件三之外的全国性法律，除在战争状态或紧急状态下，全国人大常委会命令在香港特区实行外，在香港特区并不实施。再次，香港特区立法会作为立法机关有制定法律的权力。香港特区立法会根据基本法的相关规定，依照法定程序制定、修改和废除香港法律，并且立法会通过的法案，必须经行政长官签署后才能生效。最后，香港特区作为普通法系成员，判例在司法审判中同样也具有重要作用，这也是香港特区与内地地区司法制度的差别之一。关于司法判例引用，香港基本法规定，除在刑事和民事诉讼上保留香港原有的原则外，如认为审判需要，可以借鉴普通法系其他国家、地区的司法判例，但无约束作用。以上是"两制"在法制层面的体现。除此之外，香港基本法赋予全国人大对香港法院审理关于中央人民政府管理的事务或中央和香港特别行政区关系的不可上诉案的释法权，这一规定则显示了"一国"原则在香港特区司法体制中的运用。

"一国两制"方针对香港经济发展具有重要作用——保持了香港经济繁荣稳定的发展。香港回归后，其从被管制城市转变为我国享有高度自治权的地方行政区域。虽然政治体制发生改变，但香港社会的经济制度、人民的生活方式保持不变。香港的经济形势，在1997年回归前，国际上有许多质疑的声音，认为这是"东方之珠"的"衰落"、"香港的死亡"。但"一国两制"构想的出台,特别是香港基本法的颁布,以及回归后香港特区政府面临亚洲经济危机等问题所表现出的解决能力,均显示出香港人能够治理好香港,从而也打消了回归前国际上的质疑声音。

香港特区在过渡期能够平稳过渡,经济上呈现良好趋势,离不开"一国两制"方针的作用。在这一时期,国内的改革开放为香港特区提供了良好的经济发展大后盾,增强了在港投资者继续投资香港的信心。1996年不仅没有英资公司撤走,反而有约20家英国公司来港设立了分支机构,香港英国商会的调查显示,99%的受访公司表示愿意继续在港发展。香港经济能够保持良好发展趋势,一来验证了邓小平同志所指出的香港经济是"中国人为主体的香港人干出来的";二来也离不开内地的改革开放政策,以及中央对香港特区给予的政策支持。可以说,内地已经成为香港最大的贸易伙伴、第一大进口来源地、第一大转口市场和第一大出口市场。香港是全球贸易、金融、商业和电讯中心,既是一个国际化海港城市,也是通往祖国内地庞大而蓬勃的经济门户。在20世纪80年代中后期,香港的制造业大规模地向祖国华南地区转移,华南地区成为香港厂商最大的劳动力和土地资源供给地。进入90年代,香港大企业开始进军内地基础设施、房地产及第三产业市场,在港中资的资产已超过400亿港元,① 保持与内地的经贸往来,使得香港在国际经济不景气时,仍能够保持稳定并持续的发展速度。

香港也是内地对外直接投资的首要目的地。根据内地的统计数据,截至2010年底,内地在香港的对外直接投资占其对外直接投资总额的63%。随着《内地与香港关于建立更紧密经贸关系的安排》的签订,以及2011年12月香港特区政府与中央政府签署的《补充协议八》,订出了32项开放服务贸易和便利贸易投资措施,以及加强两地在金融、旅游和创新科技产业等领域的合作,香港的服务提供者可在47个服务领域以优惠待遇进入内地市场。2011年底开通的珠港澳香港口岸更使得香港与内地在运输体系上密切往来。至此,香港背靠内地、面向世界的独特优势愈加显现出来。可以说,"一国两制"政策既发挥了香港特区背靠祖国内地的资源优势,又保持其国际港口城市的地位,进而增强海内外在港投资者的信心,巩固并发展了香港的繁荣稳定。

① 邓聿文:《"一国两制"与香港经济》,《海洋开发与管理》1997年第3期。

在意识形态方面，"一国两制"方针的影响也有明显体现。根据《香港特别行政区基本法》第 5 条规定，香港特区不实行社会主义制度和政策，保持原有的资本主义制度和生活方式，五十年不变。这是对"一国两制"方针的诠释。根据《中华人民共和国宪法》序言规定：中国人民要在"马克思列宁主义、毛泽东思想、邓小平理论和'三个代表'重要思想指引下"，但"一国两制"方针允许香港特别行政区保留原有资本主义制度和政策，不需走马克思主义路线，这本身就是对社会主义为主流意识的中国特色马克思主义理论的创新，也体现了中国特色社会主义理论的包容性。

香港特区在背靠祖国内地、面向国际的特殊地理位置上，在回归后的近二十年发展中，汇集了中西方文化，形成了文化思想间的冲突与交融，从而演变成香港特区特有的本地文化。但无论如何，"一国两制"方针作为香港特区的根本思想，在尊重"两制"差异性的同时要坚持"一国"原则，对于香港特别行政区回归之前的思想文化应辩证吸纳。贯彻"一国两制"方针，爱国主义是基础，只有保持爱国主义的思想理论，才能坚持"一国"的前提，才能发挥"两制"差异中的优势性。

可以说，"一国两制"基本方针不单对香港特区社会的意识形态有影响，对我国乃至世界关于国家理论的概念认定也有不同程度的影响。中华五千年的历史，鲜有通过"和平"方式进行的国家统一。自秦统一六国后，"武力统一、一国一制"，即全国建立高度集中统一的单一制国家[1]的思想就深入中华民族国家理论中；"一国两制"的提出是我国"和平共处"外交政策的重大实践。在"一国"之中包含两种社会制度、生活方式、法律制度、司法制度，甚至在行政管理形式上、经济体制上、文化教育等各方面都允许有不同的发展模式，这不单是中国马克思主义理论创新，在国际社会上也是重大的国家体制的探试。正如南斯拉夫《政治报》1994 年 10 月 25 日一篇文章指出，在邓小平"首先绝无仅有地提出'一国两制'的设想以前，谁也没有把社会主义和资本主义联系在一起"。[2] 经过近二十年的实践证明，"一国两制"的创新实践，不单使香港和平稳定地回归祖国，而且保持其持

---

[1]　王振民：《"一国两制"与国家统一新观念（上）》，《海峡时评》2007 年 9 月。
[2]　邓聿文：《"一国两制"与香港经济》，《海洋开发与管理》1997 年第 3 期。

续的经济发展趋势，因此，可以说"一国两制"的思想体系"必将在二十一世纪创造出一种崭新的政治文化"①，也为我国台湾问题的顺利解决起到了积极的借鉴作用。

2. 行政主导政制是"一国两制"的必然选择

中华人民共和国是主权统一的单一制国家，实行资本主义制度的特别行政区必须坚持"一国两制"的基本方针，这是领土完整、主权统一的要求。换言之，"一国两制"是指导香港特别行政区一切制度运行的理论基础，也是香港特区政治制度的基石。"一国两制"既包括了"两制"也包括了"一国"。"一国"是"两制"的基础。坚持"一国"原则，最根本就是维护国家主权完整，即维护国家主权、安全、发展利益，不做有损国家主权、安全、发展利益的事情。② 香港特别行政区作为我国中央政府直辖下的地方行政区域，保护国家主权完整是香港特区政府及香港市民义不容辞的责任和义务。在坚持"一国"原则下，还应充分考虑"两制"的差异性。我国是社会主义国家，主体制度是社会主义制度，香港作为特别行政区，其实行的是资本主义制度。张晓明在其《丰富"一国两制"实践》一文中提到，尊重"两制"差异，就是充分尊重与互相理解香港特别行政区所实行的不同的社会制度，以及所带来的某些意识形态上的差异。在认识到差异的基础上，充分理解，求"'一国'之大同，存'两制'之大异"，这是内地与特别行政区和谐相处之道，而行政主导制则是贯彻"一国两制"方针的最佳政治体制形式。

首先，行政主导是维护国家主权完整、发挥香港特区主动性相统一的必然产物。如上文分析，香港特区即使实行与祖国大陆不同的社会制度，作为一个主权国内的地方行政区域，维护主权国的完整是发展地方利益的前提和关键，因此，基于维护国家主权、安全、发展利益，以及保持香港特区繁荣稳定的基本考虑，行政主导制的实施恰能很好地完成此任务。

其次，"一国两制"下的香港特区行政主导制有其独特性。"一国两制"是我们党和国家为解决台湾问题而提出的基本方针，在解决香港、澳门问

① 朱兆华：《"一国两制"与"多元一体"的文化本质》，《辽宁警专学报》2002 年第 4 期（总第 16 期）。

② 张晓明：《丰富"一国两制"实践》，《十八大报告辅导读本》，人民出版社，2012，第 247～339 页。

题中得到运用。在解决香港问题时，为了能使香港平稳回归大陆，并且保持香港回归之后的经济繁荣、社会稳定，党和国家领导人创造性地制定了"一国两制"基本方针，并形成了香港特别行政区这一创新性的我国地方政权形式。特别行政区的形成，是邓小平在国家结构形式上提出的伟大设想，不但丰富了马克思主义国家学说，为香港顺利回归及繁荣发展做出了理论安排和制度设计，也为之后澳门的顺利回归和将来解决台湾问题起到了示范作用。

"一国两制"也有其限制。第一，我国是单一制国家，根本法是《中华人民共和国宪法》，中央人民政府是中华人民共和国国务院，我国的任何地方政权组织都须服从中央领导。不但单一制国家地方政权没有独立主权，在国际上任何国家政权形式的地方政权均无独立主权，不论实行资本主义制度还是社会主义制度。第二，关于两种制度的理解，"两制"是指存在于统一国家内的两种不同类型的制度。①在"一国两制"理论中，"两制"特指资本主义和社会主义这两种本质不同的制度。至于世界历史发展中，其他国家也曾存在过两种不同制度在国内并存的情况，如美国的《独立宣言》建立了大资产阶级、大奴隶主的联合专政，印度至今还保留着一定地区的封建制度和奴隶制度。②不论是资本主义制度还是封建主义制度、奴隶制度都属于剥削制度的社会类型，只有社会主义制度才不存在剥削制度。因此两种不同性质的社会制度，本质上只能指非剥削制度和其他具有剥削性质的社会制度。因此，"一国两制"方针的提出，不但解决了香港、澳门的回归问题，实现了我国主权统一，而且在世界范围内，也创造性地提出了社会主义制度与资本主义制度并存于单一制国家的特别行政区制度，而其实行的行政主导制则是"一国两制"理论的核心基础。

特别行政区的"特别"之处，除了是在"一国两制"下实行资本主义制度，还在于其相对于我国其他地方行政区域享有的"高度自治权"。尽管我国地方行政区域中，民族自治地方也享有一定程度的自治权，但相对特别行政区而言，特别行政区的高度自治权范围甚至比联邦制国家下的州或者各成员邦的自治权力范围还要大。所以，在我国地方行政区域中，特别

---

① 许崇德：《"一国两制"理论助读》，中国民主法制出版社，2010，第 4 页。
② 许崇德：《"一国两制"理论助读》，中国民主法制出版社，2010，第 5 页。

行政区享有的高度自治权远大于我国内地其他地方行政区所享有的地方权力。《中华人民共和国宪法》第 31 条规定建立特别行政区，而香港特别行政区基本法规定，香港特别行政区享有高度自治权法制化，其自治权的高度化体现在：享有行政管理权、具有独立的税收制度、拥有特有的货币金融政策，并享有法律的制定权力；在司法上，享有司法独立和终审法院，并可邀请或聘用普通法系国家或地区的法官参与审判。这些权力的授予同时也实现了"一国两制"中"两制"的落实，显示出中央政府对香港特区的高度信任，相信"港人治港"能使香港特区进一步繁荣、稳定发展。

3. "一国两制"是港澳特区持续繁荣稳定的必然选择

胡锦涛同志 2012 年 7 月 1 日在庆祝香港回归祖国 15 周年大会暨香港特别行政区第四届政府就职典礼时发表讲话，把"维护国家主权、安全、发展利益，保持香港长期繁荣稳定"表述为"一国两制"方针的核心要求和基本目标，意旨与此相同。这里所说的"国家发展利益"，不是指一般的、某个局部的经济利益，而是关系国家发展全局的核心和重大利益。在中英谈判和基本法起草过程中，在"一国两制"方针孕育、成熟并用于指导香港问题解决的全过程中，中国政府坚持的原则立场始终包含两个方面：一是香港主权问题不容讨论，1997 年中国政府必须对香港恢复行使主权；二是中国政府会考虑到香港的历史和现实情况，实行特殊的政策，以保持香港的平稳过渡和长期繁荣稳定。

港澳特别行政区与中央的利益关系是部分与整体的关系，即使中央授予了港人治港的高度自治权，即使在特别行政区内实行不同于祖国内地社会主义制度的资本主义制度，但对于中华人民共和国整体国家利益而言，任何地方行政区域都必须全力以赴地维护。"只有有了整体的利益，才能有局部的和地方的利益，才能有特别行政区的利益。"① 因此，维护国家主权、安全、发展利益才能保证港澳特区的繁荣发展。

香港回归后，对香港行使主权的历史任务已经完成，而维护国家主权、安全、发展利益和保持香港特区繁荣稳定却是永恒主题和长久任务。这两方面是中国政府处理香港特别行政区问题的一贯立场和原则，是中央政府对香港特别行政区实行的各项方针政策的根本宗旨。如在过去的五年中，

① 许崇德：《"一国两制"理论助读》，中国民主法制出版社，2010，第 4 页。

中央陆续出台了一系列支持港澳、促进内地与港澳经济共同发展的政策措施，主要包括：扩充内地与港澳更紧密经贸关系安排（CEPA）的内容，增签并实施了6个补充协议；稳步扩大内地居民赴港澳"个人游"；允许内地机构在港发行人民币债券、国债，允许香港银行开展跨境人民币结算试点并逐步将结算范围扩大至全国等；推进粤港澳合作，先后批准实施《珠江三角洲地区改革发展规划纲要（2008～2020年）》《横琴总体发展规划》《前海深港现代服务业合作区总体发展规划》；并且国家"十二五"规划纲要首次将涉港澳政策内容单列成章，进一步明确了港澳在国家发展战略全局中的定位。[①]

（二）特区行政主导适应了香港的权力格局

1. 行政主导与民主制度并不矛盾

很多民主国家的政治体制，都采取行政主导的政权体系。我们需要意识到，在政权中谁起主导作用，并不是民主体制的根本问题，关键在于政府是否向人民负责。香港特别行政区在2002年开始推行政治委任制，又称主要官员问责制。主要官员问责制主要是以合约的形式聘用一批官员，使他们直接对行政长官负责。所有列入问责制范围的主要官员都进入行政会议，直接参与制定政府的决策、决定决策推行的优先次序，协调跨部门的工作事项，从而大大提高政府的工作效率。[②]需要注意的是，该制度中包括的成员与香港主要官员中的成员不同。增设了两层政治委任官员，包括"副局长"及"政治助理"职级。问责制建立的主要目的就是建立责任政府，增强政府对政策的责任感，并最终成为有志参政青年步入政坛的有效途径。

主要官员问责制实行以来有不同意见，但就香港特区行政长官为首的行政主导制的运行和落实而言，无疑是有促进作用的。由于"他们直接对行政长官负责"，问责制实际加强了行政长官的议政施政能力，故行政长官为该制度的核心。香港特区政府首长是行政长官，行政长官领导特区政府，决定政府政策和发布行政命令，制定年度施政报告并接受立法会的质询。

---

① 张晓明：《丰富"一国两制"实践》，《十八大报告辅导读本》，人民出版社，2012，第339～347页。

② 王晖：《香港廉政制度体系》，中国方正出版社，2005，第158～161页。

可见，行政长官的职权落实与否对于行政主导制的实施有关键性作用。并且在香港特区法律制度层面，由于香港基本法规定了行政长官享有"提名并报请中央人民政府任命主要官员"的职权，因此引入"主要官员问责制"与香港基本法并不矛盾，反而是相关条款的具体落实。综合所述，笔者认为主要官员问责制对于行政长官权力运行起到促进作用，有利于增强香港特区政府的管治能力，加强以香港特区行政长官为核心的行政主导制运行。

2. 行政主导适应宪政发展的潮流

在权力的分配与制衡中，权力的配置不可能完全是平衡的，即使是在"三权分立"政体的西方国家，也是某一阶段的"一权"在"三权"中占有主导地位。而西方议会主导制即是立法权在"三权"中处于优势地位。议会主导制是资产阶级反封建胜利的产物。资产阶级要求发展自由经济、摆脱封建政权的枷锁，从而实现"天赋人权"。资产阶级民主革命胜利后，17~18世纪资产阶级革命时期的政治学家、法学家针对这种不受约束的绝对权力设计了种种宪政体制[①]。如英国的议会内阁制，国王只是作为议会的执行机关，议会才是国家的权力机构，国会的组成人员为新兴的资产阶级。美国实行三权分立，立法权居于核心地位。美国宪法规定只有国会才有权立法、征税、拨款和提出宪法修正案，国会有弹劾总统等行政官员和联邦法官等的权力。在相当长时间内，美国的权力斗争也一直在国会内部展开[②]。

随着经济的发展，特别是经历了两次世界大战之后的东西方，在面对市场经济信息的高速运行时，需要一个高效的政府去解决各种复杂的问题，而"议会主导"的权力体系无法胜任，因此东西方社会普遍开始了"行政主导"的回归，即使在议会主导的英国，"从1945年以来，不管保守党政府或者工党政府，内阁议案在议会中平均有97%的通过率"[③]可见，"行政主导"不论其客观性如何，已经在国际上慢慢成为国家权力结构调整的主流趋势。

行政主导相对议会主导而言，其对公民权利的保护、社会的稳定、国

---

① 许崇德、王振民：《由"议会主导"到"行政主导"——评当代宪法发展的一个趋势》，《清华大学学报（哲学社会科学版）》1997年第3期。
② 李道揆：《美国政府和美国政治》，中国社会科学出版社，1990，第316页。
③ 许崇德、王振民：《由"议会主导"到"行政主导"——评当代宪法发展的一个趋势》，《清华大学学报（哲学社会科学版）》1997年第3期。

家经济的发展未必不是一种更优越的选择模式。随着经济发展的需求，市场经济的开放，特别是在全球经济一体化的形势下，"议会主导"对于信息的处理和反馈，无法满足日新月异的经济发展需要，在这种客观条件下，"行政主导"的权力体制重新担任国家政制架构的主导因素。在错综复杂的市场经济下，自由经济极易产生垄断资本主义，行政机关强大的社会调控力能够更好地解决现实中面临的各种问题，而议会主导的模式其本身的特点导致议会解决问题的滞后性。其实，对于"行政主导"政制的主要质疑来源于对绝对权力可能导致权力腐败这一担忧。针对这一问题，只要加强对权力的监督即可。

3. 行政主导满足中国宪政的要求

在我国，人民代表大会制度就是在奉行一切权力属于人民的基础上，充分尊重和保证人民权利实现的基本政治制度。宪政的实现，在于宪法的落实。"宪法之所以为宪法，并不仅仅因为它是最高法，还因为它承载着人类孜孜以求的对政治生活的诉求，即控制公权力、保障公民权利，如果进一步延伸的话，还包括民主政治、法治。"① 因此，强调人民当家做主，人民掌握政权，体现在宪法上就是全国人民代表大会拥有最高国家权力。② 全国人大由人民选举产生，国家机关由全国人大选出，对全国人大负责，是民主集中制的高度体现。"既要有强大的行政权可以有效实现社会调控，又要对这种强大的行政权实施有效的监督，对基本人权实施有效的保护。这是当代宪法和宪政发展的一个重要特点。"③ 在我国的政治体制中也规定了对权力运行的监督。我国行政机关拥有充分必要的权力④去解决各种问题，并向权力机关——人大汇报，接受人大监督。可见，我国人民代表大会制度在一定程度上与主流的"行政主导"制并不矛盾，相反，它是具有我国特色的社会主义政治体制的完美体现。当然，在实施的过程中，仍应完善对权力运行的监督环节，特别是法治监督。

---

① 周叶中、李炳辉：《社会基础：从宪法到宪政的关键条件》，《法商研究》2012 年第 3 期（总第 149 期）。
② 许崇德：《中国宪法》，中国人民大学出版社，1996，第 145～151 页。
③ 许崇德、王振民：《由"议会主导"到"行政主导"——评当代宪法发展的一个趋势》，《清华大学学报（哲学社会科学版）》1997 年第 3 期。
④ 《宪法》第 89 条共赋予 18 项权力，保证行政效能。

作为中华人民共和国的香港特别行政区，宪政的实现需要结合具体社会的历史情况，中国共产党创新性地发展了前所未有的"一国两制""港人治港"的基本方针，并在香港特区实行行政主导的政治体制，这是既符合世界范围内宪政发展的趋势，也在尊重香港本地历史的前提下，最大限度地保证香港居民的政治权利、经济权利等各方面人权的综合体现。因此可以说，行政主导制不仅符合香港特区的政治发展需求、符合我国政治体制的大环境，也符合世界上国家政权的发展模式。

二　完善香港特区政制应对压力机制

（一）促进行政会议成员政党性转型

随着近年来香港特区政党政治的发展，特别是几次事件的出现，香港社会在追求民主政治的道路上，出现了对香港特区行政主导制的运行挑战。出现这一现象，既需要思考香港特区现行政制是否给予香港特区民主的发展，更应思考如何在稳定社会的大前提下，在现行政制体制下解决冲突的焦点，即立法会议员多数政党情况下所产生的行政与立法的不协调性。关于香港的政制，自1997年7月1日回归后，香港特区即实施行政主导的民主政治体制。这一体制的采用一方面考虑了香港稳定回归的政治要求，从而吸收原有政制优良部分并作适当的修改；另一方面又考虑香港主权回归，意味着管制历史的终结，对于香港市民"港人治港"的民主政治的需求也应予以满足，因此最终采用了行政主导制作为香港特区的政治体制。可以说，行政主导制完成了香港稳定回归的既定目标，充分体现了"港人治港"的民主要求，实现了"一国两制"中"两制"的要求。

回归后，香港社会民主政治的发展，特别是政团组织的发展，导致立法会中的政党政治愈加明显，这必然导致行政立法关系的紧张，而行政长官为首的行政主导制也颇受质疑。矛盾的焦点在于行政长官的非政党性导致行政长官为核心的行政机关在立法会"无票"，而大部分具有政党性的立法会议员则"有票而无权"。所以在这种情况下，行政长官与立法会议员的冲突、立法强烈制约行政的现象是不可避免的。虽然在行政机关中，行政长官和主要官员的非政党化，满足了香港特区政府的"政治中立"要求，但客观上导致了行政、立法间冲突的无法调和。行政长官非政党性，在客观上导致行政长官与香港各股政治力量间缺乏充分联系，造成行政长官与立法会的紧张关系。

香港的特别行政区行政主导制最大特点之一是香港不实行政党政治，即行政长官是无党派却是行政权运行的核心。依据《行政长官选举条例》第 31 条："胜出的候选人须声明他不是政党的成员"，并且规定获胜的候选人必须在选举结果公布后的 7 个工作日内提交书面承诺，表示他如获任命为行政长官，则在他担任行政长官的任期内不会成为政党成员，或做出具有使他受到任何政党党纪约束的任何行为。这一原则在消除香港政党执政的同时，也意味着在政党政治背景下的香港行政机关的孤立。

在香港特区政制构架的设置中，立法对行政具有制约作用，并且目前香港立法会议员半数以上具有政党背景，而以"政治中立"要求的行政长官为首的行政机关，在运行行政权时自然会受到多数议员为政党化的议会的挑衅。在香港特别行政区基本法中也规定了立法会对行政机关的制约作用，如听取行政长官的施政报告并进行辩论、对政府的工作提出质疑，甚至在条件符合的情况下可以弹劾行政长官。香港立法会议员由选举产生，且选举模式为混合式，即分区直选和功能界别选举，在香港特区立法会的 60 个议席中，具有政党、政团背景者占总议员的半数以上。可见政党在立法会中的作用及影响力。而行政长官的选举由具有广泛代表性的选举委员会产生，并由中央政府任命，在选举获胜后，"胜出的候选人须声明他不是政党成员"，这样的制度设计是要保证行政长官政策的实施不受政党的约束，却也导致行政长官政策的执行丧失政党的支持。

香港目前的政党数量仍不断增加，在政治势力上主要划分为"泛民主派"、"亲建制派"和"其他论证/压力团体（活跃中）"。由于任何一个政党都不能掌握政府，因此纷纷把立法会和区议会当作主要活动场所，而为了吸引眼球，任何政党几乎在竞选时都选择攻击政府施政，以获得民意。相对而言，香港特区行政长官的民意基础并不牢靠，行政长官由选举委员会选举产生，而选举委员会成员中，只有"立法会议员、区域性组织代表、香港地区全国人大代表、政协委员"这一类的部分委员可能具有政党背景，因而政党在行政长官选举中并不起主导作用，而选出的行政长官也必须脱离原属政党。虽然制度安排的初衷是保证政府公平、公正、公道地施政，在客观上却形成了行政、立法的对立关系。

针对这一问题，自由党主席田北俊认为，若政府与政党是执政联盟，不仅可破解在立法会"无票"的困局，并可帮助政党发展，更建议若政府真的建立执政联盟，假如有 11 位局长，自由党便可专责经济、工业及旅游事务，民建联负责医疗、房屋范畴，其他则由公务员体系出身人士负责。[①]对于政党与政府的执政联盟问题，大陆学者也有相似观点。深圳大学法学院叶海波教授在其《香港基本法实施中的权力冲突与协调》一文中提道："提名行政长官当选前所在政党的主要成员为政府主要官员候选人，在中央人民政府任命后，将在事实上将香港政党分化为执政党和在野党，行政长官亦将与立法会中的某一政党形成稳定结盟"，同时"委任所有其他政党主要成员为行政会议非官守成员"[②] 以起到制约作用。这一措施与香港特区某些政党人士以及学者的观点比较符合，如香港亚太研究所副教授王家英认为，"政府搞执政联盟，不单单是分饼子、搞权力分配，更必须在政策酝酿中，邀请盟友参与，做出多边沟通，这样才能取得政治上的配合，使切合民众需要的政策，在议会中得到落实"[③]。

对于这一理论在现实中的运用，仍需商榷。尽管如此，不可否认的是，香港特别行政区行政主导制已经随着香港社会政党文化的发展而愈加受到挑战。对于政党影响的评价，我们不但应看到香港某些政党缺乏意识形态和明确的政治取向，进行的为了"反政府而反对"行为的不成熟一面；也应该看到，政团、政党的出现对社会"整合利益，反映民意"[④] 也有积极作用。香港是一个多元社会，市民的意识形态和利益需求也各不相同，而政治团体恰是代表不同利益需求的团体，因此其政治诉求往往能在一定程度上反映社会各阶层的不同利益诉求。以香港特区行政长官为首的行政机关，一方面需要服从中央政府的领导，另一方面也要对特别行政区负责。因此针对这种"双向负责"的要求，作为政府咨询机构的行政会议应该充分发挥其应有的作用。根据香港特别行政区基本法第 54 条、第 56 条的规定，行政会议作为行政长官决策的咨询机构；行政长官在做出重要决策、向立法

---

① 《文汇报》，http：//paper. wenweipo. com/2006/07/22/HK0607220044. htm。

② 叶海波：《香港基本法实施中的权力冲突与协调》，《当代法学》2012 年第 1 期。

③ 黄雅丽：《专访王家英：民望与执政联盟 特首不能少》，*Roundtable* 2007 年 1 月 9 日，httpp：//risk. roundtable. com. hk/article. php？cat = political&id = 543。

④ 傅思明：《香港特别行政区行政主导政治体制》，中国民主法制出版社，2010，第 244 页。

会提交法案、规定附属法规和解散立法会前，须征询行政会议的意见。可见，能够提供客观的、符合社会民意的建议是行政会议成员的职责。为了实现这个职责，行政长官在选任行政会议成员时就不能偏向自己当选行政长官前所属的政党。相反应考量代表不同社会阶层民意的政党，选择性地吸纳代表社会民意的主流政党进入行政会议，这样即使行政会议不具备决策和执行职能，但作为咨询机构，为行政长官提供较为全面建议的这一宗旨仍能得到实现，这也是对"行政吸纳政治"思想的贯彻。目前，行政会议成员组成由行政长官在行政机关主要官员、立法会议员和社会人士中委任产生，其中绝大多数没有政党背景，这样在提供建议和沟通行政立法关系上，行政会议的作用显然没能很好地体现。

关于"行政吸纳政治"的思想在港督制中也有体现，并取得良好效果。港英政府期间，行政立法两局议员采用兼任制度，即有相当数量的议员同时被委任为立法局议员和行政局议员。港督制时期的行政局实行委任议员的模式，但是行政局也只是港督决策的咨询机构，类似如今的行政会议职能。两局议员的兼任制度，使得身兼两局的议员可以很好地沟通和协调，这样对港督而言，可以更好地了解立法局其他议员的态度。相较香港特区的行政会议，自从 2002 年实行主要官员问责制后，属于问责制的官员自动成为行政会议成员，"行政长官与主要官员都不具有政党背景"[1] 这一要求，无形中把由行政长官任命发挥决策建议作用的"智库类"行政会议成员，也置于与政党对立的地位，因而在具体决策和与立法会沟通方面，无疑难以缓解僵局。

（二）明确特区行政长官的权限和地位

1. 妥善处理与中央政府的关系

在香港回归前，中英双方曾就回归后的香港实行的制度等方面议题经过多轮商谈，并最终签署了《中英联合声明》，并在《中英联合声明》中确定了"一国两制"的方针。中央政府授予了香港保持其资本主义制度的权力，并授予香港特别行政区政府行使行政权、立法权、独立的司法权及终审权的权力，使得香港特别行政区区别于我国其他地方行政区域。然而，香港特别行政区不论如何区别于我国其他地方行政区，作为我国单一制下的地方区域，其与

---

① 傅思明：《香港特别行政区行政主导政治体制》，中国民主法制出版社，2010，第 234 页。

中央的关系仍是被直辖的关系。根据我国《宪法》第 89 条的规定，我国最高行政机关国务院的职权之一是"统一领导全国地方各级国家行政机关的工作"。因此，特别行政区政府受国务院的直辖和监督。但这不意味着中央人民政府可以干预香港特别行政区政府自治范围内的事务。在"港人治港""高度自治"的方针指引下，香港特别行政区根据香港基本法所规定的行政管理权、立法权、独立的司法权和终审权，以及全国人民代表大会和全国人民代表大会常务委员会、中央人民政府授予的其他权力，[①] 独立地管理香港特别行政区。因此，在香港基本法中有规定的事务，中央不可干预。

香港基本法规定的香港特区可以自治的权力范围，在行政管理方面，除了属于中央政府管理的少数几项行政事务外，香港特区可以自行处理本行政区域内的其他行政事务。在立法权方面，除了国防、外交等属于中央政府职权范围内的法律不能自行制定外，香港可以制定民事、刑事、诉讼程序等适用于本行政区域内的法律。在司法方面，除继续保持香港原有法律制度和原则对法院审判权所做的限制外，对香港特区所有案件均有独立的审判权，并享有终审权。另外，香港特别行政区基本法第 151 条规定，香港特区可以在经济、贸易、金融、航运、通信、旅游、文化、体育等领域以"中国香港"的名义，单独地同世界各国、各地区及有关国际组织保持和发展关系，签订和履行有关协议。有学者以"无须中央政府进一步授权的权力"[②] 来定义第 151 条所规定的香港特区享有的权利。需要注意的是，在社会治安方面，由香港特区政府负责，中央政府派驻香港特区的军队不可干预香港特区的地方事务。关于驻军人员在香港地区的违法行为的管辖权问题，根据《中华人民共和国香港特别行政区驻军法》第 20 条的规定：香港驻军人员犯罪的案件由军事司法机关管辖。因此，排除了香港特别行政区法院对驻军人员的司法管辖权。但《中华人民共和国香港特别行政区驻军法》第 20 条同时规定：驻军人员非执行职务的行为，侵犯香港居民、香港驻军以外的其他人的人身权、财产权以及其他违反香港特别行政区法律构成犯罪的案件，由香港特别行政区法院以及有关的执法机关管辖。[③]

---

① 《中华人民共和国香港特别行政区基本法》第 16～20 条。

② 郭天武、陈雪珍：《论中央授权与香港特别行政区高度自治》，《当代港澳研究》2010 年第 2 期。

③ 参见傅思明《香港特别行政区行政主导政治体制》，中国民主法制出版社，2010，第 102 页。

在香港特别行政区基本法明确授予香港特别行政区可以实行的行政管理权、立法权、司法权外，还有一类是"全国人民代表大会和全国人民代表大会常务委员会及中央人民政府授予的其他权力"。至于"其他权力的范围"在香港特别行政区基本法中没有具体规定。但可以明确的是，香港特别行政区既然是我国的一个地方行政区域，且在我国的政体是单一制，那么"其他权力"应是中央根据香港特区的具体情况而定，"中央授予香港特别行政区多少权，特别行政区就有多少权"。①

根据香港特别行政区基本法第 12 条规定：香港特别行政区直辖于中央人民政府；第 45 条第 1 款规定：香港特别行政区行政长官在当地通过选举或协商产生，由中央人民政府任命。因此，作为被任命的行政长官也需要对中央人民政府负责。对于行政长官对人民政府负责的事项，在香港基本法中有明确规定，如第 48 条详细列举了香港特别行政区行政长官行使的职权。除此之外，由于特别行政区享有中央授权执行其他事务的权力，那么代表特别行政区的行政长官就有义务执行中央的指令，如香港特别行政区基本法第 18 条规定。简而言之，行政长官执行的权力除了香港基本法规定的行政长官的职权外，还包括中央指令，即中央宣布香港进入战争状态或紧急状态时实施的全国性法律，以及香港基本法附件三规定的全国性法律。鉴于香港特区作为我国的地方行政区域，不论其享有的自治权范围有多大，都必须遵守一个中国的原则，因此作为香港特区首长的行政长官负有维护国家统一和领土完整的义务。当然，对于行政长官的工作，中央政府也是给予完全的支持。不仅体现在行政长官职权范围的广泛性上，并且在中央授予其在对外事务和其他事务的职权范围上，也可略见一斑，如"尽管外交属于主权范围的事务，特别行政区无权过问，但为了凸显高度自治的实质性与适应性，中央人民政府授权特别行政区按照香港基本法自行处理有关的对外事务"②，因此，作为代表香港特别行政区的行政长官也有权代表香港特别行政区参与对外的外交谈判等国际活动。

2. 妥善处理与立法会的关系

为了使香港特区能够平稳过渡，在制定香港特区政制时，中央选择性

---

① 傅思明：《香港特别行政区行政主导政治体制》，中国民主法制出版社，2010，第 105 页。

② 傅思明：《香港特别行政区行政主导政治体制》，中国民主法制出版社，2010，第 118 页。

地保留了港英时期的港督制，并增加民主政治因素，形成了回归后的香港特区行政主导制。"行政主导"顾名思义就是行政权处于主导地位，即行政、立法、司法三者间，行政权处于优势地位。相对行政主导的立法主导而言，立法会成为政制中的主导因素。立法会的议事程序需要几轮的"商谈、讨论"是必经程序，一方面显示了立法主导的"民主决策"程序，另一方面这样的议事程序导致效率较低的工作效果，并不能满足作为国际化城市的香港需快速解决问题的要求。司法主导，则是司法机关处于主导地位。司法权的行使本身决定了司法程序的启动是被动的，且诉讼成本比较昂贵，因而并不适宜快速、高效、经济的政制发展需求。由此可见，行政主导制是最适宜香港特区发展的政制模式。

香港特区行政主导制具有司法独立、行政与立法既相互制约又相互配合的特点。香港基本法确立行政长官"双首长"地位，特区政府与立法会的关系，行政会议的法律地位，行政长官对司法的制约等内容，体现了行政权在香港特区政制权力架构中的主导地位。[①] 然而在现实中，行政长官由选举委员会选举产生，而立法会议员由功能组别和分区直选产生，立法会议员的直选成分大于行政长官的直选成分，并且政党在立法会的影响较大，由此导致实践中的立法会对行政机关的制衡作用发挥极好，而鲜有配合成分，因此行政主导制在香港特区的运行并不良好。

香港基本法规定的立法会质询权体现了立法会与行政机关的制衡关系，即立法会议员"可以要求行政机关及其公职人员就特定问题做出解释、说明和答辩并可据此采取进一步措施的权力"[②]。立法会质询权的法律依据为香港特别行政区基本法第 73 条、立法会议事规则第 22 条"任何议员均可就政府的工作向政府提出质询，要求提供有关该事的资料，或要求政府就该事采取行动"。可见立法会的质询权是在立法会议员对行政机关及其公职人员公务行为产生疑问时，立法会具有的监督行政权力行使的职权。正如王叔文先生所说，立法会的质询权"侧重于施政过程中的具体情况、具体问题的监督，纠正实施过程中的事务，以保证政策的正确执行"[③]。并且根据

---

① 肖蔚云：《香港基本法讲座》，香港文汇出版社，1996，第 134 页。
② 朱维究：《关于香港特区行政主导的反思——从基本法所规定立法会各项职权看香港行政与立法的冲突》，载《"中央与地方关系的法治化"国际学术研讨会论文集》，2007。
③ 王叔文主编《香港特别行政区基本法导论》，中共中央党校出版社，1997，第 277 页。

香港特别行政区基本法第73条的规定，立法会有"听取行政长官的施政报告并进行辩论"以及"就任何有关公共利益问题进行辩论"的权力。对于行政长官的施政报告进行辩论，无疑体现了立法对行政的制约关系，但如何界定"公共利益"，仅仅是局限在香港特区内的公共利益，还是包括中央与香港特区的关系，或是包括其他有关中央对香港特区管理的事务？香港特区作为我国的一个地方行政区域，享有中央授予的高度自治权，不单香港特区政府的权力范围由中央授予，并且立法会的权力范围也应限定在中央授权范围内。因此，立法会辩论的"公共利益"应仅局限在中央授予的香港特区自治范围内的事务。并且，香港特区政府作为香港特区行政机构，应是公共利益的维护者[1]和代表者，作为"公共利益"的解释者，也是行政主导制的要求。立法会的权力范围不仅包括对行政机构的质询权、解释权，还包括对行政长官的弹劾权，以及决定了是否批准税收和公共开支等议案。虽然行政长官对于立法会也有解散权，但行政长官在任内只可行使一次解散立法会的权力，并承担着被迫辞职的风险。可见，在制度层面，立法对行政的制衡机制具有法制保证。立法对行政的制约虽然立足于行政权力运行的监督考量，但是"尽管保持制约和平衡非常重要，但更重要的是立法机关和行政机关的协调，以避免出现僵局"[2]。并且，"香港是一个自由港，是国际性的工商业城市和金融中心，客观上要求政局稳定，有一个高效率的政府，维持一个有效的商业运作环境，过分强调行政与立法的制约，立法权就可能扩大，导致香港整个宪制的危机"[3]。可见，立法会对行政机构配合机制的有效发挥不仅是香港作为国际化城市的发展需要，更是对香港特区行政主导制运行的保障。

行政与立法的配合机制主要体现在行政会议的作用上。"行政会议是香港特别行政区政治体制的一个重要特点，在行政主导的政治体制中发挥了协助行政长官决策、协调行政与立法之间关系的重要作用。"[4] 根据香港特

---

① 朱维究：《关于香港特区行政主导的反思——从基本法所规定立法会各项职权看香港行政与立法的冲突》，载《"中央与地方关系的法治化"国际学术研讨会论文集》，2007。

② 佳日思：《香港新宪政秩序——中国恢复行使主权与基本法》，国务院发展研究中心港澳研究所翻印，2007，第253页。

③ 李昌道：《香港政治体制研究》，上海人民出版社，1999，第30页。

④ 傅思明：《香港特别行政区行政主导政治体制》，中国民主法制出版社，2010，第125页。

别行政区基本法第 54 条规定：香港特别行政区行政会议是协助行政长官决策的机构。因此，就行政会议的性质而言，是行政长官的决策咨询机构。根据香港特别行政区基本法第 55 条规定：香港特别行政区行政会议的成员由行政长官从行政机关的主要官员、立法会议员和社会人士中委任，其任免由行政长官决定。行政会议成员的任期应不超过委任他的行政长官的任期。可见，行政会议组成人员中对"社会人士"的委任，使得行政会议讨论结果是在尊重民主基础之上，综合社会各方面利益而得出的建议。而"立法会议员"的加入，可以起到行政与立法协调的桥梁作用。"香港基本法所规定的行政与立法之间的互相制约与互相配合的关系是要使行政机关与立法机关互相促进，各有分工，各得其所，并促进行政、立法机关不断提高效率和改善工作的积极手段。"[1] 而行政会议作为"协助行政长官决策的机构"，其成员中具有立法会议员，"这部分议员的双重身份使得他们在行政长官与立法会之间可以起到传达、沟通的作用，促进行政机关与立法机关之间的互相理解，对行政与立法之间既相互制约又相互配合的关系的实现有促进的作用。"[2] 行政会议成员无须承担政治责任，并且由行政长官决定人选，集体辅助行政长官，从这个制度分析，行政会议类似总统制国家中的内阁，即集体辅助总统的决策机构，最终决定权在总统。但是与总统制内阁不同的是，如内阁成员与总统意见相左，则内阁成员必须辞职或总统解聘，行政会议成员则不须如此。

行政会议作为行政长官的咨询机构，虽然不享有政策决定权，但作为行政长官决策重要事务的智囊团，其地位不容小觑。行政长官在做出重要决策、向立法会提交法案、制定附属法规和解散立法会前，须征询行政会议的意见，对于行政会议的建议，行政长官可以采取，如行政长官不采取行政会议多数成员的意见，将把具体理由记录在案。虽然在制度规定上行政长官可以不采纳行政会议的大多数意见，但在实践中行政长官从没有违背过行政会议的意见。

三　完善特区行政主导配套制度建设

在香港特区行政主导制中，行政机关与立法会之间既相互制约又相互

---

[1]　肖蔚云：《香港基本法与一国两制的伟大实践》，海天出版社，1993，第 183 页。

[2]　傅思明：《香港特别行政区行政主导政治体制》，中国民主法制出版社，2010，第 126 页。

配合，其中以行政长官为首的行政机关处于优势地位是香港特区政制的特点。然而由于行政长官的选举成分与立法会议员的选举成分不同，且政党因素在立法会中所占比率日益提高，因此现实中，立法对行政的制约关系日渐明显。协调行政与立法关系，有益于香港特区政制的稳定。在本节中，对香港特区政制的完善，进行浅议。

（一）健全政府主要高官问责制

港英政府时期政制是以总督集权为特点，港督制的公务员都是港督委任，为港督服务；香港回归后，特区政制虽以行政为主导，但行政与立法间的制约作用日益加强，使得行政权与立法权相互分离。随着香港社会民主政治的发展，特别是政党政治在立法会中的活跃，对行政机关的执政挑战愈加明显。特区政府在面临某些突发问题时的解决能力，一定程度上成为评判行政主导制是否优越的依据。如 1997 年的禽流感，让香港市民对特区政府的职能架构产生不满情绪。面对这些问题，也为建立一个更高效、更负责、更透明的廉政政府，时任香港特区行政长官的董建华特首在 2000年 10 月 11 日立法会第四次施政报告中，提出了推行政府首要官员问责制（Principal Official Accountability System，POAS）的建议，并在 2002 年公布了"政府主要官员问责制"的方案，立法会以多数票支持了该议案，最后通过了"政府主要官员问责制"。这次改革是香港回归以来首次重大的政治体制改革。

高官问责制是以合约形式聘用一批官员，使他们直接对行政长官负责。所有列入问责制范围的主要官员都进入行政会议，直接参与制定政府的整体决策，决定决策推行的优先次序，协调跨部门的工作事项，从而大大提高政府的工作效率。[①] 高官问责制的主要目标是增强责任政府的责任政治性，即增强除行政长官外其他主要官员的责任，以增强行政与立法间的协调作用。香港基本法规定，香港特区行政长官既是香港特区首长，也是香港特区政府的首长。因此，香港特区的行政长官既需要对特区政府负责，也需要对香港市民负责，对香港的社会发展、经济繁荣负责。为了能够更好地代表特区政府对香港市民负责，行政长官需要具有良好施政理念的行

---

① 王晖：《香港廉政制度体系》，中国方正出版社，2005，第 158 ~ 161 页。

政团队以增强特区政府的执政能力。在西方国家中，"政府中负责或参与重大政治决策的主要官员一般属于政治委任性质的，是政务员，不属于公务员范畴"。[①] 而香港特区政制在回归前即是公务员系统包含了负责政治决策的公职人员，这是直接沿用港英政府时期政制而形成的。然而香港特区政制中的委任制却没有保留在现有体制内，导致没有形成良好的与行政长官施政理念相似的施政团队，进而导致了行政机关执政效力的缓慢。高官问责制的应运而生，能够缓解行政机关相对立法会在行政主导制中所处的弱势地位；并能够加强行政长官充分履行其职能、保障行政主导制良好的运作，最终达到缓解行政与立法间的冲突对立状态。

高官问责制在运作程序上，主要通过行政会议来实现，即由局长制定政府政策，再经行政会议批准，政策委员会的成员包括所有政府任命的主要官员，这样可以使得政策建议在提交行政会议前先进行讨论，从而增加通过的可能性。对于高官问责制也有质疑的声音，主要质疑聘用的高官是否能够保持其政治中立，并不受行政长官政见影响？高官问责制是否会导致行政长官大权独揽的现象出现，从而使其滥用人事任命权？对于这些质疑，可以从问责高官的监督渠道进行阐释。首先，立法会可以质疑问责官员，要求行政长官给予处理；如"仙股"事件，香港特区立法会就于2002年召开了财经事务委员会特别会议，听取政府相关部门进行解释，并要求行政长官成立独立委员会调查此事。其次，媒体的监督。几乎每次问责制导致的具体案例都离不开媒体的舆论监督。如梁锦松买车案就是在香港媒体公布后，引起的对梁锦松购买私家车之举的质疑。再次，群众反映。群众对问责官员的监督可以通过基层议员的反映或直接向新闻媒体举报，从而引起高度关注，甚至是廉政公署的介入。最后，行政长官可以主动查处问责官员。由此可见，问责官员在立法会、媒体、群众的多层监督下，其施政理念必须符合香港特区发展的整体利益，否则其政治生命就可能导致断送的后果。

建立高官问责制具有诸多优势。首先，为香港有志从政青年提供了从政平台。首任的14位问责主要官员中，有不少人是从公务员队伍外聘用的，如政治学者刘兆佳等人即是乘坐"直通车"进入政府高层的。其次，加强

[①] 傅思明：《香港特别行政区行政主导政治体制》，中国民主法制出版社，2010，第221页。

了香港特区行政主导制的有效性。随着香港特区政党政治的发展，立法会全体议员中有过半数以上议员具有政党背景，由于行政长官的非政党化，"某些立法会的政党和议员只是扮演反对党角色，制约有余，配合不足"，[①]因此，立法会常常由政党操纵，不能客观评价行政长官提出的议案。行政长官面对拥有强大政党支持的立法会，显得势单力薄。高官问责制的设立，加强了行政长官的执政效力，且问责高官集体进入行政会议的制度设计，也使行政机关作为咨询机构的效力得到加强。

毕竟，高官问责制是香港回归之后进行的首次行政改革，在具体实践中还存在需要完善的地方。首先，对问责高官何种行为需要问责、问责的程度等问题没有细化。如果只要对问责高官产生质疑的情况出现，问责高官就不得不最后辞职才能泄"民怨"，那么既不利于高官问责制的执行，也不利于行政主导政制的稳定，更对优秀的问责高官的政治发展不负责任，会导致香港特区政治人才的流失。其次，对问责高官的监督渠道。目前主要的监督渠道是媒体，对于群众的监督，只有通过基层议员的层层反映，才能引起高层的注意，最终由行政长官任免。这样的程序设置，不单烦琐，而且效率低。应该设置类似廉政公署的专门机构对问责高官进行职务监督。

（二） 规范特区政党和政团发展

香港特区政党的发展历史相对于资本主义国家的政党发展历史，十分不成熟。英国从1689年订立的《权利法案》至今有325年的历史；美国则在1970年基本实现了普选。而政团政党在香港政治生活中的出现，可以追溯到港英政府准备撤离香港前进行的代议政制改革，即1991年立法局首次引入直选以来，香港政党才开始迅速发展。政党的发展离不开民主政治的发展。港英政府期间，香港社会处于被管制阶段，港英政府的权力来自英女皇的全权授予，在港英政府期间，香港不存在政党，甚至也绝少出现政治性团体。直到20世纪80年代初期，香港回归问题日益临近，港英政府不得不为最后撤离做出政治安排，才开始推行了代议制改革。"1985年9月第一次民选方式间接选举产生十二名立法局议员，1991年9

---

① 肖蔚云主编《香港基本法的成功实践》，三联书店，2000，第55页。

月第一次直接选举产生十八名立法局议员。"① 选举制的出现，特别是直接选举的介入，使得港英时期香港社会的民主因素日益增强，在代议制推行后，政治性组织和压力团体开始在香港社会出现，至此，政党、政团组织在香港形成。

这些政治性组织和压力团体，通过选举制度进入香港社会政治体系，从而影响香港社会政治生活。随着代议制的推行，港英政府陆续向社会开放政治权力，实行区议会、市政局（区域市政局）和立法局三级架构的选举。通过选举，各政治性组织培养自己的人才，并逐渐发展壮大，转变成愈加成熟的政党组织。由此可见，政团的出现与社会政治民主发展息息相关，而最直接体现政治民主的方式即是选举。目前，香港特区政党政团性质的组织，数量多、规模小，这与香港基本法确立的香港特区政制相符合。香港特区行政长官的非党性使得立法会成为各政团角逐的舞台，而行政主导制的特点即以行政长官为首的行政机关起主要作用，因此"立法会中不能出现操纵多数议员的超大型政党"②。香港特区的政团政党，总体而言可以分为"泛民"和"亲中"两个阵营。其中，民建联、自由党和港进连等属于"亲中"阵营，即拥护"一国两制"方针；而"泛民"阵营则对中央政府和香港特区政府持激进的政治态度。香港特区行政主导制要求行政长官非政党化③，以及香港特区政府公务员品行和纪律要求各级管理人员保持"政治中立"④，因此"泛民"派和"亲中"派无一例外不是香港特区的执政党，其共性便是"监察政府"，甚至"泛民"派政党以与政府对立赢取民众关注度。即使是"亲中"派，在选举时，为了迎合民众，也不得不做出批评政府的宣传，即"政府哪些政策因民建联的反对而没有执行"⑤。在实践中，"亲中"派和"泛民"派曾联手向特区政府施压，如2004年否决106亿港元大学经费拨款等。香港特区政党这一"监察政府"的特点，导致香港特区行政主导制的施行障碍。

① 孙晓晖：《香港政党政治的发展现状及其政治影响》，《桂海论丛》2007年第23卷第6期。
② 朱世海：《香港政党研究》，时事出版社，2011，第5页。
③ 《行政长官选举条例》第31条。
④ 香港特别行政区政府公务员事务局网站，http：//sc. csb. gov. hk/gate/gb/www. csb. gov. hk/tc_chi/admin/conduct/134. html。
⑤ 朱世海：《比较视野下的香港政党政治》，《中共浙江省委党校学报》2011年第5期。

首先，没有《政党法》确认香港政党的政治地位。香港特区的政团、政党只能以《公司条例》或《社团条例》登记，即香港特区政团政党组织的法律地位是公司或社团组织，但在香港特区的政治生活中，政团政党显然已占据举足轻重的地位。随着香港特区立法会选举中直选比例的逐年增加，香港政党政团对行政主导制的运行更具影响力。目前，立法会议员中具有政党背景的人数过半，且在行政长官选举中也有政党参与其中，如2006 年香港公民党执委会推举党员梁家杰参加香港特区第三任行政长官选举。建立《政党法》，规范香港特区政党政团组织的发展，对于缓解香港特区行政与立法的矛盾，以及行政主导制的运行，都具有积极意义。关于《政党法》的确立，一定要在遵守香港基本法的前提下进行制定。根据香港特别行政区基本法第 23 条规定：香港特别行政区应自行立法禁止任何叛国、分裂国家、煽动叛乱、颠覆中央人民政府及窃取国家机密的行为，禁止外国的政治性组织或团体在香港特别行政区进行政治活动，禁止香港特别行政区的政治性组织或团体与外国的政治性组织或团体建立联系。因此《政党法》的建立，不但要求各政党党员遵守党章规定，更要以维护祖国领土完整、保持香港长期繁荣稳定为原则，严格遵守香港基本法和坚持香港特区行政主导制为基础。《政党法》是政党发展与民主政治的要求，因此对《政党法》的制订和修改，应该经过全国人大的批准，由行政长官报请全国人大常委会进行备案。《政党法》一经制定就应保持其权威性和稳定性。

其次，加强香港特区行政机构与政党之间的执政联盟。目前香港特区行政长官与立法会的政党关系是：行政长官有权无票，而政党则是有票无权，因此二者的关系呈对立局势。就如自由党主席田北俊认为：若政府与政党是执政联盟，不但可破解在立法会无票的困局，并可帮助政党发展。关于这一点，原特区行政长官曾荫权就曾委任田北俊为旅游发展局局长。对于特区政府 11 个副局长和 13 个政治助理的职位，可以吸收政党身份人士，如高官问责制中的问责高官包括"副局长""政治助理"级别的官员。对于"泛民"派党员，也应该考虑其政治意见，并在问责高官中予以委任。行政长官委任少数该党派官员，使其进入行政会议，对于沟通党派间的不同意见具有积极作用。在立法会议员中，也可通过比例选举吸纳少数"泛民"派党员，从而形成"联合政府"。"联合政府（coalition government），原意是两个或者两个以上党派联合组成的政府。"① 在立法会中，保持任何政党不能占有绝对多数议席，即出现"无绝对多数议席"的政党，其实"行政主导与政党政治并非'有你无我'的关系"②，只要能相互配合，那么就可以为香港特区的繁荣稳定做出贡献。

最后，有学者认为应该使行政长官处于"超脱的地位"，并设立副行政长官领导政府工作并向立法会负责。行政长官不需要向立法会负责和向其报告工作，立法会只可对其弹劾，并且弹劾的理由应调整为"叛国罪或其他十分严重的罪行"。副行政长官由行政长官提名，中央政府任命。③ 其理论来源于俄罗斯总统超脱的政治地位。俄罗斯实行无执政党的多党制，但俄罗斯总统在国家杜马有"政权党"。俄罗斯学者认为"可以把国家元首身边工作并奉行其方针政策的组织机构和集团称为'政权党'"，④ 通常总统在卸任之后成为该党主席。所以在名义上，俄罗斯总统为无党派，但其背后有政权党作为支持。然而香港特区并没有该意义上的政党，即使是"亲中"派的政党，在面对政治竞选上，也不得不为了拉拢民意而指责行政机关。因此，在俄罗斯"国家杜马对政府提出不信任，辞职的是总理等内阁成员，总统安然无恙"⑤；如香港特区也效仿俄罗斯增设副行政长官全权代替行政长官与立法会进行日常工作，对此，笔者认为还是没有解决实质问题。一来对于副行政长官的党性要求如何？如按照特区公务员要求的"政治中立"，那么副行政长官实际的作用与原行政长官的职能相差不大；如副行政长官具有党性，那么极易"架空"行政长官。故笔者认为，在现有的政治体制内，应该妥善运用行政吸纳政治的理论，适当吸纳政党人士加入，并且应该细化问责内容。如果依照《问责制主要官员守则》规定的"主要官员须时刻严守个人操守和品格的最高标准"进行问责，那么问责高官极易受到立法会的弹劾；但如果具体到"叛国或其他十分严重罪行"等内容，则在操作上更为清晰。

（三）推进香港基本法"23 条立法"

国家安全关系一国生死存亡，涉及主权独立、领土完整、社会稳定等

① 朱世海：《比较视野下的香港政党政治》，《中共浙江省委党校学报》2011 年第 5 期。
② 朱世海：《比较视野下的香港政党政治》，《中共浙江省委党校学报》2011 年第 5 期。
③ 朱世海：《比较视野下的香港政党政治》，《中共浙江省委党校学报》2011 年第 5 期。
④ 〔俄〕谢尔盖·亨金：《俄罗斯"政权党"素描》，《当代世界》1998 年第 1 期。
⑤ 朱世海：《比较视野下的香港政党政治》，《中共浙江省委党校学报》2011 年第 5 期。

各个方面①。作为我国地方行政区域的特别行政区，国家的完整与统一与其自身的稳定与发展息息相关，是唇亡齿寒的关系。因此，在"一国两制"基本方针指引下，特别行政区应自行按照基本法的要求，对国家安全保护的法律条文进行具体立法。香港特别行政区基本法和澳门特别行政区基本法第23条做出了原则性规定，即特别行政区应自行立法禁止任何叛国、分裂国家、煽动叛乱、颠覆中央人民政府及窃取国家机密的行为，禁止外国的政治性组织或团体在澳门、香港特别行政区进行政治活动，禁止澳门、香港特别行政区的政治性组织或团体与外国的政治性组织或团体建立联系。两个基本法中关于维护国家安全的第23条被称为"国家安全条款"。② 关于基本法的第23条，其性质是授权性法律，属于特别行政区立法权范围内。制定关于基本法第23条的具体法律制度，不仅是特别行政区的权力，更是特别行政区负有的对中华人民共和国主权统一、领土完整不容懈怠的义务。

首先，中国是单一制国家，对于维护国家安全的立法，在国际上，即便是联邦制的美国，都属于中央立法权范围。然而，我国中央政府授权特别行政区自行立法，这在世界上是独一无二的。因此，对基本法第23条的立法，不仅是特别行政区的宪政责任，也是基本法赋予特别行政区特有的立法权力。并且，不论是作为特别行政区市民还是作为中华人民共和国公民，维护祖国和民族的安全是每个公民应尽的职责。之所以会有对香港市民享有人权产生不利影响的顾虑，主要缘于政治因素考量。目前在香港特区存在某些政治性团体或组织，对于第23条的立法，以"为反对而反对"的政治动机，蛊惑民众、舆论肇事，从而达到政治目的的完成。并且，在国外势力支持下，在香港社会甚至鼓吹全民公投、城邦自治等与"一国两制"方针大相径庭的言论，其政治目的不言而喻。对于这样的政治势力宣传，香港特区政府应该高度重视，并对第23条的立法意图进行宣传说明，收集民众建议信并举行听证，争取最大限度地消除民众顾虑。我国内地法律总体偏向大陆法系，而香港特区法律属于普通法系成员，关于香港市民所享有的权利不仅在香港特别行政区基本法第三章有所规定，并且在《公民权利和政治权利国际公约》、《经济、社会与文化权利的国际公约》和

---

① 李竹：《论我国特别行政区的国家安全立法》，《苏州市职业大学学报》2006年第3期。
② 范忠信：《一国两法与跨世纪的中国》，香港文教出版社企业有限公司，1998，第190页。

《国际劳工公约》中均有适用于香港特区的相关规定。因此，香港特区居民总体上对相关权利的保护更为广泛。因此，在香港特区制定维护国家安全法，究竟应该以"使用武力"为标准，还是"其他非暴力行为"也属于该罪范围内？对于危害安全的范围是限定在对中华人民共和国安全造成危害，还是仅在香港特别行政区内造成危害即可？这些问题在具体制定《香港维护国家安全法》时应予以明确。

其次，在制定《香港维护国家安全法》时，应从香港特区的实际情况出发，并且综合考量香港特区在回归前的国家安全立法，以及回归后香港特区所实行的刑事法律，做出较好的衔接。香港回归前的刑事法律大体上为《刑事罪行条例》、《公安条例》、《紧急法令条例》和《社团条例》。其中《刑事罪行条例》对于国家安全方面的立法有：叛逆或谋反罪；图谋叛国罪；袭击女皇罪；煽动罪；煽动性行为及言论；非法藏有煽动性刊物等；非法誓约。《公安条例》也对集会、游行和群众示威等进行了规定，并且对于该方面的防范，"警方在适当和必需时可以使用武力进行制止"①。由此可见，港英政府期间，英国管制者在法律层面上也进行了"叛国罪、侵袭英王罪、煽动罪、煽动军队叛变罪"等法律的制定。在香港特区回归后，具有管制色彩的香港法条已经废除。在制定《香港维护国家安全法》的可以适当借鉴在立法领域上的处理，这样一方面对于香港特区居民对法律的理解与接受具有一定的正面作用；另一方面，对于个别政治势力的言行也具有不攻自破的效果。

再次，执行维护国家安全的机构设置问题。《维护国家安全法》以保护国家主权完整为基础，具有一定程度的政治色彩。而特区司法人员，"过去长期接触和处理的是一般刑事案件，极少接触带有政治色彩的犯罪案件，再加上生活环境的不同，对中国国情的认识不足，难以确保在接触到带有政治色彩的犯罪案件时，做到准确定位、'毋枉毋纵'"②。香港特区的法官都是对普通法熟悉的法官，而对我国内地的法律并没有具体的要求，因此在涉及危害国家安全的犯罪问题上，应由既熟悉香港法律也熟悉内地法律、政策的专业人员进行处理。在司法体系上，设置一个专门机构专门处理危

① 李竹：《论我国特别行政区的国家安全立法》，《苏州市职业大学学报》2006 年第 3 期。

② 周新政：《关于澳门维护国家安全法出台后的思考》，《中共珠海市委党校 珠海市行政学院学报》2009 年第 2 期。

害国家安全的犯罪，且该机构享有一定的独立权限，即"能够直接与内地相关部门对话"[①]。在侦查、起诉、审判的过程中，均应有中国籍的专业人员参与，这不仅对于案件的专业性、公正性有所保证，并且由于该类案件处理的事件，一般与"中央人民政府管理的事务或中央和香港特别行政区关系的条款"有关，因此设置专门的办案机构，且该机构具有与中央相关部门直接通话的权力，在审理的过程中既能保证司法的公正性，又能满足该类案件的政治属性。

最后，必须明确的是主权问题是根本问题，维护国家安全关乎主权，所以对维护主权的立法应是不容置疑的。张晓明曾指出：坚持"一国"原则最根本的是要维护国家主权和安全，继而指出澳门已就23条完成立法，香港也应"适时完成这一立法"[②]。在对特别行政区"两制"充分尊重的同时，特区居民也应了解国情，尊重内地实行的社会主义制度、政治体制和司法制度，这样才能保持香港特区长期、持续、稳定、健康地发展。

（四）完善人大释法的相关制度

香港特别行政区基本法、澳门特别行政区基本法分别在第158条和第143条就全国人大常委会对港澳基本法的解释进行了规定。关于人大释法，虽然在基本法中有明确规定，但香港社会对此还有不同声音，有种声音认为人大释法违背特别行政区的独立司法权。至于这种质疑，在法理上没有立足之位。大陆法系的国家，全国只有一个终审法院。"即便在英国和美国，在国家宪法层面全国仍然只有一个司法管辖权，即只有一个司法终审机构，在英国是上议院上诉委员会，在美国是美国联邦最高法院。"[③] 我国的特别行政区享有独立的司法权，具有其自身的终审法院，这是"一国两制"理论的创新，也是世界性司法体系的创新。

中央授予特别行政区最大限度的高度自治权，而"一国"的根本性不仅体现在军事、外交、国籍的统一，在法制领域，宪法的统一是根本，也

---

① 周新政：《关于澳门维护国家安全法出台后的思考》，《中共珠海市委党校　珠海市行政学院学报》2009年第2期。

② 张晓明：《丰富"一国两制"实践》，载《十八大报告辅导读本》，人民出版社，2012，第247~339页。

③ 王振民：《"一国两制"与国家统一新观念（上）》，《海峡时评》2007年9月。

是国家统一的重要法律象征和保障。"即便在联邦制国家例如美国，各州可以有自己的州宪法，但是在各州之上还要有统一的美国联邦宪法，而这个统一的全国宪法对各个州都是适用的。……且州宪法不得违反联邦统一的宪法。"① 香港回归后，虽然全国内的法律并不全部在香港特区适用，并且香港特区也有其宪制性法律文件《中华人民共和国香港特别行政区基本法》；但总体而言，香港特区作为中华人民共和国的一个地方行政区，《中华人民共和国宪法》是我国的根本大法，其毫无疑问对香港特区具有法律效力，且香港基本法是《中华人民共和国宪法》第31条的具体化，因此在效力位阶上，《宪法》显然高于香港基本法。

尽管中央授予香港特区独立的法律制度、司法体系，甚至香港特区拥有其终审法院，但作为一国的地方行政区，宪法上的统一还意味着最高国家权力机关的统一，即全国人民代表大会有权为香港特区制定、修改并解释其宪制性法律文件——香港特别行政区基本法。香港特别行政区基本法第158条规定了香港特区与中央关系产生疑问时，必须由全国人大常委会进行解释。有些人认为该条违背了普通法系的原则，侵害了香港特区享有的独立司法权。至于这种疑问，首先就没有清楚香港基本法的性质，即根据中华人民共和国宪法制定的法律，香港基本法是授权法；其次对香港基本法这一宪制性法律文件的具体条文没有清楚掌握；最后即使作为普通法系的国家，如美国，各州或邦制定州或邦宪法，但州宪法或邦宪法不是独立主权国家的宪法，并且终审法院也只有国家层面的，即联邦制国家只有一个上诉法院。我国在充分信任和授权的基础上，创新性地赋予特别行政区设终审法院的权力，在国际上绝无仅有，就连英国前首相撒切尔夫人在签订中英联合声明时，也感叹说"一国两制"是中国人的伟大创新。如果我国最高权力机关全国人大常委会无权对地方行政机关的法律进行解释，那么无疑就是指地方行政机关是独立的政治实体，这样的言论和质疑是分裂国家的行为。至此说明，人大释法的合法性是毫无疑问的。

根据香港基本法的规定，全国人大常委会的释法只有香港法院在审理案件时，发现该案件是属于"中央人民政府管理的事务或中央和香港特别行政区关系的条款的解释"，在做出不可上诉的终局判决前，应由香港特区

---

① 王振民：《"一国两制"与国家统一新观念（上）》，《海峡时评》2007年9月。

终审法院提请全国人大常委会对该条款进行解释，但在此之前做出的判决不受影响。也就是说，如果终审法院没有就该法条提请全国人大常委会进行解释而做出了判决，那么该判决生效后，对于以后类似的案件也具有约束效力。如何监督终审法院在审理时，遇到香港基本法所指出的需要人大释法的情况时，提请全国人大进行解释？程序上似乎有漏洞。香港基本法在香港特区具有宪制性法律地位，因此，对于宪法解释的问题，"争取建立宪法性惯例，才是务实的做法，而且符合法治和民主的原则"①。关于建立宪法性惯例，还有待进一步研究。

对于全国人大的释法问题应注意以下几点。首先，香港基本法的解释权属于全国人民代表大会常务委员会。根据我国《宪法》第 67 条第 4 项规定：全国人民代表大会常务委员会行使解释法律的职权。正如有关学者所言："香港基本法是全国人大制定的法律，属于基本法律，基本法律是比全国人大常委会制定的法律更为重要的法律。全国人大常委会有权解释香港基本法。"② 香港基本法是全国人民代表大会制定的法律，也是香港特区的宪制性法律，属于基本法律。其次，有权解释香港基本法的主体还包括香港特区法院。关于人大的释法与香港特区法院的释法的效力位阶，有学者认为："全国人大常委会是最高国家权力机关的常设机关，香港特区法院是香港特区的法院，是地方的司法机关。显然，作为全国性的代议机关，全国人大的常设机关全国人大常委会具有优位于香港特区法院的特征。"③ 笔者认为，虽然香港特区实行司法独立制度，享有终审权，但考虑全国人大对香港法院的释法范围，即只针对"香港基本法关于中央人民政府管理的事务或中央和香港特别行政区关系的条款进行解释，而该条款的解释又影响到案件的判决"的终审案件，这不仅关系香港特区，更关系香港特区与中央之间的关系。因此，对于该司法解释，不可单单从香港特区司法制度属于普通法系的法理角度分析，而应站在中央与地方、整体与局部利益的高度去认识。并且作为全国人大常委会的解释，一般是具有抽象性和普遍

---

① 陈弘毅：《香港特别行政区的法治轨迹》，中国民主法制出版社，2010，第 263 页。
② 王磊：《论人大释法与香港司法释法的关系——纪念香港基本法实施十周年》，《法学家》2007 年第 3 期。
③ 王磊：《论人大释法与香港司法释法的关系——纪念香港基本法实施十周年》，《法学家》2007 年第 3 期。

性，而作为司法机关的香港特区法院的解释是建立在对具体案件的解决上。因此，在全国人大释法的指引下，香港特区法院对具体案件做出判决，这并不影响香港特区的司法独立原则，因为全国人大仅是释法而非司法，做出司法判决的权力仍属于特别行政区法院所有。因此，从这个维度上考量，人大释法谈不上对特别行政区司法独立原则的违反。并且对于以后类似案件的审理，香港特区法院在遵守人大释法的前提下，依然遵循先例原则进行判决。再次，根据香港特区司法独立的制度原则，理论上人大释法不应在法院审判过程中进行，但"关系中央人民政府管理的事务或中央和香港特别行政区的关系"与我国主权问题相关，因此不可仅就司法制度层面考虑此问题。并且香港特区的司法制度也是在我国中央政府授权下的高度自治的表现，而在审理国家行为、中央与香港特区关系等事实问题时，必须尊重"一国两制"基本方针，这样才可最终取得尊重司法独立、尊重司法终审的效果。最后，需要发挥人大释法的"顶端优势"强化香港特区与内地的法律制度协调性。所谓"顶端优势"，是指人大作为国家最高权力机关所具有的权力合法性优势，以及通观全局的战略性优势，因此人大应避免关键问题的制度冲突。根据香港基本法的规定，香港特区在回归后保持原有的法律，即普通法、衡平法、条例、附属立法和习惯法，而香港基本法附件三中规定的全国性法律也在香港特区施行。香港特区与内地存在实体法运用区别，且在程序上，香港特区也保有原来的普通法系司法程序，并享有独立的司法权和终审权。因此，香港特区实行的普通法系法律与我国内地实行的社会主义法律，在实体及程序上具有法律冲突，而人大释法恰恰可以发挥"顶端优势"以解决此类冲突问题，比如"以最高人民法院代表内地法域与香港特别行政区司法机关签订双边文件，就某些具体领域的问题达成一致安排"[①]，1998 年签订的关于内地与香港特别行政区法院互相送达民商事司法文书的安排，1999 年通过的相互执行仲裁裁决的安排，2006 年签订的内地与香港特别行政区法院相互执行当事人协议管辖判决的安排，即是此类冲突解决的实例。

随着香港特区与内地经济、贸易、生活等各领域的合作频繁，在发生

---

① 詹朋朋：《跨越法系的鸿沟：内地与香港法律冲突解决之出路》，《九江学院学报》2008 年第 1 期。

法律冲突时，应遵守"一国两制"基本方针的同时，还应严格按照香港基本法的有关规定和具体事务的相关法条进行解决。在香港特区法院处理具体案件时，对审理的案件需要解释，如在香港基本法授权的范围内，可以自行解释；但如案件关系中央人民政府管理的事务或中央和香港特别行政区关系的条款，而该条款的解释又影响到案件的终审判决时，则由全国人民代表大会常务委员会对相关条款做出解释，且案件的判决及以后相关案件的判决遵守先例原则，人大释法的规定与香港特区司法独立性并不矛盾。

香港特区政党法制化问题研究

林来梵[*]

一　香港特区政党法制化的可行性

（一）香港特区政党法制化的规范要求

从划分国家结构形式的主要标准来看，"一国两制"下我国国家结构仍属于单一制国家结构，香港是作为一个享有高度自治权而直辖于中央人民政府之下的地方行政区域。所谓"一国两制"，是指在一个国家内部实行两种不同的社会经济制度；"一国"为前提，"两制"为原则。[①] 换言之，"一国"是"两制"的前提和基础，"在处理中央与特区的关系时，必须首先把维护国家的统一、维护国家领土及主权的完整放在首位"[②]；"两制"是在"一国"的基础上确立的原则，内地和香港特区分别实行社会主义制度和资本主义制度，互不干涉。"一国两制"是完整的概念，"高度自治"在这个命题之下所体现的只是"一种手段性的价值"，过分强调香港的独立性无异于将"手段自我目的化"[③]。因此，香港特区在保障"国家安全"的问题上负有不可推卸的宪政责任。[④] 根据《香港

---

* 课题负责人：林来梵，清华大学港澳研究中心副主任，清华大学法学院副院长、教授；课题组成员：黎沛文、汪江连、李蕊佚。

① 蓝天主编《"一国两制"法律问题研究（总卷）》，法律出版社，1997，第18页。

② 王振民：《中央与香港特别行政区关系——一种法治分析的解析》，清华大学出版社，2002，第114页。

③ 蔡茂寅：《中央与地方权限划分问题之研究》，载李鸿禧、叶俊荣、林子仪等《台湾宪法之纵剖横切》，元照出版有限公司，2002，第379页。

④ 有学者甚至认为"保障国家安全"不仅是《香港特区基本法》第23条为香港特区所确立的"特殊宪政责任"，也应该是香港特区政党法制的核心价值理念。参见叶海波《香港特区政党的法律规范》，《法学评论》2011年第6期，第153～154页。

特别行政区基本法》（以下简称《基本法》）第 23 条的规定，香港应自行立法禁止任何叛国、分裂国家、煽动叛乱、颠覆中央人民政府及窃取国家机密的行为，禁止外国的政治性组织或团体在香港特区进行政治活动，禁止香港特区的政治性组织或团体与外国的政治性组织或团体建立联系。这是《基本法》为捍卫"国家安全"而设定的防御性条款，既是对香港自行立法维护"国家安全"的一项授权，也是附加给香港的一项宪政责任。特区政府于 2003 年曾经试图履行这一宪政责任，其间拟定了《国家安全（立法条文）条例草案》并准备交付立法会表决通过，但立法最终在社会各界的强烈反对下宣告失败，无限期搁置。此后，"第 23 条立法"作为一个异常敏感的议题很少在香港被人提及，相信政府在短期内重提立法的可能性亦非常之小。在这样的情况下，政党立法的完善就显得更为必要。通过政党立法来规范政党及其行为，并限制其与境外势力的联系，不仅能够有效地缓解因《基本法》第 23 条立法的失败而对"国家安全"保障所造成的压力，而且可以在一定程度上填补"国家安全"保障立法的空白。

（二）完善香港特区政党法制的法理原则

1. 顺应"政党国家民主主义"的发展潮流

当政党还不被法律所承认，仅作为一种宪法之外的政治现象而存在的时候，政党政治的实际兴起已经使得现代立宪政治发生推移和变迁，特别是在一些以议会作为国家意志形成之中心的国家，政党成为国家意志形成的重要因素之一。这种立宪政治的推移变迁，各国每每因政治及社会之结构、传统不同，而呈现不同样态；不过，概括而言，其共同的趋向可说是由自由主义之代议制度，渐渐变成"政党国家之民主主义"。[①] 这种转变是"自由主义代议制度"迫于政党政治的现实影响力而不得不做出的。这种非自愿的转变直接导致现代政党国家的宪法天然地带有"政党主义"与"反政党主义"两种互为矛盾的价值倾向。起初的"政党国家之民主主义"坚守传统的民主主义立场，主张价值中立的多元民主。价值中立的民主主义，不相信意识形态和价值间的可比较性，更否认人类社会会存在一个终极的

---

① 李鸿禧：《宪法与政党关系之法理学底诠释——其形成与发展》，载李鸿禧《宪法与人权》，元照出版有限公司，1999，第 129 页。

价值目标可作为衡量价值优劣的尺度，其实质是将人类的核心价值从法律和政治领域放逐出去。① 这种主张价值中立的多元民主的"政党国家民主主义"在德国纳粹党上台后受到了重大的挫折。二战后，人们在反思纳粹政权惨痛教训的基础上提出了"防卫性民主"的价值理念，并为现代宪法所确立。"防卫性民主"理念是针对反民主政党而提出的，强调人性尊严与人的基本价值。宪法不应保障不认同宪法所植基之自由民主秩序者或甚至欲摧毁自由民主秩序者之自由——"自由不应赋予自由的敌人!"若非如此，则宪法欲保障自由不受危害，却同时也保障了危害自由的"自由"时，将使得宪法价值本身陷于自我矛盾当中。② 这种"防卫性民主"理念使原先的"政党国家之民主主义"得到了修正，在二战后的联邦德国《基本法》中首次被确立，并逐渐为各国宪法所接受。修正后的"政党国家民主主义"，一方面确认政党之宪法地位、保障政党自由，另一方面则否定有害于宪法基本价值之保障的政党及其行为，并逐渐发展成为一整套政党法律规范。应该说，完善香港政党立法正是顺应了"政党国家民主主义"的发展潮流，合乎现代政党政治对规范政党的发展要求。

2. 明确宪法权利的界限

政党作为民主国家最重要的公法社团，其合法性系建基于为宪法所确认的公民结社自由之上。所谓结社，指的是一定数量的人，与集会相同，抱有政治、经济、宗教、艺术、学术或社交等各种目的，持续性地结合起来的行为。③ 结社自由作为一项宪法所规定的防御性、消极性的基本权利，它要求结社权的行使享有免受国家干预的自主空间。结社自由主要包括两个方面内容：第一，个人是否结成社团、是否加入社团以及是否退出社团，完全出于其个人的意愿，国家或公权力不加以不当的干涉；第二，对于团体通过内部的意见交流形成团体的共同意志，并为实现其意志而公诸该社团外部的活动，国家或公共权力也不加以不当的干涉。④ 最早在宪法中涉及

---

① 叶海波：《政党立宪主义研究》，厦门大学出版社，2009，第51页。
② 蔡宗珍：《宪法、国家与政党——从德国经验探讨政党法制之理论与实践》，载蔡宗珍主编《宪法与国家（一）》，元照出版有限公司，2004，第133～176页。
③ 〔日〕芦部信喜：《宪法》（第三版），高桥和之增订，林来梵等译，北京大学出版社，2006，第190页。
④ 韩大元、林来梵、郑贤君：《宪法学专题研究》（第二版），中国人民大学出版社，2008，第381页。

公民结社权规定的是 1919 年的德国《魏玛宪法》。① 二战后，结社自由权作为公民的一项基本权利被许多国家在其宪法中加以明确规定。《基本法》作为香港特区的"小宪法"，亦规定了香港居民享有结社自由。② 当结社自由这样的公民基本权利在一个社会中得以真正确立之后，必然引发对基本权利之界限的讨论，因为基本权利的界限问题是与基本权利的保障相邻接的一个问题。结社自由作为一项宪法权利必然要面对宪法权利界限问题。一般来说，宪法权利的界限主要有内在的制约和外在的制约这两种界限。

（1）宪法权利内在的制约

宪法权利内在的制约，是指"宪法权利在其自身性质上理所当然所伴随的、存在于宪法权利自身的界限"③，具体包括他人人权侵害的禁止，以及对于形式上平等保障各人人权所必要的社会秩序的维持等。宪法权利的内在制约表现在权利冲突当中，其主要导因是有限的社会资源无法满足多元化的权利需求。作为宪法权利之一的结社自由在特定的时空底下，不可避免地会与宪法权利内部的其他权利产生冲突，并且受到来自这些宪法权利的制约。公民在行使其结社自由权的时候，不能对他人人身自由或言论自由等宪法权利造成侵害。权利限制的直接动因就是要解决现实权利的冲突问题，其根本目的在于权利保障。权利冲突的解决要求明确包括结社自由在内的宪法权利之间的界限，通过立法对公民行使该宪法权利做出适当的限制。另外，对于行使宪法权利的个体而言，不得以牺牲他人的权利和自由为行使其宪法权利的代价。当个体在行使某项宪法权利的过程中可以不受任何约束的话，结果即可能导致权利滥用。具体到结社自由而言，当现实中结社自由的行使是不受约束的，社会一部分人可以滥用其结社自由权的时候，就意味着有其他人无法平等地行使其结社自由权。这些无法平等行使结社自由权的公民之基本权利就受到了侵害。限制结社自由的目的正是保障每一权利个体都能够平等地享有结社自由且不侵害到他人的其他权利和自由。

---

① 德国《魏玛宪法》第 124 条第 1 款规定："德国人民，其目的若不违背刑法，有组织社团及法团之权利。此项权利不得以预防方法限制之。"

② 《香港特别行政区基本法》第 27 条。

③ 林来梵：《从宪法规范到规范宪法——规范宪法学的一种前言》，法律出版社，2001，第99 页。

（2）宪法权利外在的制约

宪法权利外在的制约，是指从某一权利的外部加诸的并为宪法的价值目标本身所容许的制约。① 结社自由难免会与来自宪法权利以外的价值目标产生冲突。作为公民个体之权利的结社自由必须让步于代表社会整体利益的宪政秩序及公共安全等更高的价值目标。学界通说"将公共福祉解为是基本人权的一般制约原理"②。国家不会容许一个以"反社会""破坏良好宪政秩序"为目的的组织存在，当有人试图利用结社自由达至扰乱自由民主之基本秩序、危及公共福祉的时候，个人的结社自由就会受到限制或禁止。

如上所述，结社自由因为宪法权利的内部和外部制约是不可能绝无限制的，政党作为建基于结社自由之上的公法社团，当然也存在自身的权利界限，受到其权利边界的约束。在香港，特区居民享有结社自由的同时，亦享有言论自由、人格尊严等基本人权。宪法权利的界限是与宪法权利的保障相伴随的，当政党自由得到实现以后，通过立法对政党进行合理的规范就是必要的。

3. 确保权力制衡机制的实现

一切有权力的人都容易滥用权力，这是亘古不变的经验，有权力的人使用权力会一直遇到有界限的地方才休止。为此，近代立宪主义宪法确立了以保障人权为目的的权力制衡机制。但是现代政党政治的兴起，已经使传统的权力制衡机制发生了实质性变化。在现代政党国家，通过选举而上台执政的政党很可能会同时成为立法权、行政权的实际操控者，这种情况在议会内阁制国家尤为常见。在这种情况下，原先建立在立宪主义理念下的立法权与行政权分立而相互制衡的机制已被破坏，逐渐转化为新的权力制衡机制——执政党与在野党在争夺执政权过程中相互制衡的机制。这种新的制衡机制是基于国民主权原则而建立的。在国民主权原则下，"国民的意思乃是立宪主义国家体制以及在此体制中被组织的诸权力之正当性基础"③。任何具有民意基础

---

① 林来梵：《从宪法规范到规范宪法——规范宪法学的一种前言》，法律出版社，2001，第100页。
② 〔日〕阿部照哉、池田政章、初宿正典等编著《宪法（下册）——基本人权篇》，许志雄审订，周宗宪译，中国政法大学出版社，2006，第68页。
③ 〔日〕阿部照哉、池田政章、初宿正典等编著《宪法（上册）——总论篇、统治机构篇》，许志雄审订，周宗宪译，中国政法大学出版社，2006，第58页。

的政党都有执掌政权的正当性。那么，如何评判哪个政党更具有正当性呢？现代民主采取了较为简单的解决方式，就是取用"多数主义"，让获得更多选民支持的政党执掌国家政权。"执政党往往是最大的少数派的代表"①，其手中的执政权只是选民暂时授予的。当选民对现届政府的执政党不满时，在下一届选举中便会将选票投向他们更为属意的其他政党。当一个民意支持度更高——获得更多选票——的在野政党出现时，现届政府执政党就会因为失去继续执政的正当性而不得不交出执政权。这种执政党与在野党之间的制衡机制以政党多元及人民享有有效的选举权为必要条件。

总括而言，在现代民主政制下一个党可以通过选举获取极大的政治权力，而制约这个政治权力极大的党又必须依靠另外一个政党。国民主权必须依靠新的权力制衡机制——执政党与在野党制衡机制——方可实现。为了防止这种权力制衡机制因政党破坏而失效，有必要将政党纳入法律规范的范围，进行必要的规制。

4. 遏制政党的寡头化倾向

罗伯特·米歇尔斯在其《寡头统治铁律——现代民主制度中的政党社会学》一书中指出："任何政党组织都代表了一种建立在民主基础上的寡头化权力。"② 政党是利益团体意见表达、利益诉求及实现其政治理念的组织。然而，当政党克服了其成立初期之组织松散、力量涣散等缺陷而逐步走向稳定、成熟之后，其"贵族化倾向"③ 就会变得十分明显。组织的结构在赋予自身稳定性的同时，却使组织化的大众发生了深刻变化，完全改变了领导者与被领导者之间的关系地位。④ 少数的政党领袖掌握了极大的权力，当这些政党领袖手中的权力大到几乎不受选举他们的民众所限制的时候，政党也就弃绝了民主的基本原则，堕落为寡头制政党。

在代议政制大昌其道的今天，政党操纵选举、组织政府、左右政府决策，在国家公权力的运行当中影响甚大。一个彻底弃绝民主而堕落为寡头

---

① 张志尧：《西方国家政党政治与政制发展》，中国社会科学出版社，2010，第18页。
② 〔德〕罗伯特·米歇尔斯：《寡头统治铁律——现代民主制度中的政党社会学》，任军锋等译，天津人民出版社，2002，第351页。
③ 〔德〕罗伯特·米歇尔斯：《寡头统治铁律——现代民主制度中的政党社会学》，任军锋等译，天津人民出版社，2002，第28页。
④ 〔德〕罗伯特·米歇尔斯：《寡头统治铁律——现代民主制度中的政党社会学》，任军锋等译，天津人民出版社，2002，第28页。

制的政党，必然有害于国家民主政制的存续。考察纳粹、苏共等极权政党的执政史可以发现，这些政党在执政期间无一例外地在党内实行寡头统治、在党外奉行专制独裁，屡屡罪恶罄竹难书。这都表明了，政党自由和政党自律不一定有利于政党民主的形成。政党民主，植根于近代立宪主义宪法所确立的民主原则，它要求政党的内部组织以及政党的活动都不得与民主原则相违背。政党民主原则的确立是为了防止政党内部寡头统治的形成，保障国家所确立的民主宪政价值理念不为政党之寡头化倾向而造成减损。政府以立法的形式对政党进行必要的规制是防止政党的寡头化，确保政党民主得以落实的客观需要。

二 香港特区政党法制化的立法展望

（一）香港特区政党法制的立法模式

目前各国的政党法制模式主要存在三种类型：以宪法及宪法性法律文件规范政党；制定专门"政党法"规范政党；制定单行法规规范政党。由于政党不同于一般的社团或公司，对政党进行的规制自应具有特殊性。不少政党发展较为成熟的国家，如德国、韩国、俄罗斯等，都会透过订立专门政党法来规管政党。尽管香港的政党尚在发展阶段，但是政党对香港政治生活的影响力是不容忽视的。在香港回归后的十多年当中，政党在促进民主政治发展的同时也为社会带来了不少问题，完善政党规制立法已经成为社会的共识。香港特区是否要制定专门的政党法规制政党？这个问题曾经一度引起过争论。

在2001年10月30日，当时的政制及内地事务局局长孙明扬表示，政府正"研究引入政党法是否可行及可取"，以"加强政党的透明度及促进政党的健康发展"；而其继任者林瑞麟则于2002年12月宣布，"政府认为现阶段不适宜订立政党法"。① 围绕是否制定政党法的问题，议员在2005年2月的立法会政制事务委员会会议中进行了辩论。结果是大多数

① 香港特别行政区政制及内地事务局时任局长林瑞麟：《2006年12月6日在立法会的会议上就〈促进政党政治发展〉议案的致辞全文》，http：//www.info.gov.hk/gia/general/200110/30/1030165.htm，访问日期：2012年11月15日。

的议员都认为现阶段如制定"政党法",可能会窒碍政党发展的空间,如张文光议员表示,在现行政治体制下引入政党法,只会架设障碍、限制政党的运作;杨孝华议员认为,在现阶段引入政党法,会限制而不会鼓励政党的发展;汤家骅议员表示,根据普通法,凡法律没有禁止的,即属容许,香港的政党仍处于发展的阶段,施加法定的管制不会有助于政党的发展。① 该次辩论之后,政制及内地事务局时任局长林瑞麟在 2006 年 12 月 6 日立法会的会议中再一次表明了特区政府近期将不会制定政党法的立场。②

笔者认为,就现阶段而言,香港特区不宜制定专门的政党法。此种判断主要是基于以下两方面。

第一,参照其他国家和地区的实践经验,可以推断香港特区尚未达至必须制定专门政党法的阶段。③ 首先是德国的经验。德国自 1949 年便在基本法第 21 条中明确规定政府应制定联邦法律来落实该条的规定,但是德国一直到 1967 年,亦即 18 年之后才通过政党法正式完成了这一任务。德国之所以时隔 18 年之久才颁布政党法,一方面是条件不具备,另一个重要的原因是政党不希望制定一部约束自己的法律。其次是我国台湾地区的经验。参照台湾学者对德国政党发展历程的划分,④ 解除戒严后的台湾大致处于德国政党发展历程的第四阶段初期。当时,台湾社会亦曾就是否制定针对政

① 香港特别行政区政制及内地事务局时任局长林瑞麟:《2006 年 12 月 6 日在立法会的会议上就〈促进政党政治发展〉议案的致辞全文》,http://www.info.gov.hk/gia/general/200110/30/1030165.htm,访问日期:2012 年 11 月 15 日。

② 香港特别行政区政制及内地事务局时任局长林瑞麟:《2011 年 3 月 3 日在立法会全体委员会审议阶段动议修正〈2010 年行政长官选举(修订)条例草案〉发言全文(八)》,http://www.cmab.gov.hk/tc/speech/speech_2656.htm,访问日期:2012 年 11 月 16 日。

③ 此处主要选择德国和我国台湾地区的实践经验作为参照。选择德国和我国台湾地区作参照的原因是:德国政党法是当今各国政党法中最为精良者,而我国台湾地区在文化背景、政治生态与我国香港特区最为接近。

④ 德国政党发展经历了四个阶段:1. 威权国家时代(第一次世界大战前),政党被国家体制排斥、压抑,影响力有限;2. 魏玛共和国(纳粹夺权以前),政党的组织及活动非常放任,缺乏基本共识,反体制政党迫使认同体制的政党勉强联合,不断重组;3. 纳粹执政时代(1933~1945),一党专政,无任何反对党存在;4. 联邦德国(1945 年以后),基本上透过严格管制,使反对党无法立足于政治舞台,且通过选举法上之百分之五条款的限制,使国会政党始终维持在四至五个。参见苏永钦《德国政党与法律规范》,载苏永钦《合宪性控制的理论与实践》,(台北)月旦出版社股份有限公司,1994,第 199~248 页。

党的有关规定进行过广泛的讨论。这次讨论得到了学界及政界人士广泛参与，而且进行得相当深入，但最终未能达成一致共识。① 时至今日，我国台湾地区仍没有制定出针对政党的有关规定。两地经验表明，在一个民主国家或地区要制定一部政党法不是一件简单的事情，必须等到政党政治成熟后才能进行。目前，香港特区政党政治的成熟程度远不如当年之德国和今日的台湾地区，现在考虑制定专门政党法的话稍嫌过早。

第二，香港特区自身尚未具备制定专门政党法的条件。首先，香港特区现阶段对于制定专门政党法不具有迫切性。自 20 世纪 80 年代初港英政府在香港引进民主政治到香港特区成立而践行民主代议制至今，香港特区政党的出现和发展只是经历了很短的时间，尚处于发展阶段。香港特区还没有发展出成熟的政党政治，而政党法是针对政党的运作、组成、财政和竞选等一整套的规定，其原则上是属于对结社自由及政党自由加以限制的法律。如果现阶段制定政党法，对政党的发展附加太多法定规制的话，只会收窄、窒碍了它们的发展空间。此外，像政党法这种以限制权利为目的的法律，其制定应该是以社会现实到了非制定不可的情形为前提。正如有香港学者指出的，"世界各国（地区）有政党的是多数，但有专门'政党法'的是少数。制定'政党法'的国家（地区），一般是用'政党法'规制政党行为，防止法西斯等极端主义政党的存在"②。政党在香港特区现行宪政体制下只能非常有限度地参与政府行政权的运作，其活动范围在很大程度上只局限于立法机关，只能通过行使立法权来影响公权力运作。香港特区在现阶段的政制下，不大可能会产生一个政治权力大到不受约束的政党。其次，香港特区在短期内未必有能力制定一部好的《政党法》。专门的政党法除了针对政党的组成、运作、财政和竞选等各方面作一整套的规定外，更重要的是要对政党的定义、政党在宪法秩序中的位阶、政党的任务等做出较为明确的规定。而目前，由于现行的宪制安排及政党政治的不成熟导致政党在香港特区现行宪政秩序下的地位比较模糊，在未来可以预见的短时期内亦不可能得到清晰的界定。香港特区能否制定出一部符合香港特区

---

① 我国台湾地区解除戒严后，学界即有学者提议制定政党法。在第二届及第三届"立法院"，"立法委员"陈水扁及张俊宏亦提出过相关法案。

② 学者朱世海于 2009 年 11 月 4 日拜访香港中文大学蔡子强先生时的座谈记录。参见朱世海《论香港政党法制的必要性、原则和内容》，《港澳研究》2010 年夏季号。

实际情况的政党法值得怀疑。最后，尽管目前香港特区的政党规制架构稍嫌粗糙，但是它的基本结构和做法是合理的，也是适合现今的特区政制的。正如 Richard Cullen 教授指出的，"香港已经有一个虽不完美，但基本健全的选举政治基建主宰香港的选举行为，从而使政党运作间接受影响，我们应根据此等良好基础继续建构一系列立法及相关架构"①。

总括而言，目前香港特区有一个由《基本法》《社团条例》《立法会选举条例》等法例构筑起来的大的选举及政党规制架构。尽管这个规制架构稍嫌粗糙，但是它的基本结构和做法是合理的，也是适合现今的特区政制的。例如，现行的候选人选举财务申报制度，有效地防止了选举过程中贪污舞弊行为的发生；现行选举广播广告的限制，有效压抑了美国式"金钱政治"的产生；现行的选举开支最高限额，很大程度上保证了候选人之间不会因为财富的差距而造成不公平竞争。而且，重新制订专门的政党法是有成本及风险的。笔者建议，特区政府可以在现有的法律基础上对整个选举及政党规制架构进行填补式的立法完善。

（二）香港特区政党法制的内容

上文已经讨论过，香港未来应该在不制定专门"政党法"的情况下，以现有的立法为基础，对整个政党法律架构进行填补式的立法完善。这种填补式的立法完善工作可以分两步进行。

第一，从长远来说，香港特区需要对本地政党立法作全面的完善，使之成为一个完备的法律体系。参照德国于 1967 年通过（1994 年修订）的政党法，可以将政党立法的内容大致分为五大部分：政党的宪法地位及职能；政党的内部组织及内部秩序；政党竞选行为；政党财务；政党禁制。香港特区可以根据实际情况从这五大方面着手对本地政党立法进行全面的完善。首先，通过提请全国人大修改《基本法》，在具体条文中明确本地区的政党机制，对政党的任务和功能进行补充规定；其次，以现有法律架构为基础建立起本地区的政党注册制度、政党财务监管制度、针对政党的公共财政资助制度，并设立专门的委员会监管政党内部组织及竞选行为，建立政党

---

① Richard Cullen, "*Political Party Development in Hong Kong*: *Improving the Regulatory Infrastructure*", http://www.civic-exchange.org/wp/political-party-development-in-hong-kong/, 03-01-2013.

违宪禁止机制。

第二，就当前而言，完善香港政党立法最为迫切的两项工作分别是对与政党注册及政党财务监管相关的立法进行完善。首先，完善与政党注册相关的立法。政党作为"宪法政治的重要担当者，可说是有公的一面"①，其参与和影响香港的立法与政府决策，对本地区的政治有很大的影响力。现行的登记制度既不利于政府对政党的统一管理，而且有违背政党平等原则之嫌疑。未来，特区政府可以考虑在《选举管理委员会条例》中就统一的政党注册制度做出规定，并由选举管理委员会管理该制度。② 在建立起统一的政党注册制度之前，权宜的办法是通过立法修改将本地所有不按照《社团条例》而注册成立的政党强制纳入《社团条例》下统一规管。其次，完善与政党的财务监管相关的立法。公开透明、接受公众的监督和专门机构的审计，是现代民主国家对政党财务的一项基本要求。③ 香港特区下一步应该有针对性地制定与政党财务监管相关的法例，建立起政治捐献及选举经费申报制度，使政党财务运作透明化，接受政府及大众监督，有效地抑制黑金政治及贪污舞弊的产生。政党财务监管立法应该涵括财务公开、政治献金申报以及选举开支限制。

（三）香港特区政党法制的具体立法原则

政党法制的基本原则，是指贯穿于宪法与法律有关政党活动规范中的基本精神，这些原则通常由宪法加以规定。④ 政党法制与宪法的原则和精神是相通的，政党法制的基本原则与宪法的基本原则相类似，是宪法基本原则在政党活动中的具体展开和表现，它们构成了评判政党活动的基本标准。⑤ 政党立法的目的不是给政党的发展设置障碍，而是希望通过建立起完善的规范体系使政党本身和政党活动规范化、制度化，让政党在现行的政

① 〔日〕丸山健：《政党法论》，吕汉钟译，八十年代出版社，1983，第 138 页。

② See Richard Cullen, "*Political Party Development in Hong Kong – Improving the Regulatory Infrastructure*", http://www. civic – exchange. org/wp/wp – content/uploads/2010/12/200408_ PoliticalPartyDevelopment. pdf, 03 – 01 – 2013.

③ 如德国《基本法》第 21 条、希腊《宪法》第 29 条、韩国《宪法》第 8 条、泰国《宪法》第 38 条、巴西《宪法》第 152 条均通过专门规定明确了国家对政党财务的监管原则。

④ 郑贤君：《论西方国家政党法制》，《团结》2004 年第 4 期，第 40 页。

⑤ 肖太福：《政党法治比较研究》，博士学位论文，中国人民大学法学院，2006，第 51 页。

制框架下更加良好地发展并发挥其积极影响。具体到香港，政党立法应该在保障政党权利与规制政党行为之间尽量保持价值取向的平衡并须遵循必要的立法原则。

1. 政党自由原则

香港特区《基本法》并没有关于政党自由的规定，但可以通过法理解释从《基本法》第 26 条所保障的结社自由中导出。政党自由是建基于政党"免于受国家干预之自由"的思想基础上的，主要内容是政党组建自由及政党活动自由，主体包括参与政党活动的公民及政党组织本身。保障政党免于受国家之干预之自由，正是确保社会领域不会国家化，甚至成为威权支配的工具，因而失去民主支配之正当性前提的关键所在。[①] 公权力对结社自由的侵害，并不是限于对社团做出强制解散的处分，或是对参与成员做严格处罚；而是举凡对社团的继续活动有所妨害，或是对参与者施加压力，使得社团的生存发展遭受打击，即属侵害结社自由。[②] 目前，特区《基本法》并未赋予政党特别的保障地位，政党所享有的基本法上的地位与其他社会团体并无多大的差别。特区在完善政党规制立法过程中应当充分考虑政党自由之保障，规制法例不应该过分限制政党的自由，阻碍政党发展。根据《欧洲人权公约》及《公民权利和政治权利国际公约》的规定，结社自由只可为达致下列目的而加以限制：①有利于国家安全和公共安全；②防止混乱或罪行；③维持卫生或风化；④保障他人的权利或自由。任何限制均须"在法例订明"，而且必须是"民主社会"为达致上述 4 项目标的任何一项而"有必要施加的限制"。[③] 香港作为公约的成员，应该遵守其规定。[④] 另外，特区政府应该参考某些国家的做法，在立法规制政党的同时对干预政党自由设定罚则。[⑤]

---

① 蔡宗珍：《宪法、国家与政党——从德国经验探讨政党法制化之理论与实践》，载蔡宗珍主编《宪法与国家（一）》，元照出版有限公司，2004，第 131~176 页。

② 许庆雄：《宪法入门》，元照出版有限公司，2000，第 115 页。

③ Views on Political Party Law in Hong Kong, Hong Kong: Legislative Council Secretariat of Legislative Council of the Hong Kong SAR, Jan. 2005, p. 4.

④ 《香港特别行政区基本法》第 39 条第 1 款规定：《公民权利和政治权利国际公约》、《经济、社会与文化权利的国际公约》和国际劳工公约适用于香港的有关规定继续有效，通过香港特别行政区的法律予以实施。

⑤ 如韩国《政党法》第 61 条规定：以威权或威权力妨害政党活动，致使政党功能丧失或暂时中止者，处 7 年以下徒刑或 3000 万韩元以下罚金。

2. 政党平等原则

政党平等原则是宪政民主的基本要求，指法律应严守中立，使不同政党都能够在法律上"有同等之竞争权利，同受法律之保障"[1]。该原则可以从香港特区《基本法》第25条及第27条中导出。在政党平等原则之下，法律应当严守中立，使各个政党能够得到平等的对待，保障政党竞争的公平性。需要注意的是，政党平等所指向的应该是实质平等，它在保障政党平等权的同时又承认政党间的"合理程度的合理差别"[2]。实质平等要求：同一事件同样对待，比如政府规制政党竞选行为的立法不应存在差别对待，应保证各政党参与选举之权利平等；不同事件差别对待，比如国家订立的针对政党的资源分配方式应当根据各政党在最近一次选举中的获票率按比例分配，而不是采取一视同仁的做法。另外，现代民主国家基于政党的双重属性，一般会为政党设立所谓的"特权条款"。[3] 该类法律应该公平地适用于各个政党，否则会造成某些政党"特权垄断地位"的产生，带来极权主义的祸害。

3. 权利限制的限制原则

"权利限制的限制原则"是由德国学者对基本权"核心内容"之探讨发展而来的。明确基本权利"权利限制的限制原则"的主要目的在于排除立法权对基本权利的限制，以防止基本权空洞化。"权利限制的限制原则"在政党法制化的过程中可以引申出两项子原则，分别是：合乎比例原则和明确政党特权原则。

第一，合乎比例原则。比例原则，是指为达成某一特定目的（结果）而采取某一种方法或措施，必须符合合理、比例之原则。[4] 任何权利都有它的边界，须受到一定的限制，但是该种限制必须合乎比例原则。换言之，限制公民基本权利的法律必须具有妥当性和必要性，限制的手段必须是有限度且适当的。根据《欧洲人权公约》的规定，除了法律所规定的限制以及在民主社会中为了国家安全或者公共安全的利益，为了防止混乱或者犯

---

[1] 管欧：《宪法新论》（三十版），五南图书出版股份有限公司，1998，第105页。

[2] 林来梵：《从宪法规范到规范宪法——规范宪法学的一种前言》，法律出版社，2001，第115~118页。

[3] 如德国《基本法》第21条。

[4] 法治斌、董保城：《宪法新论》，元照出版有限公司，2005，第65页。

罪，保护健康、道德或者他人的权利与自由而必需的限制之外，不得对上述权利的行使施以任何限制。① 另外，按照《公民权利和政治权利国际公约》的规定，规制政党之立法必须是"为民主社会维护国家安全或公共安宁、公共秩序、维护公共民事卫生或风化、保障他人权利自由"，并且符合"比例原则"。② 香港特区作为两公约之成员，③ 对政党的规制必须合乎"比例原则"。如果法例强加政党过多限制，只会阻碍本地政党发展及政党政治的成熟，不利于香港特区的长远发展。

第二，明确政党特权原则。一般社团的禁制，由行政机关做出决定即可。但是，对政党的禁制必须待地位超然的法院公正审判案件并做出最后的裁决后方可为之，这是民主国家的一项普遍原则。学者把一国法律当中反映这项原则的具体法律条文称为政党的"特权条款"。在"特权条款"底下，政党的取缔须以违宪为前提，而政党之违宪裁判则必须由地位崇高且能够超然于政党政治之影响以外的法院做出。德国是最早立法确立政党特权的国家，其后被多国（地区）引进。韩国政党法规定行政机关不能直接采取行动解散某一政党，政党的解散须以宪法法院裁决政党违宪为前提。"政党特权"能有效防止国家滥用公权力任意解散政党及侵害最为政党之权利基础的公民结社自由，香港特区的政党规制立法宜引入政党特权条款，赋予终审法院针对政党的违宪审查权，建立起本地政党违宪审查机制。

4. 权利救济的保障原则

在现代法治条件和稳定的政治秩序下，政党权利的救济就是政党通过合法途径和手段以及政党自身行为努力使权利侵害主体停止侵害，使自身权利得到恢复和保障。④ "权利救济是权利保障的最后手段，也是权利保障的一个不可或缺的重要环节"，⑤ 没有权利救济就没有权利。政党规制原则上是对结社自由及政党自由的限制，以规制权利为目的的立法必须确保权利主体有足够的权利救济途径。目前，各国政党权利救济的途径主要有两

---

① 《欧洲人权公约》第 11 条第 2 款。
② 《公民权利和政治权利国际公约》第 22 条。
③ 参见《香港特别行政区基本法》第 39 条的规定。
④ 徐龙义：《政党权利基本问题探讨》，博士学位论文，山东大学当代社会主义研究所，2006，第 65 页。
⑤ 林来梵：《从宪法规范到规范宪法——规范宪法学的一种前言》，法律出版社，2001，第 229 页。

种。第一种是行政救济，有些国家确立了政党通过申请行政复议的方式来进行权利救济。如新加坡《社团法令》第 4 条规定，政党注册申请被社团注册官拒绝后，申请人可向内政部部长提出上诉。第二种是司法救济，当政党遭遇到国家错误的限制、取缔或违法侵害时通过司法途径进行权利救济。有些国家通过立法确立了本国的司法救济机制，如吉尔吉斯斯坦《政党法》第 11 条第 6 款规定，政党可以按照法定程序对国家司法部做出的处罚决定向法院提出诉讼。此外，《欧洲人权公约》成员国的政党可以根据该公约的规定，向欧洲人权法院寻求司法救济。① 在香港特区，《社团条例》为注册申请遭拒绝或者被依法禁制而感到受屈的社团提供了行政救济手段。根据《社团条例》的规定，该当事人可以向行政长官会同行政会议提出上诉。② 香港特区作为《欧洲人权公约》成员，本地政党还可以根据该公约的规定，向欧洲人权法院寻求司法救济。香港特区在未来完善政党规制立法时应确认特区法院审判政府与政党纠纷的权力，建立起本地的司法救济机制。此外，立法应该允许政党进行合法的私力救济，包括通过媒体或以游行、集会等形式进行澄清、辩护及表达诉求。

（四）完善香港特区政党法制须考量的问题

由于政党政治的环境不同，民主国家政党法制中的某些做法，我们可以积极借鉴，但不能简单地模仿和照搬。概括地说，世界各国的政治形态无一不是政党政治形态，只是有些是多元竞争的民主型政党政治，有些却是一党独大或党国不分的集权型政党政治；换句话说，以政党之名所进行的政治活动，其表现的样态及所对应的政治体制，可以说存在相当大的差异性。③ 建基于"一国两制"上的香港特区之政党规制必须结合本地的实际情况来开展，也就是说，必须把特区政党规制问题放到"一国两制"的大前提中进行考量。

① 《欧洲人权公约》第 34 条规定：政党如因某些法例或国家行动限制了该公约所订的各项权利而直接受到影响，可把有关个案诉诸欧洲人权法院。
② 香港特别行政区《社团条例》第 8 条规定：根据本条做出的命令涉及的任何社团或任何分支机构，以及该社团中或该分支机构中因保安局局长根据本条做出的命令而感到受屈的干事或成员，均可在该项命令生效后 30 天内，就该项命令的做出向行政长官会同行政会议上诉，而行政长官会同行政会议可确认、更改或撤销该项命令。
③ 蔡宗珍：《宪法、国家与政党——从德国经验探讨政党法制化之理论与实践》，载蔡宗珍主编《宪法与国家（一）》，元照出版有限公司，2004，第 131～176 页。

1. 政党与特区政府的关系

（1）行政长官是否可以有政党背景

关于《行政长官选举条例》第 31 条的规定是否妥当一直存在争论。甚至有学者推断，之所以有这样的政制安排是因为中英"两国主权机关都不希望香港出现一个非常受民意支持的本地政党，可以在立法机关获得很多议席，以威胁他们主导香港事务的能力，故此两个主权国家都倾向操纵选举制度，以减低民意中主导的政党的影响力"。① 目前，对于行政长官不能有政党背景的规定，实务界和理论界主要存在赞同和反对两种意见。首先，赞同意见认为：香港社会阶层分化明显，阶层矛盾严重。在这样的社会状况下，行政长官不具有政党背景，最大限度地减少港民认为行政长官是香港某个阶层、界别利益代表的嫌疑，使更多港民认识到行政长官施政是以整个香港各方面利益为依归，并且能够有效提高行政长官施政的认受性，有利于行政长官依法施政。② 其次，反对意见则认为，要行政主导成为事实，行政长官必须"得到一个强而有力的管治者同盟的可靠与稳定的支持"③，而有政党背景的行政长官在立法会有所属政党的支持，更容易建立起一个强而有力的管治者同盟。《行政长官选举条例》关于当选行政长官的候选人不能有政党背景的规定极有可能导致《基本法》"设计出来的模式徒有制度架构"④ 而不能有效运行。

一般而言，现代民主国家的政党"不仅担负起了挑选在政府体制理论中表达国家意志的机关的成员，即立法机关的成员的责任，而且担负起了挑选执行这种意志的成员，即执行官员的责任"⑤。但是，香港特区《行政长官选举条例》第 31（1）条有关"当选为行政长官的候选人必须无政党背景"的规定人为地剥夺了香港特区政党"挑选执行官员的权利"。⑥ 该规

① 马岳、蔡子强：《选举制度的政治效果——港式比例代表制的经验》，香港城市大学出版社，2003，第 3 页。
② 朱世海：《香港政党与香港特别行政区政府的关系取向》，《岭南学刊》2010 年第 3 期，第 14 页。
③ 刘兆佳主编《香港 21 世纪蓝图》，香港中文大学出版社，2000，第 13 页。
④ 雷竞璇：《香港政治与政制初探》，香港商务印书馆，1987，第 14 页。
⑤ 〔美〕F. J. 古德诺：《政治与行政》，王元译，华夏出版社，1987，第 57 页。
⑥ 香港特别行政区《行政长官选举条例》第 31（1）条规定："在行政长官选举中胜出的候选人必须（a）做出声明，表明他或她不是任何政党的党员；及（b）承诺他或她如获任命为行政长官，不会成为任何政党的党员，或不会做出具有使他或她受到任何政党的党纪约束的效果的任何作为。"

定是对政党极为严苛的限制，其实质上否定了香港特区"执政党"产生的可能性。政党可以通过选举进入立法会，却不能执掌特区的最高行政权，政党甚至很难参与到行政权力的运行机制当中。

关于《行政长官选举条例》第 31 条的规定是否妥当一直存在争论。应该说，特区政府的观点还值得商榷。因为《行政长官选举条例》第 31（1）条作为香港过渡时期的过渡条款，在香港特区已经成功走出了过渡期、本地民主政治亦渐趋成熟的今天，已经显得不甚合理了。第一，行政长官有政党背景并不代表他（她）就会立场不中立。香港特区过去曾经有容许有政党背景的主要官员保留党籍的先例。2002 年，时任政务司司长唐英年担任工商科技局局长期间曾保留了自由党的党籍，但并未造成他在担任该局局长期间失去中立性。第二，香港特区完全可以发展初具规模的大党。目前，香港特区之所以没有出现"一个或两个党派可以作为立法会的最大党派"的根本原因是现行的制度限制了政党的发展。立法会功能组别议席的设置、行政长官由小圈子产生且必须无政党背景的立法规定，实际上是对政党功能的"双重阉割"。在这种带有"阉割特质"的制度下，利益集团可以通过政党以外的其他渠道对香港特区政治有效地施加影响，政党的重要性大为降低。正如美国学者亨廷顿所指出的，"低水平的参与也会削弱政党在与其他政治机构和社会势力对比中的地位①。可是，当"双普选"——立法会全部议席及行政长官直选产生——落实之后，各个利益集团将不得不寻找合适的政党代表他们的利益并向政党提供大量的资助，市民亦会更为重视自己的选举权，这将大大促进香港政党的发展。到时政党规模必然会迅速壮大，香港特区政党政治亦将更为成熟。第三，现时行政长官之所以处境艰难，主要原因是民意基础过于薄弱的行政长官正当性不足，无法具备"宪制以外的政治权力和威望"②。要行政主导成为事实，行政长官必须"得到一个强而有力的管治者同盟的可靠与稳定的支持"③。有政党背景的行政长官在立法会有所属政党的支持，更容易建立起一个强而有力的管治者同盟。

---

① 〔美〕塞缪尔·亨廷顿：《变革社会中的政治秩序》，王冠华等译，上海世纪出版社，2008，第 336 页。

② 刘兆佳主编《香港 21 世纪蓝图》，香港中文大学出版社，2000，第 13 页。

③ 刘兆佳主编《香港 21 世纪蓝图》，香港中文大学出版社，2000，第 13 页。

综上，《行政长官选举条例》第 31（1）条在实质上作为香港特区政党规制法律架构中最为严苛的限制性条款，是不利于香港政党的发展及政党政治的成熟的，将来不宜继续保留。

（2）完善政党法制与特区普选

"最终达至普选"产生行政长官和全体立法会议员，是《基本法》为香港所定的目标，是必须达到的。① 根据 2010 年 6 月第十届全国人大常委会第三十一次会议通过的《全国人民代表大会常务委员会关于香港特别行政区 2012 年行政长官和立法会产生办法及普选问题的决定》，香港特区将于 2017 年普选产生第五任行政长官；在行政长官由普选产生以后，香港特区立法会的选举也将采用全部议员由普选产生的办法。随着普选的到来，香港特区的政党将肩负起更为重要的责任。政党的功能在于组织参与、综合不同利益、充当社会势力和政府之间的桥梁。② 没有政党的参与，民主选举是很难顺利完成的。由于政党自身固有的缺陷必然会给民主选举带来一定的风险，现代国家一般会制定选举法规来规范候选人和政党的选举行为。目前，香港选举法例中用于规范竞选行为的立法大多是针对候选人的，③ 甚少涉及政党竞选行为的规制问题。政党的选举行为、选举财政基本上处于不受监管状态。香港特区有必要加强规范政党选举行为的立法，为双普选做准备，为政党制定一套可行的"游戏规则"。否则，极有可能选出一个"反中乱港"的特首或立法会议员。

2. 政党与国家的关系

香港是中央辖下高度自治的特别行政区，它的法律地位完全不同于联邦制下的成员邦。有关香港特别行政区的宪制地位，《基本法》第 12 条作了明确的规定："香港特别行政区是中华人民共和国的一个享有高度自治权的地方行政区域，直辖于中央人民政府。" 从划分国家结构形式的主要标准来看，"一国两制"下的我国国家结构仍属于单一制国家结构，香港是作为

---

① 香港特别行政区政府：《政制发展绿皮书》，http：//www. cmab. gov. hk/doc/issues/GPCD - c. pdf，访问日期：2012 年 11 月 16 日。

② 〔美〕塞缪尔·亨廷顿：《变革社会中的政治秩序》，王冠华、刘为等译，上海人民出版社，2008，第 70 页。

③ 如《行政长官选举条例》《选举开支最高限额（行政长官选举）规例》《选举程序（行政长官选举）规例》《选举开支最高限额（立法会选举）规例》《选举管理委员会（选民登记）（立法会地方选区）（区议会选区）规例》《选举委员会（上诉）规例》等。

一个享有高度自治权而直辖于中央人民政府之下的地方行政区域。国家的"一国两制"政策的内涵是："两制"是原则，"一国"是前提。中央赋予香港特区高度自治权的同时，香港特区不得损害中国的国家主权和政治制度。因此，《基本法》第 23 条要求"香港特别行政区应自行立法禁止任何叛国、分裂国家、煽动叛乱、颠覆中央人民政府及窃取国家机密的行为，禁止外国的政治性组织或团体在香港特别行政区进行政治活动，禁止香港特别行政区的政治性组织或团体与外国的政治性组织或团体建立联系"。按照香港特区《社团条例》第 2 条的解释，所谓"政治性团体"应包括政党在内。该条规定实质上是《基本法》捍卫国家主权的防御性条款。香港特区有责任依据该条规定制定保障国家安全的具体法例。《基本法》第 23 条的立法问题曾在香港特区引起过广泛争论，最终以特区政府撤回《国家安全（立法条文）条例草案》①（以下简称《草案》）并宣布无限期搁置立法落幕。这项建议引起的争论主要有两点：第一，不少市民反对以香港组织从属于某被禁制的内地组织为理由而激活考虑禁制此香港组织的程序，认为这样有损"一国两制"的精神；第二个争议点则涉及《草案》中授权首席大法官在有必要避免涉及国家安全的资料被披露的情况下，制定关于被禁制组织上诉的缺席聆讯的规则。②

笔者认为，从规制政党的角度来看，《基本法》第 23 条立法是有其必要性的，正如《基本法》规定的行政长官及立法会议员双普选的承诺一样，必须落实。首先，宪法所确立的国家制度是具有根本性和原则性的，是国家良好宪政秩序的前提和基础。政党自由必须让步于公共福祉，这是现代宪法所确立的"防卫民主主义"的基本价值理念。鉴于政党的特殊地位，就国家安全问题对政党的某些行为进行立法规制，是现代国家的通行做法。回归前港英政府亦曾于《刑事罪行条例》中立法规定禁止危害英国王室和背叛英国的行为。其次，受到政党自身寡头倾向的局限，无限制的政党自由并不一定有利于成就国家的宪政民主。历史上，德国、意大利、西班牙等国极权政党通过民主选举上台执政的惨痛教训就是很好的例证。对政党自身及其行为进行立法规制不仅不会窒碍政党的发展，反而能促进成熟政

---

① 特区政府为落实《基本法》第 23 条立法而制定的立法草案。

② 陈弘毅：《〈基本法〉第 23 条的实施对香港法律的影响》，http：//www. civillaw. com. cn/article/default. asp？id＝13065，访问日期：2013 年 2 月 1 日。

党政治的形成。

回归后，"中央与特区的关系"一度成为宪法学者重点关注的对象，经过多年的讨论之后已渐趋明确。政党在特区政治体制中发挥着越来越大的作用，但政党与国家的关系一直未有明确的立法界定。"一国两制"下的香港与内地，无论政治制度还是价值理念都存在巨大的差异，政党与国家的冲突是难以避免的。香港特区在未来完善政党规制立法过程中必须在主权及国家安全等问题上就政党与国家的关系做出明确的立法界定。

论粤港澳合作的法律机制

田静芬[*]

一 粤港澳合作的法律机制的概念与特征

粤港澳合作是在新的经济形势下，随着广东省与港澳之间紧密的经济合作而提出来的，从词语的组成上看，"粤港澳合作的法律机制"是"粤港澳合作"和"法律机制"两个词语的组成。因此，为了界定"粤港澳合作的法律机制"的概念，首先要对"机制"和"法律机制"两个概念进行探讨。对于"机制"一词，查阅汉语词典，能找到这样的注解："机器的构造和工作原理"；或者"一个工作系统的组织或部分之间相互作用的过程和方式"等。"机制"一词来源于古希腊文"mechare"，这个词最早在工程学中使用，原意是指机器的构造和工作的原理。从机制概念的历史发展上看，"机制"一词的使用反映了人们对事物的认识已从孤立的现象描述进入整体的本质说明。"机制"的使用不仅突破了自然科学、生物科学的狭义界限，而且进一步扩大到了包括社会科学在内的广泛领域。可以说，机制的范畴体系已经发展到包括生命机制、经济机制、市场机制、道德机制和社会机制在内的多种机制组合。

当然，法律机制是一种自发调节机制，它自始至终离不开人的有目的、有意识的调整活动。也就是说，法律机制是一种自觉调整，只有在自觉调整的基础之上，法律整体才能够正常快速地运转起来。确切地说，法律机制就是指法律的调整机制。[①]

---

[*] 田静芬，广东财经大学法学院硕士研究生。
① 宋瑞兰：《论法律调整机制》，《法律科学》1998 年第 5 期，第 13 页。

通过查阅相关资料，我们可以发现针对"法律机制"的概念，有些学者对其是这样定义的，"法律机制是指为了法律的实现，组建一系列的机构、设施、人员及运转方式和原理"①；而有些学者认为法律机制是"一系列隐含的明确的原则、规范、规则和决策程序"②。因此，结合这些学者的定义，笔者认为法律机制是对一定的社会关系进行相应调整的各种法律手段的有机统一体，具体在粤港澳合作方面，法律机制就是在各种法律法规的调整下，粤港澳之间经济合作的运作方式。

目前，在粤港澳合作中，法律机制大多数是各方政府经过多次会议研究、协商一致后，最终通过达成一个双边或多边协议来体现的。根据法律机制这一实践特点，结合上文关于"粤港澳合作"和"法律机制"的相关定义，我们可以大体上总结出"粤港澳合作的法律机制"的概念：国家、区域政府组织、非政府组织在调整粤港澳合作法律关系中所形成的法律规范、政策、制度等相互联系、相互补充、内部协调统一的有机整体。

二　粤港澳合作的法律机制的内容及其问题

粤港澳合作的法律机制是以粤港澳之间的政府合作协议和相关政策为主要内容，以专门的粤港澳合作法律机构为主体，以维护粤港澳合作各方的经济利益为目标，在有效执行各种具体的合作法律制度的基础之上，系统地保障粤港澳合作参与方的经济利益的一种法律运行机制。可以说，就粤港澳合作法律机制的内容而言，它不仅包括政府协议和相关政策，还应当包括粤港澳合作的机构主体签订的各种具体的粤港澳合作法律政策。

（一）粤港澳合作的历史沿革

为了促进地区间的合作，粤港澳地区也在努力地寻求进一步的发展。2003 年 6 月 29 日，中华人民共和国商务部副部长安民代表中央政府与香港特别行政区财政司司长梁锦松，共同签署了《内地与香港关于建立更紧密

---

① 高键、杨建：《论法律机制——寻找法律实施难的根源》，《司法论坛》2005 年第 4 期，第 83 页。

② 〔美〕罗伯特·基欧汉：《霸权之后：世界政治经济中的合作与纷争》，苏长和等译，上海人民出版社，2001，第 37 页。

经贸关系的安排》。随后，2003 年 10 月 17 日，商务部副部长安民与澳门特区政府经济财政司司长谭伯源分别代表中央政府和澳门特区政府在澳门正式签署了《内地与澳门关于建立更紧密经贸关系的安排》及其六个附件文本。关于建立更紧密经贸关系的安排的协议简称 CEPA。双方就全部内容达成一致，主要包括：货物贸易、服务贸易的自由化和贸易投资便利化三个方面。这些文件使香港、澳门与内地建立了超越 WTO 一般规则的更紧密的经济关系。由于地域便利，粤港澳交往向来频繁，加上 CEPA 协议的陆续签订，使粤港澳合作的覆盖范围逐步扩大，后期签订的各方面的协议催化了粤港澳之间更加紧密的经济合作。[①]

例如，2004 年 10 月 27 日，商务部副部长安民与香港特区政府财政司司长唐英年共同主持召开《内地与香港关于建立更紧密经贸关系的安排》联合指导委员会高层会议，并分别代表中央政府和香港特别行政区政府签署了《〈内地与香港关于建立更紧密经贸关系的安排〉补充协议》。2004 年 10 月 29 日，《内地与澳门关于建立更紧密经贸关系的安排》联合指导委员会高层会议在澳门召开。商务部副部长安民与澳门特区政府经济财政司司长谭伯源分别代表中央政府和澳门特别行政区政府签署了《〈内地与澳门关于建立更紧密经贸关系的安排〉补充协议》。随后各种协议相继出台，为粤港澳之间的经济合作奠定了良好的基础。

2008 年，粤港澳之间的经济合作已经进入了一个蓬勃发展的时期。2008 年，广东省通过了《深化粤港澳合作的调研报告》，首次提出建立"粤港澳紧密合作区"。为贯彻落实国务院《珠三角地区改革发展规划纲要》，广东省委、省政府于 2009 年 8 月出台了《关于推进与港澳更紧密合作的决定》，提出了粤港澳紧密合作的具体措施和办法。2010 年 4 月 8 日，广东省人民政府与香港特别行政区政府正式签署了《粤港合作框架协议》（以下简称《协议》），首次提出了"粤港深度合作"概念和设想。2011 年 3 月 3 日，广东省人民政府和澳门特别行政区政府在北京签署《粤澳合作框架协议》。《粤澳合作框架协议》明确了新形势下粤澳合作的定位、原则、目标，确立了合作开发横琴、产业协同发展、基础设施与便利通关、社会公共服务、区域合作规划等 5 个合作重点，提出了一系列具体、务实、可操作的合

---

① http://baike.sogou.com/v66478.htm，访问日期：2015 年 10 月 10 日。

作举措，并明确了完善合作机制建设等保障机制安排。

2015 年 3 月 1 日起，被称为"CEPA 补充协议十一"① 的《在广东对香港基本实现服务贸易自由化的协议》开始实施。这是内地首份以"准入前国民待遇 + 负面清单"的方式签署的协议。至此，广东服务业对港澳开放广度已达到 95%，也意味着，港澳资企业进入广东，将享受到和广东企业同等待遇。

2015 年 6 月 25 日下午，粤澳合作联席会议在江门举行。澳门中联办，广州、珠海、中山、江门市政府及两地相关部门负责人参加有关活动，此次会议粤澳两地相关部门签署了《关于推动澳门财政资金参与粤澳合作项目建设的框架协议》《澳门特别行政区政府与江门市人民政府推进双方合作意向书》《澳门特别行政区政府与中山市人民政府关于合作建设中山翠亨新区的补充协议》《粤澳游艇自由行试点海事工作安排》等 8 份协议。②

至今，粤港澳之间的合作还在如火如荼地进行着，但是有关粤港澳合作的法律基础以及法律机制的具体内容仍然存在诸多问题。

（二）粤港澳合作的法律机制的构架

目前粤港澳合作基本上是在经济合作的框架下开展的合作，通过对目前合作形势的分析和对合作模式、合作文件以及合作项目、相关制度的梳理发现，粤港澳合作的法律机制已具雏形，其基本框架包括：决策机制、协调机制和争端解决机制。

1. 决策机制

《粤港合作框架协议》及《粤澳合作框架协议》对机制安排进行了专章规定。协议中设立了"高层会晤"。高层会晤是适时举行的，功能是：研究重大合作事项，达成战略性共识，形成合作纲领性文件，指导和推动合作的开展。

2. 协调机制

粤港澳合作现有的协调机构有以下几种。

（1）联席会议。根据《粤港合作框架协议》《粤澳合作框架协议》，联

---

① http://news.officese.com/2015 - 4 - 1/9737.html，访问日期：2015 年 10 月 10 日。

② 叶田：《粤澳合作打开新空间》，《江门日报》2015 年 6 月 26 日。

席会议的主要职责就是强化工作机制的协调和执行职能、简化环节，不断提高工作的实效性；根据需要组建或重组粤港合作有关专责小组，加大统筹协调力度；共同推进重点项目和重点合作区的合作等。①

（2）专责小组。在粤港澳合作联席会议下设立若干专责小组，加大统筹协调力度，负责对各专题合作项目的研究、跟进和落实。

（3）专家小组。《粤澳合作框架协议》第五章第7条规定：建立粤澳法律事务协调与沟通机制，成立法律问题协商与合作专家小组，处理涉及双方合作的法律事务。

（4）粤港澳合作联络办公室。《粤港合作框架协议》第十章第3条规定：粤港合作联络办公室，粤方设在广东省人民政府港澳事务办公室，港方设在香港特别行政区政府政制及内地事务局。② 负责跟进落实本协议有关事项，协调解决合作争端，建立公共信息平台，定期发表本协议落实情况报告。澳方设在澳门特别行政区政府的行政长官办公室，负责粤澳高层会晤及粤澳合作联席会议有关工作，督促和协调落实本协议及有关合作事项。

3. 争端解决机制

根据香港与中国内地的 CEPA 第 19 条的规定，双方成立联合指导委员会，由双方高层代表或指定的官员组成。联合指导委员会设立联络办公室，并可设立工作组。委员会每年至少召开一次例会，并可在一方提出要求后30 天内召开特别会议。委员会的职能包括：监督 CEPA 的执行；解释 CEPA 的规定；解决 CEPA 执行过程中可能产生的争议；拟订 CEPA 内容的增补及修正；指导工作组的工作；处理与 CEPA 实施有关的任何其他事宜。CEPA 第 19 条第 5 款进一步规定："双方将本着友好合作的精神，协商解决在解释或执行过程中出现的问题。委员会采取协商一致的方式做出决定。"

（三）粤港澳合作的法律机制存在的问题

1. 粤港澳签订的合作协议属于行政指导性文件③

自 2003 年内地与香港签署 CEPA 协议以来，每年都要根据经贸发展的

---

① 慕亚平：《粤港澳紧密合作中的法律问题研究》，中国民主法制出版社，2010，第 102 页。
② 李伯侨、尚寅：《〈粤港合作框架协议〉中区域经济管理机构的地位初探》，《特区经济》2011 年第 1 期。
③ 朱颖俐：《粤港深度合作的法律依据问题及对策探析》，《暨南学报》2011 年第 21 期。

实际需要签署补充协议，迄今为止，已经签署了 11 个补充协议，由于我国《宪法》和《地方组织法》只授权各级政府管理其辖区范围内的事务，对于地方政府能否自主缔结跨行政区划的合作协定，以及缔结协定的权限、程序及法律效力问题都没有明确规定，所以合作协议并不具备我国《立法法》对于法律渊源的相关规定，因此这些协议以及广东省政府与港澳政府签订的其他经贸合作文件均属于行政指导性文件，在我国，行政指导，是指行政主体基于国家的法律、政策的规定而做出的，旨在引导行政相对人自愿采取一定的作为或者不作为，以实现行政管理目的的一种非职权行为，对行政相对人没有强制力。①

2. 协议内容有关组织机构不完善

上文提到，《粤港合作框架协议》《粤澳合作框架协议》对"机制安排"进行了专章规定。该协议中设立了"高层会晤"与"联席会议"两层机构，② 并对粤港合作联络办公室的设置和职能安排进行了规定。但是有关粤港澳政府经贸合作过程中的法律问题解决机构还未真正建立，随着粤港澳三地之间经贸往来的愈加深入，对于 CEPA 精神贯彻于相关法律制度的增加修改，都需要专业人士参与，需要专业的法律部门介入。

对于机构相关事项的规定还停留在宏观层面，不具备可操作性，还需加以详细的规定，就上述机构简述看来，目前粤港澳合作的机构仅仅在解决基本合作事务方面加强了组织构架，若面临未来合作过程中可能出现的复杂事项，势必要增加和完善有关法律事务解决机构。

3. 协议内容中争议解决机制不具体

CEPA 第 19 条规定的是协商解决争端的方法，在国际法上，和平解决争端的方法主要分为政治的、法律的两种。政治的方法包括协商与谈判、斡旋与调停以及调查与和解，法律的方法主要是国际仲裁和国际法庭。CEPA 所采用的是"协商一致"的争端解决方法，是一种典型的政治解决方法。③ 但是在粤港澳的经济合作中，广东省政府要与香港、澳门政府协商解决争议，需要特定的文件加以规定。

另外，CEPA 关于争议解决内容的规定是"执行协议过程中可能产生的

---

① 姜明安：《行政法与行政诉讼法》，北京大学出版社、高等教育出版社，1999，第 44 页。
② 慕亚平：《粤港澳紧密合作中的法律问题研究》，中国民主法制出版社，2010，第 102 页。
③ 蔡镇顺、徐彪：《粤港澳紧密合作中的法律问题》，中国法制出版社，2011，第 322 页。

争议"以及"在解释和执行 CEPA 的过程中出现的问题",这种框架性的条款,需要具体的协议来加以补充规定才能适应现实需要。

三 粤港澳合作的法律机制的完善建议

(一) 协调粤港澳之间的合作法律环境

区域内立法的主要问题在于协调地方政府间的立法,协调的重要前提就是了解地方的立法情况和背景情况。只有了解地方立法情况,才能真正地进行区域内地方立法之间的协调;只有了解地方立法的背景状况,才能准确知悉立法的真正意义,从而调节地方立法存在的利益冲突。信息交流的目的是实现资源共享,降低立法成本。

粤港澳三地分别属于不同的法域,因此在经贸合作过程中会出现一定的区际法律冲突,为了减少这些纠纷的发生,前提之一就是了解彼此的法律,应首先加强法律交流,以法律交流为平台促进粤港澳三地的经济发展。相互尊重港澳基本法和内地宪法的原则,采取各种方式增强法律交流与合作,例如举办形式多样、内容广泛的粤港澳三地法制论坛与学会。政府有关部门、法律研究机构、教育机构以及有关社会团体之间可展开各种形式的法律交流与合作。

(二) 加强粤港澳合作组织机构建设

1. 粤港澳合作的协调机构

粤港澳协调机制是对粤港澳合作中的权利与义务进行协调的法律制度及其保障措施的总和,实现协调的手段可以包括:建立协调组织机构、协商谈判、签订协商协议、信息共享等。同时可以适当发挥非政府组织的作用,《粤澳合作框架协议》第七章第 5 条有对民间合作的相关规定:"发挥粤港澳合作促进会的平台作用,支持粤澳工商企业界、专业服务界、学术界、传媒界等加强交流合作。支持双方行业协会开展人员培训、行业自律等工作,共同制定区域行政标准,促进服务市场统一。"这些规定给民间合作提供了具体的操作方法,粤港澳合作的过程中可以形成专门的机构来组织交流活动,促进粤港澳三地在合作事项上的沟通与协调。

2. 粤港澳合作的决策机构

粤港澳决策机构是对粤港澳合作中即将开展的联合行动或采取的联合措施进行是否决定采纳相关政策及措施判断的机构。该机构的正常运行将对粤港澳合作产生巨大的影响，正确的决策使合作向良性的方向发展，而错误的决策将导致难以估量的后果。粤港澳合作中的决策机构应尽量设置成常设性机构，这样更能提高工作效率，也更能树立决策机构的权威。

3. 粤港澳合作的执行机构

粤港澳合作执行机构是确保粤港澳合作各项措施得以落实和运用的机构。粤港澳合作执行的效果与合作的执行机构密切相关，高效有力的执行机构可以推动合作的顺利开展，而低效无能的执行机构将使合作陷入困境，阻碍合作目标的实现。针对粤港澳经济合作的实际需要，可以在必要的方面建立专门性的执行主管机构，使之成为像北美自由贸易协定（NAFTA）组织机构中的"专门委员会"性质的机构。

4. 粤港澳合作的监管机构

粤港澳合作监管机构是对影响或破坏粤港澳合作的行为进行联合监督、控制和管理的机构。监督手段可以包括：开展经济影响评价、制定发展标准、收集交换信息、定期监督审查等。在 CEPA 的框架下，均规定了内地与港、澳之间可以成立联合指导委员会，职能之一是监督 CEPA 的执行。对于委员会的权限、执行的内容、执行的标准和执行的对象均应以文件的形式加以规定，然后针对具体事项灵活处理，形成完整的监督运行体制。

（三）确立具体的争议解决内容

争端解决机制是为实现粤港澳合作的目的所设计的一套解决相关各方主体之间纠纷、冲突的程序安排和制度设计方案所构成的系统。粤港澳合作争端解决机制对于粤港澳合作的正常开展、平衡利益和化解矛盾发挥着关键的作用。争端解决手段主要包括：谈判与协商、斡旋与调停、调查与和解、强制性调查、仲裁和诉讼。

对粤港澳合作而言，协商机制是核心，但是对于 CEPA 中的相关规定，笔者认为应该对协商解决的内容在之前粗框架的表述下做出更加具体的规定，比如将争议解决的具体内容规定为：粤港澳之间在开展 CEPA 协议项下的经贸往来合作之间产生的争端，具体应该涵括后期补充协议中所列举的一系列开放项目。另外，可以借鉴 NAFTA 的相关做法，根据不同的项目内容制定不同类别的争议解决机制，同时配合执行机构的执行行为，使得粤港澳经贸合作能够更加顺利地进行。

试论内地、香港、澳门法院判决承认与执行的依据

于志宏[*]

内地与香港、澳门之间开展法院判决承认与执行活动的依据问题上有明显的国际因素。依据来源的不同，必然导致范围、条件及程序上的一系列问题。内地与香港、澳门开展区际法院判决承认与执行活动，不是国与国之间的司法互助问题。我们是在一国主权之内几个具有完全不同政治制度、经济制度和法律制度的法域之间开展法院判决承认与执行活动，这一现象在当今世界上是绝无仅有的，没有完全可供借鉴的样板，走中国自己的特色之路成为必然之势。

一 基本法的规定及其特点

最高人民法院与香港特别行政区达成的《关于内地与香港特别行政区法院相互认可和执行当事人协议管辖的民商事案件判决的安排》（以下简称《内地与香港判决安排》）中明确指出："根据《中华人民共和国香港特别行政区基本法》第95条的规定，最高人民法院与香港特别行政区政府经协商，现就当事人协议管辖的民商事案件判决的认可和执行问题做出如下安排……"最高人民法院与澳门特别行政区达成的《内地与澳门特别行政区关于相互认可和执行民商事判决的安排》（以下简称《内地与澳门判决安排》）中也明确指出："根据《中华人民共和国澳门特别行政区基本法》第93条的规定，最高人民法院与澳门特别行政区经协商，就内地与澳门特别

* 于志宏，广东财经大学法学院教授。

行政区相互认可和执行民商事判决事宜达成如下安排……"

上述情况表明，《香港特别行政区基本法》（以下简称《香港基本法》）第 95 条和《澳门特别行政区基本法》（以下简称《澳门基本法》）第 93 条分别是香港、澳门这两个安排的重要法律依据。《香港基本法》第 95 条的内容是："香港特别行政区可与全国其他地区的司法机关通过协商依法进行司法方面的联系和相互提供协助。"《澳门基本法》第 93 条的内容是："澳门特别行政区可与全国其他地区的司法机关通过协商依法进行司法方面的联系和相互提供协助。"两个基本法所规定的内容完全一致。与有关多法域国家进行区际法院判决的承认与执行法律依据相比较，我国目前进行区际法院判决承认与执行时的依据有如下特点。

（1）内地与香港特区、澳门特区进行区际法院判决承认与执行是以具有"小宪法"性质的基本法为依据的，而不是以全国宪法形式出现的，也没有专门的中央统一立法。1982 年通过《中华人民共和国宪法》时，香港、澳门尚未回归，中国尚不是一个多法域国家，宪法对多法域区域间的关系未作明确规定。世界上有些多法域国家如美国、澳大利亚等都在宪法中明文规定，应给予全国各州（法域）判决"完全信任和尊重"；或者专门的联邦或中央统一立法，如英国和澳大利亚，由最高立法机关制定法律统一调整国家之内各法域的法院判决承认与执行问题。

（2）基本法明确规定了"一国两制"原则。这表明在中国各法域进行法院判决承认与执行有独特之处，而其他多法域国家都是在"一国一制"下进行法院判决承认与执行活动的。在"一国两制"下进行区际法院判决承认与执行活动是人类历史从未有过的现象。在中华人民共和国内，同时存在社会主义的法律制度和资本主义的法律制度，基本法则是这两种制度的汇合点或交汇点。基本法是实行贯彻这两种法律制度之具体体现。在中华人民共和国宪法下的中国法律，包括社会主义法律体系、普通法系、大陆法系在内的多元化法律体系存在于我们统一的国家中，这是史无前例的。这些法律体系各有其法律地位，将互相影响，互相起着积极作用，成为人类文明史和法律史上的奇观。[①]

（3）《香港基本法》第 95 条和《澳门基本法》第 93 条都没有特别指出

[①] 肖蔚云：《论香港基本法》，北京大学出版社，2003，第 810 页。

区际法院判决承认与执行这一具体活动如何进行和开展，而是泛指"司法方面的联系和协助"这一较为广泛的范畴，因此不可能就区际法院判决承认与执行的范围、条件和程序等具体事项做出规定，这就给内地和香港特区、澳门特区开展这一活动一个很大的空间。没有统一的规则和要求，各方可以根据具体情况协商而定。这与有些多法域国家有很大的不同，比如英国和澳大利亚，其中央统一立法对区际法院判决承认和执行的范围、条件、方式都有明确规定。

（4）在是否强制性进行区际法院判决承认与执行活动上与其他多法域国家有所不同，其他多法域国家如美国、英国、澳大利亚非常明确地要求国内各法域相互承认和执行民商事判决，我国两部基本法采用的是较为弹性或软性的说法，仅规定特别行政区"可与"其他地区的司法机关通过协商依法进行这方面的活动。基本法强调的是平等协商，在各法域平等的前提下来协商，在协商的基础上达成协议。我国著名学者肖蔚云指出："香港特别行政区法院与各省、自治区、直辖市法院之间的关系以及两地的法律冲突，都是'一国两制'下的问题，它既不能采用两个国家之间订立司法协助协定和国际冲突法的方式来解决，也不能采用一个国家内一种统一的解决法律，制定两地法院都遵守的全国统一的区际冲突法，实际上应是一个国家内统一解决的模式。这与香港基本法第95条的精神是不一致的，第95条强调的是平等协商，在协商的基础上达成协议，一个重要的考虑是尊重'两制'，因为两种司法制度、法律制度不同，所以香港基本法第95条没有规定统一的全国性法律，1997年后也不能再制定一个全国统一的区际冲突法。"[1]

由此，我们可以认为：我国开展区际法院判决承认与执行活动没有宪法上的明确规定，也没有专门的中央统一立法，根据《香港基本法》和《澳门基本法》的有关规定，特别行政区可与全国其他地区的司法机关通过协商依法进行司法方面的联系和相互提供协助。这样的规定表明，内地与香港特区、澳门特区进行区际法院判决承认与执行活动并不具有强制性和具体性。这里既没有硬性要求也没有特别指出开展区际法院判决承认与执行这一活动的内容，因而，这可以看作具有中国特色的做法，与世界上有

---

[1] 肖蔚云：《论香港基本法》，北京大学出版社，2003，第521～522页。

些多法域国家如美国、英国、澳大利亚开展类似的活动有很大的不同。这些国家要么在宪法中明确规定，要么以中央统一立法明确制定法律，统一调整国家之内各法域的法院判决承认与执行问题，从而具有明显的强制性和确定性。

二　思考问题及解决问题的方向

港澳回归前，香港、澳门与内地法院判决的承认与执行问题属于国家之间法院判决的承认与执行；港澳回归后，香港、澳门与内地法院判决的承认与执行问题属于区际法院判决的承认与执行。但是，由于中国的统一是采取"一国两制"的方式，香港、澳门与内地之间的法院判决与执行问题，与传统意义上的区际法院判决承认与执行有着很大的区别。中国的区际司法协助是"一国两制"基础上的司法协助，是不同法系并存条件下的司法协助，因而中国的区际司法协助无疑是最为特殊、最为复杂的区际司法协助。在中国进行区际法院判决承认与执行活动时并没有明显的强制性要求，宪法中没有做出明确规定，也没有中央统一立法依据。与世界上其他多法域国家相比，中国的区际法院判决承认与执行活动有其自身的特点。内地与香港特区、澳门特区进行区际法院判决承认与执行活动是以基本法为依据的，基本法没有规定要制定一个共同遵守的全国性法律来解决特别行政区法院与内地法院之间的司法关系或两地的法律冲突问题。各法域以平等协商作为司法机关进行联系和相互提供协助的最基本、最适当的途径。

虽然中国目前各法域进行这一活动的强制性不明显，却出现了开展这一活动的迫切性和必然性的客观情形。依笔者来看，有三个重要因素影响中国开展区际法院判决承认与执行这一活动，或者说，我国开展区际法院判决承认与执行活动，其重要原因或依据主要有三个方面：一是经贸关系，二是公民权利，三是法律体系。

（一）经贸关系

中国大陆、香港、澳门、台湾四地有着密切的经贸关系。在 WTO 的法律架构下形成特殊的"一国四席"局面，"一国四席"为四地之间建立更紧密的经贸关系提供了新契机。香港、澳门回归后，中央政府极为重视与两个特别行政区的经贸往来关系。2002 年 1 月 25 日，《内地与香港关于建立更紧密经贸关系的安排》的磋商在北京启动，2003 年 6 月 29 日，中央政府和香港特别行政区在香港签署了该安排及其附件的《磋商纪要》。2003 年 6 月 20 日，《内地与澳门关于建立更紧密经贸关系的安排》的磋商在北京启动，同年 10 月 17 日双方磋商代表在澳门正式签署了该安排及其 6 个附件。上述内地与香港、澳门的两个经贸关系安排于 2004 年 1 月 1 日同步实施。①至此，内地与香港、澳门两个特别行政区之间，正式建立起自由贸易关系，从而加速相互间资本、货物、人员等要素的自由流动。中国内地分别同香港特区、澳门特区签署的更紧密经贸关系安排（CEPA），实际上是一国国内的区域经济一体化安排。

为适应内地与香港密切的经贸关系，早在 2002 年中起，香港特区有关部门与内地有关部门就进行了非正式会议，双方就两地承认与执行判决的问题交换了意见。②双方先后磋商 7 次，修改文本 26 次，2006 年 7 月 14 日，最高人民法院和香港特别行政区在香港签署了《关于内地与香港特别行政区法院相互认可和执行当事人协议管辖的民商事案件判决的安排》③，根据双方一致意见，该安排自 2008 年 8 月 1 日起生效。内地与澳门特区对相互承认和执行民商事判决的磋商较为顺利，最高人民法院与澳门特别行政区政府经过三次磋商于 2006 年 2 月 28 日在澳门签署了《内地与澳门特别行政区关于相互认可和执行民商事判决的安排》。2006 年 3 月 21 日该安排文本在两地同时公布，并于 2006 年 4 月 1 日起生效。

上述两个判决安排的签署，从时间上来讲都是在两个经贸关系安排（CEPA）之后，充分说明了法律对经济的保障作用，内地与港澳的经济融合和一体化，相互之间资本、货物、人员等要素的自由流动，也必将促进相互之间判决的自由流动。

历史的经验告诉我们：在区域经济一体化过程中，只有判决的自由流动，才能确实保证货物、人员、服务、资本的自由流通。要使得判决能自由流动，就要求对所承认和执行法院判决的范围实行最大化，对所承认和

---

① 安民主编《内地与香港、澳门更紧密经贸关系安排知识读本》，中国商务出版社，2004，第 5~6 页。

② 参见香港特区立法会 CB（2）248/04 - 05（05）号文件。

③ 2006 年 7 月 15 日《人民法院报》。

执行法院判决的条件给予宽松待遇，对所承认和执行法院判决的程序进行简便处理。如果不是这样，法制的保障作用就会大打折扣。从而也将无法在经济区域内实现货物、人员、服务、资本的自由流通。

欧共体在其建立之初，目的是建立一个共同市场和一个货币联盟，实施共同的商业政策，实现货物、人员、服务、资本的自由流动，以便在整个共同体内促进经济活动和谐和均衡地发展。在《欧共体条约》第三编（第 39～60 条）中列举了可以作为共同市场核心组成部分的各种"基本自由"，包括：雇员迁徙自由（成员国的每个公民都可以在共同体的其他成员国中寻找工作）；开业自由（独立经营者或公司可以在其他成员国开业经营、提供商品及服务）；服务业自由（可以向在其他成员国居住的客户提供服务）；资本自由（跨界的资本流动和支付往来自由）。这些原则就是要求商品、人员、服务和资本可以跨界自由流动，它们在共同市场内有自由流动的权利。为了使这些要求能够顺利实施，《欧洲经济共同体条约》及《欧共体条约》都规定了要协调各国的法律。共同体通过制定法规条例来推动成员国规定的"相互协调"。这就是说，各国法律中凡是限制或阻碍流动自由权的内容都必须取消或修改，不能再有因法律规定而阻碍贸易的情况存在。①

欧共体内有关货物、人员、服务、资本的自由流通、竞争等的规定，从传统国际私法的观点看，应是属于国际私法范围的。它们构成了法律冲突的基础。因为没有商品、人员、服务、资金的自由流通，法律冲突就无从产生，也就谈不上什么国际私法问题。而在欧共体各国中，国际私法（冲突法）也是千差万别的，这种不同影响到管辖权和准据法的适用。因此，在欧共体一体化还未达到制订出统一实体法之前就只有先实现各国冲突法的统一，否则，由此产生判决的不确定性会影响货物、人员、服务、资本在欧共体内的自由流通，直接危及欧共体目标的实现。为了保证共同市场合理有序进行，地方法院合理的管辖权标准、原则应得到尊重，在共同体体系内有必要富有逻辑地运用。这种司法安排需要进一步保证，产生于欧共体内各成员国法院竞争管辖权的判决和原则能获得"充分公正和诚信"，从而能在共同体全境内得到承认和执行，无论这种判

---

① 〔德〕贝娅特·科勤－科赫等：《欧洲一体化与欧盟治理》，中国社会科学出版社，2004，第 57 页。

决是由法院、仲裁机构还是政府机构做出，只要能够证明在当时的情况下管辖是合理的。① 这就是判决的自由流动问题。只有判决的自由流动，才能确实保证货物、人员、服务、资本的自由流通。为了实现判决自由流动的目标，欧盟一直在进行着多方面的努力。如《欧盟条约》第 100 条规定："理事会应一致同意发出指令，以使成员国对共同体市场的建立和运转发生直接影响的法律、规定和行政条例趋于接近。"条约第 220 条还规定：成员国应在必要时相互谈判，简化关于相互承认执行法院判决和仲裁裁决的手续。这种规定为成员国之间通过谈判协调其国际私法规定提供了直接而坚实的基础。

中国区域经济一体化与欧洲一体化二者在一体化的主体、一体化的程度及一体化产生的背景及制度保障等诸多方面有所不同，欧洲一体化已达到经济同盟阶段，是最高层次的经济一体化，中国的区域经济一体化处于自由贸易协定阶段，是较低层次的经济一体化，从一体化进程来看仅仅是开始阶段，是一体化的第一步。我们应看到，欧洲一体化也是从低级向高级发展而来的，经历了一个较为漫长的过程。一般地，就区域经济一体化形成的基本动因而言，或者说对区域经济一体化的产生构成深远影响的因素而言，主要有两个：一是经济自由主义，二是功能主义。就形成动因方面对任何区域经济一体化都是可以进行比较的，即这就是它们的共同点、出发点和基本点。

经济原因是各区域经济一体化组织或集团组建的重要原因，各国和各地区经济利益的增长只能通过自由贸易和市场经济竞争来实现。借助古典经济学"生产要素"和"比较成本优势"原理，可以解释国际分工对经济的推动作用和说明自由贸易对财富的增长作用。其前提是：要有竞争以及有效的市场和价格机制，没有贸易保护主义对商品交流的阻碍，在各国之间没有因关税或由政府规定汇率而人为造成的成本差距。这个论证的目的在于指出只有一种最佳的解决办法，即有一个自由化的市场、一种不受政治影响的（金本位）货币以及对法律和技术性普遍条件达成多边的一致。② 区域内取消关税和非关税措施后，促进了成员之间的贸易交往，相互间的

---

① 肖永平主编《欧盟统一国际私法研究》，武汉大学出版社，2002，第 29~31 页。
② 〔德〕贝娅特·科勤-科赫等：《欧洲一体化与欧盟治理》，中国社会科学出版社，2004，第 41~42 页。

贸易量大幅增加，即产生贸易创造效果。这是各国（地区）积极签订区域贸易协定的主要动机之一。区域内取消关税和非关税措施后，在区域内部开展贸易的成本将低于同区域外国家开展贸易的成本，成员方以往同区域外国家或地区开展的贸易，部分会转成与区域内的其他成员进行。在贸易创造和贸易转移两种效应的同时作用下，形成了参与区域贸易安排受益、被排斥在外受损的局面。① 因此，区域国际贸易的自由化是区域经济一体化产生的基础原动力。

为了使区域国际贸易自由化有序地进行，就需要公平、公正的规则。为制定公平、公正的规则就要设立相应的机构和组织。随着经济上相互依赖的不断加深和先进技术的不断扩展，越来越多的行动领域相互联系在一起，而这种联系又使功能性合作不断加深。建立一种合作体系，由它恰好地处理各种问题，为此应当在区域内有共同利益的领域中集中进行恰当的合作，这种功能性的制度框架就是国际组织，怎样创建这些国际组织，它们各自由谁来组成，这些取决于各个领域的不同功能性要求。从这种因果联系中产生出功能主义和新功能主义原理，米特兰尼把它概括为"形式随功能而定"（from follows function）这个公式，即合作的形式要为专门领域的功能性要求服务。②

贸易自由化是区域经济一体化的核心价值。为实现贸易自由化而采取的规则是从降低关税发展至覆盖产品的非关税壁垒及服务贸易、投资和知识产权诸领域。贸易自由化具有两种最根本的效用。其一，它使资源的再配置趋向于各国具有比较优势的活动。其二，因为更高效的生产增加了收入，人们可以从其他国家购买更多商品和服务，各国的消费也就增加了。任何一个国家都会在某种商品上具有比较优势。各国要实现财富最大化就不能实行贸易壁垒。③

随着欧洲经济一体化步伐的加快，共同体的缔造者们清醒地认识到，要使经济共同体充分有效地发挥作用，必须设计并采用一种机制，保证在共同

① 安民主编《内地与香港、澳门更紧密经贸关系安排知识读本》，中国商务出版社，2004，第 13~14 页。
② 〔德〕贝娅特·科勒－科赫等：《欧洲一体化与欧盟治理》，中国社会科学出版社，2004，第 43 页。
③ 杨丽艳：《区域经济一体化法律制度研究》，法律出版社，2004，第 367 页。

体内部，法律这种救济手段不会由于国界的阻隔而停滞。这样，一国法院判决在欧共体其他成员国的承认与执行就显得尤为重要。经过长达 8 年的研究与协商，最后于 1968 年 9 月 27 日在比利时首都布鲁塞尔签订了《民商事管辖权和判决执行公约》（《布鲁塞尔公约》）。该公约旨在取代欧共体内所有有效的关于判决承认与执行的双边公约，从而建立一套统一、高效的判决承认与执行制度。随后随着发展，欧共体成员国作为一方，欧洲自由贸易协会成员国作为另一方，相互磋商，促成《洛迦诺公约》的通过，公约于 1988 年 9 月 16 日签订。该公约与《布鲁塞尔公约》规定了相同的基本原则。

香港、澳门回归后，中央政府极为重视与两个特别行政区的经贸往来关系。加速了内地与港澳的经济融合和一体化进程。这一过程是内地与港澳开展判决承认与执行活动的重要基础和因素。我们也必须明白，内地与香港特别行政区、澳门特别行政区开展区际法院判决承认与执行活动，是一国之内的司法互助问题。一国之内主权是统一的，经济发展目标是一致的，因而民商事判决在一国内自由流动以适应一国政治、经济需要则是非常自然的事。

（二）公民权利

由于法院民事判决是国家司法机关以公共权力解决私人纠纷的表现形式，因此民事判决具有明显的两重性——公性与私性，其公性表现在判决是国家司法权力行使的结果，国家司法权是国家主权的一部分；其私性表现在判决解决的是私人之间的纠纷，私人是诉讼的参加人，在诉讼活动中占据主导地位。作为司法权对私人争议的意思表示，法院判决实际上是通过法定的规范形式，对当事人的诉讼行为、争议解决的过程及结果等予以确定和宣告。这一确定和宣告具有法律上的约束力与强制实现能力，它构成的是任何人不得随意挑战的判决的法律权威，以及做出判决的司法机关的权威。同时，通过这一确定和宣告，实现对当事人权利义务的合理分配。维护私权利益和社会正义，是法院判决的最终结果。而当争议得以有效解决时，围绕着本案的私权利益的"二次分配"和以此为基础的社会正义的实现，便也有了现实的载体。[1] 因而，民事判决书就成为维护和实现经法院

① 谭兵主编《外国民事诉讼法制度研究》，法律出版社，2003，第 355 页。

重新确定后的当事人基本权利的保证书。反过来我们就可以这么认为，这份保证书上的权利如果不能实现，就意味着法院司法权威受到挑战，社会公平正义就无法实现和落实。因而，民事判决两重性——公性与私性二者是辩证统一的，其完整性不容分割。其一面受到损害，另一面也必将不能善全。

经法院判决确定后的当事人的私权利益属于公民的一项权利是不可置疑的，但是属于一项什么权利？是财产权，还是救济的权利？目前我国内地法律对此没有加以明确规定，不过凡是公民基本权利都应受到宪法保护这是绝对的。对基本权利的确认和保障，正是整个宪法价值体系的一个重要核心，宪法同时创设有关国家制度、国家机构等方面的实在规范，但其终极的价值取向也必然归结于维护、协调并实现宪法自身的核心价值。① 我国现行宪法第二章即全面系统地规定了公民的基本权利，而该宪法的其他一些条款也可纳入基本权利的规范体系之中。这种宪法权利的规范体系构成了我国现行宪法规范的重要组成部分，同样也可视为该部宪法整个价值体系的核心所在。

根据中华人民共和国宪法所制定的《香港基本法》，对香港居民的基本权利和自由的保障其范围是非常广泛的，这些权利和自由的保障主要体现在基本法第三章中，主要是：①关于政治方面的权利和自由；②关于人身及有关方面的权利和自由；③关于信仰自由；④关于财产方面的权利；⑤关于社会福利的婚姻自由；⑥关于文化教育方面的权利；⑦关于香港特别行政区法律保障的其他权利和自由。《香港基本法》在第三章以 16 个条文规定了香港居民各方面的基本权利和自由，在第 39 条还专门对两个国际人权公约及国际劳工公约作了明确规定，第 39 条第 1 款规定："《公民权利和政治权利国际公约》、《经济、社会与文化权利的国际公约》和国际劳工公约适用于香港的有关规定继续有效，通过香港特别行政区的法律予以实施。"《香港基本法》规定的香港居民的基本权利和自由，有些已经超出了两个国际人权公约，比两个国际人权公约规定的基本权利和自由更广泛。②

① 张千帆主编《宪法学》，法律出版社，2004，第 147 页。
② 肖蔚云：《论香港基本法》，北京大学出版社，2003，第 624 页。

　　全国人大常委会香港基本法委员会委员、香港大学教授陈弘毅先生指出：现代的法治和宪政的主要目的之一是保障人权，使人民和公民社会的基本权利与自由得到国家的承认和尊重。《香港基本法》中不少条文——尤其是《香港基本法》第三章——便是关于人权保障的。香港在管制时代的人权保障主要基于从英国移植过来的法治、司法独立传统和英国普通法传统的案例法中对个人基本权利和自由（如人身自由以至财产权）的不成文（即并非以成文宪法文件提供的）保障，直至 1991 年，这种不成文保障的制度才改为成文保障。1991 年 6 月，香港立法局通过了政府起草的《香港人权法案条例》，把自从 1976 年英国已在国际法的层面引用于香港的《公民权利和政治权利国际公约》，引入成为香港本地的立法。①

　　截至 2000 年 10 月，已经有 145 个国家批准和加入了《公民权利和政治权利国际公约》，我国也于 1998 年 10 月 5 日签署了该公约。如果说我国于 2001 年 12 月 31 日成为世界贸易组织的正式成员，标志着我国将要在经济上融入国际大家庭的话，那么《公民权利和政治权利国际公约》的签署和加入也必然会对我国的政治生活和法制生活产生深远的影响。② 该公约第 2 条第 3 款规定："确保任何人所享本公约确认之权利或自由如遭受侵害，均获有效之救济……确保上项救济权利，由主管司法、行政或立法当局裁定，或由该国法律制度规定之其他主管当局裁定，并推广司法救济之机会；确保上项救济一经核准，主管当局概予执行。"此外，该公约第 14 条的规定还体现了"公开、独立和公正审判"及"一事不再理"的原则和精神。然而我们也应看到该公约的权利大部分是牵涉到政治权利和刑事司法中的权利，在司法救济的实施问题上，主要是国家机关及其工作人员对个人造成的侵害，通常不指个人之间发生的侵权和纠纷。但我们也应看到，该公约所保护的公民权利的范围是广泛的，包括公民私人财产、公民人身权利、民主权利和其他权利。尽管公约没有特别指出经法院判决所重新确认的当事人的民事权利应如何加以保护，但根据公约的精神，经法院判决后获得的私权无疑是应受到保护的。属于该公约第 2 条第 3 款所要求的"推广司法救济之机会"的范围。因此，各缔约成员方有义务来履行公约的原则和精

---

① 陈弘毅：《一国两制的法治实践》，人民网，http：//hm.people.com.cn。
② 陈光中主编《公民权利和政治权利国际公约批准与实施问题研究》，中国法制出版社，2002，序言第 1～2 页。

神。我国各法域彼此之间相互承认和执行民商事判决就是对该公约精神和原则的最好实践与承诺。

《香港基本法》和《澳门基本法》都明确规定实施《公民权利和政治权利国际公约》，两个基本法不仅是两个特别行政区分别要实行的法律，基本法作为全国人大制定的普通法律，在全国范围内也是有效的，在内地也是要遵守执行的。内地和香港、澳门三地之间开展相互认可和执行民商事判决活动，实际上就是在履行和承诺《公民权利和政治权利国际公约》的原则和精神，是对三地居民基本权利最好的保障。因此，《公民权利和政治权利国际公约》是内地、香港、澳门三个法域开展区际法院判决承认与执行活动的重要法律依据。同时，三地以《安排》模式相互认可和执行民商事判决，也就是对我国宪法规定的公民基本权利保障形式的体现。

（三）法律体系

首先我们有必要将法律体系与法系加以区别，法系是西方法学家首先使用的一个概念，但其含义不是很确定。我国比较法专家沈宗灵教授认为："法系这一用语，在西方法学家的用法也相当混乱。以英文而论，法学著作中用来指法系的，一般有以下几个词：legal family，legal group，legal genealogy 和 legal system 等，其中用得最多的是 legal system。但这个词本身又是一个多义词，包括法系、法律制度、法律体系、法制等几种意义。汉语中的法律制度、法律体系、法制又都是多义词。中外用语上的复杂化使人们对法系这一用语的理解更为困难。"①

法系与法律体系不是一回事，二者是不同的。中国法学界在 20 世纪 80 年代对法律体系问题曾有过一场大规模的讨论。② 1983 年 4 月，在中国社会科学院法学所召开的全国首次法学理论讨论会上，专家学者对法律体系的概念有狭义和广义两种理解。狭义理解的法律体系，是指一个国家在一定历史发展阶段上，以现行的和即将制定的法律为基础，以宪法为统帅，以部门法为主体，组成一个内容和谐一致、形式完整统一的法律规范

---

① 沈宗灵：《比较法总论》，北京大学出版社，1987，第 37 页。
② 张友渔：《法学理论论文集》，群众出版社，1984。该论文集收录了 30 篇文章，对什么是法律体系和法学体系等问题进行了较全面的探讨。

的有机体。广义理解认为法律体系应包括法律意识、法律制度、法律实践三部分。① 有学者认为，根据 1949 年新中国成立以来法学理论科学中的传统解释，"法律体系通常指一个国家的全部现行法律规范分类组合为不同法律部门而形成的有机联系的统一体"。但也有其他各种不同的理解，如有的理解为一个国家的比较完备的法律或法制；有的理解为法律的合乎逻辑的独立的整体；有的理解为一个国家的法律渊源的分类（即宪法、法律、法规等之分）的体系；有的更扩大解释为从法律的制定到实施（或更广领域）的法制体系、法治体系、法制系统工程；等等。② 最新出版的《法律辞典》认为：法律体系是一国法律以宪法为基础所构成的一个有机联系的统一整体。③

笔者认为，法律体系与法系的主要区别在于以下几点。

1. 法律体系的法律具有主权性或一国性

法律体系的法律是一个主权国家法律的整体，仅由一个国家的法律组成。一个法律体系的存在意味着属于这一法律体系的所有法律的存在。如果所有法律的共同立法者是主权者，法律体系就存在。④ 也就是说，法律体系是以主权者的存在为前提，只有主权者才有立法的权力。主权是法律体系最主要、最根本的特征，没有主权，就没有法律体系。而主权是国家的基本属性，主权是制定或更改法律的权力，是在一国领土内制定、修改和适用法律制度的最高权和独立权。⑤ 法系不具有主权性而是具有跨国性，法系的法律一般并不限于一个国家或地区，只要具有某种共性或共同传统，就可以成为一个法系。

2. 法律体系的法律具有现行性

法律体系的法律只能是一个国家现行的法律，不包括一国历史上的法律或已经失效的法律，也不包括一国将要制定的法律和尚未生效的法律。而法系则具有历史时代性，法系的法律是跨历史的，具有源流关系和历史

---

① 张友渔主编《中国法学四十年》，上海人民出版社，1989，第 96 页。

② 《中国大百科全书·法学》，中国大百科全书出版社，1984，第 84 页；沈宗灵：《再论当代中国的法律体系》，《法学研究》1994 年第 1 期。

③ 中国社会科学院法学研究所法律辞典委员会编《法律辞典》，法律出版社，2004，第 136 页。

④ 〔英〕约瑟夫·拉兹：《法律体系的概念》，吴玉章译，中国法制出版社，2003，第 55、7 页。

⑤ 〔英〕戴维·M. 沃克编《牛津法律大辞典》，北京社会与科技发展研究所译，光明日报出版社，1988，第 842 页。

传统的特点。

3. 法律体系的法律具有结构和层次的协调性与统一性

法律体系是一个国家现行法律的规范、原则和概念所构成的内在和谐统一的整体，其中法律规范是构成法律体系的主要因素和细胞，宪法则是一国法律体系的根本规范或基本规范，具有最高法律效力。在每一种法律体系内都有一个或者说必然只能有一个基本规范，如果没有基本规范，一种法律体系就不能存在，因为没有基本规范，法律体系的存在就会缺乏统一性或者有效性。① 在一种法律体系内，存在多种形式的法律和不同级别的立法机关，在宪法统率下，一国现行法律内部达到和谐一致，避免和消除法律内部的矛盾和冲突。而法系则不存在这方面的作用和功能。

1984 年 12 月 19 日，中英两国签署的《中英关于香港问题的联合声明》（以下简称《联合声明》）以及中国人大 1990 年 4 月 4 日通过的《香港特别行政区基本法》（以下简称《基本法》）确定，1997 年 7 月 1 日后中国对香港恢复行使主权，这使得香港的法律发生根本的变化。《联合声明》和《基本法》都明确规定：香港现行社会、经济制度不变，法律基本不变。② 但香港法律的归属发生了根本性变化。回归前，香港的法律属于英国法律的一部分，是资本主义英国法律体系的组成部分；回归后，香港法律则属于中华人民共和国法律的一部分，是社会主义中国法律体系的组成部分。

从法理角度来看，香港回归意味着香港法制的根本规范的改变和转移，即原有以英国国会立法和英皇特权立法为依归的根本规范，将由一个以《中华人民共和国宪法》为终极依据的根本规范所取代。这个事实不应被中英《联合声明》和《基本法》里关于香港原有法律基本不变的规定所掩盖。③

---

① 〔英〕约瑟夫·拉兹：《法律体系的概念》，吴玉章译，中国法制出版社，2003，第 80 页。
② 《中英关于香港问题的联合声明》附件一第 8 条规定："香港特别行政区成立后，香港原有法律（即普通法及衡平法、条例、附属立法、习惯法）除与《基本法》相抵触或香港特别行政区的立法机关做出修改者外，予以保留。"《香港特别行政区基本法》第 8 条规定："香港原有法律，即普通法、衡平法、条例、附属立法和习惯法，除同本法相抵触或经香港特别行政区的立法机关做出修改者外，予以保留。"
③ 陈弘毅：《九七回归的法学反思》，载中国人民大学报刊复印资料《台、港、澳及海外法学》1998 年第 2 期。陈教授在另一文章中指出，在法理学的层面，香港法制的"根本规范"（即法律的有效性最终依据）已从以前以英国宪法秩序为依据的导向转移为以中国宪法秩序为最终依归。陈弘毅：《回归后香港与内地法制的互动》，载香港法律教育信托基金编《中国内地、香港法律制度研究与比较》，北京大学出版社，2000，第 10 页。

香港特别行政区法律虽然不是我国法律体系的主体，但香港特别行政区是我国的一个组成部分，它的法律当然就成为我国法律体系的一部分，与内地的主体法律共同存在，这就大大地丰富了我国的法律体系内容及范围，从而带来具有鲜明中国特色的法律体系特点。而澳门特别行政区法律也是一个多层次、多元化的法律。我们说，香港治权收回之日，就是中国法律体系开始进入多元化之时，而澳门治权的收回，则是这种多元化的进一步发展。①

中国法律体系的最大特色之一就是体现了"一国两制"的方针。完成国家统一，维护国家主权，是中华民族的根本利益所在。以"一国两制"实现国家统一完全符合我国各民族人民的愿望和利益，"一国两制"构想是以马克思列宁主义为理论基础提出来的，是完全具有中国特色的伟大战略。邓小平曾指出："如果'一国两制'的构想是一个对国际上有意义的想法的话，那要归功于马克思主义的辩证唯物主义和历史的唯物主义，用毛泽东主席的话来讲就是实事求是。这个构想是在中国的实际情况下提出来的。"②

有学者提出，对于国家统一大业而言，"一国两制"不仅是一个方针和政策，更应该作为一项重要的法律原则，用以指导和处理国家立法，协调国家法律制度统一与差别的关系，处理国家统一进程中的法律冲突。"一国两制"对马克思主义国家学说的杰出贡献之一，正在于其跳出了传统的把国家的阶级属性与民族、社会属性相互对立的两级化理论误区，实现了国家阶级性与民族性、社会性的高度统一。因而，确立"一国两制"宪法原则地位，其意义正在于最高法律效力上的理论矫正，从国家最高法律上保障和推进国家统一进程。③

概括起来笔者认为，中国法律体系问题有以下几点值得注意。

（1）中国的法律体系体现"一国两制"原则，是以中华人民共和国宪法为根本规范，包含多种法律形式，结构严谨，内部和谐的全部法律、法规所构成的统一体。中国法律体系以中华人民共和国主权为前提，中华人民共和国宪法是中国法律体系的基本规范，具有最高法律效力。多种法律形式即是以内地法域的社会主义性质的法律为主体，包括具有资本主义性

---

① 蓝天主编《"一国两制"法律问题研究》（总卷），法律出版社，1997，第517页。
② 《邓小平文选》第3卷，人民出版社，2001，第101页。
③ 陈友清：《1997～2007：一国两制法治实践的法理学观察》，法律出版社，2008，第308页。

质的香港法域的英国普通法系的法律、澳门法域的传统欧洲大陆法系的法律以及未来统一后台湾法域的现代欧洲大陆法系的法律。

（2）多种不同形式的法律并存于一体之中，共同维护国家主权，维护中华民族的根本利益，维护公民的基本权利，共同为四地经济发展服务，为四地的社会稳定做出贡献。这是中国法律体系存在的基本目的和方向。为此，多种不同形式的法律不应是互相对立、排斥和互不相容的，而应互相协调、吸收和促进，互相尊重、互相借鉴、互相完善。

（3）法律规范是构成法律体系的主要因素和细胞。按照凯尔逊的观点，法律体系是一个金字塔形，低级法律规范的效力来自高级法律规范，而全部法律规范的效力都来自宪法这个最高规范。[①] 另外，有学者认为一种法律体系存在的标准有：①如果所有法律的共同立法者是主权者，法律体系就存在；②如果法律是普遍有效的，法律体系就存在。[②] 进一步换言之，"法律体系的存在仅仅依赖于法律的效力，依赖于法律能不能得到人们的遵守"。[③] 法律效力不仅是法律体系的一个重要特征，同时也是法律体系存在的一个重要标识。法院判决是个别的规范，位于最低层级，它的效力出自上一阶层的规范（法律），并且是适用法律后创立的，至于法律又是依再上层的规范（宪法）而创立的。[④] 所有的法律规范以强制为其要素。执行法院判决就是对宪法的尊重、遵守和信任。对低级法律规范判决的执行，就是对一国法律体系完整性的维护。因此，我们说法律体系应该是和谐统一的。在宪法统率下，尊重和执行法院判决是一国法律体系应有的积极功能。

---

① 〔奥〕凯尔森：《法与国家的一般理论》，沈宗灵译，中国大百科全书出版社，1996，第141页。
② 〔英〕约瑟夫·拉兹：《法律体系的概念》，吴玉章译，中国法制出版社，2003，第7页。
③ 〔英〕约瑟夫·拉兹：《法律体系的概念》，吴玉章译，中国法制出版社，2003，第200页。
④ 韩忠谟：《法学诸论》，中国政法大学出版社，2002，第289页。

澳门选举财政制度刍议

朱孔武[*]

选举是促进澳门民主发展的重要机制，不但提供社会力量政治参与的渠道，同时也提供政治精英从政的机会；更重要的是，选举制度设定澳门政府体制的基本格局，赋予其正当性，创造澳门政治民主化的行动者与制度诱因。然而，随着澳门市民的政治参与度越来越高，激烈的选举活动亦加剧了金钱政治的问题。当巨额资金成为选举参政的关键要素，人民主权、政治平等、公平竞争等民主制度的核心价值可能受到侵蚀。选举财政制度之健全成为澳门民主政治发展下一阶段的焦点议题之一。

一　选举财政制度的法理基础

（一）选举离不开金钱支持

宪政体制决定政府的权力范围与分配，通过选举选出代议士及其他公职人员，产生政府和决定政治运作。政党及候选人平时不断以各种活动累积其在选举时的能量及吸引力，企图在选举时一举取得执政权或推动其政治理念的合法地位。现代民主制度的社会现象，可说是一种以选举取代革命，以选举实现人民主权，并以选举为核心而设计及运作的制度。

选举制度涉及层面至广，举凡选民投票权的取得、投票态度、候选人的资格、竞选活动、竞选策略、竞选资金筹募、选举费用规范、选举过程的政党角色、选举监察、选区划分、选举诉讼以及选举机关如何超然独立

＊　朱孔武，广东财经大学法制与经济研究所常务副所长、教授。

等，无不涵盖于选举制度中，而其中任何一个变量的变动，都会直接或间接影响到选举的质量与结果。虽然如此，不同的选举制度仍然具有共同的属性。美国学者利普哈特在《选举制度与政党体系》一书中，从四个属性描述了不同的选举制度：选举公式（如相对多数制、各种不同形式的比例代表制以及其他等）、选区规模（每一个选区应选名额）、当选门槛（一个政党为取得代表权所须获得的最小支持度）以及议会规模（立法机关总席次）。①

实际上，选举制度无非是把选举资源换算为选票和议席的方式与程序，选举资源内容广泛，举凡候选人的地缘关系、人际关系、财务状况，乃至于所属政党、派系、财团的种种支持等，皆可视为具有选举能量的资源。美国前众议院议长 Tip O'Neill 曾指出："任何竞选活动皆包含四个要素：候选人、议题、竞选组织与金钱；而没有钱，你可以忘记前面那三项。"② 换言之，尽管选举的主角是候选人或政党，选举的主轴是若干议题，选举的主力是竞选组织，但这三者无一不是建立在金钱这个基础上的。少了金钱这个催化剂，候选人、议题、竞选组织，都无法有效地转化为选票。竞选经费是一种经济权力转换为政治权力的过程。

选举的深度与广度不断推进，人民选举民意代表的"代理成本"（agency cost）随着社会多元化反而逐渐提高。选民用金钱支持特定候选人，以表达自己的政治倾向。金钱对政治的影响无所不在、形式多样。政党及民意代表不仅在选举活动时需要资金，其在日常的政治活动时，也需要一大笔政治资金。因此，在西方民主政治中，政治献金是一种常态化现象，它指的是任何合法的政党组织或候选人个人，均可依照政党法或政治献金法的有关规定，接受本国公民及团体的政治捐款，但每一笔捐款额度均有严格的限定，并且要在该年度财务报表中呈现出来，借以达成透明化的目标。③

---

① Arend Lijphart, *Electoral Systems and Party Systems: A Study of Twenty - Seven Democracies 1945 - 1990*, New York: Oxford University Press, 1994.

② Jacobson Gary C., *Money in Congressional Elections*, New Haven: Yale University Press, 1980, p. 33.

③ "政治财务"（political finance）、"竞选献金"（campaign finance）、"政党财务"（party finance）（德国等欧洲国家只有政党才符合收受政治献金的条件）等指涉相关的政治性收支。从词义加以分析，political finance 包括 party finance 与 campaign finance。采取议会主权制度的国家，因政党角色重要，故政治献金所指的便是对政党财务的规范；实行总统制的分权体制，则因候选人个人角色重要，所谓的政治献金便等同于竞选献金。

民主政治必须经由选举，选举无不需要金钱，金钱被喻为选举的血液，金钱与选举具有密不可分的关系。民主政治仰赖自由而充分的信息流通与讨论，而信息的取得与流通不可能没有成本。人们所非议的"金钱政治"并不在于金钱是否介入政治，而在于金钱介入政治的方式已达到严重损害民主政治本质的程度。

在成熟的民主政治中，政治献金是一种常态化现象，任何合法的政党组织或候选人个人，均可依照政党法或政治献金法的有关规定获得政治献金。但政治献金对许多发展中国家而言，在缺乏法律规范的情况下，几乎就是贪污与政商勾结的代名词。加上利益团体在为扩大其政治影响力的情形下，难免以金钱介入政治运作，恶质政商关系因之而生。此种经济力与政治的结合，形成所谓的"金权政治"，即社会上握有经济优势者凭其经济力，以金钱影响政治运作，从中攫取政治权力，进而支配政治的现象。①

（二）选举经费必须受制约

政治与金钱结合所形成的弊端，是造成世界上任何一个国家政治腐败的最重要因素。民主政治必须规制政治献金，其正当理由有二。②

第一，反贪防腐，确保选民对于政治程序的公正性的基本信任。候选人为了顺利募集捐款，常会承诺捐款者，问政或施政势必处处考虑大额捐助者的利益，轻者扩大特定人士的政策影响力，重者则使政府成为财团资本的附庸。经验资料证明，经费募集的多寡与当选概率呈现正相关；换言之，缺乏原则的候选人有可能因募集较多的经费，而享有较优的当选概率。此一关联性令人忧心，民主政治的人才引进，可能因此产生劣币驱逐良币的效果。除了忧虑金钱可能破坏选举的公平性与竞争性，更令选民担心的是，部分政客以权力来经营社会关系，长久下来政商网络交错，自成一垄

---

① 近十余年来，各民主国家先后爆发金权政治丑闻。例如，1993 年，执政长达 38 年的日本自民党因为一连串的贪污丑闻而下台；1996 年韩国前总统全斗焕及卢泰愚因政治献金案分别被判处死刑及 22 年 6 个月徒刑；2001 年，德国首相柯尔因政治献金被迫辞去基督教民主党主席，而其政治献金款项竟来自法国的石油公司，且法国密特朗总统也可能与本案有所关联；2000 年 7 月，以色列总统魏茨曼因收受不当赠赠向国会提出辞呈。2002 年 1 月美国恩隆能源公司破产案扯出布什政府政治献金丑闻。

② Issacharoff, Samuel, Pamela S. Karlan, and Richard H. Pildes, *The Law of Democracy: Legal Structure of The Political Process (Revised 2nd Ed.)*, New York: Foundation Press, 2002.

断金钱与权力的集团，加深社会阶级对立。为了确保政治程序能够获得公众的信赖，除了禁止实质利益交换的贪腐行为外，防免贪腐表征的出现，通常也被认为是政治经费法制所应追求的正当目的。

第二，政治平等理念。民主的基本要义，是追求所有人政治的平等。若参与竞争公职的前提是必预先筹募巨额的政治资金，则经济条件较弱的公民参与意愿就会低落。当选举资金成为参选门槛，经济不平等将转化为政治不平等，平等参政权的民主原意尽失。这两个理由互有关联但是各自独立。

金钱对于民主政治的影响，有着高度的复杂性与不确定性，而人们对于民主及其所蕴含的政治正义的观念是多元的。以美国为例，其目前有关竞选经费的判例只肯定第一个理由，而不认为政府可以基于平等考虑去限制事涉人民言论自由的政治经费收支。相形之下，不少论者以及其他民主国家的（宪法）法院对于第二个理由的正当性，则加以肯定。限制政治经费收支规模的难题还在于民主政治要花多少钱才算合理，在客观上往往是无法确定的，可是执政者倒是有很强的自利性动机去限制政治经费的收支，以延续其执政地位。[1]如何避免政治经费管制沦为保护现任者的反竞争性规范，是民主法的一项重要课题。[2]

二 澳门选举政治中的金钱因素

（一）立法会选举的贿选顽疾

澳门的立法会选举制度起源于葡萄牙人管治澳门的时代，选举制度的设计不能有效阻止选举中的金钱政治，突出表现在选民登记制度缺漏造成的贿选现象。选民登记制度始于1976年澳葡第一届立法会选举，按照1976年3月31日第4/76/M号法令的规定，设立由市政厅长或市政委员会主席

---

[1] Smith, Bradley A., *Unfree Speech: The Folly of Campaign Finance Reform*, Princeton: Princeton University Press, 2001; Samples, John, *The Fallacy of Campaign Finance Reform*, Chicago: University of Chicago Press, 2006.

[2] Issacharoff, Samuel, and Richard H. Pildes, "Politics as Markets: Partisan Lockups of the Democratic Process", *Stanford Law Review* 50 (1998): 643 – 717.

指派的选民登记委员会，分堂区对选民进行登记。① 为鼓励居民作选民登记及吸引选民参加投票，1984 年 2 月 27 日通过第 9/84/M 号法令规定，以税务优惠为手段鼓励居民进行选民登记。② "选民证"首次出现是在 1988 年，该年 6 月 6 日通过的第 10/88/M 号法律规定"设立选民证"，以证实选民的登记。由此，选民证成为选民登记的证明文件，而选民证编号更成为选民投票时获发选票的依据之一。然而，自设立了选民证后，以留置选民证等方式操控选举的不法行为屡屡出现。对于伴随选举而来的贿选活动，澳门选举法律给予了密切关注。1976 年实施的第一部选举法就以不厌其烦的列举方式对从选民登记到选票核算，囊括选举过程的各个环节可能发生的不规则或舞弊行为规定了相应的处罚细则，包括罚款、判处徒刑、褫夺公权等，而且明确选举法律所定的处罚不妨碍刑法条款的适用，"倘因违犯刑法及其他刑事法例的罪名时，不能免除实施更严重的处刑"。自此以后，历次选举法的修订或重新制订均沿用了选举法律内加入刑事处罚内容之立法惯例，并形成澳门选举法律制度的一个特色。

1996 年立法会选举贿选严重，选举中，候选人通过明星效应、社团动员、买票和利益的提供等各种方式进行动员工作。在竞选宣传活动上，大概有几种方式：（1）邀请歌手唱歌、举办文艺表演等大型晚会，中间加入候选人站台、宣传等方式；（2）动员所属社团的成员或支持者去支持特定组别，这种通常是半公开式的；（3）在路上或住宅的信箱发传单，用宣传车在街上作广播；（4）用钱或某些利益进行买票。方式（1）通常是传统社团或具商界背景的候选人所采用，这样的造势活动需要比较大量的资金作后援，传统社团多喜欢找中国内地的歌舞团等进行文艺表演，具商界背景的候选人也有找香港的流行歌手作表演的。方式（2）可以说是具有动员能力候选团体的专利，其中以传统社团在这方面最强。传统社团透过所属的街坊会（含各分会）、工会（含各分会、支会）、学校（中学、小学、幼儿园）、社会福利机构（安老院、老人中心）等，获得广大的人际脉络与社会资源（如透过承包社工局的各种

---

① 当时虽有选民登记，却并无选民证。已作登记的选民到投票站投票时，"向执行委员会报到及指出其选民登记编号及姓名，并向主席递交选民登记时所用的证件"，方得获发选票。

② 向登记选民发放"有适当编号的一份登记标记"，在"以该登记为基础的选举进行后，享有豁免因办理本地区有关行政机关发给身份证明文件及旅游证件所应缴付⋯⋯之印花税票及/或手续费"。

案件），来扩大影响力，具商界背景的候选人也会动员其所支持的团体、自己的公司或财团去支持自己。方式（3）、（4）可以说每个参选团体都会用到，甚至是与市民接触最直接、最廉价的方式。方式（4）则是"有钱"团体的专利，每到选举，500澳门元甚至1000澳门元一票的价钱甚嚣尘上。

澳门基本法为立法会选举制度确立了宪制框架，第68条对议员的产生方式做出了两大规定，一是"立法会多数议员由选举产生"，二是"立法会的产生办法由澳门基本法附件二《澳门特别行政区立法会的产生办法》规定"。1999年12月20日，澳门特别行政区成立后通过的第一个法律，即第1/1999号法律《回归法》规定，原有规范"选民登记"与"立法会选举"的法律或因部分条文或因整体内容与《澳门基本法》相抵触，而被宣布不采用为澳门特别行政区法规，澳门特别行政区根据澳门基本法及其附件所确立的行政长官和立法会产生办法的基本原则，先后制订了第12/2000号法律《选民登记法》、第3/2001号法律《澳门特别行政区立法会选举制度》，以及第3/2004号法律《行政长官选举法》，从而奠定了澳门特别行政区立法会选举与行政长官选举的制度性框架。[①] 特区立法会选举制度基本保持了与回归前立法会选举制度的衔接，在此基础上，因应回归后的变化，做出了相应调整。

依照特区立法会选举制度的规范，2001年、2005年、2009年分别进行了第二届、第三届和第四届特区立法会的选举。回归后制订的选举制度经历了几次选举实践的检验，已成为产生特区重要政治机关与维持基本政治秩序的法律保障。但是，选举实践中也出现了一些问题，尤其是2005年立法会选举中出现较严重的贿选等不规则选举行为。[②]

（二）社团政治与立法会选举的金钱因素

社团在澳门有着悠久的历史，1999年回归之前澳门有社团1722个，至2012年末，澳门共有注册社团5585个。在缺乏正式民主制度的条件下，功

[①] 由于回归前的澳葡总督是由葡萄牙直接委任的，并未在澳门本地经由选举方式而取得管治合法性，所以说，行政长官选举制度无疑具有创制性特征。

[②] 2001年的立法会选举中，贿选举报不到100宗，2005年则大幅增加到423宗。《努力提高选举素质 稳健推进民主发展——修改〈选民登记法〉、〈行政长官选举法〉、〈立法会选举法〉咨询档》，行政暨公职局、法律改革办公室，2002，第4页。

能性代表社团成为社会成员进行利益表达与政府进行间接社会治理的非正规社会制度体系。这种非正规社会制度体系也就是存在于澳门显性管制体制内的潜性法团主义结构，正是依靠法团主义结构来稀释、缓和与消弭因澳葡政府的非法性治理权力所引发的社会对立、紧张与冲突，从而实现了澳葡政府对民间社会的间接治理，并在一定程度上构成澳葡政府维持其统治权力在澳门长久存在的制度性谜底。①

基于澳门社会政治生态的特殊性，长期以来，政治生活中"政党缺位"导致社团出现"拟政党化"功能，澳门立法会选举呈现出独具特色的"无政党的社团政治"，社团无论在立法会议员间接选举还是直接选举中都发挥着举足轻重的作用。间接选举的议员分为四个选举组别：（1）工商、金融界选举组别；（2）劳工界选举组别；（3）专业界选举组别；（4）社会服务、文化、教育及体育界选举组别。在有关的选举组别范围内，社团作为法人选民可分别组织提名委员会并在间接选举中提出候选名单。对于澳门社团来说，除了直接参与立法会间接选举外，同样会参与立法会直接选举议员的竞逐。参加直接选举的候选人名单须由政治社团或具有 300～500 名选民成员所组成的提名委员会提出。

但是，社团若要维持运作或扩展活动须臾离不开资源。而在社团资源份额中，来自政府的资助占有日益重要的地位。政府对社团的资助一般分为直接与间接两种方式。直接资助表现为物质性资源（资金或设施等）的直接投入，间接资助则表现为政府向社团购买服务（往往以合同形式）和给予社团税收优惠地位。澳门政府部门对社团直接资助是通过 2008 年 8 月 26 日第 54PGMP97 号批示（俗称"民间社团财政资助政策"）以及各政府部门制订的资助相关范畴内民间社团的行政性规章来规范的。社团税收优惠资格的确认适用于统一法律、统一条件，且优惠范围广泛。相关法律也规定了社团接受政府财政资助的监督，包括资助审批所做的程序监督和事后监督。2008 年第 54PGMP97 号批示、《结社权规范》（第 2P99PM 号法律）第 19 条还分别对资助活动的主、客体特别设置了以公开透明为原则的外部监督形式，即发出资助的政府"部门及自治基金组织应于一月、四月、七

---

① 娄胜华：《澳门社团法律制度分析：以政府与社团关系为中心》，《国家行政学院学报》2006 年第 6 期。

月及十月在《政府公报》刊登过去一季的资助名单,指出受资助者及拨给之金额";① "社团收取公共实体的津贴或财政性质的任何其他资助,金额高于总督（现为行政长官）所订者,须每年将账目于其通过后翌月公布","公布应刊登于本地区注册的其中一份报章上"。② 特区政府强化对公共部门向社团机构发放财政资助的监督,2002 年引入审计督察。澳门特别行政区审计署于 2003 年发表了《公共部门向社团发放财政资助的研究》审计报告,"研究及分析公共部门对于财政资助的处理、发放及监管",并提出了多项批评与建议。③

（三）博彩业等商业机构介入选举:金钱政治的推波助澜

澳门可说是"以赌立城""以赌维生",博彩业的发展从 16 世纪开始,到 19 世纪正式合法化,迄今已经整整跨越了漫长的五个世纪,深刻地影响着澳门的经济、政治、社会、文化等各个层面。回归后,澳门特区政府进一步确立了以"博彩旅游业"为澳门的龙头产业,前行政长官何厚铧提出开放赌牌引入竞争的构思,并在 2002 年打破长达 40 余年的垄断专营,开放赌权、引进外资,维持多年由"赌王"何鸿燊独家持有澳门赌牌的游戏结束。④ 2002 年,澳门政府通过公开竞投,发放了 3 个博彩专营牌照——银河娱乐场股份有限公司、永利度假村（澳门）股份有限公司、澳门博彩股份有限公司。有 65 年历史的澳门博彩专营制度就此结束。后来,博彩牌照经过三次转批给,赌牌数目扩展到了 6 个,澳门的博彩产业从此由一家企业变成了一个市场。⑤ 赌权开放后,澳门经济高速发展并转型为以旅游

---

① 澳门特别行政区审计署:《公共部门向社团发放财政资助的研究》,2003,第 3 页。
② 澳门特别行政区立法会:《规范基本权利的法律汇编之结社权》,2001 年 11 月 12 日。
③ 澳门特别行政区审计署:《公共部门向社团发放财政资助的研究》,2003,第 57 页。
④ 澳门博彩业始于 19 世纪 40 年代,由澳葡政府颁布法令使博彩业专营化。此后,从 1962 年起,澳门旅游娱乐有限公司先后取得了长达 40 年的垄断经营权。2001 年 12 月 31 日,澳门旅游娱乐有限公司长达 40 年的博彩专营权即将到期。2002 年,澳门政府开放赌权,希望借鉴美国在发展会展服务、休闲度假等博彩旅游产业方面的成熟经验,为博彩业注入新的活力,同时带动澳门经济向多元化发展。
⑤ 中央政府给予澳门的特殊政策推动了博彩业的发展:2003 年,中央政府开始实施内地城市港澳"自由行"和 CEPA 政策。2003 年,全国只有 49 个城市开放澳门自由行,2011 年已经增加到了近百个。2005 年,中央政府修改了澳门自由行条款,将澳门自由行的签注改为两个月才能申请一次,同时加大了对官员出境的限制。

博彩业为主的单一经济结构,博彩业所占比重不断上升,重新成为澳门经济的龙头产业。博彩业一枝独秀,成为澳门经济振兴的主要动力和政府财政收入的主要来源。2006 年,澳门取代拉斯维加斯,成为全球博彩收益最多的赌城。2008 年,澳门博彩毛收入达 1098 亿澳门元,接近赌权开放前博彩毛收入的 5 倍;博彩税收入达 419 亿澳门元,占澳门政府收入的 82%。博彩业占澳门 GDP 的比重则由 1999 年的 23.98% 上升到 2007 年的 35.59%。

在澳门博彩业开放和经济高速发展的情况下,不少来自商界,尤其是博彩业的人士,都希望进入立法会,透过议会政治影响政府政策。1999 年之后,代表澳门博彩业的候选人开始大举进军立法会并顺利当选议员。① 在 2001 年的选举,只有两组候选人名单是来自博彩业的。② 到了 2005 年的这一届共有五组候选人名单有博彩业背景,他们的参选亦同时使一些商业机构(尤其是那些与博彩业相关的公司)间接或直接为候选人助选和动员支持。值得留意的是,在这些候选人中,包括了博彩公司的要员,如澳门发展联盟的主要候选人梁安琪和苏树辉,分别是澳门旅游娱乐股份有限公司(简称澳娱)和澳门博彩股份有限公司(简称澳博)的董事,前者是后者的母公司,而澳博是澳门经营幸运博彩娱乐场三所持牌公司的其中之一。③ 这反映出作为澳门主要的博彩公司,亦希望透过立法会,直接影响政府政策。

2005 年以来,澳门博彩业扩张迅速,该行业的从业人员大增,几乎占据澳门劳动人口的 1/3。正是受惠于庞大的博彩从业人员的选票,即使是以

---

① 1996 年立法会选举中透过直接选举和间接选举产生的议员,在办理申请和通过资格确认之后,可以直接过渡成为澳门回归后的澳门特区第一届立法会议员,包括 8 名透过直选和 8 名透过间选产生的总共 16 名议员,其中陈继杰放弃过渡,在补选中,容永恩以 71 票当选。依照澳门基本法第 50 条第(七)项,以及澳门基本法附件二第 1 款的规定,行政长官委任 7 名人士为澳门特别行政区第一届立法会委任议员,其中,梁官汉议员为澳门旅游娱乐有限公司副秘书长。

② 2001 年立法会选举,澳门博彩股份有限公司行政经理霍志钊参选,获得 2360 票,由于不够当时约 5000 票可得一议席之数而落选,另一位具有博彩业背景的励骏创建有限公司主席周锦辉,则以 1 万余票当选,其伙伴也以 5008 票的最低门槛入围,共取得两个议席。而郑康乐阵营的"娱职联谊会",以维护博彩业员工利益为主要诉求,获得部分博彩业员工的支持,获得一个议席。Herbert S. Yee,"The 2001 Legislative Assembly Elections and Political Development in Macau",*Journal of Contemporary China*,Vol. 14,No. 43,May,2005,pp. 238 - 239.

③ 根据澳门政府 2005 年的统计,澳博在博彩业的市场占有率约为 75%,而 2006 年亦占有 63%。

雇主身份出现的候选人，只要与博彩业相关，就可以轻易地取得雇员选票，这是任何其他行业候选人所难以企及的。2009 年立法会选举中，来自博彩业的选民便有三四万人，博彩业有关人士的踊跃参与，成为直选部分的亮点之一。在立法会的 29 名议员中，具有博彩行业背景的议员就占了 7 人，比例达 24.1%，反映了博彩业在澳门社会中举足轻重。①2013 年第五届立法会选举，有博彩业背景者，至少有七人当选，较上届多两席，占直选议席一半，充分反映了博彩业在澳门的地位。

尤其在赌权开放后，美资的"威尼斯人金沙"、"永利"和"美高梅"已占澳门博彩业市场的一半以上，在澳门的博彩收入已经达到甚至超过其在美国赌城拉斯维加斯和大西洋城的收入，而且"永利"和"金沙"（"威尼斯人"改称"金沙中国"）都完成了将澳门的业务在香港分拆上市的部署，财务状况得到了进一步提升。美式管理、美式民主对澳门更会直接产生政经影响，尤其是在赌场工作的年轻一代，将成为美资影响澳门政治经济的最大票源。澳门博彩从业员协会在 2009 年 9 月 8 日成立，明确号召同业支持候选人参选立法会。澳门一些比较大的博彩企业，动员自己的员工投票，虽然没有违反现行的选举法律，但已经对选举制度造成了一定冲击。博彩业和其他商界人士有着千丝万缕的关系，这些具有博彩业背景的立法会议员将会对澳门特区政府的施政构成一定的压力。

三　选举财政的制度建构

（一）选举财政制度比较法观察

在民主政治中，政治献金行为一般被视为人民表达意见自由的范围，原则上是被尊重和容许的，本应采取低密度的规范；然而考虑这类金钱的提供，其数量大到足以左右民选公职人员或政党，甚至进而影响公共政策的走向时，事实上已逾越意见自由的范围，将损害社会公益及国家利益时，亦有规范必要。其间如何权衡，实属不易。如不予规范政治献金行为，就无法遏制"金钱政治"对民主政治的危害；如完全禁止，又恐侵犯宪法明

---

① 曾坤：《澳门立法会选举迈出民主新进程》，人民网，http://hm.people.com.cn/GB/42273/3830866.html，访问日期：2005 年 11 月 5 日。

文保障的言论自由权、参政权与结社权。民主机制既然无法缓解金钱对选举的扭曲，便只能期待通过法律约制金钱的影响。因此，建立选举财政制度可能是平衡这两个极端的最佳选择，一方面可保障宪法赋予人民的权利；另一方面，则可舒缓金钱政治的危害程度。

民主国家由于其历史背景及政治制度不同，规制政治献金的立法体例各有区别，有以"候选人"为主要规范对象，而在选举法规中加以规定者，如美国的《联邦选举竞选法》（*Federal Election Campaign Act*，FECA）；有以"政党"为主要规范对象，而纳入政党相关法律中规定者，如德国的《政党法》（*Gesetz über die Politischen Parteien*，PartG）。日本因派阀政治盛行，金权政治严重，有关政治资金规正的法律制度相当完备，除制定有《政治资金规正法》（せいじしきんきせいほう，*Political Funds Control Law*）专法外，尚散见于《公职选举法》、《政党助成法》及《有关交付予国会中各党派之立法事务费之法律》等。

至于各国法制所关切的事项，学者 Robert G. Boatright 认为有六大类别，亦即（1）捐款人限制；（2）金额限制；（3）公费补助；（4）公开规定；（5）抵税优惠；（6）实物捐赠规范。① 至于政治献金的规范方式，观念上总归不外乎"宽""严"两种途径，前者旨在将政治资金流向公之于众，让全民判断其是非，欧洲实施国库补助政党制度的国家，会相对要求政党公开财务义务，大多属于此类，例如德国政党法，规定政党应定期申报政党财务，违者不得进行相关政党补助金分配或丧失一定额度补助金之权利；后者不仅要公开政治资金流向，对于其收支及用途等，均严格加以规定，例如美国、日本。

美国于 20 世纪 70 年代制定相关法律予以规范，在选举经费方面，美国采取财源与花费双重管制的策略。在财源管制方面，限制每个个人或团体在某次选举中，对特定候选人的政治献金不得超过一定的上限。对于营利性质的法人，特别基于保护少数股东的考虑，对公司为政治献金有内在程序的严格限制，使得公司（及其他利益团体）多利用成立政治行动委员会的方式来达到政治献金的目的。而在联邦选举活动法中又对政治委员会的

① Boatright, Robert G., *Campaign Finance: The Problems and Consequences of Reform*, New York, London, & Amsterdam: International Debate Education Association, 2011, pp. 3 – 7.

组成、登记、财务记录与公开等有一连串的管制，以确保其资金来源出于自愿，且使用的目的趋于正当。英国虽无专门的政治献金法，却亦在公司法（财税法）中定有相当的规约，不仅在捐赠与收受的程序上予以规范，在捐赠的内容中亦须给予明确的限制。

（二） 澳门选举财政的法制化

澳门特区政府对于金钱政治的警惕防范和规制主要包括如下方面。

第一，完善选举制度，打击贿选。为巩固民主成果，提高选举素质，规范选举行为，遏制贿选蔓延，特区政府于 2008 年 2 月 28 日，推出了以"努力提高选举素质　稳健推进民主发展"为题的修改《选民登记法》《行政长官选举法》《立法会选举法》咨询档，正式就修订 3 部选举法律展开社会咨询。经过一个月的咨询，送交立法会审议。2008 年 8 月，立法会通过第 9/2008 号法律《修改第 12/2000 号法律〈选民登记法〉》；9 月，又先后通过第 11/2008 号法律《修改第 3/2001 号法律〈澳门特别行政区立法会选举法〉》与第 12/2008 号法律《修改第 3/2004 号法律〈行政长官选举法〉》。修订后的选举法律取消了选民证制度，选民投票时，"向执行委员会成员或核票员出示澳门永久性居民身份证并经适当记录后，可获发给一张选票"。同时，选举法也加大了打击贿选的力度。

然而，面对金钱政治，并不能仅依靠刑罚就能处理，当我们面对这一问题的时候，必须注意到这不仅是民族性的问题，而且是属于更根本的"人性"问题。[1] 如果我们认为人类都有逐利的天性，那么在对阳光政府的建制设计上，就不能忽略人性，作不切实际的期望。金钱政治是个政治程序问题，必须从政治心理与政治程序的层面理解，才能作整体的面对与处理。

第二，限制博彩业对立法会选举过度参与。澳门博彩业自 1847 年正式合法化以来，政府当局曾颁布过的相关法令规章甚多，但整体法制并不完善，许多现实存在的状况与问题，都无法从法律层面获得重视和解决。澳门在赌权开放之前，博彩业的监管以专营企业内部的监管为主，以政府

---

[1] Susan Rose - Ackerman, "*Corruption and Government: Causes, Consequences, and Reform*", Cambridge, 1999, pp. 1 - 25.

的外部监督为辅:只要专营企业能履行《幸运博彩专营批给合同》规定之义务,当局就不能多加干涉该企业内部的事务。2001 年 8 月 30 日澳门特区立法会依据基本法第 71 条之相关规定制定《娱乐场幸运博彩经营法律制度》(简称"博彩法"),即第 16/2001 号法律,确定了娱乐场幸运博彩及其他形式博彩之法律架构与主要准则。另有第 5/2004 号法律《娱乐场博彩或投注信贷法律制度》、第 2/2006 号法律《预防及遏止清洗黑钱犯罪》及第 8/96/M 号法律《不法赌博》等数项法律,再搭配相关的行政法规,即构成当前澳门博彩业监管之整体法律制度架构。这些法律绝大部分是在赌权开放的前期或中期制定的,目的是规范赌权开放过程中涉及的诸多问题(例如赌牌发放、公开竞投、批给合同、政府税项等),有些法律甚至沿用澳门回归以前的旧法。立法相对滞后,无法因应实际需求,监管手段不够有力,难以贯彻监管政策,缺乏民主决策机制,导致博彩业过速发展,随着时间的推移,尤其是博彩业的快速成长、外资赌场迅速扩张,衍生了不少新的问题。企业作为一个经济性组织,应该限制其选举功能。

第三,建立候选人经费法制。澳门民主循序渐进的同时也造成选举经费筹措问题的尖锐化。立法会选举法规定,选举开支上限"须低于该年澳门特别行政区总预算中总收入的 0.02%"。2001 年立法会选举的各候选名单选举竞选活动开支上限为 2704260.44 澳门元,2005 年为 4320357.28 澳门元。2009 年澳门立法会选举订定的选举经费上限已经接近 900 万澳门元,比上一届选举多出一倍。2013 年立法会选举的各候选名单的开支限额为 5644278.46 澳门元。财务问题成为所有社团或者政治人物的考验,而各个社团或者苦于无米之炊致使政治活动难以为继,或者与政治金主暗通款曲,甚至利用特权牟利。前者造成社团协助形成民意的功能无法充分发挥,后者则使社团沦为幕后金主的代言人,或者挟其政治影响力营私。

四 结语

立法规范政治资金,目的不在于禁止,而在于使政治资金公开化,促使政治资金多元化和使经费来源透明化,减少政治腐化。澳门的选举法对选举经费只有一个概括性的规定，譬如说最高经费不能超过某一限额，也要求选举后在一个月内要在报纸上公布选举经费。关于选举的经费从何而来，如何花费，什么样的选举活动可以列到选举经费中，什么样的活动不可以等尚付阙如。因此，选举财政制度之健全成为澳门民主政治发展下一阶段的焦点议题之一。

澳门博彩业的法律制度研究

许　昌*

一　澳门博彩业法律规范的现状

（一）宪法规范依据

澳门回归时，博彩业该何去何从曾一度引发所有澳门人的关注与讨论。博彩业作为一种利弊兼具的中性产业，其在澳门的存在一定程度上实践了宪法的制度安排。根据《中华人民共和国宪法》第 31 条规定，"国家在必要时得设立特别行政区。在特别行政区内实行的制度按照具体情况由全国人民代表大会以法律规定"。随后，全国人大通过制定《澳门特别行政区基本法》（以下简称《澳门基本法》）将澳门实行的制度予以具体化。在《澳门基本法》中第 5 条规定，"澳门特别行政区不实行社会主义的制度和政策，保持原有的资本主义制度和生活方式，五十年不变"。这一基本法条款则为博彩业在回归后继续存活留有了深层次的"宪法基础"。《澳门基本法》第 118 条还规定"澳门特别行政区根据本地整体利益自行制定旅游娱乐业的政策"，故仅凭借文义解释，即可承认澳门有开赌的基本法依据。因为博彩业能自洽地被"旅游娱乐"所包裹。就此而言，应将博彩业的正当性基础建立在对宪法目标的促进上。在对宪法目标进行理解的过程中，"整体利益"是一个很好的分解、具体化宪法目标的注脚，应通过对立法原意、当前时代脉络、保障人权等因素进行综合考虑、权衡后得出"整体利益"的当下含义。①

---

*　清华大学港澳研究中心课题《澳门法律制度建设和发展研究——以完善澳门特区政府博彩业监管法制为中心》，课题负责人：许昌，澳门理工学院教授；课题组成员：孙慧。

①　吴天昊：《论〈澳门特别行政区基本法〉中的"整体利益"》，《"一国两制"研究》2010年第 1 期，第 42 页。

（二）公司准入法律规范

鉴于博彩产业政策以及原有博彩专营合约届满的契机，立法会根据政府提案于 2001 年 8 月 30 日通过第 16/2001 号法律——《娱乐场幸运博彩经营法律制度》，其中一个重要内容是确立娱乐场幸运博彩经营的批给制度，规定了经营娱乐场幸运博彩之批给至多为 3 个。这是对以往独家专营制度的一个重大的突破，竞争的引入势必给博彩业的发展带来新的机遇。此外，该法还原则性地规定了公开竞投的程序、条件和资格，承批公司的经营活动与义务，博彩业的监管等方面的内容。此后，特别行政区行政长官于 2001 年 10 月 30 日做出第 216/2001 号行政长官批示，设立"娱乐场幸运博彩经营批给首次公开竞投委员会"，并委任竞投委员会成员，负责博彩业经营的竞投工作。

2002 年 2 月 8 日，酝酿多年的澳门博彩经营执照竞投正式开标，史称"赌权开放"。在澳门赌业史上，首次有一家以上的博彩公司取得经营赌业的专营权，标志着澳门博彩业由一家企业垄断转变为竞争性市场——赌权开放的本质，是对澳门博彩业的市场化改造。目前，澳门博彩业仍属专利经营性质，由政府依法开设和管理。澳门特区政府设博彩监察暨协调局，对博彩业进行专门管理和监察，博彩业严格限制在政府批准的范围内进行。

（三）博彩特别税及其他税务义务

1982 年，澳葡政府颁布了《幸运博彩新法律制度》第 6/82/M 号法律，才正式确定设立"博彩税"。政府按娱乐公司收益的百分比征收税费。政府向博彩专营者授予博彩专营权，而专营者则要履行专营合约规定的特定义务，其中一项就是博彩税。按照《澳门基本法》的规定，澳门回归祖国后保持财政独立，并实行独立的税收制度，博彩税基本沿袭了原来的税制设计。

自 1983 年以来，澳门博彩税税率经历了由低到高的逐渐提升过程，博彩税的税率从博彩总收入的 25% 上升到 35%。[①] 此外，博彩公司每年须将

[①] 根据第 16/2011 号法律《娱乐场幸运博彩经营法律制度》第 27 条，经营幸运博彩的博彩公司必须缴纳博彩特别税。该税款是按照营业博彩的毛收入计算的，税率为 35% 博，以 1/12 方式缴纳，并应于有关月份翌月首 10 日内交到澳门财税厅收纳处。但是基于公共利益之原因，行政长官可暂时及例外地全部或部分豁免博彩公司缴纳所得补充税。

不超过其博彩经营毛收入的 2% 给予一个以促进、发展或研究文化、社会、经济、教育、科学、学术及慈善活动为宗旨的基金会。① 同时，博彩公司还应当缴纳经营毛收入的 3% 用以发展城市建设、推广旅游及提供社会保障。② 因此，澳门博彩公司的实际税负达到了 40%。从整体来说，澳门是一个基本依靠直接税，而直接税又以博彩专营税为主，从而其他直接税都是低税率的体系。但是，即使博彩专营税是澳门财政最主要的来源，澳门博彩业与其他国家同行业相比仍然处于较低水平。国际赌业平均税率为 70%，美国最高，为 80%。

（四）刑事法律规范

博彩业作为龙头产业，不仅是澳门的主要税收来源，是社会经济发展的重要动力，也引发很多社会问题，成为某些刑事犯罪的滋生地。根据澳门检察院统计，高利贷、侵犯人身自由、洗黑钱及有组织犯罪等，始终是澳门的多发犯罪，衍生出严重的社会问题。

由于缺乏专门的打击清洗黑钱行为的法律，澳门曾被称为清洗黑钱的"金融天堂"。澳葡政府于 1997 年制定《有组织犯罪法律制度》（第 6/97/M 号法律），第 10 条涉及洗黑钱罪，但由于法律规定的不完善③，无法满足澳门有关反洗钱犯罪的国际标准的要求，也不适合澳门回归后在日益国际化的条件下维护法制和改善治安的需要。澳门立法会于 2006 年制定了《预防和遏制清洗黑钱犯罪法》（第 2/2006 号法律）。此外，为了促进该法的有效实施，特区政府还根据《澳门基本法》第 50 条第 5 项关于特别行政区具有"制定行政法规并颁布执行"的权力规定，制定了《预防清洗黑钱及资助恐怖主义犯罪措施》的行政法规。由此，澳门构建起了由刑法特别法、预防及遏制清洗黑钱犯罪专门法和相关行政法规组成的较为完整的预防及遏制清洗黑钱的法律体系。④

---

① 《娱乐场幸运博彩经营法律制度》（16/2001 号）第 22 条第 7 项。
② 《娱乐场幸运博彩经营法律制度》（16/2001 号）第 22 条第 8 项。
③ 该法规定的上游犯罪的范围有限，只适用于与贩毒和黑社会有关的洗钱犯罪，而不适用于同恐怖主义、腐败犯罪、贩卖人口、走私武器等活动有关的洗钱犯罪。此外，该项法律未对洗钱行为规定独立罪名，对预防洗钱行为的规定也比较单薄，更缺乏一个全面的预防性规范体系。
④ 黄纪来、谢宝朝：《试论澳门预防及遏制清洗黑线犯罪立法新进展》，《中国商法年刊》2008，第 154 页。

此外，由于长期得不到法律的承认和规制，赌博贷款形成了澳门博彩业中的一块灰色地带。这块灰色博彩金融的存在与澳门博彩业的特殊性、澳门博彩业的传统以及粤港澳地区的文化背景有着密切的关系。为了澳门博彩事业的正常发展，杜绝或减少赌博高利贷带来的弊端，澳门特别行政区立法会于 2004 年通过第 5/2004 号法律《娱乐场博彩或投注信贷法律制度》，使博彩借贷合法化，并成为法定债务的渊源。[①]在澳门对于自然债务，由当事人自发给付，而不能依法强制给付，自发给付的也不得请求返还。[②]自从该法律实施后，信贷实体不仅可以借用司法诉讼手段在澳门法院声请追讨债务，对于境外的借贷人，还可以选择有管辖权的境外被告人所在地法院提起诉讼。现时，澳门赌场内的合法消费借贷已被中国台湾地区的"法院"认为不违反公共秩序或善良风俗而被判决确认许可执行。[③]虽然澳门特区政府不断努力制定了一系列关于博彩信贷的法律制度，但是不可否认，这距离一个健全的澳门博彩业法律制度还有不小差距。

二 澳门博彩现行监管体制存在的问题

特区当局新近围绕澳门博彩监管体制进行了诸多探索性尝试，在监管力度、监管范围、监管手段、监管配套机制等方面取得了一定的成就，但总体来说，这些初步的尝试未能根本性地触动原有监管体制，随着时间的推移与事态的复杂，澳门原有博彩监管体制的病症逐渐显露出来。

（一）博彩批给制度和退出制度亟须完善

澳门博彩相异于美国内华达州模式，只限制赌牌数量却不限制赌场数

---

① 《娱乐场博彩或投注信贷法律制度》第 4 条规定：按照本法律的规定提供信贷，则产生法定债务。第 16 条规定：按照本法律的规定获赋予资格的实体，在从事信贷业务时做出的事实，不视为七月二十二日第 8/96/M 号法律第 13 条所指向他人提供用于赌博的高利贷，该条规定的效果亦不适用于该等事实。

② 澳门《民法典》规定，债务分为法定债务和自然债务。第 1171 条规定："特别法有所规定时，赌博及打赌构成法定债务之渊源；涉及体育竞技之赌博及打赌，对于参加竞技之人亦构成法定债务之渊源；如不属上述情况，则法律容许之赌博及打赌，仅为自然债务之渊源。"第 396 条规定："单纯属于道德上或社会惯例上之义务，虽不能透过司法途径请求履行，但其履行系合乎公平之要求者，称为自然债务。"

③ 参见中国台湾台北地方"法院"民事判决，100 年度重诉字第 143 号。

量，即俗称的"一家一照"。如果限制赌牌数量的初衷在于保证博彩企业的高额稳定利润及控制博彩产品价格，时至今日，大量赌场的出现已将各家赌场的边际利润率压缩，每张赌台的盈利率正趋于下滑。事实上，为了有效规范博彩事项，澳门博彩市场上的诸多博彩游戏赔率是由政府而非博彩企业进行制定，故政府可以间接地引导、操控博彩产品的价格。在这个意义上，为了控制博彩产品价格仅对赌牌数量进行限制而对赌场数量不施于管制的做法实属管制不当，不符合管制目标和管制手段的匹配及成本效益最小化原则。这种限牌不限量的做法还可能导致以下危机。首先，赌牌限制导致市场封闭，其他有经营实力的博彩公司无法进入，从而通过各种寻租手段"破解"该限制；其次，赌牌中的美国资本过于集中，潜在政治、经济风险加大；再次，在某一赌场出现违法情况时，难以施加诸如吊销赌牌的行政处罚；最后，作为澳门政府核心监管手段的税收征收需要每间赌场均建立起标准会计制度，因为标准会计制度只能"一间一制"。

此外，澳门博彩业的退出机制还不清晰。目前澳门第 16/2001 号法律《娱乐场幸运博彩经营法律制度》第 13 条规定了承批合同最长不得超过 20 年，实务中，各承批公司都是与政府通过行政合同的方式约定经营期限。批给合同制度涉及政府尤其是博彩企业双方的基本任务（义务），也是政府事后对博彩企业进行绩效评估与违约处罚的主要参考依据。目前，澳门博彩业批给合同制度最大的隐患主要体现在目前法律规定内容与行政合同内容方面的不完善，即内容的不明确、不合理、不完整三个方面。澳门 6 家博彩企业与政府签订的博彩合同将陆续于 2020 年和 2022 年到期。博彩法仅仅规定了行政长官通过说明理由可以适当地在 5 年之内的有限时间内分一次或多次进行延长。作为一种暂缓之计，期限的多次延续终究逃不过博彩法第 45 条所规定的撤销命运。一旦赌牌被撤销，将面临诸如重新竞投、有条件获取、撤销后自动延续等诸如此类的多种选择，不过，从目前的制度设计中，本文还难以了解到清晰有效的答案。

博彩业批给制度和退出机制的完善与科学不仅有助于加强对承批公司权益的保障，也维护了博彩监管秩序的持续性与稳定性，目前澳门博彩批给制度的尚不完善之处已经成为博彩业健康发展所面临的一道鸿沟。

（二）双重征税体制尚有斟酌余地

对博彩企业征收费用（批给溢价金性质属于定额税，为便于理解，本文统一称之为费用）的目的是通过经费的获取消除或减少赌场带来的不利影响，因此对博彩业征费乃是世界通例。从目前的双重征费体制来看，两者依托的规范文本并不一致。博彩税被规定于《娱乐场幸运博彩经营法律制度》中，而溢价金则体现在政府与承批公司签订的行政合同（承批合约）之中。在这个意义上，澳门当局在进行税费改革前不仅会面临理论上论证税费水平高低的难题，或许还会遇到与承批公司商谈不下来的危险困境。

另需注意的是，澳门目前在中场与贵宾厅实行不同的税费标准，造成了利润率上的不平衡。而随着赌权开放中博彩公司间竞争的加剧及码佣的因此而上涨，成本差异日益突出。由此观之，针对贵宾厅与中场分别制定不同的征费标准并不科学。与博彩税费标准紧密相关的还有博彩税费征收体制与博彩税费使用方式问题。就前者而言，澳门目前的征税体制是以"上门收税"的形式展开的。从动态的角度来考察，税务管理是一个连续不断的活动过程，它是税务管理活动中税款征收入库与税务资讯产生、传递和处理的统一过程。因此，需要在征税机制建设方面投入较多人力与物力资源，然而，对比博彩业征税在整个监管架构中的重要性，澳门目前在征税常规机制方面的建设还不尽如人意，人力资源缺乏即是明证。而就博彩税费具体如何使用方面的情况来看，囿于缺乏公开程序，本文还没有十分清晰的答案。

（三）博彩监管主体的监管力度依旧偏弱

当今世界赌林公认的一个事实是：博彩业应当或正在承受着比其他任何行业都要严厉的政府监管。但透视澳门博彩业监管力度，"无论是市场进入的自由度，还是监管体制的宽严度，都可以说，澳门博彩市场属于世界上最自由的市场之一"。面对博彩业负外部性问题突出的现状，博彩监管机关一时不知所措。澳门博彩业的高速发展并没有带动全体澳门人相应福利的整体提升，相反，因博彩业一业独大所导致的房价日益攀升、人才断层严重、病态赌徒增多、涉赌犯罪率居高不下等恶果已经初步显现，近年来内地前往澳门"洗黑钱"、"公费博彩"、内陆资本外逃等现象增多与恶化。

由于博彩业具备独特的产业结构特征与自身发展规律，澳门政府与各承批公司之间业已在实践中形成了较为亲密的合作伙伴关系，这可以从澳门本土熟人文化、有限的行政资源等方面理解。然而，公私合作并非意味着政府放松管制，相反，这对政府的监管水平提出了更高的要求。观察目前澳门有关公私合作日常机制的现实运行，不难发现还存有一些阻碍。第一，行政合同订立之际的监管缺失。目前不少博彩企业（外资企业为主）通常在投标时对博彩企业的未来发展规划做出各种允诺，而在合同订立过程中却未自觉地将其允诺之事载入合同。又因为目前特区政府过多偏重于形式审查，故不少博彩企业有恃无恐。第二，政府与承批公司在某些领域内的合作目的较为单一。第三，政府与承批公司合作领域狭小。如果将负责任博彩看作包括政府与博彩企业的澳门全社会的共同责任，那么目前澳门政府与承批公司在这方面的合作领域还不够开阔。第四，合作方式的非透明化。因为没有有效的公开程序，有关方面的问题均不得而知，难免招致疑虑。如此看来，澳门政府与承批公司的合作模式还有很长的路要走。

三　澳门博彩业法律制度完善与改革的方向

澳门博彩法的快速发展，一方面给澳门地区带来巨大的经济收益，另一方面，也给澳门社会带来了种种问题，这就需要澳门政府在发展博彩业的同时要加强对博彩法制的建设。澳门 6 家博彩企业与政府签订的博彩合同将陆续于 2020 年和 2022 年到期，这将为澳门实施新的博彩法律制度提供契机。根据上述对澳门博彩监管体制的各类问题的讨论，本文结合公法的一般原理分别从以下几方面进行阐释。

（一）完善博彩业准入制度和退出制度

1. 批给制度的初步调试

首先，由"一家一照"向"一间一照"的批给制度的转变，即将以往澳门当局向承批公司派发赌牌的传统改为直接向赌场派发执照，而且是一间赌场一个执照。当然，目前的实际情况是澳门的 6 张赌牌还不能也不可能被彻底丢掉，"一间一照"的制度建构便应在尊重现实的情况下有所突破。

本文认为，在保留原有赌牌的前提下，澳门也可以实行赌场许可制（"一间一照"）——赌牌持有者（承批公司）在意欲获得新的赌场经营资格时，应按照新法律规范的规定向澳门政府申请营业执照，既有赌牌不能作为其合法经营新赌场的依据，同时建立承批公司的主动报告义务、政府介入机制、商谈程序等内容，将外来企业是否具有经营资质、是否有利于澳门整体经济利益的最终判断权交给政府。

其次，建立"一间一照"的相关配套设施。第一，目前缺少赌牌期限到期后应如何处置的法律规定，本文建议，6 张赌牌到期后，可以实行彻底的赌场重新申请制度（即"一间一照"）。在这个意义上，赌牌到期后，如果企业依旧希望获得赌场经营权，需要重新向澳门政府进行申请。不过，在同等条件下，以往经营企业享有优先获得执照的权利。第二，提高对外资企业审批中的监控力度，例如在审批机制中规定最高外资投资比例与政治干涉禁止等规定。第三，既然是"一间一照"，一照是否意味着可以经营任何品种的博彩业务呢？在这方面，本文持肯定态度。对于澳门来说，每一个博彩种类都要申领执照的做法目前仅从管制成本与社会可接受度方面来看时机还不成熟，但本文对于澳门赌场贵宾厅承包人通过行政许可申请的方式获得营业资格这一点是持积极态度的。

2. 厘清承批公司的退出机制

本文认为，6 张赌牌到期后，可以实行开放性的赌场重新申请制度。这不同于新加坡、美国新泽西州等国家或州的申请续期制。[①] 关于承批公司的退出机制，还有一种可能，就是暂时介入机制的启动。暂时介入制度，是指行政主体为了保证澳门博彩企业经管的持续性和稳定性，维护澳门公共利益，在法定要件成就时暂时对博彩经营企业采取的强制性接收与管理行为。其法律依据是第 16/2001 号法律《娱乐场幸运博彩经营法律制度》第 44 条的有关规定，根据该条的规定，暂时介入的法定要件有三种情形：（1）发生或即将出现无合理理由中断经营之情况；（2）承批公司组织与运作上出现严重混乱或不足的情况；（3）承批公司设备设施及供应用品出现混乱或不足之情况。当出现以上三种情形时，作为监管主体的特区政府在经过启动、执行、听证等程序后，仍需与博彩经营企业进行沟通或者

① 王长斌：《澳门博彩经营批给制度之反思》，《澳门理工学报》2011 年第 2 期，第 2 页。

谈判，介入期限届满后如果介入事由消失，应尽快通知承批公司取回经营批给。而对于介入期限届满后仍拒不整改或者无可能恢复正常经营的公司，应按照法定程序解除批给。在介入终止后，博彩监察协调局还应通过一定方式向社会公告介入终止以保证公民知情权的实现。

（二）博彩征费体制的建构方向

之所以称之为建构方向，是因为从目前学术界关于澳门博彩征税的研究现状来看，尚缺乏系统的制度建构之学理方案。更因为，目前澳门的博彩税费征收基本理论还没有建构起来，在诸如是否提高税率等一些关键的原则性方案选择上学界还有较大争议。本文以前文所述的澳门双重征费体制之病症为基础，并参考博彩监管应遵循的基本原则，对澳门税费体制之建构提出一些想法。

首先，关于法定 35% 的税率是否过高。诚如前文所述，与世界其他国家或地区相比，即使算上不到 5% 的博彩溢价金（又称"博彩设备税"），澳门整个博彩税费收入也仅位于中游水平。目前 35% 的税率最早是在 2002 年确立的，其已历经十几载。2002 年正值赌权开放之际，一定意义上，赌权开放后博彩税率十几年保持不变能够验证当前税率的合理性。而从实证层面进行观察，目前虽有博彩企业呼吁当局降税，但从媒体报道的情况来看，无论是学术界还是政府，反对降低博彩税的声音还是很有力度的。关于贵宾厅与中场的税率问题，两者的差别体现在应缴溢价金部分，中场每张赌台年溢价 15 万澳门元，贵宾厅则是 30 万澳门元。本文认为，在未来溢价金需要修改的时候，为了缓解前文中列明的诸多病症，应努力做到：不管溢价金是增是减，贵宾厅的税率均应该低于中场。贵宾厅减税还要预防因码佣率上涨所导致的恶性竞争。

其次，双重征费体制的改变。澳门当前正在运行的双重征费体制——法定的博彩税与承批合同约定的溢价金制度存在内在缺陷。澳门学术界对待上述问题的普遍逻辑假设是：因为行政合同（承批合约）中规定了细致的博彩溢价金标准，且行政合同建立在法律地位平等的双方合意的基础上，如若改动行政合同应当经过双方意思表示一致。所以随着制度变革需求的逐渐显现，承批合同制会成为阻碍博彩收费改革的一道门槛。对此，澳门学术界开出的常规"药方"是以法律治理博彩，而不是以合同治理博彩，税收亦是如此。但是，本文认为，在澳门这样一个极具"人情味"的东方赌城，其博彩监管体制上的历史延续痕迹还是十分明显的，以行政合同或者合约的形式完成政府监管便是 70 多年前遗留下来的产物，目前想在澳门全面彻底地开启博彩监管法治化绝非易事。因此，澳门征费体制的构建方向可能面临下面两种选择。第一，完全保留，即依旧采用博彩税与溢价金双重征费制度。澳门以行政为主导的政制体制由来已久，在行政合同未来的签订与履行过程中，均可以考虑通过公共利益解释条款将政府主导的功能予以释放。目前施行的《娱乐场幸运博彩经营法律制度》第 28 条第 2 款已经有了体现上述精神的些许规定，基于公共利益之原因，行政长官可以暂时及例外地全部或部分豁免承批公司缴纳补充税。第二，以行政指导的方式填补鸿沟。无论从博彩监管秩序的稳定性出发，还是从"禁止反言"及其附带的相对人权益保障视角观察，行政合同中一旦约定了溢价金内容，双方便应遵守诺言。如果确实存在改动的必要，可以用行政指导这种柔性方式激励、引导、劝告承批公司。澳门当局目前受制于学理上行政合同不易单方修改的牵绊而一直不敢对当今法律体系进行修改，本文提出的两种略微保守的对策或许值得参考。

最后，贵宾厅与中场的税率问题。澳门目前采用的"上门点税"办法加大了澳门税务稽查的成本。但不能否认，采用"上门点税"的方式在减少误差、防止偷税方面具有积极功效。对于这种传统的税收征收方式，是否应轻言放弃？事实上，废除"上门点税"这种陈旧征税方式的前提在于澳门每间赌场都已建立起了标准会计制度，并以此会计制度对每间赌场进行征税。目前澳门实行的是跨越数家赌场并以承批公司为单位进行统计的征税方式，针对每间赌场的单一标准会计制度尚未形成，而单一会计制度的缺失势必又会影响到税收申报机制的建立。按通常理解，与科学的税收申报机制相比，澳门传统的上门收税方式乃是一种落后陈旧的管制手段，但考虑到现实情况又必须承认，征收机制改革的契机目前还未来临。

（三）提升博彩业监管力度

放眼世界其他开赌国家或地区，博彩业往往承受着比几乎任何其他行业都要严格的监管，澳门也应当如此，博彩监管力度的提升是博彩监管体制建构过程中的核心思想。本文对监管力度提升的阐释，并不遵循从监管主体到监管手段、从监管手段到监管程序的无缝衔接式的长篇大论，重点在于实现路径上的一些提示。

1. 以公共政策作为载体将监管力度的提升化为日常博彩监管的隐性法源

提升政府对博彩业的监管力度当然可以透过法律规范变动的形式（如修改法律、解释法律）予以实现，但这无疑需要经历一个漫长且艰辛的等待过程。而且，博彩立法与一般立法相比不仅专业性更强，还将面对各种纵横交错的复杂利益冲突。本文主张应将博彩管制力度提升这样一个相对抽象的理念转化为具体的公共政策，期待公共政策一方面可以引领着行政当局的执法活动去主动适应现实需求，另一方面，也可以弥补法律规范的不足与滞后。至于如何转化这一关键问题，无疑需要依托一个由政府、专家、博彩企业、公众共同组成的综合政策议事机构来做出裁判。也就是说，如果承认公共政策的形成是一个民意表达、汇聚民智、寻找最佳答案的过程，则对于力度如何提升、管制的目标如何厘定、力度提升体现在哪些管制手段上等诸如此类的政策问题便不应由政府单方面拍板决定。澳门自回归后（尤其是在崔世安特首上任之后），已更改了回归前澳葡政府在制定政策过程中不面向公众进行咨询的封闭式政策制定模式，并将阳光执政、科学执政作为上任后主打的施政理念。在此现实背景下，针对政府面对博彩业时管制力度偏弱的样态，我们要从理论与实践中探索以多元主体制定出的公共政策引领博彩监管的力度。

2. 将负责任博彩理念通过各种管制措施予以释放

对于澳门各社会阶层来说，负责任博彩应不算一个陌生的词，但目前又是一个概念内核不算清晰的词。国际社会对负责任博彩的通常看法是"在一个适度监管的环境中，博彩者在参与博彩时不会对本人、家人、其他博彩者及他人的人身和财产利益构成损害或不会给本地区或博彩者原住地带来负面影响"。[①] 理念的广泛传播需要政府居间发挥能动性，澳门执政者的任务在于将负责任博彩理念通过各种形式的管制措施对外释放，由于澳

---

① 齐秀梅、战涛：《论我国博彩业立法的理论基础和基本原则》，《当代法学》2012 年第 1 期，第 145 页。

门对负责任博彩之内涵尚未达成共识，经过总结国际经验，本文建议这种对外释放的形式包括但不限于病态赌徒禁门令的试行、赌徒黑名单的信息共享机制、准入限制的全面开启、广告规制方面的举措、社区赌场的撤回等。同时，鉴于目前负责任博彩本身的模糊性与不确定性，学术界仍需继续并加强对负责任博彩的基本理论研究。伴随着实践中负责任博彩理念对外制度释放以及理论上对负责任博彩研究的深入，负责任博彩效用会在这种双向互动中愈加增强。

3. 设立支撑负责任博彩推广的专款专项

根据澳门第 6/2001 号法律《娱乐场幸运博彩经营法律制度》第 22 条的规定，承批公司每年应当拨出不超过其博彩经营毛收入 2% 的款项给予一个以促进、发展或研究文化、社会、经济、教育、科学、学术及慈善活动为宗旨的公共基金会，此外，还应拨出不超过其经营毛收入 3% 的款项用于发展城市建设、推广旅游及提供社会保障。实务中，承批公司都是通过行政合同的方式与政府达成应缴款项协议，一旦承批公司按约定付款，政府对款项的监督责任即自然完成。从负责任博彩原则与澳门博彩管制目标的精神出发，澳门政府目前做得还远远不够。而"从国外博彩业的发展经验来看，政府会设置多个非政府组织负责监督博彩税收的使用，用于教育、医疗、城市重建或者指定的公益事业"，① 这极大地降低了资金使用的随意性。本文建议，澳门可以将上述最多 2% 与 3% 的款项均交由博彩公共基金会一并管理。澳门政府则对公共基金会财产的使用情况进行规划与监控，在资金的使用规划中，应为负责任博彩预留专项基金；基金的使用情况除了应接受政府监管部门的审计外，还应通过公报的形式让澳门民众知晓。专项基金的合理预算无疑会为博彩监管力度的提升奠定良好的经济基础。

4. 完善政府与承批公司的常规合作机制

曾经专营制度的长期存在，使政府与专营公司间逐渐生成了密切的公私伙伴关系，政府与博彩企业之间的诸多"权利义务"都是可以随意商量着来的，也无须考虑是否遵循法制化的形式。事实上，因为专营制度时期实行的是"包税制"，直到 1983 年政府甚至都没有设立专门的博

---

① 吕开颜、刘丁己：《国际博彩业监管制度对澳门的启示》，《澳门研究》2008 年第 47 期，第 91 页。

彩监管机构，故监督法律关系的简单在所难免。

赌权开放后，承批公司的数量增至 6 家，"由一变六"致使曾经作为"二掌柜"的专营公司的监管功能渐渐散去。当然，赌权放开后政府与 6 家承批公司仍存在某种程度上的合作关系，这种因历史惯性延续下来的合作模式对澳门政府的监管水平提出了更高的要求。美国学者弗里曼曾言："行政是一项以多个不同主体（如行政机关、私人公司）相互作用为特征的事业，这种共同治理事业要求具有一个灵活、便利的政府观念，即国家必须有能力在混合体制中扮演多重角色：经济人、沟通者、监督者、执行者和合作者等等。"① 在公私合作中稳妥地扮演好这些角色，对政府来说实属不易。针对前文所列明的几点缺陷，本文在此提出制度改革的几个方向。第一，合作目的更加多元化。澳门政府一直以来与博彩企业的合作是将经济效益放在首位，因"缺乏对所有主要利益相关者利益的综合平衡，对投资者利益照顾多，对内地和澳门居民的利益考虑较少。使博彩业发展带来利益的同时，也在一定程度上损害了中国内地和澳门本地居民的部分利益"。② 未来政府应在管制目的与合作之间不断地进行目光流转，确保盈利与公益的双赢。第二，拓宽合作领域，以往政府在这方面做得不够。试举一例，面对庞大的中介群体，单纯依靠政府单方依法管制显然难以奏效，扩宽政府与承批公司的合作领域并健全合作机制是一条应对出路。第三，增强合作方式的公开化。之所以提到合作方式公开化，一方面当然是缘于博彩监管正当法律程序原则的要求，另一方面也是作为对公共政策的积极回应。公私合作的公开性要求各项合作事宜应遵循公开、透明、参与的原则，除了涉及国家秘密、依法应受到保护的商业秘密、个人隐私外，均应当公布。

5. 加强刑法对博彩关联犯罪的惩治力度

博彩业不仅是澳门的主要税收来源，支撑着澳门政府和社会的运转，也引发很多社会问题，如不法赌博、高利贷、洗黑钱犯罪等，始终是澳门的多发犯罪，衍生出严重的社会问题。2006 年《预防及遏制清洗黑钱犯罪法》正式出台，相较于之前出台的法律，该法具有更强的实效性和可操

---

① 王五一：《博彩经济学》，人民出版社，2011，第 189 页。
② 曾忠禄：《澳门博彩业的利益关联者：分析与建议》，《亚太经济》2008 年第 6 期，第 116 页。

作性。但不可否认的是,《预防及遏制清洗黑钱犯罪法》仍有不少条款不够明晰且不具有可操作性。首先,通过理论界与实务部门乃至公众的群策群力并积极吸收国外反洗黑钱的有益经验,逐步完善并细化当前反洗黑钱的法律规定是一个改革突破口。其次,完善银行业反洗钱机制。作为现代社会资金融通的主渠道和实施预防洗钱活动的核心主体,只要银行履行好反洗钱义务才可以使博彩业的反洗钱工作事半功倍。当务之急,政府应细化、落实法律的具体规范,建构一批涵盖客户身份识别制度、客户身份资料和交易记录保存制度、大额交易和可疑交易报告制度等法律的实施细则。最后,健全反洗钱监管体制。澳门金融监管机构应有步骤地将反洗钱监管领域从银行业扩大到证券、保险、信托等行业,督促引导相关机构建立和完善内控制度和履行反洗钱义务,逐步探索符合澳门利益的、覆盖整个金融领域的反洗钱监管体系,有效控制金融机构面临的洗钱风险。鉴于博彩业洗钱活动的特点,反洗钱监管还要扩展到对旅行社、地下钱庄等为赌博洗钱活动提供便利的非金行业的监管上,特别是对这些有组织的职业性洗钱活动应予以重罚。

澳门高度依赖博彩业,诚为其自然条件与经济条件使然。回归前后,澳门社会曾做足了努力,以求找到更光荣的产业出路,然皆不成功。在继续探索产业多元化道路的同时,把博彩业自身的事情办好,仍然是澳门经济发展的重中之重。赌权开放的制度变革与旅游博彩业为龙头的产业政策,作为回归后特区政府的两项重大经济举措,对澳门博彩业乃至整个澳门经济的发展,起到了关键性的促进作用,进而对澳门社会生活的各个方面,都产生了积极的影响。澳门经济的高速增长、人均居民收入的提高、社会文化面貌的改善、国际地位的提高等这些成就,都与赌权开放以及博彩业的大发展密切相关。然而也不可否认,在澳门博彩业发展的道路上还存在许多制度性障碍,这些障碍已经成为博彩业进一步发展的瓶颈。以赌权开放为中心的博彩业市场化改造,是克服此一瓶颈的根本途径。经营与管理博彩业,澳门并不陌生;但经营国际化、现代化、规范化的大博彩,澳门的官商学各界,仍有许多新东西要学习、许多新经验要积累、许多新事情要着手去做。

澳门商事法律的现状与特点

王保树[*]

一 澳门商法的体系总述

（一）商法内容的界定[①]

澳门属于民商分立的体系。澳门商法的内容从广义上由商事组织法与商事行为法两大部分组成。具体内容包含商法基本制度（商人、商事登记、商号、商事账册、商事代理、特殊商行为）、公司法、产品责任法、反不正当竞争法（理论上不属于商法，而属于经济法范畴）、票据法、保险法和海商法等。此外，澳门商法内容中国际条约效力优先，《澳门民法典》第 1 条第 3 款规定：适用于澳门的国际条约优于普通法律。这不但已将澳门参与的众多国际条约作为澳门商法的一部分，而且确认了其法律适用优于普通法。澳门商法的这一独特性表明澳门商事立法内容已与欧盟主导国商法和国际商法有了极大的融合，从而体现了它法源上的特别性。

澳门商法实践内容中现代商法内涵在不断变化填充，已经逐渐超出传统商法的内涵与立法概念，比如传统的货物买卖法在澳门已经演变为包含一般货物买卖外的技术贸易、服务贸易、版权贸易和电子贸易等；而澳门的现代商事法律中的商业投资法包含直接投资法、间接投资法、服务投资法与其他投资法。澳门的商事立法的内容，已经随着澳门市场经济的进一

---

[*] 清华大学港澳研究中心课题《澳门商法典与大陆商事立法比较研究》。课题负责人：王保树，清华大学法学院教授；课题组成员：龙妍。

[①] 刘高龙、赵国强主编，骆伟建、范剑虹副主编《澳门法律新论》，社会科学文献出版社，第 401 页。

步区域化、欧盟化及国际化的快速发展而不断发展。

（二）商法与民法的区别与互补①

在主体范围上，商法在法律适用上仅局限于那些从事固有商行为的人，或为基于营利性目的而从事商行为的人，或是商主体从事辅助型营业行为的人，它是商人的商事保障法；而民法的主体却很广泛，它是所有民众的主体的民事保障法。当然，从广义上看，民法并不认为将商人或企业限制在商法中是有益的。在法律适用的顺序与效力上，在涉及商事关系内容时，澳门商法作为特别法在大多数情况下可以优先于民法适用，只有当商事规范无法使用时，才可适用澳门民法规定。此外，澳门商法典及相关的商事规范中，也具有一些行政或刑事责任的商事公法性质的规定（在商业登记、公司法、保险法、票据法、海商法中均有体现），因而其中相关条款的效力会优于澳门民法。澳门民法与澳门商法同为私法，商法与民法相区别的实质上的独立性并不存在，将来需要推进民法与商法的融合改革。

二　商事代理②

（一）概述

为经营商业企业，商业企业主通常都需借助第三人的服务，该第三人称为企业主的合作人员或辅助人员，根据其功能分为两大类：自主性辅助人员及从属性辅助人员。

（二）自主性辅助人员

自主性辅助人员为自我负责地提供工作或服务，但相对于商业企业主没有从属联系。有些情况下，自主性辅助人员亦是商业企业主，通过其企业向另一商业企业主提供一定的服务，而成为辅助人员，例如代办商（第

---

① 刘高龙、赵国强主编，骆伟建、范剑虹副主编《澳门法律新论》，社会科学文献出版社，第 403 页。

② 刘高龙、赵国强主编，骆伟建、范剑虹副主编《澳门法律新论》，社会科学文献出版社，第 424 页。

662 条）、行纪人（第 593 条）。

（三）从属性辅助人员

从属性辅助人员为通过收取报酬而有义务协助企业、提供智力劳动或体力劳动，并受企业主的领导及隶属商业企业主。从属性辅助人员分别为主管（行政主管或技术主管）、职员及工人。

在从属性辅助人员中，特别重要的是具代理权之辅助人员，其具有以商业企业主名义为他的利益而实施一定的法律上行为的权力。第 64 条及随后规定对这种代理权做出了规范。

从属性辅助人员的代理权又可分为一般代表及特别代表：前者如经理及受权人，有权实施与经营企业有关的所有行为；后者即狭义的辅助人员，只具备实施某些法定或意定行为的权力。

经理为商业企业主在其企业的主要、次要场所或企业之分支机构的一般代表。[①] 经理之委任为一法律行为，企业主通过该行为委任经理，并赋予经理以法律规定之代理权。[②]

《澳门商法典》第 65 条第 1 款规定，经理代理权延伸至经营企业有关之一切行为，但在委任的行为中，企业主可以做出某些限制。原则上，经理不但有权实施与经营企业有关的实质行为，还包括因经营企业而要求的法律上的行为，如招聘人员、购买机械设备、采购原材料、出售制成品等。

---

① 《澳门商法典》第 64 条称经理系指商业企业主委任以经营企业之人，该委任得按商业习惯以任何职位名称为之。委任范围得限于经营企业之某一分支单位或企业所经营的某种业务，如委任多名经理，经理得各自行事，但委任经理之法律行为另有订定者除外。《澳门商法典》关于商事代理的规定，体现了保护交易的安全与交易的便利、快捷原则。范剑虹、金彭年主编《澳门国际商法研究》，广东人民出版社，2005，第 309 页。

② 《澳门商法典》第 64 条称经理系指商业企业主委任以经营企业之人，该委任得按商业习惯以任何职位名称为之。委任范围得限于经营企业之某一分支单位或企业所经营的某种业务，如委任多名经理，经理得各自行事，但委任经理之法律行为另有订定者除外。《澳门商法典》关于商事代理的规定，体现了保护交易的安全与交易的便利、快捷原则。范剑虹、金彭年主编《澳门国际商法研究》，广东人民出版社，2005，第 310 页，商事代理不同于一般的民事代理。对经理的委任、变更与废止，必须进行相关的商业登记。如果委任没有登记，视为一般为人，经理的权限范围仍然包括为经营企业所必需或适当的一切行为，只不过有关的限制不得对抗第三人。委任人或经理均得随时终止经理的委任；如在无合理理由或未作适当之提前通知下终止委任，对方就所受的损失有权获得赔偿。商事代理不同于民事上的委托代理的一个特别之处就是经理的委任，不因委任人死亡或事后无行为能力而消灭，除非另有约定。

但如在委任时没有明示许可，经理无权将用于经营企业之不动产转让或在其上设定负担（第 65 条第 1 款后半部分）。法律所指用于经营企业之不动产，意即表示用作进行及发展生产程序的场所，包括在不动产上设立的工厂；但如公司所发展活动的制成品是不动产，经理却有权将它转让，如经营建筑业的商业企业主所建设之楼宇内的独立单位。所有因经营企业实施的行为，经理亦得代表其委任人在诉讼上作为原告或被告，可以其委任人的名义进行诉讼（第 65 条第 2 款）。获委任经营企业之经理，在任何与经营企业有关的文件上，必须使用委任人之商业名称，加上本人的签名，并注明其参与有关行为之身份，使第三者清楚知悉与其订立法律行为之商业企业主（第 69 条）。① 经理在代表委任人做出行为时，如不向对方当事人表明其参与该行为的代理身份，需承担个人责任；第三人亦得就获委任经营企业之经理所做之与经营企业有关之行为向委任人要求承担责任，但不影响向该经理追讨责任之权（第 70 条）。

受权人为商业企业主之另一种代表，他与经理一样具有持续代理之特性（第 76 条），受权人是透过授权委托书取得企业主的代理权。与经理一样，受权人获授予权力以商业企业主的名义订立有关行为。然而，他们之间的区别在于受权人未获商业企业主委任经营商业企业。鉴于受权人与经理同样属于商业企业主之代表，部分适用于经理亦适用于受权人，如第 67 条、第 68 条、第 71 条及第 73、74、75 条之规定。

三　商事合同②

澳门的合同法在立法上为债权法的重要构成部分，《民法典》第二编（债编）第一篇规定了债的总则，第二篇规定了各种典型合同。此外，民事单行法中亦不乏一些特殊合同的规定。如《预约合同》等。

---

① 经理的义务。范剑虹、金彭年主编《澳门国际商法研究》，广东人民出版社，2005，第 310 页，经理有竞业禁止的义务。未经委任人明示同意，经理不得自行，通过第三人或为第三人经营与获委任之企业同类之商业企业。如竞业的情况在委任时已存在，且为委任人所知悉，则推定委任人同意经理的竞业。经理权具有人身专属性，经理不得让第三人代为经营企业，但委任人明示同意的除外。

② 范剑虹、金彭年主编《澳门国际商法研究》，广东人民出版社，2005，第 267 页。

澳门合同制度大体与内地相似，唯有合同生效要件之自然人民事行为能力的划分，《澳门民法典》的规定与内地《民法》的规定有所差别。《澳门民法典》规定年满18周岁为法定成年，具备完全民事行为能力，但受禁治产宣告者除外。未满18周岁者的未成年人在法律上一般处于无行为能力状态，但该无行为能力得通过亲权代理和监护两种法定方式予以补充。在有些情况下，未成年人得因解除亲权而提前获得完全行为能力（见《澳门民法典》第129条）；法律还规定了未成年人无行为能力的一些例外情况（见《澳门民法典》第127条）。此外《澳门民法典》还规定了除未成年人和处在受禁治产状态的成年人外，法律上处于无行为能力状态的人，还包括其他一切因法定原因不具有或丧失行为能力的人。

四　澳门公司制度的现状及其特点[①]

（一）无限公司

在澳门，由于地区经济的特点，还有相当数量的中小企业采用无限公司这种公司形式从事商业活动。无限公司在澳门经济中还占有一定的地位。

《澳门商法典》允许有限公司或股份有限公司为无限责任股东。如法人为公司股东时，该法人必须委任一名自然人以其本身名义担任有关职务。该自然人的行为后果由法人承担。在股东承担无限责任上，《澳门商法典》第320条第3款规定，第三人对已消灭之公司所拥有而可向前股东行使之债权，以及前股东可对第三人请求之债权之时效为5年，自登记公司消灭之日起算。

1. 无限公司的设立

无限公司至少由两名股东共同出资组成，其出资形式可以是资本，亦可以是劳务。对于股东出资缴付期限，《澳门商法典》规定推迟交付的期间，不得逾5年。公司章程应载有每一股东的全名以及为分享盈余而对劳务出资所确定的价格。以劳务出资的股东，应在章程附具以摘要方式列出其须从事之活动的声明书。但劳务出资不计入公司资本内。在通常情况下，以劳务为出资的股东不需承担公司的亏损，但章程条款另有规定的除外。

---

① 冷铁勋：《澳门公司法论》，社会科学文献出版社，2012，第362页。

无限公司的章程经立契官署公证及送交商业及汽车登记局后，即可按公司设立的一般程序完成公司的设立。

2. 无限公司的内部关系

《澳门商法典》中规定股东出资转让，必须经其他股东全体同意，否则不得以自己出资的全部或部分转让给他人。股东于其出资权转让后，虽不再具有股东的资格，但对外，于转让登记两年内，仍负连带无限责任。

股东转让出资，须修改公司章程，并办理变更手续。一般情况下，无限公司股东退社的情况较少发生，以自然退社居多。应当指出，无限公司股东死亡时，其继承人只能继承原股东的退股财产，而不能继承原股东的股东地位成为当然股东。无限公司的股东死亡后，其继承人可以在 90 日内表示同意加入公司，继承人加入公司时，可自由分配死亡者的出资，并可委任一名或多名继承人管理出资。有些时候，无限公司的某一股东死亡很可能导致公司的解散，在这种情况下，公司有义务自知悉股东死亡后 60 日内将解散之事通知其继承人。

《澳门商法典》规定，如公司之存续期不确定，或以股东之一生或逾 30 年为期限时，任何具有股东身份至少 10 年的股东有权退出公司；虽有合理理由，但公司仍议决不将某行政管理机关成员接任，或议决不将某股东除名，曾投反对票的股东如自获悉容许退出公司之事实之日起 90 日内行使其退出之权利，亦应承认其具有退出之权利。退出只能在做出有关通知的公司年终时生效，但在任何情况下，不得在通知后 90 日内为之。

《澳门商法典》规定了三种可以将股东除名的情况：①对公司义务制严重违反可归责于股东，尤其是违反不竞业之义务者，或以可导致公司受损之过错事实为合理理由，而股东被解除行政管理机关成员职务；②股东处于禁治产、准禁治产、宣告破产或无偿还能力状况者；③以劳务未出资的股东不能向公司提出其必须提供的劳务者。除名的决议，应取得其他全体股东的票数，且必须在任一行政管理机关成员获悉容许除名的事实后 90 日内做出。如公司只有两名股东组成时，法院只能根据严重违反股东义务或没有提供必需的劳务为理由，下令其中一名股东除名。被除名股东出资价值的计算，以议决除名之日为准，如因法院裁判而除名，则以裁判确定之日为准。

无限公司的业务执行，因具有人合性质，所以必须由股东自行执行，并以公司章程所定为原则。《澳门商法典》第 345 条第 2 款规定，经全体股东的一致决议，可选出非股东的自然人作为行政管理机关的成员。亦即可选任非股东为业务执行人员，执行业务的股东对于公司例行事务可独自决定，但对于公司较为重要的事务则需要取决于过半数股东的同意。

执行业务为股东的权利，同时也是其义务。关于执行业务股东的权利，是指因执行业务发生的对公司间股东的财产请求权利。一般包括：①报酬请求权。执行业务的股东，与公司间的关系，应以无偿委任为原则，只有在特别约定的情况下，股东才有报酬请求权。所谓特别约定，乃指全体股东同意特别约定，可在章程内规定，亦可另外签订契约或签订同意书。②垫付偿还请求权。股东因执行业务所代垫的款项，可以向公司请求偿还，并支付垫付款的利息。③提供担保请求权。股东如果因执行业务而负担债务，而其债务尚未到期的，股东可请求公司提供一定的担保。④损害赔偿请求权。股东执行业务时，受有损害，如其损害非由于自己的过失所致，可向公司请求赔偿。

执行业务股东的义务包括：①禁止无故辞职的义务；②报告的义务；③竞业禁止的义务；④代收款项交还的义务；⑤遵循法令规章的义务；⑥出资义务；⑦不得随意转让出资的义务。执行业务的非股东人员的义务为前五项。

如公司仅有两名股东，或股东系根据章程特别条款获指定为执行业务的，只能通过法院的裁决，才能将身为公司业务执行的股东解任。无限公司如无监事会或独任监事，公司的检查由全体股东负责。

《澳门商法典》第 335 条第 1 款规定，股东在得到其他股东允许后，方得为本人或他人经营与本公司所营事业相同的业务。无限公司股东的竞业禁止主要包括两类：①各股东非经其他股东同意，不得经营与公司同类的营业；②各股东非经其他股东同意，不得为其他公司的无限责任股东或合伙人。《澳门商法典》没有对无限公司的股东区分为业务执行股东与非业务执行股东，一律适用于竞业禁止的规定。因为不执行业务的股东对公司有信息权，有权获得公司业务及财务状况的数据，对不执行业务股东而言，已无公司义务可言。所以不执行业务的股东，亦属禁止之列。

如股东违反竞业规定时，《澳门商法典》规定公司可自获悉有关禁止事实之日起 30 日内，或在任何情况下，于该禁止事实发生后 6 个月内，要求股东将其因违反竞业禁止的规定而取得或将取得收益的权利让与公司，此即归入权。但股东经营有关业务或在另一公司出资系于股东加入之前发生的情况下，即在所有其他股东均知悉该等事实情况下，推定为全体股东允许其存在。从上述规定看，似着眼于权利的观念，而不及于义务。然而股东违反竞业禁止的行为，是不可能仅享有权利而不负担义务的行为，其所为行为，如为双务契约之行为，则公司行使归入之行为之效果，自及于该法律行为所发生之义务，自亦一并归由公司负担。公司行使归入权的时效为该禁止事实发生后的 6 个月内，超过这一期间不行使归入权，可解释为公司不得行使归入权。

3. 无限公司的外部关系

无限公司的外部关系的范围包括：代表公司关系、股东责任、资本维持关系。

《澳门商法典》规定，公司设立时的股东或设立后取得股东资格的，均为行政管理机关成员；行政管理机关成员有权管理及代表公司；除章程另有规定外，均拥有相同及独立的权利。经全体股东一致决议，亦可选出非股东的自然人为行政管理机关成员。如法人为股东时，该法人必须委任一名自然人以其本身名义担任有关职务。《澳门商法典》规定公司章程可以特别规定代表公司的股东。如果章程规定了代表公司的股东，则其他股东就丧失代表公司的权利。

无限公司可以章程或全体股东的决议，对于股东代表权加以限制。为保护交易安全，对代表权的限制，不得对抗善意第三人。

为维护公司利益，代表公司的股东不得为双方代理及自己代理。

《澳门商法典》就集中股东特殊责任有以下规定，《澳门商法典》规定，退股股东以及转让出资的股东应向主管机关申请登记，对于登记前公司的债务，于登记后两年内，仍负连带无限清偿责任；为兼顾债权人利益及股东的情况，《澳门商法典》规定，股东的连带无限清偿责任自解散登记后满5 年而消灭。[①]《澳门商法典》中还规定了类似股东的责任，类似股东又称表见股东，是指非为公司的股东，在第三人面前以任何方式充作股东的，需以股东对确信其为股东而与公司交易的第三人负表带责任。[②] 法律规定此种类似股东实际上非股东的人，要与股东负担相同的连带无限责任，是为

---

① 《澳门商法典》第 330 条第 3 款。
② 《澳门商法典》第 331 条第 4 款。

了保护善意第三人的权益，维护交易安全，其立法理由与民法上表见代理相同。

因无限公司的股东居于从债务人地位，有类似于保证人的先诉抗辩权，因此公司的资本维持原则对于无限公司而言并无抵触。包括两项内容，即分派盈余的限制与债务不得抵消。

具体而言，无限公司在弥补亏损之前，不得分派盈余。此外，无限公司的债务人，不得以其债务与其对于股东的债权相抵消。

4. 无限公司的解散

《澳门商法典》规定，无限公司在下述情况下解散[①]：股东人数减少至一人，而在 3 个月内不能重设多名股东，或公司不变更为一人有限公司；法律或章程规定在一定情况下需予以解散，如《澳门商法典》第 338 条第 6 款规定所指的情况持续 3 年[②]；公司亦得由法院应已故股东之继受人的声请，或应根据第 341 条第 2 款之规定而退出之股东之声请予以解散[③]。

在澳门，采用无限公司这种公司形式的商业组织，还有相当数量[④]，在经济中占据一定的地位。随着《澳门商法典》的实施，一人公司出现，无限公司这种公司形式更趋萎缩。

（二）两合公司

《澳门公司法》对两合公司的特征做出如下阐释[⑤]：两合公司是由无限责任股东的无限责任公司部分与有限责任股东的出资部分所组成。有限责任股东仅对所缴付之出资额负责，并不得以劳务作为出资；无限责任股东需根据为无限公司股东而定之规定对公司债务负责。有限公司或股份有限公司，均得为无限责任股东。

在两合公司的设立中，《澳门商法典》规定，两合公司可以有两种设立

---

① 《澳门商法典》第 347 条。
② 《澳门公司法》第 338 条第 6 款规定："如在支付因消除而须作之给付后，公司之资产净值低于公司资本额时，不得将出资消除。"
③ 《澳门公司法》第 341 条第 2 款规定："虽有合理理由，但公司仍议决不将某行政管理机关成员解任，或议决不将某股东除名，曾投相反意向票之股东如自获悉容许退出公司之事实之日起九十日内行使其退出之权利，亦应承认其具有退出之权利。"
④ 郑杨：《澳门公司法》，中国政法大学出版社，1993，第 102 页。
⑤ 《澳门公司法》第 349 条。

方式：一种是以一般两合公司方式设立，另一种是以股份两合公司的方式设立。① 两合公司的设立必须经全体股东同意，并订立章程。一般情况下，在与两合公司规定无抵触的情况下，无限公司的规定可适用于两合公司。两合公司无特别规定时，股份有限公司的规定适用于股份两合公司内的托管资本。从设立的主体来看，两合公司的无限责任股东，可以是自然人或法人。②

1. 两合公司的内部关系

两合公司的内部关系，在立法上与无限公司基本相同。内部关系属于任意性规范，除公司法有特别规定外，可以在章程中加以具体规定。其中特殊规定有：有限责任股东不得以劳务作为出资；公司设立时的无限责任股东或于设立后取得无限责任股东资格者，均为行政管理机关成员。经无限责任股东一致同意，并获有限责任股东 2/3 的同意决议，可选出非无限责任股东的人士为行政管理机关成员。非股东的行政管理机关成员随时可以解任，但须取得与其被选出时的相同票数；如有合理理由，则仅需取得有限责任股东的多数票及无限责任股东的多数票；两合公司中不设检查人，有关公司的业务活动由有限责任股东负责监察。除有限责任股东有监察权外，不执行业务的无限责任股东也有监察业务的权力；一般两合公司的有限责任股东在生前转移其出资时，须分别取得无限责任股东及有限责任股东过半数的同意，方得为之。

2. 两合公司的解散

两合公司除了准用无限公司的规定外，公司亦因无限责任股东或有限责任股东全体的退股而解散。《澳门商法典》第 355 条规定："如全体无限责任股东消失，而在 45 日内无新股东加入，或无变更公司为有限公司或股份有限公司的决议时，则公司解散；如缺乏全体有限责任股东，而在 90 日内无有限责任股东加入，或公司不变更为无限公司，又或公司仅有一名非为法人的无限责任股东而不变更为一人有限公司时，则公司解散。"

在澳门，两合公司越来越少，至今可能不超过 10 家。③ 因此，两合公

---

① 《澳门商法典》第 348 条规定："两合公司得以一般两合公司之方式设立；如有限责任股东之出资系以股份为之，则得以股份两合公司之方式设立。"

② 米也天：《澳门公司法》，中国政法大学出版社，1996，第 276 页。

③ 郑杨：《澳门公司法》，中国政法大学出版社，1993，第 106 页。

司可以说只存在于文本之中，在公司的种类中已经成为一种装饰物。对于内地而言，从澳门的经验来看，似乎也没有引入两合公司的必要。

（三）有限公司

《澳门商法典》坚持与内地相似的制度。在有限责任原则上，《澳门商法典》在坚持有限公司股东仅以其出资额为限对公司负责的同时，又规定了股东对公司债权人的直接责任。《澳门商法典》规定，可容许公司在设立文件内规定一名或多名特定的股东，对公司债权人负以确定金额为限的责任。[①] 换言之，公司章程可规定一名或多名股东对公司债权人负特定金额的责任，此即类似英国的担保有限公司股东的责任，但由于担保有限公司规定不同，担保有限公司规定全体股东在公司清算时必须承担一定金额的责任，而《澳门商法典》规定公司章程可指定一名或多名股东承担责任，另外还规定允许公司章程可规定股东与公司的连带责任。即公司债权人除可向公司追偿外，还可向特定的公司股东直接求偿，但仅承担以该股东承担金额为限的责任。《澳门商法典》的上述规定，显然吸收了英国的担保有限公司的做法，但又比它规定得更加自由。上述特定股东支付公司债务后，有权向公司求偿已付出的全部金额，但不得向其他股东要求偿付。

有限责任公司股东需对现金以外的出资作价不实负补充责任，即股东不按期交付股款时，其他股东就延迟缴付的出资部分对公司负连带责任。

1. 澳门有限公司的设立

有限责任公司只采取发起设立方式，程序较为简单，可由一人或数人发起，公司不向外发行股票，从而不涉及社会公众利益，设立简单快捷。有限公司的机关设置也较股份有限公司简单，根据《澳门商法典》的规定，股份有限公司必须设立监察机关和公司秘书，而有限公司则不一定要设立监察部门或公司秘书。此外，有限公司股东会的召集办法及决议方法较股份有限公司简便易行，对于行政管理机关成员的人数及任期，有限公司亦有更大的自行决定权。有限公司一般人数较少，又不向社会公开募集资本，因而其社会公众性较弱，对社会和公众利益的影响较小。因此，各国公司

---

① 《澳门商法典》第 357 条第 1、2 款。

法一般都不要求有限责任公司向社会公布其经营状况、财务账目及年度报告。即使要求其公布的，一般也只是规定达到一定规模或者从事特种行业的有限公司才必须公开其账目，如德国便是如此。

2. 澳门有限公司的股东及股东大会

《澳门商法典》规定，有限公司的股东不得超过30人。[①]《澳门商法典》第356条第2款规定，有限公司不能公开募集公司资本及发行股票。《澳门商法典》规定："有限公司的资本，不得少于25000澳门元。"有限公司的资本由"股"构成，各股东认缴的"股额"即其出资，全部股东的出资额构成公司的资本总额。一般情况下，股东出资额的转让发生在股东之间，以私式文书确定即可，但必须以书面方式通知公司并作登记，股的转移在未以书面方式通知公司前，对公司不产生效力，如有不同意转让的股东，则该股东对转让有优先权。

在股款的缴付上，《澳门商法典》规定股东出资额必须为1000澳门元或以上，且为100澳门元的整倍数。股东认购的股分割后所产生的股得仍为1000澳门元或以上，且为100澳门元的整倍数。不过，也允许将股分割成票面价值低于100澳门元的一股或多股，只要在分割行为中同时将上述分割出来的股与另外一股或多股合并，并使其符合最低为1000澳门元的票面价值即可。

依章程规定，可迟延缴付的股款只得延至行政管理机关已指定或将指定的确实日期，但不得超过3年。迟延交付股款的最后日期必须由行政管理机关指定而无指定时，缴付的义务应自登记公司设立之日或登记增资决议之日起3年到期。未履行缴付出资义务期间，股东不得行使相应于尚未缴付的出资部分的股东权利，特别是对盈余的权利。

《澳门商法典》第363条规定，股东优先权，公司股东会可以最少获得相当于公司资本2/3的赞同票，以决议的形式予以剥夺或加以限制。

根据《澳门商法典》第364条的规定，引致股分割的原因主要有以下几种。（1）股被部分消除；（2）股被部分转让或分批转让；（3）共同权利人间的分割或分配。《澳门商法典》虽有股的分割制度，但有限公司中设有特别权利的独立股，不得分割。股的分割无须取得股东的同意，但因股的

---

① 《澳门商法典》第358条第1款。

部分转让或分批转让而导致股的分割时，转让行为仍适用法律或章程有关股的转让的规定。《澳门商法典》第 364 条规定，一切导致股的分割的行为，应以文书的方式完成。除法律或章程另有规定外，以私文书的方式进行便可。股的分割已经完成，应在公司簿册内登录及作登记，不在公司簿册内登录及作登记，在任何效力上，股均视为未分割。

根据《澳门商法典》第 368 条的规定，有限公司在其存续过程中，只有股东被除名或股东退出公司时，公司才有权将其所认缴的股予以消除。对于股东未缴足股款的股，公司不得将其消除。公司有权消除有关股东所认缴的股时，可选择取得该股，或使股东或第三人取得该股。如公司因取得有关股东所认缴的股而令其资产净值低于公司资本额、法定公积金和章程规定的强制公积金的总和时，则股东可议决将该股予以消除。而且股东仅在这种情况下才能议决股的消除。股的消除直接引起被消除的股予以消灭的法律效果外，还引致公司须作有关给付的法律效果。

所谓库存股，是指有限公司自身所拥有的股，即有限公司本身即为有关股的权利人。

《澳门商法典》第 373 条规定，有限公司可通过股东决议以有偿方式，或仅通过行政管理机关的决议以无偿方式，取得自己公司的股票。在补充给付方面，股东会做出决议，要求股东超过其出资金额而向公司再次缴款。因此，补充给付实际上是股东增缴股款，或股东追加出资。《澳门商法典》第 374 条规定，以现金方式，并且要求在章程内规定补充给付的最高总额，否则，公司不得请求股东补充给付。股东补充给付按其股的比例确定其补充给付的金额。补充给付不列入公司资本，无利息，且不赋予其分享盈余的权利。

《澳门商法典》第 377 条规定，有限公司应从有关营业年度的盈余扣取不少于 25% 的金额作为法定公积金，直到该金额达到公司资本额的半数。而内地《公司法》第 166 条规定："公司分配当年税后利润时，应当提取利润的百分之十列入公司法定公积金。公司法定公积金累计额为公司注册资本的百分之五十以上的，可以不再提取。"

在盈余分派方面，《澳门商法典》第 377 条规定，有限公司可通过章程规定，公司就有关营业年度可分派的盈余，可在 25%～75% 间定出一个百分比，该百分比的盈余必须分派于股东。分派盈余须根据公司股东会的决议进行。股东对公司盈余的债权，在登记通过有关营业年度账目的决议及有关盈余运用的决议之日 30 日后到期。

《澳门商法典》第 378 条规定，有限公司股东转让其所拥有的股时，具有财产性质的特别权利可与该股一并转让，但在公司设立文件或章程内被定为人身权的，则不得一并转让。此外，人身权及非财产性质的特别权利，不得与股一并转让。

在股东会的召集和决议方式上，根据《澳门商法典》第 379 条的规定，有限公司召集股东会时，应向股东发送载有召集通告的信函。信函最迟应在所定股东会会议日期 15 日前发出，但如果章程规定召集通告应予以公布或者章程定出较长期间的，则信函的发出不受上述 15 日期限的限制。根据《澳门商法典》第 382 条的规定，有限公司股东就其权限范围内的事项议决时，除法律或章程要求较高百分比票数外，下列决议视为成立：有关修改公司章程及公司合并、分立、变更组织及解散的决议，最少获相当于公司资本 2/3 的赞同票；对股东有权议决的其他事项的决议，如在首次召集时议决，获相当于公司资本绝对多数的赞同票，而在第二次召集时，获出席或被代理股东所占资本的绝对多数的赞同票。

有限公司股东在行使投票权时，每 100 澳门元为一票，在计算就建议案所得的多数票以决定其通过或否决时，弃权票不计算在内。

3. 行政管理机关及其运作

根据《澳门商法典》第 383 条的规定，有限公司由一名或多名行政管理机关成员管理及代表，该成员可为股东或非为股东。公司可通过章程为行政管理机关成员订定专有职称，诸如经理、董事或其他职称。

根据《澳门商法典》第 387 条的规定，行政管理机关成员的报酬数额由股东会议决决定。《澳门商法典》第 384 条规定，有限公司首届行政管理机关成员应由股东在设立文件中指定，其后各界的行政管理机关成员则应由股东会经议决后以股东决议选出。除公司章程另有规定外，行政管理机关成员的任期无确定期间。如在章程内明示允许，公司行政管理机关成员在执行其职务时，可委任他人代理。关于董事会的召集，根据《澳门商法典》第 386 条的规定，董事会可不经任何手续召开会议，或应任何董事的召集而召开会议。关于这个问题，内地《公司法》第 47 条规定："董事会会议由董事长召集和主持；董事长不能履行职务或者不履行职务的，由副董事长召集和主持；副董事长不能履行职务或者不履行职务的，由半数以上董事共同推举一名董事召集和主持。"相比而言，内地公司法的规制更为严苛。《澳门商法典》第 389 条规定，可以解聘行政管理机关的成员。具体手段包括两种：股东议决解任和法院裁判解任。

（四）股份有限公司

1. 澳门股份有限公司的设立

根据《澳门商法典》第 393 条的规定，应至少有 3 名以上的股东方可设立股份有限公司。根据《澳门商法典》第 393 条的规定，股份有限公司的资本不得少于 1000000 澳门元。澳门的股份有限公司的设立方式包括发起设立与公开认购设立。以发起方式设立，发起人至少应有 3 名；以公开认购方式设立，发起人既可以是 1 名，也可以是多名；公开认购设立，《澳门商法典》规定股份有限公司的资本不得少于 1000000 澳门元。在公司资本额仍未完全认购，以及已缴资本仍未达到公司资本额 25% 之前，股份有限公司不得设立。股份有限公司的章程要经认证，并载于经认证的文书内。经认证的章程还须在《澳门政府公报》上予以刊登，才能对第三人发生法律效力。

2. 股东会决议

《澳门商法典》第 453 条规定，股份有限公司股东大会就公司章程的修改、公司的合并、分立、变更组织及解散事宜进行讨论的，须有拥有股份最少占公司资本 1/3 的股东出席或被代理，方可进行决议，且不论属第一次召集的大会或属第二次召集的大会，决议的做出均取决于相当于出席可被代理股东所占的公司资本 2/3 赞同票，但属第二次召集的大会时，则不论出席或被代理的股东所占资本为何，均可议决。

在澳门，有限公司与股份有限公司的股东会议决方式不同。根据《澳门商法典》第 454 条的规定，董事会至少由 3 名董事组成。章程可允许指定最多 3 名的候补董事。澳门的董事会一般由董事长、副董事长和其他董事组成。《澳门商法典》第 458 条规定，董事长应由选举董事的股东会指定，并在章程容许时可由董事会本身选出。章程可赋予董事长在董事会的决议上有决定性的一票，即在董事会所投票数相等时，其中董事长所投的票对于董事会决议的形成有决定性的作用。

3. 股票的设置和流通

《澳门商法典》第 414 条第 1 款明确规定，股份不得分割。股份虽不可分割，但可再折细，如将原来的每股 10 澳门元折细为每股 1 澳门元，公司的股份总数随之发生变化。这种折细属公司资本的最小计算单位的变化，而不属股的分割。此外，也可将代表数目较少股份的股合并成代表数目较大股份的股票，这同样不属股的分割。

股份可以由数人共有，但共有人的股东权应统一行使，既不可就同一股份分别行使股东权，也不可将股份分割为若干份分别行使股东权。因此，共有人对股权的共享，并不是对股份本身的分割。对此，《澳门商法典》第 414 条第 2 款明确规定，股份以共同权利方式拥有时，其固有权利应有共同代理人行使，而共同权利人须对义务的履行负直接连带责任。

《澳门商法典》第 393 条规定，股份应以股票代表，其票面价值应不少于 100 澳门元。《澳门商法典》第 412 条规定，在股东要求及自付费用的情况下，无记名股票可转换成记名股票，而记名股票可转换成无记名股票。但是，如果法律或章程规定股票必须采取记名股票时，则记名股票不得转换成无记名股票，如股款仍未缴足时，股票必须采取记名的形式，而不得采取无记名的形式。

股票可转换时，公司可以替换现有股票或修改有关文本的方法来进行。《澳门商法典》第 418 条规定，无记名股票的持有人参与股东会时，须于举行股东会会议之日 8 日前将其股票存放于任何信用机构。换言之，无记名股票只有存放后，持有人才能参加股东会。目的是防止股票临时转让而未登记导致的空头股票现象出现，从而无法保障小股东利益。

根据《澳门商法典》第 420 条的规定，股份有限公司可在章程内许可公司发行至公司资本半数金额的无投票权的股份。这种无投票权的股份一般被称为优先股。优先股的转换为优先股转为普通股。根据《澳门商法典》第 421 条的规定，连续两个营业年度不能支付优先股息时，优先股的权利人有权申请将其股份转为普通股。如果公司的普通股有不同的类别时，申请将其持有的优先股转换成普通股的股东应在申请书内指明要转换的普通股的类别。根据《澳门商法典》第 423 条，优先股可以赎回。

关于库存股份的取得，主要集中规定在《澳门商法典》第 426～429条。《澳门商法典》第 426 条规定，股份有限公司取得库存股份不导致公司资本净值低于公司资本、法定公积金及章程规定的强制公积金的总和时，方可取得库存股份。股份有限公司取得库存股份时，除非股东或前股东迟延缴付所认股份的股款而导致其股份为公司所有外，仅可取得已完全缴足股款的库存股份。股份有限公司取得的库存股份，不得超过相当于公司资本额的 10%。如果公司章程就公司库存股份的取得尚有禁止性规定或其他限制性规定，股份有限公司仍应遵守该等规定。例外：（1）法律规定特别允许或要求的取得；（2）以集合物的方式取得财产；（3）以无偿方式取得；（4）在执行之诉上的取得，但仅限于债务人无足够的其他财产的情况。内地《公司法》第 142 条规定，公司收购本公司的股份。相比之下，二者的限制方式不同，澳门是以排除性规定的方式做出，而内地则是以列举例外的方式做出。此外，澳门是从数量上做出限制，而内地则规定情形。看似内地在限制股份回购上更严格，但澳门数量上的规定更科学严谨。

4. 公司债券

在《澳门商法典》中既规定了普通公司债券，又规定了参加公司债券，同时还规定了利益公司债券。《澳门商法典》第 433 条规定，股份有限公司可特别发行除收取固定利息外尚可收取补充利息或偿还溢价的债券，以及利息取决于有无盈余而按盈余额变动的债券。当公司债券持有人仅收取固定利息时，该债券便属普通公司债券；当公司债券持有人除收取固定利息外，尚收取补充利息或偿还溢价时，该债券便属参加公司债券；当公司债券持有人收取的利息不固定，而是取决于公司有无盈余额而变动时，该债券便属利益公司债券。《澳门商法典》第 433 条规定，股份有限公司可发行可转换成股份的债券。《澳门商法典》只允许股份有限公司发行公司债券。

《澳门商法典》第 447 条规定，公司应在发行债券的认购期届满 30 日后，以刊登公告的方式召集债券持有人大会。在大会上，债券持有人应对共同利益的事宜进行议决。债券持有人举行会议时，适用于股东会的规则，经做出必要配合后，适用于债券持有人大会。

除采取债券持有人大会的方式外，《澳门商法典》第 447 条还规定了共同代理人制度，即债券持有人通过选出自然人、律师合伙或核数师合伙为共同代理人，以无投票权的方式列席及参与股东会。

此外，《澳门商法典》第 446 条规定，股份有限公司仅在下列情况下方可取得自己公司的公司债券：（1）法律规定特别允许或要求的取得；（2）以集合物的方式取得财产；（3）以无偿方式取得；（4）在执行之诉上的取得，但仅限于债务人无足够的其他财产的情况。股份有限公司取得库存股份不导致公司资本净值低于公司资本、法定公积金及章程规定的强制公积金的总和时，方可取得库存股份。

如上所述，总体而言，澳门的公司债券更接近股份：债券持有人不同于内地债券持有人的权利，如对公司的参与权似乎更接近股份。在澳门，债券持有人与公司之间的关系更密切，更关心公司的经营状况，同时债券制度与股票制度又有相同或相通之处，或许，这就是《澳门商法典》将债券规定在股份有限公司之下的原因。

（五）一人有限公司

1. 一人有限公司的概念

《澳门商法典》在对待一人公司的问题上采取了肯定的态度，但仅限一人有限公司，对于无限公司、两合公司和股份有限公司，则不承认其设立时以一人公司的形式存在。根据《澳门商法典》第 390 条第 1 款的规定，任何自然人或法人可设立独一股构成公司资本的、于公司设立时仅以该自然人或法人为公司资本的唯一权利人的有限公司。这一规定表明，在澳门，自然人和法人均可设立一人有限公司。《澳门商法典》在最初生效时，是只承认自然人可设立一人有限公司，而法人是不能作为股东设立一人有限公司的，后经修订，法人亦可作为唯一股东设立一人有限公司。不过，一人有限公司不能在作为唯一股东区设立另一间一人有限公司。此外，《澳门商法典》第 390 条第 3 款还规定，无限公司、两合公司和有限公司的股东数目减至一人时，可在 90 日内依法变更为一人有限公司，并使用《澳门商法典》关于一人有限公司的规定。由此可见，《澳门商法典》在对待一人公司的态度上，可以说是适应了个人企业公司化的发展潮流，它不仅承认设立时的一人有限公司，还承认设立后的一人有限公司。此制度与我国内地相似处在于我国内地也仅承认一人有限公司。

2. 一人有限公司的法律制度

《澳门商法典》第 390 条第 4 款规定，其有关有限公司的规定，经做出适当配合后，适用于任何一人有限公司。对于新设立的一人有限公司及无限公司及两合公司设立后依法所转变成的一人有限公司，《澳门商法典》还就以下方面的内容作了规定。

（1）关于股东与公司间的法律行为。为保护公司债权人的合法权益，《澳门商法典》对一人有限公司与股东之间的法律行为做出必要的限制。《商法典》第 391 条规定，一人有限公司与股东之间直接或通过他人而订立的法律行为，应以书面形式进行，且须对遵从公司所营事业为必需、有利或适宜，否则行为无效。这一规定表明，一人有限公司与股东之间的法律行为，不仅在形式上要求书面形式，而且在内容上也限制在必须属公司能力范围内的事项。为确保一人有限公司与股东间法律行为的有效性，《澳门商法典》第 391 条还规定，有关法律行为订立前，应由与公司无任何关系的核数师预先编制报告书，该报告书内尤其应声明公司的利益已获适当的保障，以及该行为符合市场上的一般条件及价格，否则有关的法律行为不得订立。

（2）关于股东的决定。《澳门商法典》第 392 条规定，对依法应属股东议决权限内的事宜，应由一人有限公司的单一股东亲自做出决定，所作决定需记录于公司专设的簿册内，并须经单一股东及倘设有的公司秘书签署。

（3）股东的责任。《澳门商法典》还对一人有限责任公司的股东就公司的债务承担个人责任作了规定，即一人公司公司法人格否认制度。中国内地《公司法》第 63 条对此也作了规定。《澳门商法典》第 213 条第 1 款规定一人公司被宣告破产后，只要证实一人公司的财产不专门用作履行与公司有关的债务，即一人公司的财产有用于履行偿付公司债务以外的用途，则一人公司的股东须对公司债权人负个人连带及无限连带赔偿责任。这实际上也是在特定的具体法律关系中，暂时性地否认一人公司及股东各自的独立人格，从而责令股东就公司的债务承担责任。《商法典》第 213 条第 2 款规定如何证实一人公司的财产不专门用作履行有关债务，一人公司如不按规定维持公司会计簿册，或公司与股东订立非书面方式的法律行为时，推定一人公司存在财产不专门用作履行有关债务的情况。

3. 澳门一人有限公司的特点

（1）自然人设立一人公司。我国内地《公司法》第 58 条规定，一个自然人只能设立一个有限责任公司。《澳门商法典》则允许自然人可以设立多个一人有限公司。进一步，《澳门商法典》设立了公司与股东之间的直接或通过他人而订立的法律行为，应以书面为之，且需遵从公司所营事业为必要、有利或适宜者，否则无效，并需符合公司业务的需要和审计师报告书的要求。①

（2）一人公司的股东。我国内地公司法中允许法人设立的一人公司可以投资设立新的一人公司，但不允许自然人设立的一人公司设立新的一人公司。《澳门商法典》第 390 条规定，一人有限公司不得以另一间一人有限公司作为其唯一股东。

---

① 陈卫忠：《澳门公司法比较研究》，广东人民出版社，2006，第 208 页。

香港公司法制中的公司治理结构与特征

朱大明　宋嘉怡[*]

香港是中华人民共和国的特别行政区，于 1997 年 7 月 1 日回归中国。回归前，香港沿袭了英美法域的普通法与衡平法原则及其判例制度。而回归以后，香港一直实行"一国两制"的基本制度，维持了香港独特的法律体制。随着"一国两制"的实施，中国制定了基本法，香港的政治、司法、立法等问题从此在法律上得以确定。

在"一国两制"的框架下，观察香港的公司法制，可以说香港公司法制兼具大陆法系与英美法系的特点，具有显著的特征。比较内地的公司法制，由于香港的公司法制与内地的公司法之间可以说存在重大的差异，这不仅会给内地与香港的经贸往来带来障碍甚至冲突，也会给未来我国法律的融合与发展带来困难。本文主要针对香港公司法制中的公司治理结构和特征进行整理与总结，以期对上述问题的解决提供一些相应素材。

一　香港公司法制的依据

（一）《公司条例》的地位与意义

香港公司法制由制定法和判例法构成。香港公司法制的制定法基础是现有的香港《公司条例》，它是香港公司法制最重要的成文法根据。

香港《公司条例》有很长的发展历史。香港第一部《公司条例》颁布

---

* 朱大明，北京大学国际法学院副教授；宋嘉怡，北京大学国际法学院研究生。

于 1865 年。一般认为，该部《公司条例》是以英国《1863 年公司法》为蓝本制定的。香港的《公司条例》从诞生到今天，从整体结构到具体制度设计上都极大地受到了英国公司法的影响。1933 年香港《公司条例》被编为《香港法例》第 32 章，这样的立法格局延续至今。为了实现香港公司法制的现代化，并进一步提升香港作为国际商业和金融中心的地位，2006 年香港启动了对《公司条例》全面修改的工作，并于 2012 年 6 月完成了《公司条例草案》的制定。该草案于 2012 年 7 月 12 日在立法会获得通过，成为正式的法律。

（二）法律的适用

在香港回归之前，根据香港《英国法律应用条例》，香港法院在审判案件时，应当适用英国普通法与衡平法。关于英国普通法与衡平法的具体适用，根据 1976 年的香港《最高法院条例》，在一切民事案件中，普通法与衡平法应由高等法院执行，如同其在英国由高等法院和上诉法院执行一样。在英国，只有上诉法院、高等法院和上议院这些高级法院的判决才能构成先例，才具有法律约束力。关于英国哪一级法院的判例可以适用于香港，《英国法律应用条例》中没有规定，这个问题是根据香港合议庭（Full Court）的意见处理的。合议庭认为，只有英国上议院和枢密院司法委员会的判例才能构成对香港具有约束力的判例。此外，香港法院在处理纠纷时，如果没有英国或本土的判例可资援用时，也可以参考美国等其他普通法系国家的判例法，当然，香港接受或承认的判例仅限于该国对普通法的解释与香港法院的做法是基本一致的。1997 年 2 月，全国人民代表大会常务委员会认定《英国法律应用条例》违反了基本法，因此，从 1997 年 7 月 1 日起英国普通法与衡平法不再适用于香港。

香港法是由成文法和判例法组成的。关于成文法，根据基本法的规定，香港的立法机构通过并颁布实施的，属于"香港原有法律"，在删除违背基本法的内容后，均可继续在香港实行。关于判例法，在英国普通法的基础上，香港法院在审判实践中发展起自己的判例法。从 1905 年起，香港开始建立案例记录制度，逐步形成了香港自己的判例法，这些香港法院积累下来的判例，依照《基本法》也得以保留并继续有效。随着香港法逐渐脱离英国法的影响，香港法将逐渐独立发展，并可能会形成独特的香港普通法。①

二 香港公司法制中的公司治理结构与特征

（一）董事会的基本规则

1. 设置

在香港，封闭公司必须设置 1 人以上的董事，公开公司则必须设置 2 人以上的董事。公司里具体的董事人数，由公司章程规定。公司的董事人员变更由股东大会更改公司章程来完成。

2. 董事的适格条件

在香港，公司董事的适格要件主要有三个。第一，是对年龄的限制。在一般情况下，封闭董事是自然人。如果一个封闭公司并不属于某个含有上市公司的公司集团，那么这个封闭公司也有可能成为一个董事。而对于担任董事的自然人，根据香港《公司条例》第 157C 条的规定，必须年满 18 岁。② 第二，未解除债务之破产人不得出任董事。第三，精神不健全的自然人不得出任董事。

3. 选任

董事由公司通过股东大会的普通决议任命。根据香港《公司条例》A表的规定，董事的人数以及第一次董事的任命，必须经过公司章程签署人的过半数同意，并且以书面方式做出决定。在此之后，任命董事的权利，应当由股东大会来行使。

在香港实务中，几乎所有公司章程细则都会规定对董事采取交叉选任制度。根据香港《公司条例》第 94 条的规定，除了首次定期股东大会上要选举全部董事外，其他的定期股东大会上，必须要重新选举 1/3 的董事。

关于交叉选任的具体程序，在香港公司法上，通常都是由公司章程规定。在香港的交叉选任制度下，在股东大会中任期届满的董事有连选连任的资格。因此，在同一次股东大会上，任期届满的董事事实上可以通过选

---

① 何美欢：《公众公司及其股权证券》，北京大学出版社，1999，第 6 页。
② 香港《公司条例》第 157C 条。

举继续连任公司的董事。另外，除了任期届满的董事外，董事会还可以推荐其他的董事候选人。

每年退职的董事，应是从最近一次当选算起，任期最长的董事。至于同一时期任职的董事，退职人选以抽签方式决定，董事之间另有协商的除外。公司股东大会可以通过任命董事的方式填补暂时的空缺。填补此类空缺的董事，其应退职的日期与其替代的那名董事本应退职的日期相同。退职的董事有再次当选的资格。除了在会上退职的董事外，任何人不得在没有董事会推荐的情况下被选任为董事。例外情况是，在指定的会议日期前3天或21天内，公司注册处已收到有正式资格出席该次会议并在会上有表决权的任何董事表明自己提议某人为候选人意图的有签名的书面通知，以及其自己表示愿意当选候选人的有签名的书面通知。在公司没有任命其他人为董事的情况下，退职的董事如提出重新当选的要求，应认为该董事已经重新当选。

公司可能会实施比法律更严格的董事轮换要求。比如，公司章程会规定，在每一年的股东大会上所有董事都必须退职。在1981年的Alexander Ward & Co. v. Samyang Navigation Co., Ltd. 的案件中就有这样的规定。在该案中，公司成立后不久，三名董事中的一名去世，两年后另外一名董事辞职。公司可以随时通过普通决议增加或减少董事的人数。如果非封闭公司的董事人数降至法定人数以下，根据公司的章程细则可由一名董事行使的权利，董事亦可在此情形下行使。如果公司因为任何董事职位空缺而不能保证董事的法定最低人数，公司或其他高级管理人员无须为此导致的失责事宜承担任何法律责任。

4. 解任

（1）董事资格的取消

香港《公司条例》对将被任命为公司董事的人设定了限制性条件。法院也可能判令取消其在未来几年内担任公司董事的资格。在出现以下几种情形的时候，必须解聘董事。①未获解除破产的破产者只有在持有法院的破产许可时，才可担任公司董事或者直接或间接参与或干涉公司管理。②未获得董事会许可，且连续6个月未参加董事会议。③法院判决取消董事资格。

香港《公司条例》表15提供了不适宜担任公司董事的相关情形，主要可以区分为两个部分。第一部分的适用并不受公司是否处于资不抵债的情形的限制，第二部分则仅适用于已处于资不抵债的情形下的公司。

第一部分的情形包括：（a）任何渎职行为，或任何违反忠实义务及其他与公司相关的义务的行为；（b）任何滥用或扣留公司金钱或其他财物的行为；（c）任何与公司的金钱或其他财物有关的职务行为；（d）在公司登记、制定会计账簿、计算公司利润中有责任的情形；（e）董事未将公司负债表发送给公司的股东，在公司负债表中没有股东签名的情形。

第二部分的情形包括：（a）导致公司破产的情形；（b）对于公司不能履行合同有责任的情形；（c）公司所达成的交易或选择属于香港《公司条例》第182条或第266条的规定被撤销的情形；（d）董事未按香港《公司条例》第241条的规定召开公司的债权人大会。[①]

（2）法院判决取消资格

取消资格令可以由审理有关取消资格的四种违法行为指控的法院发布。因此，如果一个董事被指控的不诚信行为被判决违法，即使没有人申请取消资格令，该判决法院也可以主动发布取消资格令。另一种情形是，在审理结束后，以违法判决为由，申请取消资格。当法院宣布，根据香港《公司条例》第275条的规定，某人应对公司的债务或其他责任负责，那么该

---

① 在 Regal Motion Industries Ltd.（2005）案中，Kwan 法官认为第一部分并不限制该案的有关行为。他所主张的伪造账目的刑事指控和定罪与合顺实业的破产无关的这一观点并没有得到法院的支持。

任何与董事职务相关的不当行为都是判断该董事是否不适当的参考，即使他的行为并不完全属于关于 Bath Glass 案中所规定的具体情况。

法院还会考虑董事违反有关法案的规定，未在破产管理及清算过程中编制财产状况说明书，未将公司财产移送给清算人，未妥善保管账簿，未遵守第228A条的具体清算程序，以及在自愿清算时未召开债权人大会。

在 Erbal International Ltd.（2007）一案中，法定破产管理人向法院申请取消 LWH 的资格，因为他违反了第121~122条的规定未妥善保管账簿，违反了第190条规定未编制财产状况说明书，以及违反了第109条的规定未向公司注册处报告年收益。法院批准了该申请，并取消了 LWH 的资质两年。

但在 Re Copyright Ltd.（2004）案中，法院接到了类似的申请，内容是取消一个非执行董事（D）的资质，理由是 D 没有妥善保存公司账簿，没有获得充足的信息以监管公司，逃避责任，缺乏对下属董事（Y）的管理，以及没有在清算令做出的28天内及时向法定破产管理人提交财产状况说明书。Kwan 法官认为，若仅以不称职为由判定董事的不适当，那么被控告的行为必须达到严重不称职的程度。而上述指控的行为并没有达到这个程度，并且未提交财产状况说明书是由于警察扣留了公司的会计记录，后 Y 将其转移并潜逃。D 申请了宽限期来提交财产状况说明书。

法院可以在宣布的同时发布取消资格令。

当没有上述指控或宣判的时候，法院可以在以下主体申请时发布取消资格令：（a）该董事持续违反公司法案地区的公司等机关；或者（b）法定破产管理人、财政司司长或者清算人或者任何该公司之前或当前的股东或债权人等任何与取消资格的理由有关的主体。

取消资格的申请，还可以由法定破产管理人或者财政司司长以不适当行为损害公共利益为由提出。此时，取消资格的申请必须根据具体情况，在有关公司清算开始之日起或者从管理人卸任之日起四年内做出。

清算人和管理人均有义务向法定破产管理人报告任何有关董事的可能的不适当行为，法定破产管理人再报告给财政司司长。清算人和管理人可能被要求提供更详细的信息，以协助法定破产管理人和财政司司长决定是否需要根据香港《公司条例》第 168IA 条向法庭做出申请。法定破产管理人也可以向法庭申请公开调查其报告中涉及的人员。①

对于按照公共利益条款为由提出的申请，如果法定破产管理人和该董事的法律顾问对向法庭递交的申请中的事实没有争议，那么法官可以根据无争议的事实直接做出判断，如果事实充分，可以直接做出发布取消资格令的决定。上述简易程序被称为 Carecraft 程序。它起源于英国 Carecraft Co.，Ltd.（1994）案，该案中完整的事实认定环节就被省略了。该程序在香港的首次应用是在 Re Design Positive Architect Planners Ltd.（2002）案及 Re Emperor Hotel Management Co.，Ltd.（2002）案中。②

除此之外，财政司司长还可以根据检察人员按照第 146 条做出的检察报告或其他按照香港《公司条例》第 152A 条或第 152B（15.6）条获得的信息或文件，向法庭申请取消资格令。如果法官认为该申请适当且符合公共利益，则应当发布取消资格令。③

---

① 香港《公司条例》第 168IA 条。
② 在 Re Emperor Hotel Management Co.，Ltd.（2002）案中，无争议的事实主要是：S 是 EHM 的董事，从 1995 年起到公司清盘止，没有按照第 121 条的规定尽职妥善保管保证公司账簿，没有按照第 122 条的规定向年度股东大会报告财会情况。在公司破产时，S 还收受保留了分红。尽管 S 仍然是董事，但是已在 1993 年离开了香港到海外工作，并没有违背诚信义务的行为。这一点作为减轻情节，双方认可。另外，双方还认可 S 在离开时把所有与 EHM 有关的事务交给了另一个具有会计资格的董事。
③ 香港《公司条例》第 168J 条。

在被取消资格期间，被取消资格的人不得担任任何公司的董事或清盘人，不得以任何直接或间接的方式担任公司财务的管理人或经理，不得被考虑或参与到任何公司的晋升、组建或管理活动，除非他获得了法庭的准许。[1] 如果某人违反取消资格令，将构成犯罪，面临监禁和罚款（第168M条）。如果某公司违反取消资格令，并且有证据证明公司的某个官员或其他承担官员职务的人同意了该违法行为，或者由于过失导致了该违法行为的发生，那么该官员和公司都要承担责任。如果公司的事务由股东管理，则股东也要承担与董事类似的上述责任。[2]

（3）申请取消董事的资格被允许的情形

（4）主动书面辞去董事的情形

除非公司的章程细则或公司董事与公司所订立的任何协议另有规定，否则公司董事（包括候补董事）可随时辞去其职务。香港《公司条例》表A第90条规定，如果公司董事依照香港《公司条例》第157D条第3款第a项辞职，则该董事的职位空缺。

（5）公司章程规定的其他情形。

（二）候补董事

根据公开公司的标准章程，任何董事都可以指定其他董事或者经董事决议批准的任何其他人担任候补董事（Alternative Director），以便在该董事（即候补董事的指定人）缺席的情况下，行使该董事的权力并且履行该董事的职责。需要注意的是，候补董事被要求作为董事行使职权时，该候补董事并非是董事的代理人，而是作为公司的董事行使职权。[3]

候补董事的任命和罢免，应当以书面形式或者经董事们批准的其他方式通知公司。作为候补董事，具有与其指定人相同的权利。除非公司章程另有规定，否则候补董事：①视为董事；②对其作为与不作为承担责任；③受限于与其指定人相同的限制；④不视为指定人的代理人。只有在指定人缺席的情况下，为了确定是否构成会议的法定人数，候补董事才可以加算在内；只有在指定人没有签字的情况下，候补董事才可以在书面决议上

---

[1] 香港《公司条例》第168D条第1款。

[2] 香港《公司条例》第168N条。

[3] 罗修章、王鸣峰：《公司法——权利与责任》，法律出版社，2005，第86页。

签字。候补董事不能从公司获取任何报酬，除非该部分报酬已经由其指定人以书面形式通知公司支付。候补董事的任命，在下列情形下终止：①其指定人以书面形式通知公司，撤回任命的时候；②其指定人死亡的时候；③其指定人作为董事的任命终止的时候。①

香港《公司条例》表 A 中没有规定候补董事的类似条款，但是为了参加董事会以及在董事会上投票，公司章程细则通常都会规定任命候补董事的要求。香港《公司条例》规定，如果封闭公司只有一名股东，并且该股东是该公司的唯一董事，则不论该公司的章程细则载有任何条文，该公司可在大会上提名一名年满 18 岁的人为该公司的候补董事，一旦唯一董事去世，即代替其行事。该公司如提名候补董事，须按照香港《公司条例》第158 条的规定，向处长送交提名的详情。

（三）影子董事

影子董事是通过董事会的大多数成员对公司的经营实施影响的人。影子董事制度是为了提高公司经营的透明度，并使那些真正控制着公司经营的人承担相应的责任。但是事实上，影子董事的界定是困难的。在 Secretary of State and Industry v. Deverell 一案中，确定了判断影子董事的四个要素，即①影响具有隐藏性；②发布指令的人和接收指令的人之间具有可以理解或可以期待的关系；③接收指令的人由于放弃决定权处于从属地位；④对公司的经营有影响力。

香港《公司条例》中，将影子董事定义为对公司董事或者是过半数的董事经常性发出指示或指令的自然人或法人。一般认为，向公司董事提供专业意见的专家不属于影子董事。在香港《公司条例》第 161（c）条的规定中也排除给公司提出专业性意见的专家成为影子董事的可能性。但是，反之，如果专家实施的建议超越专业性建议的范畴或程度，也就无法排除该专家成为影子董事的可能性。

（四）独立董事

1993 年，香港联合证券交易所引入了独立董事制度。独立董事的适用

---

① 葛伟军：《英国公司法要义》，法律出版社，2014，第 215 页。

仅限于上市公司。作为原则，每一家上市公司董事会成员中至少要包括两名以上的独立董事。该独立董事为非执行董事，不执行公司具体业务。关于独立董事的独立性的判断标准，包括以下几个方面。（1）持有公司股份不超过百分之一；（2）在公司以及其附属公司的业务中，过去以及现在没有经济上的利益联系；（3）作为专业人士，与发行人之间过去以及现在没有可能影响其独立判断的联系；（4）在公司以及其关联公司中没有担任管理职务等。

（五）管理代理人

香港公司法制中，存在管理代理人制度。所谓管理代理人制度，是指在封闭公司中，可以任命其他的公司为封闭公司的管理代理人。在封闭公司的控制权或者董事会的构成出现重大变动的情况下，管理代理人有义务将该情形通知该封闭公司的全部股东。本处所指所谓重大变更，是指公司的董事会过半数以上的成员发生变更的情形。[1] 任命管理代理人的封闭公司在该公司的管理代理人的控制权或者董事会发生重大变更时，从发生时间开始1个月以内，公司可以解聘该管理代理人。[2]

（六）常务董事

公司章程通常都会授权董事会委派一位常务董事。如果公司章程中没有进行规定，那么必须由股东大会决议选任一位常务董事。[3]

常务董事的权利和职责取决于其与公司的合同约定。香港《公司条例》表A第111条规定，常务董事可以按其认为合适的条款、条件及限制，将其所可行使的任何权利委托及授予常务董事，而此等权利可在与董事本身权利相辅或排除董事本身权利的情况下行使；董事亦可随时撤销、撤回、更改或变更全部或任何此等权利。[4]

常务董事可以薪金、佣金或分享利润的方式，或部分以一种方式、部分以另一种方式收取董事所厘定的报酬。如果对常务董事的任命是无效的，

---

[1] 香港《公司条例》第164条第（4）款。
[2] 香港《公司条例》第164条第（3）款。
[3] 张汉槎：《香港公司法原理与实务》，科学普及出版社，1994，第132页。
[4] 香港《公司条例》表A第111条。

但是该常务董事履行了职责并且该行为被公司所接受，那就应该按合理价格支付其酬劳。①

（七）董事的权限与义务

1. 董事的权限

在香港公司法制中，由于采取了董事会中心主义的立法模式，作为原则，与公司经营有关的权限被赋予董事。由此，董事所拥有的有关经营权限的范围是非常宽泛的。

2. 董事的义务

（1）信托义务

关于董事对公司负有的信托义务的具体内容，主要有以下三个方面。①必须诚实并且善意地为了公司的利益行使权利；②必须基于正当的目的行使权利；③不得为了自己的利益行使权利。

（2）忠实义务

①公司利益。董事对公司的义务主要包括两个方面，即忠实义务与注意义务。②股东利益。董事在对公司负有义务的同时，还负有将股东利益考虑在内的法定义务。③债权人利益。一般而言，董事对债权人不负有任何义务，但是该原则并非在任何情况下都适用。④雇员利益。董事履行职务过程中，也要考虑职员的利益。

（3）注意义务

董事对公司的注意义务不像董事对公司的忠实义务那样严格。

（4）在权利范围内行事的义务

衡平法的原则是，公司董事负有义务，必须在他们被赋予的目的范围内行使公司权利。

（5）独立判断义务

在香港，公司董事在行使权利的时候，负有独立判断的义务。

（6）避免利益冲突的义务

董事的避免利益冲突的义务基于两个衡平法原则：不得冲突的义务，

---

① Graven - Ellis v. Canons Ltd.（1936）UK.

不得谋利的义务。

（7）不得接受他人利益的义务

衡平法中不得谋利的义务要求公司董事负有不得从第三人处接受权益的义务。

（八）董事的责任

1. 损害赔偿责任

在香港，公司的董事违反其义务，对公司利益造成损害的，需要对公司承担损害赔偿责任。

2. 责任的免除

由于董事的义务是对公司承担的，所以，如果在股东大会上，在对关键信息进行披露之后，股东可以决定是否豁免该项违反董事义务的行为。

（九）董事会

1. 权限

董事会享有公司的日常经营权。关于董事会的权限，根据香港《公司条例》表 A 第 80 条，香港《公司条例》规定的公司股东大会职权范围以外的事项，董事会均有权处理。

2. 主持召开

（1）召集

在香港，即使公司章程没有规定，也必须基于有权参加会议的人通知，无论其是否具有表决权。除非这个人当时不在香港。

（2）参加会议

在能够参加的前提下，董事负有义务参加董事会议，但是董事没有必要参加每次会议。董事会会议可以非正式地召开，但是如果仅仅是董事之间随意地碰面，其中任何一个董事提出反对的话，那么不能视为董事会议已经召开。如果董事被董事会议中的其他董事排挤在会议之外，那么该董事可以个人向法院提起诉讼，申请禁令，制止其他董事的排挤行为。①

---

① 葛伟军：《英国公司法要义》，法律出版社，2014，第 227 页。

3. 定足数

定足数，是指有效的董事会会议的最低出席人数。具体而言，参加会议的董事人数必须达到章程规定的法定最低人数后，会议才可以有效召开。

4. 决议

在任何决议上产生的问题，须由过半数票决定。如票数均等，董事会主席有权投第二票或者决定票。

5. 会议记录

所有公司均须将大会所有议事程序及董事会议的记录，记入专门的会议记录簿册。[①] 除了那些不对外公开查阅的董事会议事程序记录，与股东大会所有议事程序记录有关的条款均适用于董事会议的记录。

（十）公司秘书

1. 香港公司秘书制度的引入

在香港公司法制中，存在公司秘书制度。香港公司法制中，所谓公司秘书，是指负责公司的信息披露、制作股东大会以及董事会会议记录的公司高级管理人员。

2. 公司秘书制度的构造

（1）选任

在香港公司法制中，公司必须设置一名以上的公司秘书。公司秘书属于公司的高级管理人员。公司秘书的选任权与解聘权，由董事会享有。[②] 公司秘书的任期以及报酬也由董事会决定。

（2）解任

董事会享有公司秘书的解聘权。

（3）辞职

公司秘书可以随时辞职。但是，在公司章程或者公司与公司秘书之间的合同中规定了与辞职相关的事项时，公司秘书必须遵守该规定。上述公

---

① 香港《公司条例》第 119 条第 1 款。
② 香港《公司条例》第 112 条。

司章程以及公司与公司秘书之间的合同中，明确规定公司秘书辞职时必须提供辞职通知书时，公司秘书必须依照该规定以邮寄或者亲自送达的方式向公司提交辞职通知书。如果公司秘书未遵守上述规定，该辞职无效。

（4）权限

一般具有以下共通性的权限：①根据董事会的指示向特定的主体发送通知；②股份对价的支付、股份利息的支付、股份转让等相关文件或资料的管理；③制作会计账簿与股东名册；④对公司的股份转让、债券转让、公司登记簿的保管、股东、债权人、董事、公司秘书进行登记；⑤向登记机关提出与登记相关的资料；⑥出席董事会以及股东大会，制作、保管会议的记录；⑦在自己权限内的公司文件中署名；⑧与一名或两名董事共同监督公司印章的使用。

在一定的条件下，公司秘书可以对外代表公司。具体而言，虽然公司秘书在公司行政管理相关的合同中，可以代表公司签名，但是作为原则，公司秘书不能代表公司与外部的机构或个人缔结合同，但获得公司授权的情况除外。

（5）义务

（a）信托义务。在香港公司法制中，公司秘书与董事同样对公司负有信托义务。（b）忠实义务与注意义务。在香港公司法之中，公司秘书作为公司的高级管理人员，与董事同样对公司负有忠实义务与注意义务。

（6）责任

如上所述，由于公司秘书属于公司高级管理人员，因此，公司秘书对公司负有信托义务、忠实义务与注意义务。违反上述义务时，公司秘书对公司负有损害赔偿责任。公司秘书不能与公司签署免除责任的合同。即使公司秘书与公司就责任免除的事项以任何形式签署了相应的合同，该合同也将归于无效。①

三　结语

在"一国两制"的框架下，香港的公司法制不仅受到成文的《公司条

---

① 香港《公司条例》。

例》约束，也受到从英国继受而来的普通法、衡平法原则以及众多判例的影响，逐渐形成了一套较为独特的规则。在公司法制中，公司治理结构的搭建具有极为重要的意义。希望通过本文对这些制度的整理，能够为将来内地与香港之间公司法制的互相了解提供一些素材。

香港强积金制度对内地养老基金管理运行的借鉴

郑尚元[*]

一 香港强积金制度的试水背景及对内地的借鉴

（一）香港地区采取强积金制度的社会背景

根据世界银行的报告（World Bank，"*Old Age Security – Pension Reform in China*"，Washington，D. C.：World Bank，1997），中国香港与日本、瑞典并列为全球预期寿命最长的国家和地区。我们还可以用抚养率（support ratio）来解释这种人口结构的变化。抚养率就是 15 岁到 64 岁人口所占比例除以年满 65 岁人口所占比例的商数。从表 1 和图 1 可见，抚养率从 1996 年的7. 12%持续下降到 2036 年的 1. 69%，也就是说，交税以供养长者的年轻人今后会日渐减少。加上并非所有 15 岁到 64 岁的人工作都交税，到 2036 年，纳税人与领取退休金者之比事实上还不到 1. 69。更确切地说，1996 年工作

表 1 1996~2046 年香港的抚养率

单位：%

年　份	抚养率	年　份	抚养率	年　份	抚养率
1996	7. 12	2016	4. 53	2036	1. 69
2001	6. 00	2021	3. 49	2041	1. 61
2006	5. 84	2026	2. 56	2046	1. 55
2011	5. 63	2031	1. 94		

资料来源：雷鼎鸣：《老有所养——退休保障评议》，香港商务印书馆，1998。

---

* 课题组负责人：郑尚元，清华大学法学院教授。

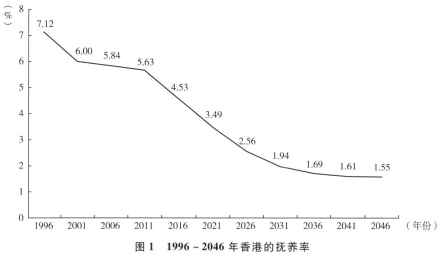

图 1 1996～2046 年香港的抚养率

资料来源：雷鼎鸣：《老有所养——退休保障评议》，香港商务印书馆，1998。

年龄人口的劳动参与率约为 0.68，亦即 100 个适龄工作的人中，只有 68 个人真正参加工作，而到 2036 年，每 1.15 个工作人口供养一个退休者。在这种情况下，如果采用现收现付制的话，或是日渐加税，或是减少退休金。也就是说，从今后几十年抚养率急剧下降的情况来看，香港无法采取现收现付制。

当然，现收现付制不适应香港不止因人口结构的变化，还有更为深层的经济原因。首先，当生育率低到不可再低时，现收现付制通常会令经济增长放缓。生育率低对香港经济的影响，Ehrlich and Lui（1998）估计的参数所做的保守计算发现，如果采用现收现付制，香港本地生产总值长远的实质增长率的降幅减少达 0.36 个百分点。即使经济长期增长率的降幅不大，40 年内累计的这笔损失也会大得惊人。如果经济增长率减少 0.36 个百分点，40 年内的累计损失，在扣除通货膨胀后可达 11 万亿港元，超过香港本地 8 年的生产总值。从这些数字也就可以看到，采取现收现付制对香港并不是最有利的。加之，香港经济规模小而波动大，选择退休保障制度时，自然要考虑如何降低经济波动的风险。如果采用养老基金制，至少在理论上让其基金投资的多元性分散风险。如果采取现收现付制，其回报率完全取决于当地劳动力市场的表现，一旦出现近年来经济持续下滑，劳动力市场的工资水平下降，必然会严重影响到退休金支付。这就是为什么现收现付制没有为香港所采用之原因。

（二）建构符合大陆发展实际的退休养老保险制度体系

对比香港地区回避现收现付制而积极试水和完善强积金制度的社会背景，反观内地的社会抚养率（见表2和图2）以及未来劳动力市场的发展变化趋势可以看出，内地的社会抚养比发展变化趋势虽然有波动，但总体发展趋势是朝向积极有利的方向，这种与香港地区的发展轨迹不同的现实，决定了内地养老退休保障制度的完善不可能完全沿袭香港地区或其他国家或地区的制度发展经验，应该根据本国实际，构建符合社会政治、经济和文化等方面实际需要的养老保险制度模式。

表 2　2001～2050 年全国社会抚养比变动

年　份	2001	2002	2003	2004	2005	2006	2007	2008	2009
少年抚养比	0.345	0.328	0.314	0.299	0.284	0.277	0.272	0.271	0.272
老年抚养比	0.118	0.119	0.119	0.119	0.118	0.119	0.12	0.12	0.122
总抚养比	0.462	0.447	0.434	0.462	0.447	0.434	0.392	0.391	0.394
年　份	2010	2011	2012	2013	2014	2015	2016	2017	2018
少年抚养比	0.275	0.281	0.285	0.282	0.281	0.281	0.281	0.282	0.282
老年抚养比	0.123	0.125	0.129	0.13	0.134	0.138	0.142	0.148	0.154
总抚养比	0.398	0.406	0.414	0.412	0.415	0.418	0.423	0.43	0.436
年　份	2019	2020	2021	2022	2023	2024	2025	2026	2027
少年抚养比	0.282	0.282	0.281	0.28	0.278	0.274	0.27	0.264	0.259
老年抚养比	0.162	0.169	0.174	0.181	0.186	0.186	0.187	0.184	0.189
总抚养比	0.444	0.451	0.455	0.461	0.464	0.46	0.457	0.449	0.449
年　份	2028	2029	2030	2031	2032	2033	2034	2035	2036
少年抚养比	0.255	0.251	0.247	0.244	0.241	0.241	0.242	0.244	0.247
老年抚养比	0.202	0.211	0.22	0.229	0.236	0.247	0.256	0.266	0.275
总抚养比	0.458	0.462	0.467	0.473	0.447	0.488	0.498	0.511	0.522
年　份	2037	2038	2039	2040	2041	2042	2043	2044	2045
少年抚养比	0.25	0.252	0.254	0.255	0.256	0.257	0.258	0.258	0.259
老年抚养比	0.282	0.287	0.29	0.289	0.287	0.283	0.279	0.277	0.274
总抚养比	0.531	0.539	0.544	0.545	0.544	0.54	0.543	0.544	0.545
年　份	2046	2047	2048	2049	2050	—	—	—	—
少年抚养比	0.259	0.26	0.26	0.259	0.258	—	—	—	—
老年抚养比	0.272	0.276	0.276	0.277	0.279	—	—	—	—
总抚养比	0.532	0.536	0.537	0.536	0.536	—	—	—	—

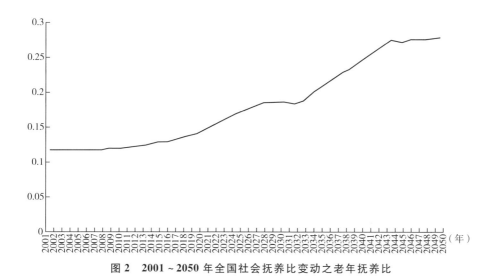

图 2　2001～2050 年全国社会抚养比变动之老年抚养比

二　香港强积金制度成功运行经验对内地的启示

香港地区的社会养老保险制度也是在受到世界银行三支柱理论的影响下逐步发展完善的。香港本身已有综合社会保障援助计划，为有需要的人士（包括老年人）提供了基本生活保障，而香港人一向有个人储蓄的习惯，加上已经实行的《职业退休金计划》，因此香港亟须建立的是一项由政府强制推行、私营强制性供款的退休保障计划。在此背景下，香港在 20 世纪 90 年代建立起了强制性公积金即强积金制度。

香港强积金制度的建立和完善经过了一个比较漫长的过程。设立强积金的辩论从 20 世纪 60 年代就开始，一直持续到 90 年代，不过实质性的进展还是在 90 年代取得的。1991 年，香港特区政府成立了"退休保障工作小组"，研究老年人的退休问题，随后发表《全港推行的退休保障制度》，建议推行类似于智利的强制性退休保障计划，不过中央公积金并不在考虑之列。由于政府并不准备承担风险责任，坚持公积金应该私营，其所推出的《老年人退休计划》并没有得到政府的赞同。在此情况下，政府不得不考虑建立一个更具有公信力的退休保障计划，强积金计划这个时候有了实质性的推进：政府设立了强制性公积金办事机制，负责制定强积金计划的细节及起草法例草案，并加快了立法进程。于是，《强制性公积金计划条例》主体法例在 1995 年 8 月生效。其相关的附属法例于香港回归后的 1998 年在立法会通过，并且立法会批准拨款成立强制性公积金管理局和补偿基金，这也就意味着香港强积金制度基本建立，并于 2000 年末开始收集供款，正式运转。随着制度的正式运转，制度得以继续完善，无论是条例的修订还是相关措施的推出，都有助于人们更好地了解强积金和加入这个计划。

从本质上看，香港强积金计划事实上是对世界银行建议的由私人托管的强制性供款计划一脉相承的，是一项私营的，但是强制执行（强制所有除豁免外的劳动人口均要参加）的公积金制度。不同于部分企业自愿为雇员设立的退休计划，强积金计划要求所有符合年龄条件的雇员和自雇人士都必须参加，这从理论上保证了劳动者退休后均能享受一定的退休待遇。能够保证香港强积金制度的成功运行，除强积金制度在有关参加对象、供款、领取方面与职业退休计划有效衔接外，更是对强积金的运行监管制定了科学的监管制度，这也是内地未来发展和完善养老保险退休制度需要重点参考和借鉴的地方。

香港特区政府虽然成立了强积金管理局，但是仅承担了注册、监管等责任，并不负责具体的资金运营工作。按照强积金条例的规定，所有强积金必须以信托的形式成立，即必须委托独立的信托基金公司托管资产，而信托投资公司作为受强积金管理局核准的受托人，又必须委托投资基金经理及计划资产保管人来分别负责强积金计划基金的投资管理与保存保管。强积金计划的投资运行体系是一个二级委托、二级代理的委托代理关系。对于信托基金公司及基金经理来说，最重要的就是管理强积金计划并选择合适的资产组合以实现最终归受益人（委托人）的利益最大化。如何保证投资的安全性、保证强积金计划参与者的利益也是强积金计划的考虑重点，强积金条例对于管理和投资的规定都有比较详细的规定，以避免参与者利益受到损害。

三　香港地区强积金制度的市场性、法定性和安全性

香港地区强积金制度的三大特点，即市场性、法定性、安全性。

（一）强积金计划运营的市场性

强积金运营管理主体的合法性。香港特区政府所推行的强积金计划是

由政府出面组织，以市场的理念进行规范运营的，强制帮助雇员建立起来的一种退休保障制度。根据《强制性公积金计划条例》第 20 条的规定，目前香港地区获准参与强积金管理运营的基金见表 3。

表 3　香港地区获准参与强积金管理运营的基金

受托人名称（中）	受托人名称（英）	核准日期
富通信托（香港）有限公司	Ageas Trustees（HK）Limited	1999 年 10 月 30 日
友邦（信托）有限公司	AIA Company（Trustee）Limited	1999 年 10 月 30 日
安盛信托有限公司	AXA China Region Trustees Limited	1999 年 10 月 30 日
安盛理财策划信托有限公司	AXA Financial Services Trustees Limited	1999 年 10 月 30 日
银联信托有限公司	Bank Consortium Trust Company Limited	1999 年 10 月 30 日
交通银行信托有限公司	Bank of Communications Trustee Limited	1999 年 10 月 30 日
东亚银行（信托）有限公司	Bank of East Asia（Trustees）Limited	1999 年 10 月 30 日
中银国际英国保诚信托有限公司	BOCI – Prudential Trustee Limited	1999 年 11 月 29 日
中国人寿信托有限公司	China Life Trustees Limited	1999 年 10 月 30 日
Cititrust Limited	Cititrust Limited	1999 年 10 月 30 日
富卫退休金信托有限公司	FWD Pension Trust Limited	1999 年 10 月 30 日
汇丰机构信托服务（亚洲）有限公司	HSBC Institutional Trust Services（Asia）Limited	1999 年 10 月 30 日
HSBC Provident Fund Trustee（Hong Kong）Limited	HSBC Provident Fund Trustee（Hong Kong）Limited	1999 年 10 月 30 日
宏利公积金信托有限公司	Manulife Provident Funds Trust Company Limited	1999 年 10 月 30 日
美国万通信托有限公司	Mass Mutual Trustees Limited	1999 年 10 月 30 日
信安信托（亚洲）有限公司	Principal Trust Company（Asia）Limited	1999 年 10 月 30 日
加皇信托香港有限公司	RBC Investor Services Trust Hong Kong Limited	1999 年 10 月 30 日
加拿大皇家银行信托（亚洲）有限公司	Royal Bank of Canada Trust Company（Asia）Limited	1999 年 10 月 30 日
永明信托有限公司	Sun Life Trustee Company Limited	1999 年 10 月 30 日

资料来源：香港强积金计划管理局。

（二）强积金计划投资管理的法定性

香港强积金计划管理局分别根据《强制性公积金计划条例》和《职业

退休计划条例》以及相关的指引和守则，规管强制性公积金计划和职业退休计划。积金局同时透过发出通告、标准及最佳实务守则，为业界提供指引。

（三）强积金计划投资的安全性

强积金管理局就强积金的投资制定了规则和指引，以保障计划成员的利益，并指导受托人及投资经理如何管理辖下的强积金计划和职业退休计划的资产。在强积金基金的管理和投资方面，强积金计划的受托人和投资经理均受法例订明的权责所约束。

为最大化保证强积金资产的安全运行，强积金管理局不仅要求受托人须根据《强积金投资基金披露守则》向核准受托人和其他服务提供者提供有关披露强积金基金资料的指引，以便于委托人做出有根据的强积金投资决定。同时，强积金管理局根据《强积金条例》成立法定补偿基金，目的是在弥补保险未能提供足额赔偿时，作为基金收益的最后安全防线，对计划成员做出补偿。上述措施使得参与强积金计划投资管理运营的基金公司自由科学管理运营资产的同时，也严格受到法定的投资约束和控制，使强积金资产的运行在可控的市场投资风险范围基础上，实现其保值增值，以最大化有利于受托人即强积金参与人的退休保障预期得以有效实现。

经济社会

香港竞争力研究

　　竞争力是一种综合能力，而竞争优势只是竞争力某些方面的独特表现。尽管香港经济发展有过 20 世纪中叶鼎盛的"亚洲四小龙"阶段，然而，香港经济发展在 21 世纪进入发展缓慢、缺乏后劲的阶段。特别不能回避的是，衡量经济发展的重要指标——竞争力，在香港呈现衰退的趋势。因此，通过剖析香港竞争力形成的内在要素和外在要素，分析和提炼引起香港竞争力的诸要素在一个较长时期内变化的深层次原因，寻找提升和保持香港竞争力的路径，寻找克服香港竞争力下降趋势的方法。这是为了更好地实现《香港基本法》中国家对香港的"一国两制"的政策和"繁荣稳定"的目标。

一　香港竞争力分析

（一）竞争力的定义

　　竞争力（Competitiveness）是竞争者在竞争中显示的能力。评价竞争力，需要确定一个比较竞争力的群体，根据目标时间在竞争群体中的表现评价它。测定和评价竞争力可以采用未来研究方法，但竞争力测定的是对象"现在"中包含的"未来"。

　　竞争力是一种相对指标，必须通过竞争才能表现出来，笼统地说，竞争力有大有小、或强或弱。但真正要准确测度出来又是比较困难的。竞争力就是生产力。从国家层面上看，竞争力的唯一意义就是国家生产力（迈克尔·波特）。竞争力是自然、人类、社会生存和发展的内在能力，总体来说是物竞天择，优胜劣汰，适者生存。

（二）香港竞争力的主要构成

1. 充分自由竞争的市场经济

充分自由竞争的市场经济，是香港的经济制度。迄今在港已实行有一百多年的历史，是香港竞争力产生、发展的渊源。2013 年 1 月，美国传统基金会和《华尔街日报》就营商自由及贸易自由等十个范畴，评估全球 179 个经济体系的自由度。香港连续第 19 年成为全球最自由的经济体系。在 10 个经济自由度评估范畴中，香港在贸易自由及金融自由蝉联榜首，在投资自由及产权保障则保持第 2 位，而营商自由则由第 3 位晋升至第 2 位。传统基金会称赞香港具有高度竞争力的规管制度，加上一个有效率和透明度的法律框架，可促进来自世界各地的贸易投资。此外，香港拥有干劲十足和高技能的劳动力，是保持经济动力的基石。

2. 政府实行积极不干预政策

在 20 世纪 70 年代中后期，香港重新制定了经济政策，把"自由放任"的政策改为"积极不干预"的政策，即以积极态度继续坚持依靠市场自动调节，以求得经济的稳定和增长；当市场机制自动调节失灵，不能正常运转，并且影响到公众利益时，就要进行必要的直接或间接的干预。

例如，在结构复杂且影响广泛的金融行业，政府加强对其引导和管理。20 世纪 60 年代以来，香港曾多次出现银行危机、货币危机和股市危机，危及金融体系乃至整个经济运作，于是政府不得不出面，或出资救市，或直接接管。然而这种干预始终是以保持自由港地位，坚持自由企业制度和一系列自由经济政策为基础的。1997 年回归后不久，为应对亚洲金融风暴，香港特区政府在中央政府支持下，果断干预金融市场的资本运作，击退国际金融资本的炒作。

政府在经济中的作用，更多地表现在为市场的正常运作和发展提供必要的条件，如改善投资和经营环境所必需的交通、通信等"硬件"设施和教育、培训、咨询及服务质量、效率等"软件"措施，等等。也就是说，香港特区政府虽然较过去加强了对经济的干预，但其介入程度较浅、较为适度，并没有打破香港引以为豪的自由经济制度和自由企业制度。

3. 健全的法制和法治观念

（1）1997 年香港主权移交中国后，《香港特别行政区基本法》（以下简称《基本法》）开始实施，这是香港作为特别行政区法律制度的宪制性法律。香港目前实施的法律包括衡平法、普通法、《基本法》。《基本法》附件三载列的有中华人民共和国全国性法律，香港特区立法机关制定的成文法律。与国防、外交及其他在香港特别行政区自治范围以外的事务有关的中华人民共和国全国性法律，可以由香港特区公布或自行立法，在香港施行。

（2）香港的法院由九个部门组成：终审法院；高等法院（分为上诉法庭及原讼法庭）；区域法院（包括家事法庭）；土地审裁处；裁判法院（包括少年法庭）；死因裁判法庭；劳资审裁处；小额钱债审裁处；淫亵物品审裁处。

（3）香港特别行政区立法会，为香港特别行政区的立法机关。现有 70 个议席，每届任期 4 年。

香港的立法权。除对属国家主权范畴的国防、外交以及其他属中央人民政府管辖的事务无权立法以外，有权在不违反基本法的前提下，就特别行政区自治范围内的一切事务，自行制定、修改、废除法律。另外，香港特别行政区的立法权是由全国人民代表大会授予的。全国人大对香港特区的立法权实施必要的监督和一定的限制。

香港法律以"遵循先例"为重要原则。法官在对他审理的案件做出判决时，不仅要考虑到先例，即其他法官在已决案件中对与此相同或密切相关的问题的判决时所适用的原则，而且要受到已有判例的约束，接受并遵循先例确定的原则。

香港法律秉承注意程序原则。即事先订立一套清楚、公正的程序，凡按这套程序审理得出的结论，必须认定为公正结论。内地的法律更为注重实体公正，要求的是得到公正的结果，程序的弹性较大。从根本上说，这一点反映了两者在认识论上的差异。

香港法制发展的局限和瓶颈：不同法系的磨合，无法与时俱进；法制的权威在下降，挑战者激增。

4. 廉洁高效的公务员队伍

香港公务员是香港特别行政区政府常规雇佣关系雇员，至于外判下雇用的雇员，则不算是香港的公务员。按《基本法》，为保障"一国两制"，香港的公务员与中国政府公务员并无官僚架构的从属关系。香港的公务员效率和廉洁度较高。福布斯公布的"最适经商国家"排名榜中，香港的廉洁程度在 134 个实体中排名第 13 位。根据世界银行与布鲁金斯研究所共同编订的 2011 年全球治理指标，香港在肃贪方面的成绩得到认同，取得 94.7 分（在 213 个国家和地区中排名第 12 位）。

5. 亚太金融中心

香港是全球第 11 大经济贸易体系，是第六大外汇市场及第 12 大银行中心。而香港股票市场上市新股总值在 2006 年超越纽约，世界排名由连续多年的第 3 位升为第 2 位，仅次于伦敦。在 2009 年至 2011 年，香港交易所连续 3 年成为全球新股集资金额最多的交易所。香港亦为亚洲区内首个提供纳斯达克股票买卖的地方，2000 年 5 月有 7 只主要美国纳斯达克股票在香港挂牌及买卖。

当人民币成为国际货币和资本项下的外汇自由流通时，香港金融中心地位将受到严重挑战。

6. 旅游胜地，"购物天堂"

香港旅游事务署是香港特区政府专责旅游事务的部门，于 1999 年 5 月成立，负责统筹政府内部各项发展旅游业的工作，并提供更佳的政策支持，以推动香港的旅游业。

7. 重视教育和职业培训

学前教育：透过私立幼儿园，为学前儿童提供机会学习与群体相处。

12 年免费教育：在全港设立官立或津贴资助学校为适龄学童提供 6 年小学、3 年初中和 3 年高中的免费课程教育。

专上课程：提供各种形式的专上课程，包括大专、大学教育。教育水平决定竞争力水平。学习能力是竞争力的原动力。

职业培训教育：雇员再培训局提供具事业前景的课程，增强学员的就业能力及技能，以符合各行各业的需要。该局提供超过 800 项课程，涵盖金融财务、保险、地产、商业、物流、信息及通信科技、酒店、旅游、零售、饮食、美容、物业管理及保安、中医保健、健康护理、社会服务、教育康体、影艺文化、设计等约 30 个行业。

继续教育：香港特区政府资助每位香港居民 1 万港元，在认可的教育机构接受继续教育，按成绩合格支付。香港鼓励社会和私人捐资助学。政府按社会捐款 1∶1 配套追加拨款。

8. 多元的兼容并包的香港文化

中华文化：中华文化是香港文化的根基。婚丧嫁娶仪式中体现了中华文化。

管制文化：管制文化是香港文化的历史烙印。培养的是少说多做、眼低手高的实干家。培养出高锟、崔琦这样的诺贝尔奖得主、造就出李嘉诚这样的一大批优秀企业家。管制文化产生不出优秀的政治家、思想家。

精英文化：精英文化是香港文化的主流。精英文化造就了广大的中产阶级，例如工商界领袖、医生、律师、会计师、测量师、职业经理等，"万般皆下品，唯有读书高"。勤读书、会考试、能动手，是成为中产阶级的必由之路。精英文化在精神上与中国传统的士大夫文化一脉相承，承担着社会教化的使命，发挥着价值导向的功能。中产阶级是社会稳定的中坚，是平民百姓改变身份，进入主流社会的途径。近年来，精英文化有朝着商业化方向和痞子化方向沉沦的迹象。

法制文化：法制文化是香港文化的共识。法制文化树立起法的权威，法制深入人心，成为香港社会的核心价值。

商业文化：商业文化是香港文化的精髓。香港是地地道道的商业社会，与之相适应的是香港的商业文化。报纸、广播、电视等充斥着商业的元素，一切向钱看。

多元文化：多元文化是香港文化的特征。既有中国传统文化的价值取向，例如仁义礼智信、忠孝节勇和、温良恭俭让；又有西方文化的价值观念，例如自由、公平、平等、民主、法制。多元文化促进了香港创意产业的发展，促进了信息技术和文化的交流。

9. 背靠祖国，面向全球；"一国两制、繁荣稳定"

《内地与香港关于建立更紧密经贸关系的安排》（CEPA），是内地迄今为止商签的内容最全面、开放幅度最大的自由贸易协议，也是香港实际参与的唯一的自由贸易协议。CEPA 最先于 2003 年 6 月签署，其后每年均签订补充协议，推出进一步的开放措施。除少数违禁物品外，目前所有原产香港的货物可按零关税进入内地。同时，香港的服务提供商在内地 48 个服务领域设立业务可享优惠待遇。此外，CEPA 亦就贸易投资便利化，以及内地与香港专业人员资格互认达成多项协议。CEPA 既符合 WTO 规则，又符合"一国两制"的方针。

二 香港竞争力的反思

在一定条件下，竞争劣势可以转变为竞争优势，同样，竞争优势也可能变为竞争劣势。

（一）香港竞争力减弱的趋势

香港全球竞争力由 2012 年的第 1 位跌至 2013 年的第 3 位，与全球经济疲软有关，更主要的是港地楼价高、租金高企等营商环境恶化，为中小企业营运带来沉重负担，并使外国投资者却步。香港与内地省市的竞争力排名急跌，香港在亚洲四小龙中的增长速度放缓，周边国家和城市竞争力加大。

（二）香港竞争力减弱的实质是香港核心竞争力的削弱

香港诸多竞争力中有若干个属于核心竞争力，如人才即人力资源管理是核心竞争力，再如背靠祖国、面向全球的地缘位置是发展战略核心竞争力。

1. 人才即人力资源管理是核心竞争力

香港能从过去的一个小渔村发展成现在的国际大都市，人才确实是核心竞争力。通过人力资源管理，教育、培养和吸引了大量人才，为香港建设出力。政治人才为香港实行充分自由竞争的市场经济和"积极的不干预"政策护航，法律人才建立香港的法制体系以及法治观念和廉洁勤政观念，科技人才建立香港信息充分流通和信息对称的体系，金融人才把香港打造成了亚太金融中心和建立了世界上最佳的政府公共财政，旅游人才使香港成了世界上最受欢迎的旅游、购物、会议展览胜地，文化人才使香港成为中西文化融会交流的城市。

香港的人才培养建立了贯穿学前教育、十二年免费教育、专上课程教育、职业培训教育、继续教育等完整体系，还建立了吸引专门人才、优秀人才的制度。

（1）人才的核心是人，要通过长期的培养、教育、训练才有可能成为人才。近年来贫富差距越来越严重，表现在香港的基尼系数 2001 年达 0.525，2006 年上升至 0.533，2012 年更高达 0.537，40 年来最高，成为已发展地区贫富悬殊最严重的地区。香港的贫穷问题，部分原因与经济转型有关。在全球化挑战下，香港经济结构转向高增值服务业，令经济进一步发展，但仍有部分低学历和低技术人士，收入持续落后。

此外，香港与内地经济融合，劳工市场对低技术工人需求减少，供过于求，低技术人士面对激烈竞争，而内地新移民增加了低技术劳工的数量。香港贫困问题的恶化，直接影响到人力资源的健康养成。

（2）改善民生，实现居住正义，提高人力资源的根本价值，这是提升核心竞争力的根本。住房问题是困扰香港社会很多年的积重难返的深层次问题，影响了香港人才的培养，也阻碍了外地人才的流入。以扩大有房市民的比例作为解决住房问题的目标，加大房屋供应，同时，要使无房市民买得起房，对第一次置业的市民给予资助。因为，到 2011 年 2 月，香港的整体住宅楼价，已经超越 1997 年 10 月的高位，一般市民买不起，也等不到，只能望楼兴叹。

居住正义是提升核心竞争力的根本。香港与新加坡都曾被英国管制，都是自由港，华人都是主要的种族，都主要用英语和汉语进行沟通。从全球竞争力的角度进行长期观察后得出的结论是，"亚洲四小龙"的香港和新加坡的竞争力反差日趋加大，前者颓势明显，跌出前三；后者风头正劲，后来居上。香港与新加坡差距的成因很多，但拥有自住住房的差距达到 45%，不能不说是一个重要因素。孟子曰："有恒产者有恒心，无恒产者无恒心。"意思是有一定财产性收入的人，才会有一定的道德观念和行为准则，安居才能乐业。新加坡的经验是：居住正义是提升竞争力的动力。满足香港市民的居住正义，实现"居者有其屋"，这是提升香港核心竞争力的最大举措。

2. 背靠祖国、面向全球的地缘位置是香港发展战略的核心竞争力

（1）香港旅游业发展的核心竞争力

香港特殊的地理位置和特殊的历史经历，形成香港旅游胜地，"购物天堂"的核心竞争力。可遇不可求，其他城市难以复制。例如，根据香港旅游发展局的统计，2014 年访港旅客共 6080 万人次，为本地人口的 8.4 倍，来自中国内地的旅客占总数的 78%。2014 年，与入境旅游相关的总消费金额为 3590 亿港元，较前一年增长 8.5%。香港旅游业是香港经济的四大支柱产业之一，占香港 GDP 的 5%。最近，有学者从宽泛的角度研究，香港旅游业对香港 GDP 的贡献超过两成。

（2）香港经济发展战略的核心竞争力

在 20 世纪 50～70 年代，中国内地遭受西方世界的经济封锁，作为被英国管制的香港成为中国通往西方的唯一通道。转口贸易、航运等，为香港经济发展带来了无限商机和利润。20 世纪 80 年代到 21 世纪初，中国内地的改革开放，引进外资、先进技术和设备，又为香港经济发展带来了无限商机和利润。同时香港与中国内地经济形成了高依存度。

由于中国内地成为世界第二大经济体，世界最大的市场，香港因地理位置最靠近的地缘关系，"近水楼台先得月"，成为香港的核心竞争力。

香港贸发局（HKTDC）的研究数据表明：香港是中国内地最重要的转口港，中国内地最大的外商投资来源地，中国企业重要的离岸集资中心，中国内地是香港最大的外来投资来源地。

香港回归中国以来，香港经历亚洲金融风暴、SARS 肆虐、全球金融危机等，虽困难重重，但安然度过，这些都与中国内地的支持密不可分。香港与内地从 2003 年开始签订 CEPA，通过减少市场壁垒和政府管制等，加强内地与香港的经贸联系，使香港企业早夺先机，提高了竞争力。

三　建议对策

（一）加强在中华文化背景下的国民教育，缓和香港人与内地人的矛盾，这是维护香港核心竞争力的重要举措

背靠祖国，面向世界，实行与内地完全不同的制度，这是香港的最大优势，也是香港的核心竞争力。这使许多与香港有竞争关系的国家和地区羡慕不已，难以企及。香港如果把与内地的关系搞成水火不相容，那实在是自毁优势，自废武功。香港没有世界级的自然遗产和文化遗产，只有人造的主题公园和历史仅有两三百年的"古迹"，每年却有 4700 多万人次的

内地旅客到此一游，旅游消费超过 3500 亿港元。这不是老天爷的恩赐，而是中央政府、特区政府和各界民众多年努力打造香港品牌的成果。

由于历史轨迹的不同，对香港与内地事务，两地民众有着不同的感受和价值取向，应互相尊重，互利互惠，和睦相处。

（二）加强公民的平等教育，缩小贫富差距，藏富于民，这是香港特区政府的职责，也是社会和谐的根本，更是提高香港竞争力的重大保障

平等、自由、公正等是香港的价值观念，也是激发香港竞争力的原始动力。这就要求香港保持自由竞争的资本主义制度，维护政府不干预、少干预经济活动的传统，发挥媒体的第四权的监督作用，让香港各阶层的市民都能平等地享受到香港经济社会发展的成果，而不是被少数地产霸权独占特权。只要保持市民有向上流动的愿景和通道，有追求美好生活的行动，就能产生强大的竞争力。

（三）在坚持法制基础上发展香港的民主政治，这是香港竞争力的基础，更是法治教育的长期目标

香港如果没有法制的坚守，就不可能有高效廉洁的公务员队伍，就不可能有公开透明的亚太金融中心，更不可能有平等、自由、公正的市场经济，当然，也不可能有香港竞争力的存在和成长。因此，法治教育是香港的长期任务，培养懂法、守法、用法的市民，是香港竞争力经久不衰的保证。

深港科技服务研发产业比较研究

曾国屏　杨君游[*]

　　科技服务业是把科技和服务业联通起来的枢纽和桥梁，是集聚科技创新资源、促进科技成果转化，推动产业转型升级的重要载体和支撑平台，在科技创新体系中具有促进各要素间的协调配合、整合各种创新资源进行集成运用以保持系统高效率运转的重要作用。

　　深圳与香港紧相毗邻，两地联系与合作历史悠久，香港对深圳的发展具有重要的影响作用，深圳也历来把香港作为学习和追赶的目标之一。现代服务业是香港重点发展的支柱性产业，业已形成"香港模式""香港经验"。深圳近年来把现代服务业尤其是科技服务业的发展提到突出位置，把学习和追赶香港作为自己的一个目标选向。本文试图通过对深港两地科技服务业发展的概况与特点、路径与模式、现实与前景的比较，对两地在科技服务业发展方面存在的共性和个性进行探讨，以期回顾过去，总结现在，启示未来。

一　深港对于科技服务业概念界定的比较

　　"科技服务业"是我国学者 20 多年前提出的一个概念[①]，最初是对"科技服务类知识产业"的一种简称。经过 20 多年的发展演变，科技服务业的概念在内涵和外延都有着较大变化，内地和香港对科技服务业虽有一定共

---

*　曾国屏，清华大学深圳研究生院社会科学部教授；杨君游，清华大学港澳研究中心副教授。

①　王毅成：《科技服务业面临的问题及对策》，《科学·经济·社会》1987 年第 2 期，第111 页。

识，但并没有形成认识一致的界定，特别是香港官方并没有把科技服务业作为一类行业进行分类和统计，因此，我们要进行深港两地科技服务业的比较，首先就必须对内地与香港关于科技服务业概念的界定和类别的划分作一比较和界定。

（一）内地关于科技服务业的界定

国家科委于 1992 年 8 月 22 日发布了《关于加速发展科技咨询、科技信息和技术服务业的意见》（以下简称《意见》），这是我国国家政策法规中第一次提到科技服务业。《意见》指出："科学技术是第三产业的重要组成部分，是咨询业、信息业和技术服务业等新兴行业的主体与依托。"《意见》还指出："近期要重点发展科技咨询业、科技信息业和技术服务业（三者以下简称科技服务业）为主的新型服务行业，为促进第三产业与整个国民经济的发展做出应有的贡献。"[①]《意见》并没有对科技服务业的内涵或含义做出明确的规定，而只是对其外延的一种粗略列举。

在国内，"科技中介机构"是与"科技服务业"相近的概念。2002 年科技部发布的《关于大力发展科技中介机构的意见》指出，科技中介机构是"面向社会开展技术扩散、成果转化、科技评估、创新资源配置、创新决策与管理咨询等专业化服务"的机构，主要包括生产力促进中心、科技企业孵化器、科技咨询与评估机构、技术交易机构、创投服务机构等[②]。

2005 年，国家开始设立科学研究和技术服务业统计，并将其列入《国民经济行业分类与代码（GB/T 4754—2002）》中的 M 门类（科学研究、技术服务和地质勘察业）中的四个大类。而《国民经济行业分类（GB/T 4754—2011）》中的 M 类（科学研究和服务类），则分为 73 研究和试验发展、74 专业技术服务业、75 科技推广和应用服务业三个大类。在《产业结构调整指导目录（2011 年）》（2013 年修正）中，"三十一、科技服务业"一栏中包含的子产业达几十项，遍及工业设计、气象、网络、测绘、咨询、

---

① 《国家科委关于印发〈关于加速发展科技咨询、科技信息和技术服务业的意见〉的通知——国科发策字 566 号》，http：//wenku.baidu.com/view/1c96a9c52cc58bd63086bd05.html。

② 中华人民共和国科学技术部：《关于大力发展科技中介机构的意见》，http：//www.most.gov.cn/ztzl/qgkjdh/qgkjdhzywj/qgkjdhxgzc/qgkjdhjgzj/t20060105_27530.htm。

测试、实验、科普、信息技术外包等 11 个行业门类①。

2012 年 12 月 1 日，国务院印发的《服务业发展"十二五"规划》（国发〔2012〕62 号）中，所规划的科技服务业发展重点包括研发服务外包、合同研发组织、检测、气象等服务，科技成果转移转化服务，创新创业服务，科技企业加速器，科技金融服务和科技咨询服务；规划的高技术服务业发展重点包括研发设计服务、知识产权服务、检验检测认证服务、科技成果转化服务、信息技术服务、数字内容服务、生物技术服务等②。

国家统计局于 2013 年 5 月 15 日印发的《高技术产业（服务业）分类（2013）（试行）》，将高技术服务业分为"信息服务、电子商务服务、检验检测服务、专业技术服务业中的高技术服务、研发设计服务、科技成果转化服务、知识产权及相关法律服务、环境监测及治理服务和其他高技术服务"等 9 大类。③

2010 年发布的《广东省关于加强科技服务体系建设的若干意见（征求意见稿）》，明确界定了科技服务体系的含义及其功能，指出"科技服务体系是科技服务主体及其所依存的服务环境的总和，主要包括从事科技服务业行业的各类机构及其从业人员"，其功能是"通过组织社会科技资源和科技力量，为科研机构、高等学校和企业提供技术、信息、管理和投融资等服务"。④ 在《广东省人民政府办公厅关于促进科技服务业发展的若干意见》⑤ 中，把研发设计服务、知识产权服务、检验检测服务、科技成果转化服务、科技咨询服务、科技服务外包，作为科技服务业的重点发展领域。

《深圳市开展国家服务业综合改革试点实施方案（2011—2015 年）》⑥

---

① 中华人民共和国国家发展和改革委员会：《中华人民共和国国家发展和改革委员会令（第 21 号）》，http://www.ndrc.gov.cn/zcfb/zcfbl/201302/t20130226_528175.html。

② 中华人民共和国中央人民政府网：《国务院关于印发服务业发展"十二五"规划的通知》，http://www.gov.cn/zhengce/content/2012-12/12/content_3943.htm。

③ 中华人民共和国国家统计局网站：http://www.stats.gov.cn/tjsj/tjbz/201310/P020131021348402595800.pdf。

④ 广东省科技信息服务网：http://www.gdsts.org.cn/info.action?id=8a90b3a928fd5fe3012900fc902a0005。

⑤ 广东省人民政府网：《广东省人民政府办公厅关于促进科技服务业发展的若干意见》，http://zwgk.gd.gov.cn/006939748/201212/t20121205_357058.html。

⑥ 深科信-深圳政府资助网：《深圳市开展国家服务业综合改革试点实施方案（2011—2015 年）》，http://www.sz-money.org/pub/Info2382.aspx。

中，把检验检测服务、技术转移平台、创业投资平台、研发及工业设计、分析试验、文化创意、企业发展战略、企业形象设计、市场营销与品牌运作、人才资源服务、建筑及工程服务、医疗卫生服务等纳入科技服务业之中。而在2012年的《关于促进高技术服务业发展若干措施的通知》① 中，则将研发设计、知识产权、科技成果转化、检验检测、信息技术、数字内容、电子商务、生物技术等服务列入高技术服务业之内。

2014年10月，国务院印发了《关于加快科技服务业发展的若干意见》，提出要重点发展"研究开发、技术转移、检验检测认证、创业孵化、知识产权、科技咨询、科技金融、科学技术普及等专业科技服务和综合科技服务"，从而"提升科技服务业对科技创新和产业发展的支撑能力"②。

由以上政府文件可以看出，内地各级政府部门对于"科技服务业"这一概念的内涵缺乏统一的认识和定义，同时，对于其所包含的行业也没有形成一致的界定。

（二）香港关于科技服务业的相近定义

《香港标准行业分类》是以联合国的《所有经济活动的国际标准产业分类（国际标准产业分类）修订本第2版》（英文简称 ISIC Rev. 2）为蓝本，结合本地的情况做出的修订。《香港标准行业分类2.0版》将科技服务业列入 M 大类，包括7个中类：69 法律及会计活动，70 总办事处活动、管理及管理顾问活动，71 建筑及工程活动、技术测试及分析，72 科学研究与发展，73 兽医活动，74 广告及市场研究，75 其他专业、科学及技术服务业。其与中国《国民经济行业分类与代码（GB/T 4754—2002）》的异同详见表1。

值得一提的是，其他世界组织和发达国家也没有直接和科技服务业对应的产业类别划分。例如，联合国 ISIC Rev. 4 标准（2008）、欧盟 NACE Rev 2.0 标准（2006）、英国 SIC 标准（2007）、新加坡 SSIC 2010 标准（2010）、

---

① 深圳市科技创新委员会网：《印发关于促进高技术服务业发展若干措施的通知》，http://www.szsti.gov.cn/info/policy/sz/81。

② 新华网：国务院印发《关于加快科技服务业发展的若干意见》，http://news.xinhua-net.com/politics/2014-10/28/c_1113009421.htm。

表 1　《香港标准行业分类 2.0 版》及《国民经济行业分类与代码
（GB/T 4754—2002）》中科技服务业的分类

《香港标准行业分类 2.0 版》					《国民经济行业分类与代码（GB/T 4754—2002）》				
大类	中类	小类	细类	各类名称	大类	中类	小类	细类	各类名称
M 类	69			法律及会计活动	M 类	71		712	技术测试与分析
		691		法律活动				719	其他与建造及地产活动无关的工程、技术及顾问服务
			6911	事务律师法律服务					科学研究与发展
			6912	大律师法律服务		72	721	7210	自然科学及工程学研究与发展
		692		会计、簿记及核数活动、税务顾问			722	7220	社会科学及人文科学研究与发展
			6921	会计及核数服务			723	7230	综合及杂项研究及发展服务
			6922	簿记及一般会计服务		73	730	7300	兽医活动
	70			总办事处活动；管理及管理顾问活动		74			广告及市场研究
		701		总办事处活动；管理及管理顾问活动			741		广告
			7011	本地企业管理总办事处				7411	广告公司及代理
			7012	在境外营运的企业地区总办事处				7419	其他广告服务
		702		管理顾问业			742	7420	市场研究及民意调查服务
			7021	公共关系服务		75			其他专业、科学及技术服务业
			7022	商业管理及顾问服务			751		专门设计活动
	71			建筑及工程活动、技术测试及分析				7511	室内及家具设计服务
		711		与建造及地产活动相关的建筑、测量及工程服务				7512	多媒体、视觉及平面设计活动
			7111	建筑设计服务				7513	时装设计服务（包括配饰）
			7112	与建造及地产相关的测量服务				7514	工业设计服务
			7113	结构工程服务				7519	其他专门设计活动
			7114	屋宇设备工程服务			752		摄影活动
			7115	土木及土力工程服务				7521	拍摄服务
			7116	环境工程服务及相关顾问服务				7522	相片冲印及修整服务
			7117	城市规划及设计活动			753	7530	翻译及传译服务
			7719	综合及其他与建造相关的建筑、测量及工程服务			759	7590	其他杂项专业、科学及技术活动

韩国 KSIC Rev. 9 标准（2007）、北美 NAICS 2007 标准（2007）的相近划分均为"专业、科学和技术活动"，日本标准产业分类（2007 年改定）的相近划分则为"学术研究、专业和技术服务业"。因此，一些文献中，简单将国外相近产业划分大类与中国产业目录中的科技服务业作对等分析，而忽视其内在差别，显然有失严谨。

（三）内地和香港关于科技服务业概念和范围上的一些共识

如上所述，可以看出，虽然内地和香港对科技服务业在概念的认识上存在一些分歧，但还是形成了一定的共识：①科技服务业是第三产业的重要组成部分，是第三产业的延伸和发展；②科技服务业是一个具有知识智力密集性特点的产业；③科技服务业有"科技服务业"与"服务科技业"之分，但都与科技有紧密联系；④科技服务业的成果是无形的，同时产生较高的外部效益。

通过对两地科技服务业的比较，我们可以对科技服务业作如下描述：

科技服务业是运用知识、技术和分析方法向社会、企业、科技主体、科技活动、科技管理部门和个人提供智力服务的所有组织或机构及其活动的集合。科技服务业的范围广泛，既包括研究与开发、技术转移转化、检验检测认证、创业创新孵化、知识产权、科技咨询等服务行业，也包括面向科技主体及其活动、为科技创新活动提供资金支持、信息服务、人才供给、智力支持、法律保护等行业，如金融与保险服务业、信息与通信服务业、教育培训服务业、法律服务业等服务行业。

（四）深港科技服务业的比较范围界定

考虑到仅国内政府及学界使用科技服务业这一概念，国外及香港均没有与之对应一致的概念，更没有统一的口径或合理的换算方法。在这种情况下，是无法进行完全一一对应的数据比较的。因此，在我们的研究中，对于深港两地具有相应数据的行业则进行比较严格的数据比较研究，而对于缺乏相应数据的行业则只能通过说明相关情况进行比较研究。

同时，由于我国定义的典型科技服务业，如孵化器、科技转化中心、科技金融服务等，在香港没有相应的机构设置或统计，也无法进行直接对比，在本研究中只能选取较为宏观的可比性指标进行比较。

因此，在对深港两地科技服务业进行比较时，很难对其科技服务业在整体上进行直接的数据比较研究，在考虑相关数据可得性和完整性的前提下，本文选取了在科技服务产业链中处于前端地位的研究开发服务业、为科技创新过程提供资金支持与保障的金融与保险服务业、为科技创新提供信息服务的通信服务业和为科技创新活动提供规范与保障的法律服务业进行对比，最后对两地科技服务业的发展方式也作了简单比较，以期通过深港两地这几个科技服务行业及科技服务业发展方式的比较研究，窥视其科技服务业发展概貌，并从中概括总结出一些带有普遍性、规律性的结论。

二　深港服务业发展比较

（一）深圳服务业发展的概况与特点

1. 深圳服务业所占比重持续上升，城市发展迈入服务业驱动进程

自 1979 年建市以来，深圳第三产业规模持续快速发展。其增加值于 1991 年超过 100 亿元，至 2012 年年底，深圳第三产业增加值达到了 7213.2 亿元，占本市生产总值比重为 55.7%，产值规模居于我国第四位，城市的综合服务功能在不断增强。深圳 2013 年人口为 1062.89 万人，人均 GDP 为 20000 美元左右。人均 GDP 数据表明现阶段深圳经济对服务业发展有着较强的需求拉动。由于深圳当前正处于后工业化的进程中，而其现阶段主要驱动来自服务业。具体表现有三点：一是在产业结构中服务业的比重持续上升；二是第三产业绝对值的持续增长，且速度超过制造业；三是固定资产投资主要集中于服务业。

2. 从外部投资情况看，深圳高端服务业开放度偏低

如果我们把外部投资看作服务业开放度的基本依据，那么，从统计资料看，深圳市服务业 2012 年实际利用外资约占全市实际利用外资规模的 65.17%。因此，当前深圳市在利用外资领域方面，第三产业居于主导地位，但外资投资主要集中于商业、住宿、餐饮、房地产等传统服务业，而在高端服务业领域引入外商投资的规模亟待扩大。

（二）香港服务业发展的概况与特点

香港有着优良的港口条件和地理位置，有着成熟的市场体系，多元开放的文化背景，并与体量庞大的中国内地市场有着紧密联系。正是凭借这些优势，香港得以发展成为世界级的国际性经济贸易中心。

1. 服务业是香港经济的主导产业，服务经济规模大，就业人数多

在 1996 年至 2011 年的 16 年内，服务业在香港经济体系中的地位稳步提高，明显地反映在其服务业在本地生产总值中所占的比重方面。香港服务业对以基本价格计算的本地生产总值的贡献由 1996 年的 85.2% 升至 2011 年的 93.1%。同时，在香港 280 多万名在业员工中，就有 175 多万人从事服务行业。20 世纪末以来，香港经济经历重大转变。香港的经济转型有两个重要特征，其一是与中国内地的联系日益紧密；其二是制造业产生了结构上的变化，由从事生产活动转为提供与生产有关的服务。香港市场上市公司比重最大的是服务业，由此也可以看出服务业是香港经济的主导行业和主导产业。

2. 香港服务业涵盖领域广，开放程度较高

香港之所以成为世界各国资本进行投资活动的理想场所，不仅是因为有良好的经济基础，更因其有完善的商业基础设施建设和极具吸引力的自由贸易制度。近 20 年来，香港服务业发展的主体逐步转向金融保险、现代物流、信息服务等产业，与此同时商贸服务、科技教育等一批行业也迅速崛起。服务业不仅成为其经济发展和功能提升的核心力量，而且具有很强的集聚和辐射功能。

3. 香港服务业设备完善，品种丰富，服务质量好，服务效率较高

香港发达完备的服务业涵盖社会的方方面面，不仅惠及当地居民，同时也极好地服务了外地访客。以旅游业为例，香港虽然缺乏先天的自然资源，但旅游业目前却是三大创汇行业之一。到港旅游人数 2012 年达到 4861.5 万人次，其数量是当年香港年中人口的近 7 倍；2012 年到港旅客境内消费开支达 2385 亿港元。究其根本，原因是多方面的——首先，香港能够充分开发利用有限天然旅游资源，再加上经济吸引、交通便利，吸引了众多游者。此外，丰富的商品种类、服务周到的购物场所和低税负带来的低物价也吸引了以内地游客为主的大量游客赴港购物。同时在旅游服务方面，香港也独具特色。例如，在住宿方面，香港从高档酒店到廉价宾馆一应俱全，同时还有专业旅游经纪人为旅客和住宿方牵线搭桥。全港 2012 年有房间数为 74212 间，入住率达 89%。[①] 总而言之，香港旅游经济的巨大成功是其完备建设和系统服务共同作用的结果。

4. 香港服务业内部结构完备，专业化、信息化程度高

香港服务业发展重心由传统行业转向专业化、信息化的过程中，服务业中智力因素含量不断提高。香港的国际贸易十分发达，2012 年香港本地生产总值为 20419.45 亿港元，而进出口贸易、批发及零售，住宿及膳食服务的生产总值则高达 4697.26 亿港元，是本地生产总值的近四分之一。贸易活动不仅为其带来了巨大的经济效益，同时也带动了相关服务业如金融业、保险业、通信行业等的发展。

（三）深港服务业发展的比较

通过上述对深、港两地服务业发展情况的分析，可以看出如下情况。

在发展阶段上，香港在 20 世纪 80 年代即实现了从制造业向服务业的经济转型，现如今香港的服务业已处于成熟阶段；而深圳则处于由制造业向服务业快速转变的发展阶段。

在涵盖领域及开放程度方面，香港作为国际性大都市，不仅其服务业的经营范围广、门类齐全、服务品种多、涉及的领域广、就业人数多，而且具有综合性很强的集聚和辐射能力，服务的外向性、国际化水平高。与香港相比，深圳的服务业不仅整体规模偏小，经营范围不够广，门类不够齐全，服务品种较少，就业人数占总就业人数的比例偏低，服务成本较高，无法满足市场的需求，而且，服务业的本地化明显、外向性不足，其国际化水平明显低于香港。

在内部结构方面，深圳的零售、批发、餐饮业等传统服务行业在整个服务业中仍占主导地位，而金融业、信息传输、计算机、软件服务业等知识智力高度密集、劳动生产率较高的服务业，占服务业的比重偏低。香港的金融、保险、物流、法律等现代服务行业有着丰富成熟的运作经验，服务质量好，服务效率高，处于国际领先地位，具有很强的竞争力。

---

① 资料来源：《香港经济年鉴》（2013）。

从总体上看，深圳的服务业与香港相比仍存在一定差距。这不仅与深圳服务业自身发展的现状有关，更与其所处的发展阶段和发展背景有着直接的关系。不过也要看到，深圳服务业现阶段的发展也有其独特的优势。一是深圳的经济发展速度快、势头良好，是我国经济发展最快的城市之一；二是迅速增加的经济总量和扩大的市场需求，创造了深圳服务业发展的巨大市场空间和发展潜力，为服务业的迅速发展提供了良好的基础条件；三是深圳有其独具特色的发展途径和发展模式，例如积极承办高交会、文博会等大型博览会，提高了自身形象和影响力，虚拟大学园、前海股权交易中心等的成立，更是体现了深圳对自身发展模式的积极探索。

三　深港研究发展服务业比较

研究发展服务业简称研发服务业，是以自然科学、工程科学、社会及人文科学等专业知识技能为社会提供产业技术创新或设计创意所需研究开发和设计服务的产业。研发服务业是提高社会创新能力，为企业的自主创新提供基础和支撑，提高企业自主创新能力的重要行业。研发服务处于整个科技创新链的上游，对下游产业具有强大的引领带动作用。研发服务业具有高投入、高风险、高回报以及低污染、低能耗等特点。其作为一种高端服务业，是值得重点关注和发展的一个行业。

（一）深圳研发服务业的概况与特点

深圳作为我国的经济特区，在研发服务方面有一定的发展，在国内处于领先地位，其研发服务业主要具有以下特点。

1. 以企业为主体，以市场为导向

深圳的研究开发服务业主体是企业，90%的研究开发活动在企业内部进行。而企业的研发活动又受到市场预期的直接影响，所以深圳的研发服务业发展主要受市场导向。

2. 企业研发积极性不断增强

作为研发活动的主体，深圳企业也在不断地加大对研发的人力、财力投入。以深圳市大中型工业企业为例，2012 年较 2007 年 R&D 经费支出增长 180.57%，达 438.98 亿元，R&D 人员增长 97.68%，达 182729 人。

同时，在大中型工业企业中，R&D 经费支出占主营业务收入的比例也逐年上升。2007 年深圳大中型工业企业 R&D 经费支出占主营业务收入的比例为 1.38%，2012 年则达到 2.39%。可以看出，作为深圳研发投入主体的企业越来越重视对研发的投入，不但投入额稳步增长，投入力度也在不断加大。

（二）香港研发服务业的概况与特点

1. 以企业和高校投入为主，政府投入比例偏小

香港研究与开发服务业中，高校和企业研发投入占据全社会研发投入的绝对多数，而政府部门研发投入占比极少。以 2011 年为例，香港高校研发投入 69.483 亿港元，占全社会研发投入比例达 52%，企业研发投入也以 57.675 亿港元占据 43%，而政府研发投入则只有 5.971 亿港元，仅占 5%。

2. 研发投入十年间大体上保持稳定增长态势

香港全社会研发投入在 2001~2011 年度的 11 年间，大体上保持着稳定的增长态势。

（三）深港研发服务业的发展比较

深港两地的研发服务业具有以下的区别和特征。

1. 深圳全社会研发投入总量大，投入比例远超香港

以 2011 年为例，深圳全社会研发投入占当年 GDP 比重为 3.66%，而香港则仅为 0.72%。深圳当年全社会研发投入折合美元为 65.19 亿，是当年香港全社会研发投入 17.92 亿美元的约 3.6 倍。

2. 深圳偏重自主创新能力的提升，香港企业偏重于外购技术专利

专利数量不仅是研究与开发服务业的产出指标，更代表了一座城市的创新能力。深圳的年专利授权量增长迅速，由 1999 年的 143 件增至 2011 年的 39363 件，平均年增长率为 66.65%，而香港同时期年增长率仅为 8.03%。香港的专利与版权对外依存度很高，自 1999 年后，香港输入专利权费用及版权费用连年上升，而输出额则震荡停滞，至 2009 年香港专利权及版权服务进口额已为出口额的 4.43 倍。反映出香港的企业主要偏向于向外购买新的技术专利，而不是自身投入大量资金研究开发新技术。反观深圳，不仅其专利数量增长迅速，而且高新技术产品出口额也连年上升，2012

年深圳市高新技术产品出口额达 1400 万美元，较 2001 年增长了 12.4 倍。在此期间，深圳市高新技术产品出口额在 2004 年超越进口额，实现了高新技术产品的进出口贸易顺差。

四 深港金融与保险业发展比较

无论是支持和推进科技的发展，还是将经济知识运用并服务于社会发展，都需要对金融资本加以管理、运行和应用。尤其在现在，科技的发展、转化、应用更与争取风投、申请贷款、入市募股等金融活动密不可分。而与之相关的保险行业更是金融行业的一个重要延伸，它不仅是经济知识的重要应用行业，更是促进社会金融平稳运行的压舱石。

（一）深圳金融与保险业发展概况与特点

1. 深圳金融业的发展

金融业是深圳重要的战略支柱产业，为深圳经济社会持续、快速、健康发展做出了积极贡献。目前，深圳市证券机构的经营状况保持全国领先地位。2013 年年末，深圳有证券公司 17 家，证券营业部 224 家，证券公司家数居全国首位。证券公司托管总市值较 2012 年年末增长 14.68%。证券公司综合治理全面完成，经营管理的规范化程度显著提高。深圳基金公司规模大、实力强，创新能力突出，20 家基金公司管理着 453 只基金，基金规模较年初增长约 32%，基金只数占全国的 29.2%，居全国第一。同时，2013 年深圳上市公司数达 183 家，占全国上市公司总数的 7.4%。

根据《深圳年鉴》的数据，2011 年深圳金融业实现增加值 1562 亿元，占全市 GDP 比重为 13.6%，金融业税收占全市总体税收的 17.7%，稳居深圳四大支柱行业之首。至 2011 年年底，深圳市金融机构本外币各项存款余额 2.51 万亿元，居全国大中城市第四位；本外币各项贷款余额 1.92 万亿元，居全国大中城市第三位，其中中小企业贷款余额 4394 亿元，比 2010 年度增长 17%，占深圳贷款余额总量的 22.9%。①

① 资料来源：《深圳年鉴》（2012）。

2. 深圳保险业的发展

改革开放初期，深圳仅有人保广东省分公司深圳支公司一家经营保险，保费收入只有 28.7 万元。2007 年年末，深圳各类保险公司已达 52 家，总资产 371 亿元（不含总公司），保费收入 183.70 亿元，市场规模增长 6 万多倍。2011 年，深圳全年实现保费收入 359.9 亿元，较 2010 年增长 20.98%。法人保险机构 15 个，各类经营主体 61 家，保险机构数量居全国第三位，同年，深圳市保险密度达 3474.64 元，保险深度达 3.16%①。2012 年，全年保费达到 401.3 亿元，保险公司法人总部数量已达到 17 家，位居全国大中城市第三位，保险公司资产总量突破 1.5 万亿元，位居全国大中城市第二位，仅次于北京。截至 2014 年 3 月末，深圳市保险公司总资产（含法人）超过 2 万亿元，继续位居全国第二，现有保险公司法人机构 17 家，各类保险经营主体 69 家。深圳保险业充分体现了"深圳速度"，现已成为国内保险业比较发达的地区之一，同时成为区域性保险业中心。但保险公司的发展受偿付能力的限制，2011 年度深圳 9 家法人保险公司中游物价出现较大幅度波动，多家公司通过股东紧急注资、发行次级债等方式在第四季度内将偿付能力充足率拉升到 150% 以上，其中民安保险的偿付能力曾一直处于监管底线边缘。②

改革开放 30 多年来，深圳保险业发展迅速，是最具活力的行业之一，但是，深圳保险业目前仍处于发展的初级阶段，覆盖面不够广、科技保险不发达、自身实力尚有不足、结构不尽合理、功能发挥不够充分，与深圳经济发展水平还不相适应。

（二）香港金融与保险业发展概况与特点

1. 香港金融业的发展

随着 20 世纪 70 年代末中国的改革开放，香港制造业逐渐向内地转移，同时香港金融业得到了迅速的发展，并成为一个重要的地区性国际金融中心，被认为拥有着最为自由的市场环境，其在全球经济自由度排名中居于首位③。

---

① 资料来源：《中国保险年鉴》（2012）。
② 资料来源：《深圳年鉴》（2012）。
③ 美国卡都（CATO）研究所：《全球经济自由度报告》，2012 年 9 月 18 日。

2012 年香港在全球十大金融中心排名中仅次于伦敦和纽约，位列第三①，在全球金融发展指数中更是排名第一②。2012 年底香港在全球十大股票交易所位列第六（香港联交所市值 28319 亿美元，上海证券交易所市值 25472 亿美元，位列第七）③，同时还是世界第十大基金买卖交易市场④。

2. 香港保险业的发展

（1）保险业的市场规模大体保持增长。最近 10 余年来，保险业已成为香港经济发展的重要支柱。香港保险市场的毛保费金额在 1998 年仅为 542 亿港元，而截至 2013 年年底，香港市场的毛保费总额已高达 2633 亿港元，平均年增长率为 11.2%。在 2007 年，香港保险密度为 28483 港元，在亚洲排名第一位，居全球第十三位。

（2）保险公司密集，保险业国际化程度很高。得益于其先进的基础设施、自由畅通的信息服务和高效廉洁的监管体系，香港成为全亚洲保险公司最为密集的城市。以人均保费计算，香港是亚太地区第二发达的保险市场，仅次于日本，所以香港是亚洲主要的保险中心，吸引了不少全球顶级的保险公司来港。目前，香港已成为全球再保险中心，全球前 20 家专业再保险公司有 19 家在香港设立了办事处。截至 2013 年年底，香港共有 155 家获授权保险公司，其中经营一般业务的 92 家，经营长期业务的 44 家，而经营综合业务的则有 19 家⑤。香港保险业的国际化程度很高，在香港已获授权的 155 家保险公司中，有 90 家在香港注册，其余 65 家保险公司则来自 23 个不同的国家和地区。外资保险公司在香港保险行业中不仅占有较大比重，而且具有非常强的竞争力。2007 年在香港经营一般保险业务和长期保险业务的保险公司，如果按照毛保费和市场占有率排名，其中位列前十的公司过半数是外资保险公司。

（3）保险业人力资源丰富。在保险中介人方而，截至 2013 年年底，在保险登记委员会登记的保险代理商共有 2464 家，个人代理人则有 41296 名，以及负责人和业务代表 27452 名。截至 2013 年 12 月，共有

---

① 英国伦敦金融城公司（Z/Yen Group of Company）（2012 年 9 月）。
② 瑞士世界经济论坛（World Economic Forum）（2012 年 10 月 31 日）。
③ 香港交易所：《2012 年市场统计数据》，2013 年 1 月 15 日。
④ 香港交易所：《2012 年市场统计数据》，2013 年 1 月 15 日。
⑤ 资料来源：《香港经济年刊》（2013）。

538 名获香港保险顾问联会和香港专业保险经纪协会授权的保险经纪人从业于香港保险市场。因此充足的专业人才,满足了香港市场对保险管理服务的需求。

因此,综上所述,香港的保险业之所以能够一直保持整体稳定发展的态势,得益于香港自由的市场环境和以服务业为主体的经济体系,以及香港的保险业具有公开有效的监管制度和完善的体系架构。

(三)深港金融与保险业发展比较

(1)深圳金融业与香港相比还有很大差距。香港历经百年风雨,现已成为国际化大都市和国际金融中心,被认为拥有着最为自由的市场环境,其在全球经济自由度排名中居于首位①。香港作为一个国际金融市场,金融实力雄厚,而且具有极佳的相关服务水平,2012 年,香港在全球最佳商业及金融服务中心排名第四,其中全球企业总部数目位列第十五名,商业服务排名第三,金融服务排名第三②。2012 年年底香港更是在全球十大股票交易所位列第六③。因此香港在金融业管理和监管方面已经拥有了一整套的成功经验。2012 年 8 月 23 日,2012 年度"新华 - 道琼斯国际金融中心发展指数(IFCD)"在上海发布。IFCD2012 从金融市场、成长发展、产业支持、服务水平、国家环境五个方面对金融中心城市进行全面的考察,在此基础上对全球 45 个主要金融中心进行排名。排名显示,香港居第四位、上海居第六位、北京居第十一位、深圳居第十九位,在成长发展指标上,深圳居第八位,而香港的各项一级指标要素都较为均衡。表明深圳金融业与香港相比还有很大差距,但深圳金融业有着强劲的发展速度,以及较大的后续发展潜力。

(2)从深圳保险业自身来看,保险的覆盖面与经济社会发展的需求还有较大差距,保险服务的水平与消费者的需求也有较大差距,保险业市场化程度与深圳整体经济的市场化程度仍有较大差距。

(3)深圳保险业在覆盖面、品种数量、规模、结构、功能发挥、市场化、国际化程度等方面,还与香港有一定差距。特别是香港在基础建设、

---

① 美国卡都(CATO)研究所:《全球经济自由度报告》,2012 年 9 月 18 日。

② Cushman & Wakefield 公司:《2012～2013 年度最佳发展城市报告》,2012 年 10 月。

③ 香港交易所:《2012 年市场统计数据》,2013 年 1 月 15 日。

政府监管以及社会公共素质等方面具有优势和长处，这也恰恰是深圳有所欠缺并亟待加快发展的地方。

五 深港通信服务业比较

通信服务业既是科技服务业的重要组成部分，同时又是科技服务业发展的基础条件之一。一个国家或地区，其邮政、固定电话、移动电话、互联网等现代通信的技术先进程度、覆盖广泛程度、服务质量效率等，影响和制约着其科技服务业的发展速度和规模。

（一）深圳通信服务业发展的概况与特点

1. 深圳通信服务业发展迅速

2011 年年底，深圳市互联网普及率达到 85.8%，家庭宽带普及率为 75%，无线宽带覆盖率为 87.9%，互联网宽带接入用户为 280.52 万户。全年实现电信业务总量 1082.53 亿元，较 2010 年同比增长 13%。

2. 电子信息行业为通信服务业提供强力支撑

2011 年深圳市电子信息产业主营业务收入 10451.08 亿元，同比增长 16.6%，约占全国电子信息产业的 1/7。软件业务收入 2250 亿元，同比增长 20%，占全省、全国比重分别约 60% 和 10%，居全国大中城市第二位；软件出口 141 亿美元，占全国 41%，继续保持全国大中城市首位。同年深圳市互联网产业实现营收 550 亿元，比 2010 年增长 57%；电子商务交易额约 2600 亿元，比 2010 年增长 24%。2011 年腾讯公司产值突破 280 亿元，远望谷、迅雷、华动飞天、五巨、南凌科技、壹卡会、易迅天空、芒果网、融创天下、梦网等企业的营收超过亿元。已建成了高新区、福田国际电子商务产业园、南山互联网产业基地、罗湖互联网产业基地、蛇口网谷等多个互联网产业集聚区，五大园区建筑总面积达 187.6 万平方米，近 1000 家互联网企业入驻，在园区的从业人员近 9000 人，初具集聚规模效应。①

---

① 资料来源：《中国信息年鉴》（2012）。

（二）香港通信服务业发展概况与特点

1. 香港移动通信和互联网服务发展迅速

1996 年到 2012 年，香港固定电话发展停滞。移动电话发展迅猛，使用移动电话的人数上涨 5 倍。互联网从 2000 年开始发展，到 2009 年使用人数超过了 200 万户。2011 年香港在亚太地区互联网最普遍的国家和地区排名中位列第六（每百人互联网使用率达 74.5）①。2011 年，香港的信息及通信科技业的增加值为 1154 亿元，占以基本价格计算的本地生产总值的 6.1%。信息及通信科技业对本地生产总值的贡献，与运输及仓库业（6.0%）和专业及商用服务业（5.7%）的经济贡献相近。在就业方面，在 2011 年，从事信息及通信科技业的人数为 99948 人，占总就业人数的 3.75%。在 1996～2011 年香港通信业发展过程中，其进出口贸易由进口为主转为以出口为主，2011 年其通信服务出口额更是进口额的近两倍。这说明香港的通信服务业水平也在不断提高，伴随着其国际竞争力的提升，进出口贸易也转为以对外输出服务为主。

2. 香港新型便民服务发展快

在大力发展普及传统通信行业的同时，香港也在大力发展新型便民通信服务。2012 年 12 月 21 日香港正式启动新一代"香港特区政府 WiFi 通"，此项服务自 2008 年推出以来提供服务的场地数目由最初 30 多个增至目前的 400 个，总计装设超过 2000 个 WiFi 上网热点，平均每月使用人次也从当初的 2 万人次大幅增加至现今的 70 万人次。此外，新一代"WiFi 通"采用最新的 WiFi 技术标准 IEEE 802.11n 且支持 IPv6 协议，这使得市民可以得到更稳定、快捷的无线上网服务。②

3. 香港的通信服务业水平不断提升

信息及通信科技业属技术密集型的行业。2011 年，香港信息及通信科技业的研发开支达 31 亿港元，占香港工商机构研发总开支的 50.1%。信息及通信科技业亦聘用大量的研究人员。这说明香港的通信服务业水平也在不断提高，伴随着其国际竞争力的提升，进出口贸易也转为以对外输出服

---

① 资料来源：联合国亚洲及太平洋地区统计组织。
② 资料来源：《香港经济年刊》（2013）。

务为主。

（三）深港通信服务业发展比较

与香港相比，深圳固定电话和移动电话普及应用起步较晚，但普及速度超过香港。其年平均增长率为 13.83% 和 36.19%，远高于香港 1.51% 和 18.97% 的年平均增长率。截至 2012 年，深圳市人均拥有移动电话 2.44 部，高于香港的 2.29 部。

深圳互联网和电子商务的发展速度超过香港。互联网普及率也体现了地区的现代化水平并影响着地区的综合竞争能力。深圳互联网用户总数在 2007 年就超越香港，2012 年互联网普及率接近香港。电子商务的发展和应用超过香港。

六　深港法律服务业比较

作为科技服务业的重要组成部分，法律服务行业不仅是应用法律知识服务于社会并促进法律自身不断完善发展的主要行业，同时在促进科技创新活动正常开展和科技成果的保护、转化、交易、应用等方面，更需要法律服务行业提供以知识产权保护为核心的全方位智力支持及保障。

（一）深圳法律服务业发展概况与特点

随着深圳市的快速发展，其经济规模和人口规模均迅猛增长，越发频繁的经济行为和社会活动也使得深圳市的法律服务需求持续扩大。一流的法治城市需要成熟的法律服务市场，它包括律师和司法鉴定、仲裁等法律服务机构，其中律师在法律服务市场里面扮演着非常重要的角色。

根据我国《律师执业管理办法》的规定，律师分为专职律师和兼职律师两种。专职律师和兼职律师在履行律师职责时具有相同的权利，同时承担着相同的义务。此外，根据所参与诉讼类型不同以及律师自身专长，律师又分为刑事诉讼律师、民事诉讼律师和行政诉讼律师三类。

2011 年，深圳市共有执业律师 6355 人，律师事务所 362 家，其中 57 家从业律师规模达 30 人以上。同时，外地律师事务所在深圳设立 60 家分所，共有 1223 人在其中从业，占深圳市执业律师总数的 19%。①

根据深圳新闻网相关报道，截至 2014 年 2 月，全市共有 8039 名执业律师供职于 470 家律师事务所，执业律师从业规模居全国第三。而在 2013 年，全市律师共担任各类组织法律顾问 12279 家，承办诉讼案件 65240 件，非诉讼案件 16579 件，法律援助案件 21178 件，为地方贡献税收 4.04 亿元②。

（二）香港法律服务业发展概况与特点

与内地的行业划分方法不同，香港的律师职业分为两类：事务律师和大律师，他们各司其职，从事不同的法律事务。事务律师负责一般的法律事务，例如草拟具有法律效力的合约文件，一般的法律诉讼（只限制地方法院）。而大律师则专门负责法律诉讼（俗称打官司）。在行内有规定：大律师所接受的案件必须有事务律师转介，所以在一般情况下，大律师是不会一开始直接面对客户，而且大部分文件都由事务律师准备，大律师则负责研究和诉讼。

根据香港律师会的资料显示，截至 2012 年 12 月 31 日，全港拥有执业证书的事务律师共有 7483 人，合股或独自执业者共 2369 人，受雇为助理或顾问律师者共 3459 人，持有职业证书会员但非私人执业者共有 1655 人。而截至 2013 年 5 月，全港有大律师办事处 135 家，资深大律师 92 名，执业大律师 1103 名，实习大律师 48 名。③

另截至 2012 年年底，共有 1244 名外地律师在香港从业，其中 322 名服务于 70 家外地律师行，其余 922 名外地律师则受雇于本地律师行。

（三）深港法律服务行业发展比较

深圳法律服务行业发展快，但在律师从业规模上仍与香港有较大差距。在律师数量上，香港 2012 年律师数量占其年中人口的 1.2‰，而 2013 年深圳律师数量占其常住人口的 0.75‰。

香港法律服务业国际化程度高，深圳法律服务业国际化程度在加快。

---

① LawFirm50：2011 年深圳市律师事务所规模排名及统计报告。
② 深圳新闻网：《深圳市执业律师队伍突破 8000 人 规模位居全国第三》，2014 年 4 月 1 日，http://www.sznews.com/news/content/2014－04/01/content_ 9289917.htm。
③ 资料来源：《香港经济年鉴》（2013）。

由于受从业环境的影响，香港律师和法律服务机构有更多机会服务于跨国公司或参与到国际经济活动中，这也要求其从业人员通晓多国相关法律并具有较高的职业素养。深圳在此方面虽然和香港仍有差距，但随着深圳市场的不断开放，越来越多的跨国公司在深圳设立分公司，同时中兴、华为等深圳本土企业也在不断加强其国际化发展布局，这为深圳法律服务行业提出了越来越高的要求，同时也促进了深圳法律服务行业的快速发展。

七 深港科技服务业发展方式比较

（一）深圳科技服务业发展方式

近年来，深圳市采取了一系列积极措施促进科技服务体系发展。[①] 经过精心培育，一批科技服务机构发展起来，并初步建成了科技服务体系框架，2011 年 12 月被科技部火炬中心确定为首批三家"科技服务体系建设试点城市"之一。2012 年 6 月深圳市科技金融服务中心正式挂牌成立。深圳市科技创新委制定了《关于促进高技术服务业发展的若干措施》于 2012 年 11月在全市科技创新大会上发布实施。该措施提出了深圳市高技术服务业的总体发展目标和发展重点，并对高技术服务基础设施建设、服务机构建设、人才队伍建设以及发展环境等方面提出了若干发展措施。目前，深圳的科技服务、专业技术服务成为科技服务发展的亮点；软件开发、创意设计、检验检测技术服务以及综合性技术服务等成为推进深圳市科技服务业发展的新的增长点；新兴科技服务业，如 DNA 检测、纳米应用等科技含量高的科技服务崭露头角。

在深圳科技服务业的发展中，深圳清华大学研究院的发展定位和运作模式很有特色。深圳清华大学研究院虽然自己也做高科技的创新研发，特别是在"SARS"期间研发的红外测温仪，为抗击"非典"做出了重大贡献。深圳清华大学研究院却依凭"铁锹论"（别人挖金矿，我来卖铁锹），把自己定位于科技服务业。又依凭"车棚创业论"（中小企业起步时缺少资金，往往选择车棚创业，比尔·盖茨和乔布斯莫不如此），深圳清华大学研

---

① 深圳市科技服务业协会：《深圳市科技服务体系建设战略研究报告》，2013 年 11 月。

究院将自己定位于"科技企业的孵化器",为初创而有前景的科技企业提供研究场地、信息咨询、人才培养、技术合作、项目培育、风险投资等全方位的服务,先后"孵化"了600多家企业,十多家企业脱颖而出,成为上市公司,深圳清华大学研究院因而成为"高科技公司上市的摇篮,创新创业者成功发达的阶梯"。目前,深圳清华大学研究院已经发展成为具有科技孵化、风险投资、科技金融、教育培训等多种商业模式的科技服务机构并获得了较大成功。此后成立的虚拟大学园也是深圳市政府在效仿深圳清华大学研究院成功经验基础上的进一步尝试,截至2014年11月,入驻虚拟大学园的国内外院校已经达到57所,其中香港高校就有6所①。

但是,也应该看到,目前,深圳市科技服务业整体实力不强,服务机构规模普遍偏小;缺少龙头企业,没有形成自己的品牌和信誉;专业化分工不明显,机构之间没有形成网络化协作机制;与发达国家科技服务机构相比,缺乏核心竞争力;从科技服务产业链方面看,科技服务业的前端比较薄弱;对国际科技发展动态,新兴产业分析,产业技术预测、国际市场和国内市场科技服务需求研究、基础研究中可望应用的科技副产品分析研究等都缺乏训练有素的人才和机构。

(二) 香港科技服务业发展方式

香港是由科技创新署这一政府部门负责统筹管理科技服务活动。科技创新署在2006年4月成立了几个研发中心:汽车零部件研发中心,信息及通信技术研发中心(隶属香港应用科技研究院),纺织及成衣研发中心,纳米及先进材料研发院。香港期望借助研发中心推动和统筹有关选定重点范畴的应用研发工作,推动研发成果商品化及技术转移。尽管香港特区政府此举是为了"突出重点科技范畴的确立应以需求和市场为导向",但是从机构设置可以看出,作为占香港GDP 90%以上的服务业,仅成立一个与通信服务相关的研发中心,其余四个研发中心均与制造业联系紧密。这从一个侧面反映了,尽管香港服务业发达,发达的服务业可以对科技创新和科技发展提供一定的支撑,但是,香港的直接的科技服务业未必发达,对科技

---

① 深圳市科技创新委、深圳市高新区管理委员会:《深圳虚拟大学园工作汇报》,2014年11月15日。

发展和科技创新提供直接支撑的科技服务业的发展也并不显著。

香港科技创新署设立了创新和科技基金，应用研究基金，专利申请资助计划，新科技培训计划，投资研发现金回赠计划五类资助计划，对科技研发，科技成果转移、转化、商业化提供了一系列的奖励资助措施。但是从表 2 创新和科技基金组成中可以看出，大学与产业合作计划仅占总拨款额的 3.4%，这凸显出香港在产学研合作方面存在明显不足。

表 2　香港创新及科技基金产业拨款分布概览（截至 2014 年 9 月 30 日）①

创新及科技基金	创新及科技支援计划	一般支援计划	大学与产业合作计划	小型企业研究资助计划	总　计
数目（个）	1753	1783	258	393	4187
金额（百万港元）	7292	637.4	294.8	470.4	8694.6

（三）深港科技服务业发展方式比较

（1）深圳在发展科技服务业的过程中，除了在政府的引导下发展传统科技服务业，也在积极尝试科技服务机构的企业化运营，以期其充分发挥科技服务机构的主观能动性，进而能够较为独立自主地探索出一条适合自身发展和市场需求的道路。事实证明，这样不仅可以促进科技服务业快速成熟，更有利于科技服务业更好地服务于科技和市场需求。

（2）香港在发展科技服务的过程中则以政府为科技服务主体，通过设立研发中心和开设资助计划的方式服务于科技创新活动。这种方式虽然有利于香港特区政府构建出"香港新科技政策框架下的区域创新系统"②，但在其机构设置和具体运作过程中，政府的主导地位客观上限制了作为科技创新主体的大学和企业的协调发展，导致产学研合作存有不足。同时，在其已有措施中也可以看出香港特区政府对其支柱行业——服务业的科技创新仍没有充分重视。

（3）深港两地虽只有一河之隔，但由于其发展路径的不同，发展程度也不同，服务业和科技服务业的发展上呈现很大的差异。从"三来一补"起

---

① 资料来源：香港创新科技署，http：//www.itf.gov.hk/l - sc/StatView104.asp。
② 香港创新科技署：《创新及科技发展新策略》咨询文件。

步、制造业得到率先发展的深圳，服务业的发展是相对滞后的。到目前，虽然深圳服务业产值规模已经突破国民生产总值50%大关，服务业水平居于全国前列，但其仍与服务业高度发达的香港形成了强烈的反差。香港因其独特的历史、文化、区位优势和发展路径，目前香港服务业占到总产值将近95%，甚至几乎成为一个纯粹服务业的社会。香港的发展是不可能复制的，但是，其服务业的高度成熟形成了许多发展服务业的经验，这对于正处在产业转型升级阶段的深圳乃至其他城市或地区来说是值得学习和借鉴的。

（4）从科技服务业的现状及发展前景上看，深港各有优劣。香港凭借其高度发达的服务业，并没有成立许多的专门科技服务业机构，在此意义上，香港采取的是依靠全社会的服务业来支持推动科技发展和科技创新的做法。而深圳则不仅着力于服务业整体的发展，而且着力于专门的科技服务业的发展，初步形成了种类齐全的科技服务业和科技服务体系①。其中包括，一是逐步建立起来一批重点实验室、公共技术服务平台、工程研究中心、企业技术中心，增强了科学研究、专业技术服务能力；二是各类"孵化器"有效促进科技成果转化、创新创业迅速成长壮大；三是国家级、市级技术转移示范机构等覆盖科技服务的技术交易、技术推广、投融资、科技信息交流、科技培训、技术咨询、知识产权服务、科技评估和科技鉴证等业务领域；四是大力倡导并发展创新创业文化，搭建科技与金融结合的平台，推进产学研相结合。

（5）从深港科技服务业发展的比较来看，深圳在发展科技服务业的过程中，不仅需要深入研究科技创新链与科技服务业互动规律，科学规划科技服务业发展格局，大力推动科技服务业的发展，而且仍然需要向服务业高度发达的香港学习，以取长补短，从而使深圳的科技服务业不断得以完善和全面发展，并对科技创新及其发展起到更有力的支持与推动作用。

参考文献

政策法规文件：

国家科学技术委员会：《关于加速发展科技咨询、科技信息和技术服务业意见（国科发策字〔566〕号）》，1992年8月22日。

---

① 深圳市科技服务业协会：《深圳市科技服务体系建设战略研究报告》，2013年11月。

中共中央、国务院：《关于加强技术创新 发展高科技 实现产业化的决定》（中发〔1999〕14 号），1999 年 8 月 20 日。

国家科学技术部：《关于大力发展科技中介机构的意见（国科发政字〔2002〕488 号）》，2002 年 12 月 20 日。

国务院：《关于加快发展服务业的若干意见（国发〔2007〕7 号）》，2007 年 3 月 19 日。

国务院办公厅：《关于加快发展服务业若干政策措施的实施意见（国办发〔2008〕11 号）》，2008 年 3 月 13 日。

国务院办公厅：《国务院办公厅转发统计局关于加强和完善服务业统计工作意见的通知（国办发〔2011〕42 号）》，2011 年 9 月 17 日。

国务院办公厅：《关于加快发展高技术服务业的指导意见（国办发〔2011〕58 号）》，2011 年 12 月 12 日。

国务院：《关于支持深圳前海深港现代服务业合作区开发开放有关政策的批复（发文字号：国函〔2012〕58 号）》，2012 年 6 月 27 日。

国务院：《服务业发展“十二五”规划（国发〔2012〕62 号）》，2012 年 12 月 1 日。

国务院：《关于加快科技服务业发展的若干意见（国发〔2014〕49 号）》，2014 年 10 月 28 日。

科学技术部：《关于印发现代服务业科技发展十二五专项规划的通知（国科发计〔2012〕70 号）》，2012 年 12 月 29 日。

广东省地方税务局：《关于落实扶持服务业发展若干税收优惠政策的通知（粤地税发〔2008〕203 号）》，2008 年 11 月 25 日。

广东省人民政府办公厅：《广东省服务业发展“十二五”规划（粤府办〔2012〕40 号）》，2012 年 4 月 28 日。

广东省人民政府办公厅：《关于促进科技服务业发展的若干意见（粤府办〔2012〕120 号）》，2012 年 11 月 20 日。

深圳市第五届人民代表大会常务委员会：《深圳经济特区前海深港现代服务业合作区条例》，2011 年 7 月 6 日。

深圳市人民政府办公厅：《深圳市开展国家服务业综合改革试点实施方案（2011～2015 年）》，2011 年 7 月 5 日。

深圳市人民政府：《关于促进高技术服务业发展的若干措施（深府〔2012〕124 号）》，2012 年 11 月 2 日。

统计标准、年鉴：

国民经济行业分类与代码（GB/T 4754—2002）。

国民经济行业分类（GB/T 4754—2011）。

产业结构调整指导目录（2011 年本）（2013 年修正）。

高技术产业（服务业）分类（试行）（2013）。

香港标准行业分类 2.0 版。

深圳市统计信息年鉴（1996—2013）。

深圳统计年鉴（1997—2013）。

深圳年鉴（2001—2012）。

香港统计年刊（1997—2013）。

香港经济年鉴（2013）。

学术论文：

李春景、杜祖基、曾国屏：《知识密集型服务业与香港产业结构高级化问题》，《科学学研究》2006 年第 5 期。

李建标、汪敏达、任广干：《深圳市科技服务业发展研究——基于产业协同演进和制度谐振的视角》，《城市观察》2010 年第 3 期。

李平、曾国屏：《伦敦"隐性创新"：知识密集型服务活动在城市创新体系中的作用》，《科技进步与对策》2012 年第 12 期。

肖广岭：《现代服务业发展科技问题研究》，《太原科技》2008 年第 7 期。

李春景、曾国屏：《香港科技竞争力分析评价及其政策含义》，《研究与发展管理》2007 年第 5 期。

李春景、曾国屏：《基于知识密集型服务活动的服务创新系统研究》，《自然辩证法研究》2006 年第 7 期。

何继江、王路昊、曾国屏：《以技术能力的商业开发促进科技成果转化——以深圳清华大学研究院为案例》，《科学学研究》2013 年第 9 期。

陈岩峰、余剑璋、周虹香：《港科技服务业发展特征及对广东的启示》，《科技管理研究》2010 年第 15 期。

蒋永康、梅强、李文远：《关于科技服务业内涵和外延的界定》，《商业时代》2010 年第 6 期。

郑文争：《现代科技服务业的分类及界定》，《产业与科技论坛》2013 年第 7 期。

王任远、来尧静、姚山季：《科技服务业研究综述》，《科技管理研究》2013 年第 7 期。

魏江、陶颜、王琳：《知识密集型服务业的概念与分类研究》，《中国软科学》2007 年第 1 期。

深港创意设计产业合作与发展

乌兰察夫*

在全球化背景下，区域化合作不断增强，深港跨境区域创意产业合作势在必行，然而，深港之间的产业合作关系随着深圳经济进一步融入国际经济一体中也产生了新的变化，在以知识经济为主导的新经济形态的时代下，深港双方如何在管理制度、市场运作方式、价值观的差异下拓展深港创意设计产业的寻优合作，从而实现资源共享、优势互补，进一步提升两地整体创意能力，为共同打造面向全球的创意设计产业创新中心，具有重要的现实意义和深远的历史意义。

一 深圳创意设计产业发展现状与优势分析

深圳作为国内第一个被联合国教科文组织认定的"设计之都"，其创意设计行业发展水平全国领先。目前，深圳创意设计产业门类涵盖了平面设计、广告设计、工业设计、建筑设计以及室内设计等多个领域。在深从事相关设计人员已经超过6万余人，文化创意产业发展态势总体持续向好，其增长点丰富、增速稳定、投资强劲、产出和效益实现同步增长，初步形成了较大的产业规模，处于培育成长阶段。据悉，深圳文化创意产业增加值现以年均25%的速度高速增长，位居全国大中城市前列。据数据显示，在2012年，深圳文化创意产业增加值达到1150亿元，占深圳本地GDP比重的9%，实现同比增长约25%，产值增长规模十分强劲；并成功培育出一批以嘉兰图、浪尖、麦锡等知名设计公司为代表的设计领军企业，初步形成了

* 乌兰察夫，清华大学港澳研究中心特聘教授。

45 个颇具聚集效应的创意设计产业园区，精心打造了以田面设计之都、大芬油画村等为代表的重点创意设计产业基地，产业发展空间集聚特征进一步凸显。

同时，深圳市政府对本市创意设计产业扶持力度得到进一步加大。在2011 年出台的《深圳文化创意产业振兴发展规划（2011～2015）》中已明确将创意设计产业列为深圳十大重点文化产业之首，创意设计产业的战略层级得到提升，创意设计产业发展环境进一步改善。在良好政策环境的推动下，深圳设计产业发展水平进一步提升，设计创新能力明显增强，国际设计业交流日益频繁，创意设计产品也频斩国际顶尖设计大奖，品牌效应稳步提升，产业辐射带动效应凸显，产业优势地位进一步加强。目前，随着国内文化消费市场潜力进一步挖掘，深圳创意设计产业需求空间增长巨大。

二　香港创意设计产业发展现状

香港作为市场自由度最大的开放型国际性大都市，有着得天独厚的地理优势以及产业良好发展的外部环境，一直以来都是亚洲的创意中心和潮流先驱。受英国的影响，香港很早就十分重视创意产业的发展，其平面设计、广告设计以及装饰设计等产业在业内均享负盛名，并在香港文化产业的发展中占据重要位置，许多国际知名设计公司纷纷选择在香港开业或设立其分公司。目前，这种颇具知识性、创意性及服务性特点的创意设计产业已经成为拉动香港城市经济新的增长点，香港已进入创新经济驱动的增长阶段。据资料显示：目前香港大约有 3.2 万家与创意产业相关的企业，相关从业人员超过 18.8 万人。截至 2011 年 3 月，全港共有 1512 家设计公司（绝大部分都是小型企业），从事创意设计产业人员达 4.7 万人，每年创意产业增值额超过 620 亿元，占到香港当地生产总值约 4.1%，已初步形成了设计、广告、影视、文艺四大优势产业。然而，从深港文化创意产业发展报告中提供的数据来看，香港在近 10 年的发展中，其创意产业占本地生产总值的比例一直介于 3.8%～4.1%，产业并没有持续明显的增长趋势，可见文化创意产业在香港本土市场的发展中已经面临饱和状态。当前，香港的创意设计产业以出口为主要导向，近 70% 的业务是出口业务，而中国内地市场则是香港最大的出口市场。

三 深港创意设计产业合作的基本条件

众所周知，深圳是内地改革开放的前沿城市，香港则是国际化大都市，深港两地无论是从经济发展实力、文化氛围，还是国际化程度等方面都有着良好的对接基础。同时，基于历史原因，香港形成了迥异于中国内地的制度政策以及文化运行机制，加之深港两地差异化的区域资源优势等因素，双方产业具有较强的互补优势以及广阔的合作发展空间。

（一）优势产业基础

1. 广阔的市场发展空间与创意设计研发的结合

众所周知，深圳地处中国珠三角制造业核心区域，有着强大的文化生产制造基础以及不可比拟的成本运营优势；同时，深圳依托珠三角经济腹地，背靠内地庞大的文化消费市场，相较于香港，深圳文化产业市场空间潜力优势突出。数据显示，在 2012 年，深圳市文化创意产业增加值达 1150亿元，占 GDP 9%，其中核心文化产品出口总额 43.3 亿美元，超过全国的1/6，深圳服务业总产值比例占本地生产总值 53.2%，而香港服务业占香港生产总值比例则高达 92.30%，深圳未来文化市场空间潜力巨大。而香港作为亚洲自由贸易中心和国际化大都会，是中西文化汇集的重要之地，也是最具创造性和最具活力的文化发生地，其凭借国际自由港的特殊身份，拥有国际化资源以及全球化的视野，在创意产业的理念创新、运营管理、品牌建立以及国际市场业务拓展等方面具备明显的优势。目前，香港的设计、广告等创意设计方面已经走在亚洲前列，其创意产业研发设计对深圳有着很好的借鉴作用，同时深圳大体量的设计市场相对于香港来说，无疑存在巨大吸引力，也是香港寻求与深圳合作的必要性所在。

2. 高新技术优势与金融优势的融合

深圳是国家确定的创新型城市，拥有着发达的高新技术产业以及优秀的科技研发和创新功能。据数据统计，2012 年深圳高新技术产品产值达1.29 万亿元，其中具有自主知识产权的达 61%，全社会研发投入占 GDP 比重提高到 3.81%，居全国领先水平，PCT 国际专利申请量连续九年居全国首位。近年来，深圳的高新科技为其文化创意产业的发展提供了雄厚的技术支撑，借力既有的高新技术土壤优势，深圳在文化硬件建设以及文化软件营造等方面，都充分实现了文化创意与科技的紧密结合，成功开拓出了一条"文化＋科技"特色鲜明的产业模式，使得深圳在文化产业发展，特别是在新兴的文化项目上具有极高的科技含量，形成了深圳设计独有的新优势。而香港是全球重要的第三大国际金融中心，其融资渠道多元、融资方式灵活，其国际金融地位仅次于伦敦和纽约，目前是全球市值第六大证券市场、第六大外汇交易市场、第四大黄金市场模式人民币海外结算中心，全球最大的银行、投行、券商都在香港设有地区总部，同时，香港也是深圳文化企业海外融资的重要渠道。深港两地的科技和金融优势互补，为深港共建国际文化创意中心提供了坚实的产业基础和条件。

3. 政策支持与自由市场体制优势的结合

作为全国首批文化体制改革综合性试点城市，深圳市政府高度重视文化创意产业的发展。近年来，深圳市政府通过加大政策扶持力度，制定相关具体举措与体制机制保障措施，为创意产业的繁荣大发展提供了坚实的政策后盾，相继出台了《深圳市文化产业发展规划纲要（2007～2020）》《深圳市文化产业促进条例》《关于加快文化产业发展若干规定》《关于促进创意设计业发展的若干意见》等规划、法规和专项文件，通过进一步加大财政资金扶持和税收优惠力度等优厚的产业扶持措施，为深圳文化产业发展提供了良好的外部环境和政策法规保障。而香港则是国际著名的自由港，一直以来都以其成熟、高度自由开放的市场经济见称，其在营商规管环境便利度、知识产权保护体系、税率等方面国际遥遥领先。突出表现为在港企业可以自由经营、自由贸易，对外来投资和对外投资亦无限制；实行独立税收制度和低税政策，无外汇管制，港币可以自由兑换，同时，香港也是亚洲唯一低风险地区。截至2009年，香港已连续十五年被美国传统基金会评为全球最自由的经济体系。2013年10月，由世界银行与国际金融公司发布的最新《营商环境报告》中显示，香港在最适宜企业经营的经济体评选中位居全球第二位。

同时，在国家重视与持续良好的政策支持下，深港产业合作环境也得到进一步优化。突出表现为深港创意产业的合作战略从区域战略上升到国家战略层面。2009年5月，《深圳市综合配套改革总体方案》并获得国务院批准，深港共建"创新中心"和"国际文化创意中心"写入该方案。这是深港合作在继 CEPA 合作框架、"深港一体化"以及"都市创新圈"的政策推出之后，中央首次为推进深港一体化发展，推动深港合作、激发两地优势做出的重要战略部署，进一步为深港两地构建国际文化创意中心提供了有力的制度保障。

（二）生态环境优势

1. 地缘优势

深港两地仅一水之隔，具备构建国际文化创意中心的地理优势。从地缘上看，深圳地处广东省南部，位于珠江口东岸，东临大亚湾和大鹏湾，西濒珠江口和伶仃洋，其南边深圳河与国际著名创意设计都市香港直接相连，北部与东莞、惠州两城接壤，同时连接着南海及太平洋，外有辽阔海域和优良的港口资源，内位居珠三角地区的核心位置，有与之衔接的大面积经济发展腹地，优越的地缘环境为深圳创意设计产业的发展创造了极为有利的条件。而香港地处中国南方，在亚洲中部位置，基于历史及地缘等原因，已经成为与欧美等发达国家和全球经济对接的重要门户，其贸易市场广泛，涉及中国内地、欧美、东南亚以及中亚等地区，加上天然的良港、税率低优势，已经使香港成为重要的货物集散地和转运中心。所以，深港比邻的地缘关系，不仅为两地之间的交流、合作提供了广阔空间，其互补的地缘优势可以形成以香港为中心，向内辐射内地的泛珠三角产业体系，从而进军内陆庞大的消费市场，向外可连接东亚、东南亚和南亚这一全球人口最为密集区域的中心市场，从而接轨国际市场，形成强大的产业辐射带动能力。

2. 文化根基

深港两地陆水相依，从文化根基上看，两地文化传统均来源于岭南文化，其文化背景相近，语言习俗相通，有着独有的"亲缘关系"。香港设计总会秘书长刘小康认为："即使是米兰、纽约这两座城市也没有这种天然的亲缘关系，深港两地无论是在地缘位置还是产业布局上都是世界上独一无二的。"其相通的文化根基为两地在创意理念上的交流、创意产业合作等方面提供了现实而便利的条件。

3. 产业环境

深圳作为改革开放的前沿城市，会集了来自五湖四海的开拓者，共筑了这座年轻城市特有的开拓、进取、包容的移民文化，为深圳创意产业的发展营造了优越的创新环境。而香港则拥有国际领先营商环境，据世界银行与国际金融公司最新公布的一份《营商环境报告》显示：香港营商环境排名全球第二；并连续 19 年被美国传统基金会评为全球最自由的经济体；拥有一流的基建、良好的法治，以及成熟的市场规管制度等营商优势。据悉，在港注册公司几乎没有门槛，只要有注册地址、真实身份便可注册；其注册程序简单，取名自由；经营范围不受限制，无最低注册资本要求，即在港 1 元港币便可以成立公司。同时，在港开设企业也十分便捷，在网上最快一个小时便可以注册完一家公司，有着极便捷的营商规管环境，其营商环境建设方面的成功经验对深圳有着很好的借鉴作用。

（三）人才优势

深圳是一座典型的移民城市，其人才发展环境的综合排名方面处于内地城市第三位。具有良好的人才吸纳能力。相对香港而言，深圳的人才优势突出表现在以下三个方面：一是深圳的薪资及物价水平普遍较香港低，可以为创意设计产业的发展提供价格较为低廉的创意人才，在人才资本和运营中颇具成本优势；二是深圳的设计群体庞大，有着国内持续不断的人才输送优势，集聚了众多优秀的设计师，且群体整体能力较强，中坚力量优势明显；三是深圳的设计师对中国内地文化消费市场情况较为熟悉，具备国内市场拓展优势，且庞大内地市场为深圳的设计师进行新的创意探索提供了更为广阔的成长空间。而香港的人才培养体系国际领先，位居世界前列，其不仅拥有众多国际视野的创意高端人才，在人才的交流环境、创意人才的培养以及引进模式等方面，具有深圳在短期内无法比拟的优势。

四 深港创意设计产业合作障碍分析

伴随中国经济的高速发展和国内改革开放力度的进一步加大，深港两地发展创意产业的相对优势正在逐步消失，内地市场和国际海外市场的文化消费竞争日益激烈。同时，香港由于长期与内地隔绝，两地完全不相同的政治、社会以及文化体制都直接制约着深港创意设计产业合作进一步取得实质性的进展，加之文化输出上产生了巨大的"文化折扣"现象以及香港人目前某些思想层面因素的影响，深港合作可谓"内忧外患"。

（一）国际城市的挑战

目前，世界各国各地已充分认识到创意产业对城市经济发展的重要推动作用，在继英国、美国等发达国家之后，亚洲的韩国、新加坡、日本等都纷纷将创意产业列为其国家发展的支柱产业。随着我国改革开放的逐步推进，特别是加入世界贸易组织后，国际文化产品进入我国文化市场的规模日益庞大，国际文化竞争日趋激烈，世界各国都将创意产业的市场锁定到了中国内地，例如同样受东西方文化影响的将成为连接亚洲与世界其他地方桥梁的新加坡，以及亚洲最具国际品牌效应的日本以及欧美等国已纷纷将中国市场定位为其未来发展的腹地，国内文化创意市场份额进一步被世界文化强国所蚕食。而香港作为区域性文化创意中心，虽然其广告设计、建筑设计等行业在东亚和东南亚地区都颇具影响力，但就目前而言，无论是深圳还是香港，作为单一的城市都无法与伦敦、纽约、东京等全球性文化创意中心竞争。

另外，文化折扣现象也是制约深港两地与国际其他城市在文化贸易领域相抗衡的一个重要因素。创意产品从属于文化产品，是兼具经济属性和文化属性的特殊性商品，每件创意设计产品都承载着特有的文化内涵，所以文化之间的差异以及不同的文化认知程度使得受众在接受不熟悉的文化产品时，在其兴趣、理解能力等方面都将有折扣现象，而我国文化历史悠久、丰富，颇具中国传统特色，但同时由于中国文化的博大精深，所以国外消费者对中国式文本的理解能力要求较高，加之语言理解方面存在较大差异，使得真正的中国文化精髓并不能很好地为国外消费者所接受，从而在文化输出上产生了巨大的文化折扣现象，削弱了深港文化创意产品在国际市场上的竞争力。

（二）国内城市的挑战

1. 国内各大城市竞相发展创意设计产业，深港设计产业面临挑战

随着市场经济改革的逐步深化，内地的文化创意产业在各大城市强有力的政策推动下竞相蓬勃发展，涌现了一批以北京、上海等为首的颇具竞争力创意产业群体，并纷纷角逐创意设计产业制高点，内地文化消费市场受到进一步挤占。同时，伴随国内城市经济合作程度的进一步加深，以上海为龙头的"长三角"，以北京为核心"环渤海经济发展圈"等区域为代表的区域创意产业迅速崛起，大有赶超以香港、深圳为主体的珠三角区域创意产业的态势，深港创意产业领先优势开始呈现出明显弱化的迹象。另外，香港在与深圳实施战略合作的同时，也进一步加大了与内地其他城市之间的资源交流与整合合作步伐，随着香港与京、沪等城市合作事宜的深入推进，将进一步削弱深港的合作优势地位。

2. 深港两地特色进一步淡化、协同竞争中利益有待重新平衡

随着知识经济时代的到来以及内地经济改革所带来的崭新局面和入世之后的新机遇，中国内陆有很多城市已经拉近了与香港的距离。2013 年 9 月下旬，随着中国（上海）自由贸易试验区的正式挂牌运营，香港作为中国与国外互通消息及经贸的视窗的功能进一步消解，同时，随着内地改革开放力度的深入，香港在过去所特有的国际文化特色逐步淡化，创意设计产业发展的相对优势在慢慢消失；而深圳也随着政策优势的持续弱化，深圳土地、人力资源等成本不断攀升，环境承载力的不断下降，以及持续走高的产业运营成本，其城市竞争力逐步弱化。

另外，由于深港两地在创意产业领域定位与辐射范围存在交叉重叠性，以往"前店后厂"的分工明确的梯度合作关系逐步转化为一定程度上的"协同竞争"关系，而新时期下关于合作产业的利益分配目前并没有得到很好的平衡，有效的利益共同体暂未能形成，从而导致严重影响共建国际创意中心深层次的紧密合作。同时，香港过多"忧虑"香港特色优势及地位被内地取代，也是阻碍深港深层次交流的重要因素。

（三）管理体制、市场运作机制差异

深港两地差异化的社会制度、管理体制以及市场运作机制是制约深港创意设计产业深层次合作的主要障碍。目前，香港实行的是资本主义制度，主要推崇的是"小政府、大社会"的治理模式，即政府在社会管理中，政府的主导作用十分"有限"，仅仅"作为统筹者和催化者，以及基本设施的供应者和推动者"，所以，香港特区政府在文化发展中主要采取的是"积极不干预"的管理方式以及"回应式"的文化政策，文化市场主要以社会和市场或以非政府组织和企业为主导，香港特区政府只有在市场失灵，或者对一些明显符合香港整体经济利益的专案做出投资时，才考虑介入市场。而深圳则实行的是社会主义制度，由于文化作为不可忽视的上层建筑，深圳市政府始终将社会主义文化建设作为意识形态领域的重点领域和核心工作，无论是从文化产业相关规划、政策的等宏观层面的全面协调出台还是到具体的微观层面的贯彻执行过程中，政府都会"积极干预"，在文化产业的发展中扮演着核心的主导角色，采取的是"规限式"的文化政策。

所以深港两地推进文化市场繁荣发展的"主导"角色截然不同。一边是由政府牵头，一呼百应的繁荣大发展；一边则是由社会高度自治，依靠民间社会团体力量推进产业健康快速发展，加之深圳较为薄弱的民间文化组织力量，从而导致深港在文化创意设计产业的合作上缺乏真正对等主体之间的交流。

另外，内地相关制度门槛、审批程序等实际操作层面的繁多复杂因素，也进一步制约着深港创意设计产业的深层次合作，例如内地对文化产业核心层的制约、行政手段的干预、繁多的税项以及合作发展中较为繁复的审批程序等。

五　深港创意设计产业合作的指导原则

（一）坚持"一国两制"下的深港合作的原则

深港创意设计产业合作必须在"一国两制"基本原则下，创造性地探索相关领域合作的可能途径和创新空间。在深港合作大框架背景中，按照《珠江三角洲地区改革发展规划纲要（2008～2020年）》、《粤港合作框架协议》以及《深圳市综合配套改革总体方案》等战略部署，全面推进深港紧密合作、融合发展进程，进一步巩固深港创意产业合作基础，拓宽产业合作领域，不断创新合作方式，尽快完善相关合作机制的构建工作，从而推动深港创意设计产业更深层次的合作。

（二）坚持优势互补、有效整合的原则

深港两地差异化的政策制度、文化体制以及文化发展水平形成了两地

各自特有的产业优势，双方既有土地、空间、资金等"硬件"方面的互补优势，也有理念、制度、法律、人才等"软件"方面的互补优势，深港两地要在坚持区域协调发展和可持续发展的原则下，充分发挥深港两地创意产业的相对优势与绝对优势，进一步加快创意资源的优势互补和有效整合，按照市场原则进一步推进创意产业深度合作，形成优势互补、互利共赢、共同发展的优势格局，进一步提升两地在新一轮国际创意产业的综合竞争力。

（三）坚持分工协作、错位竞争的原则

深入推进深港两地创意设计产业合作发展，要从接轨两地在城市功能定位，以及深港产业发展方面的角度出发，充分考虑双方产业在比较优势及强势产业的差异特点，理性对待双方在产业发展上的"协同竞争"现象。在双方合作产业选择上，要坚持分工协作、错位竞争的原则，避免内部消耗和恶性竞争，通过优化合作产业发展布局等措施，形成分工明确、优势互补、主业突出的良好发展格局，从而共同协调推进创意设计产业合作的整体进程。

六　深港创意设计产业合作发展策略

（一）建立以政府为主导的深港创意设计产业合作框架

政府的引导和组织是保证深港创意设计产业合作的前提及实现一体化的有力保障，两地政府应进一步深化合作战略意识，通力协作，将合作事宜早日提上两地政府议程，尽快搭建以深港两地政府为主导的产业合作框架。通过制定两地官方合作协商沟通机制，针对重大项目定期举行高层会晤，加强两地政府日常交流。双方政府可以先从公共设施的产品设计合作入手，因势利导、循序渐进，继而从更深层次、更大范围探索深港创意设计产业合作事宜；深港两城市之间，应尽快建立一套运转有序的多层次协调统一机制，通过创建一个高效权威的创意产业合作指导机构，专门对两地政府合作重大项目进行统筹协调与推进，以促进两地产业合作顺利地开展。同时，要从政府层面进一步优化产业与金融市场的"无缝对接"，切实推动深港两地创意资源的重组与结构调整。通过加大对深港文化合作项目的资金扶持力度，推动深圳市文化产业发展专项资金、香港"创意智优计划"等政府资金向深港文化合作项目倾斜等方式，积极发挥政府资本的"杠杆作用"。

（二）搭建多种形式合作平台，有效促进深港两地信息交流

搭建多元有效的互动交流平台，有效促进深港两地产业信息交流，是推动深港创意设计产业深入融合发展的重要举措。深港两地可通过联合举办创意设计产业研讨论坛、国际展览、顶尖设计赛事、共建创意设计产业互动网络平台等切实有效的合作方式，深入探讨深港创意设计产业合作内容。要充分借助深港两地现有"文博会"以及"香港设计运营周"等活动平台，通过有针对性地开展深港创意设计交流活动，切实推进两地创意人才交流常态化发展。同时，针对深港两地文化市场主导角色差异化的现状，深圳政府要扮演好"协同与中介"的角色，积极促进民间的交流与合作，通过为两地非政府文化组织或文化企业的协调和对接搭建来自政府的交流平台等实际推进措施，从而形成一个策略性、开放性的产业发展联盟，为深港创意设计产业的发展创造更好的合作条件。

（三）共同培育创意设计人才，实现人才互补与供给

创意设计产业是智能型、知识型产业，所以创意人才才是产业的核心竞争力。深圳应充分利用毗邻香港这一地缘优势，借力香港丰富的创意人才培养经验，依托其独有的国际化视野，以及长期与国际城市合作中积累的成熟产品运营管理方式，通过加强深港两地高校交流合作、政府出资直接委托培养以及共同打造深圳创意人才培训基地等方式，联合培养一批既能独立创作设计，又懂国际文化市场资本运作的复合型、应用型高端创意人才。同时，深圳要深入学习借鉴香港完善的国际人才培养体系，进一步拓宽深圳本土创意人才的引进政策，重点引进海外高层次创意产业经营管理人才和设计人才，尽快建立两地文化人才信息通报机制以及文化艺术人才信息库，从而早日实现深港人才的互补与共享，为深港共建文化创意中心提供持续、有力的智力支持。

（四）加强保护知识产权，营造健康有序的产业氛围

知识产权保护是创意设计产业健康持续发展的必要前提，也是关系深港共建"国际文化创意中心"能否取得实质进展的一个重要维度。当前，深圳在自主知识产权保护等方面意识薄弱，创意设计产业所必需的全面自主创新态势尚未形成，关于知识产权保护氛围有待加强，而香港的法规与政策清晰，在保障知识产权方面，除了美国，目前香港是做得最好的。深圳可借鉴香港完善的知识产权相关制度与保护措施，进一步完善深圳现有的知识产权法律保护体系，加大对盗版、非法下载等侵权行为的打击力度，通过与香港商务及经济发展局知识产权署等机构展开合作，推进深港在知识产权保护、专业技术转移等方面的深入合作，共同构建涉足保护知识产权工作的协调机制，通过联合成立知识产权服务机构，从而提供全方位的知识产权服务体系，营造健康有序的产业氛围，为深港创意设计产业的合作保驾护航。

（五）借力珠三角区域文化产业合作机遇，形成整体上的全球竞争单元

深港两地要借力珠三角区域文化产业合作机遇，主动采取多层次区域合作战略，在以深港合作圈、大珠三角合作圈、泛珠三角合作圈"三个圈层"为重点的区域合作框架下，积极探索珠三角区域文化合作机制，进一步拓展区域合作发展空间与产业合作领域，搭建一个以深港合作为核心、以深珠合作为依托的圈层式区域合作体系，通过加强与珠三角区域其他城市的交流与合作，依托珠三角区域的广阔市场与资源空间，努力实现与珠三角区域的文化产业深度合作，形成整体上的全球竞争单元，在更大范围形成更强的辐射力以及影响力，进而提升深港两地创意设计产业在国际中的竞争力。

香港社会贫富分化现象及港府民生政策导向的策略分析

孙 凤[*]

长期以来，香港社会奉行自由胜于平等，效率优于公平的发展理念，这一方面造就了香港的繁荣和富庶，使之成为全球最自由的经济体和国际金融、贸易和航运中心；另一方面随着香港人口结构和产业结构的变化，也带来了丰裕社会所特有的贫富分化现象，突出表现为结构性贫困或局部性贫困问题。香港贫富分化产生的原因和带来的后果有许多值得内地吸取的教训。近年来香港特区政府在治理贫富分化和贫困救助问题方面也积累了许多值得借鉴和学习的经验。研究香港社会的贫富分化问题，分析港府民生政策的导向及其策略，对于正处于工业化和城镇化进程中的中国内地具有重要的理论意义和现实意义。

一 香港的社会贫富分化特征

(一) 社会贫富分化现象严重

香港是一个社会贫富分化严重的社会。其一，以基尼系数观察，2011年香港的基尼系数达到 0.521，远远超出一个社会收入分配不公平的警戒线，与南非、巴西、墨西哥、泰国等国家一同进入 0.5 以上行列，被列入最不公平的国家或地区之列。其二，根据收入分配五分组指标观察，香港最高收入组占全社会的收入达 54.3%，最低收入组仅占 4.5%，二者之比

---

* 课题负责人：孙凤，清华大学社会科学学院教授；课题组成员：王阳阳、张弛、高则灵、董超、朱俣。

超出 10 倍，同期在世界范围内贫困化程度较低的日本最高收入组和最低收入组的收入份额之比仅为 3 倍，而不公平程度较高的美国最高收入组和最低收入组的收入份额之比也只是 8 倍，国际比较可以发现，香港社会的财富集中程度居世界前列。特别需要注意的是，香港这种贫富分化从动态上看呈现不断扩大的趋势，2011 年较 2001 年，基尼系数增加了 0.06，最高收入阶层占全社会的比例增加了 0.7%，最低收入阶层占全社会收入的比例降低了 0.6%。

(二) 丰裕社会的贫困化特征突出

"丰裕社会"（affluent society）一词最早见诸美国著名经济学家加尔布雷思 1958 年的经典之作《丰裕社会》。丰裕社会是指 20 世纪 50 年代后期美国社会进入经济发展黄金期，市场经济的发展促进了社会商品的极大丰裕的一种社会现象。加尔布雷斯认为丰裕社会是一个不平衡的社会，市场这只看不见的手在促进美国经济空前繁荣和私人富足的同时，也导致财富分配严重不平等，少数人陷入贫困的社会。加尔布雷思分析指出，与贫困社会的贫困相比，丰裕社会中的贫困具有少数贫困和贫困荒岛的特征，这种贫困与个人的身心状况、年龄状况、受教育水平紧密相关，是一种能力的不平等，对于这类贫困仅靠经济增长难以解决。解决丰裕社会贫困问题的关键应是充分发挥政府的积极作用，制定兼顾效率与公平的政策，包括实施收入分配改革，提高社会福利水平，增加政府在教育、医疗、住房和交通等方面的公共开支等。加尔布雷思的观点对后来美国乃至西方国家的经济社会政策改革和减贫战略产生了深远的影响。

香港是一个典型的丰裕社会，其经济水平和富裕程度在世界名列前茅。2012 年，香港人均国民生产总值 36765 美元，家庭中位收入达 31272 美元，在全球 182 个国家和地区中，排名第 23 位，且这种富裕程度呈不断上升趋势，以不变价计算，2012 年人均国民生产总值是 1970 年的 7.3 倍，是 1985 年的 3.7 倍，是 2000 年的 2 倍。尽管香港是一个丰裕社会，但香港存在贫困问题，香港的贫富分化问题在世界上属于最不平等的国家或地区之列，且这种贫富分化问题呈上升趋势，具有结构和固化特征。事实上，香港的贫困问题受香港特殊的政治经济环境、人口老龄化水平、所处的地理位置、全球化的产业分工的变动影响，是一种丰裕社会特有的结构性贫困。

（三）收入分配不平等呈现"U"形轨迹

库兹涅茨曾对经济发展与收入分配关系的变动轨迹给予一个形象的描述，即一个国家进入工业化阶段之后，国民收入分配差距最初随着经济发展会上升，在到达一个顶点之后，便随着经济发展开始不断下降。这种类似于抛物线的运动轨迹就是著名的"库兹涅茨倒 U 假说"。库兹涅茨倒 U 假说为每一个进入工业化阶段的国家描绘了一个美好的前景，即收入分配的不平等程度在经过一段时间的上升之后随着经济的进一步发展一定是会下降的，经济发展能够自行降低不平等，能够带给国民共同富裕。

尽管香港一直被视为经济成功的典范，然而香港的经济发展与收入分配的关系并没有表现出"倒 U"曲线的运行轨迹，社会贫富悬殊状况没有因为经济增长而获得改善，显然库兹涅茨倒 U 假说并没有在香港经济发展过程中得到印证。进入 20 世纪 80 年代后，香港经济持续保持高位增长，然而收入分配差距的变化却呈"U"形曲线的变动特征。1961～1966 年收入分配不平等程度上升，基尼系数为 0.50，之后维持了 5 年时间的下降，1971 年基尼系数下降到 0.430。从 1971 年开始，香港的收入不平等程度又开始了上升的趋势，从 0.430 上升到 1981 年的 0.451，继续上升到 1991 年的 0.476，到 2011 年基尼系数达到了 0.521。五十年的变动趋势显示，香港社会的收入分配差距呈现显著的 U 形特征。香港社会收入分配与经济发展的 U 形关系作为库兹涅茨的反例使得这一研究具有了更加重要的理论意义。

（四）老年人口、少数族裔、单亲家庭的相对贫困比例较高

香港的绝对贫困现象较少，真正无法维持生存的人属于极少数，即使是依靠政府救助为生的穷人，其生活水平也远比发展中国家的贫民高，更不至于衣不遮体、食不果腹。然而香港的相对贫困问题一直比较突出，由于贫富悬殊严重，收入分配不均，相对贫困者主要集中于一些特殊人群，包括老年人、失业者、低收入者、单亲家庭人士、少数族裔和新来港人士等，他们中的相当一部分人在香港的收入分配中处于弱势地位，虽然他们不一定都生活在贫困线以下或处于绝对贫困状态，但却在经济、政治和社会等层面遭受不同程度的排斥，面临着生活中的许多风险，处于相对的贫困状态。

（五）服务业从业者及非技术工人的相对贫困比例较高

香港在 20 世纪 70 年代完成了工业化，如今转型为一个金融、物流、商业及服务业为中心的产业结构，特别是服务业为香港提供了大量新的就业机会，但服务业提供的就业机会并不稳定，就业人员的相对贫困化程度较高。

贫富差异不仅反映在行业差异中，也反映在职业差异中，贫困人群也具有很强的行业或职业特征。

二　香港社会不平等的影响因素

导致香港社会不平等的原因很复杂，既有贫困者个人的客观原因和主观原因，也有社会层面的经济、政治和文化等方面的原因；既有历史积累的难题，也有时代的新问题；既有国内因素，也有全球化带来的国际因素。本文从人口结构、产业结构转型和劳动力市场制度保障角度进行讨论。

（一）人口结构变化因素

人口老龄化、少数族裔人口增加、单亲家庭增多等社会变迁因素是导致香港贫困问题恶化的重要原因。

1. 人口老龄化

从老龄化状况来看，在 1961～2011 年的五十年间，香港 65 岁以上老龄人口从 87918 人增加到 941312 人，增加了 853394 人，平均年增长率为 4.8%，这一增长速度远远快于总人口 1.6% 的增长速度，老龄化程度呈快速增长态势。

2. 少数族裔人口增加

香港是一个移民城市，2011 年共有 451183 个少数族裔人士居住在香港，占香港人口的 6.4%，这一数据较 2001 年的 343950 人上升了 31.2%。其中包括印尼人 29.6%，菲律宾人 29.5%，印度人 6.3%，巴基斯坦人 4.0%，尼泊尔人 3.7%，日本人 2.8% 等。少数族裔中的 75.8% 从事非技术工人的工作。他们总体的月平均收入为 3600 港元，不足全港月平均工资的三分之一。特别是女性主要以从事家庭佣工为职业。少数族裔人口的增加，以及他们就业收入的低下，无疑加大了香港社会低收入阶层的比重，对于香港社会收入分配的扩大起着重要的作用。

3. 单亲家庭

香港社会的家庭结构近年来变化较大，单亲家庭比例在不断提高。2011年香港共有单亲家庭 81705 个，较过去十年，平均每年增长率为 2.8%，其中单亲母亲的数目远多于单亲父亲的数目，且这种差别在不断扩大，单亲父亲的数目由 2011 年的 14216 人增至 2011 年的 17665 人，上升 24.3%，而单亲母亲的数目则由 2001 年的 47215 人增至 2011 年的 64040 人，上升 36.5%。在离婚的家庭中，子女随母亲居住的比例更大。

（二）产业结构变化的影响

香港的特殊地理区位和资源禀赋使得其产业结构与内地相比具有较强的特殊性。总体来看，香港目前并不存在第一产业，第二产业比重很低，大约不足 20%，超过 80% 的产业为第三产业，第三产业主要包括贸易、金融、房地产和娱乐业四大产业。

历史地看，香港的工业化阶段只维持了 20 多年时间，主要集中于劳动密集型产业，因此没有产生具有国际影响力的企业和品牌。20 世纪 80 年代，香港在经历了近 20 年的工业化阶段之后，为适应全球化的发展，迅速开始了"去工业化"的产业结构转型，这个转型过程适逢中国内地 20 世纪 80 年代开始实行对外开放政策，香港的劳动密集型工业加快了向珠三角以及内地其他地区的转移，造成了香港工业的空心化，目前这个"去工业化"过程仍在继续。去工业化所带来的直接后果是劳动力向第三产业的转移。

香港特区政府在推动去工业化的同时，为保持香港的竞争优势，着力发展优势产业。目前香港的四大优势行业包括：金融服务业、贸易及物流、旅游、工商业支持服务业。

四个主要行业以及近年来新成长的行业促进了香港经济的发展，但由于这些产业对劳动力的素质有较高的要求，其吸纳劳动力的增长速度远远慢于这些部门增加值的增长。这为很多没有能力尽快适应产业结构转型的劳动力增加了就业和生存的风险。

"去工业化"的产业结构转型对香港收入分配不平等的影响至少体现在三个方面：其一，造成大量结构性失业，压低了中低层劳动力的工资水平；

其二，由于没有推动制造业进行产业升级，阻断了人力资本提升的通道，使工人转向对技能要求较低的服务业岗位，比如港口运输、零售、家庭助理等，这种逆向流动使工资无法跟上经济增长的步伐；其三，高增值服务业的发展使得一些人可以获得丰厚的投资回报，加速了财富集中的速度，导致收入分配不平等程度上升。

（三）劳动力市场缺乏制度保障

香港推行的是增长导向型发展战略，强调竞争和效率在经济增长中的积极作用，通过经济增长来自发调节收入分配。港府的发展理念认为，有利于低收入阶层的收入分配制度，不利于提高经济效益和增强经济能力。因此在这种增长理念指导下，在劳工保护方面缺乏制度设计，表现为：其一，在香港没有最低工资制度。目前，除了家政助理外，香港并没有一个全面性的最低工资保护法，工资水平完全由市场决定，这种制度设计对广大劳工尤其是对边缘劳工的利益保护不够，而且一定程度上助长了在职低收入阶层的贫困。其二，香港失业率水平在经济的正常年份一般在3%左右，虽然绝对水平不高，但由于香港对失业人群的社会保障程度低，失业即意味着赤贫，即使这种很低的失业率也拉低了就业市场的平均工资水平。其三，劳动力市场上的低门槛政策。在劳动力市场上，港府长期维持着对体力劳动者的引进政策。香港大量输入的是低技能、低知识水平的体力劳动者，这些人的平均收入水平不足香港总体收入水平的40%。香港每年新移民人数为5万左右，虽然绝对规模不大，却使香港人口每年净增加接近1%，对本地低收入阶层的就业形成很大压力。香港的移民政策和美国等西方发达国家主要鼓励投资移民和技术移民的移民政策不同，缺乏长期发展的战略眼光。其四，许多人陷入贫困是由于就业歧视和薪酬制度设计不公平造成的。目前，年龄和性别歧视在香港的劳动力市场比较普遍，中老年劳工、妇女、新移民等群体明显处于不利地位。

三 港府民生政策的导向分析

（一）民生政策的内容

针对收入分配差距的拉大，港府通过实施民生政策来促进收入分配差距的缩小，政策实施的目标主要是针对社会群体的两头，一是通过对高收入群体征税缩小收入分配差距；二是将税收转换为社会福利，通过再分配手段改善中低收入群体的民生状况。香港特区政府在民生政策方面所实施的内容也不外乎是税收和福利补贴两方面的内容，但在侧重点上有所不同。

1. 税收

（1）薪俸税。薪俸税的征收范围是任何个人的薪酬。在计算时，可按照具体享有基本情况，税率按 2% ~ 25% 累进，但最高税率不超过总收入 15%。

（2）物业税。物业税的征税对象是业主。按土地或楼宇"评税值实额"的 75% 征收。"评税值"是指业主的税金收入，扣除 20% 后即为"评税值实额"。

（3）差饷及地租。差饷的正式名称是地税或土地税（Rates，Land Rates），属间接税的一种，是香港对地税的说法。差饷源于英国的税种，在英国、美国、澳大利亚以及很多国家和地区都存在，金额主要按土地价值、房产价值或物业租值根据一个比例作为计算，由政府向房屋或土地的拥有者征收，每年或每季度缴纳一次。差饷占香港特区政府年收入约 5%。

2. 福利补贴

（1）教育。香港推行九年免费教育，包括六年小学教育和三年基础中学教育，6 至 15 岁的儿童可接受免费的九年基础教育。中学生修业期满可参加香港中学会考，然后升读两年制中六预科课程。香港中学会考考生可按既定的中六收生程序，申请中六资助学额。

（2）基本医疗。香港基本医疗保障制度覆盖所有持有香港身份证的市民。香港基本医疗保障制度的出发点是面向全体市民提供整体医疗体系，保证没有任何市民会因为经济能力不足而无法获得应有的基本医疗服务。香港公立医院的经费主要来自政府通过财政预算提供。医生和有关人员均享受公务员待遇，接受政府统一规定的工资待遇；所有香港市民看病只需交付少量的费用。经济困难的市民还可以申请看病时减收或豁免个人支付的这部分费用。

（3）社会保障制度。香港社会保障的整体目标，是帮助社会上需要经济或物质援助的人士，应付基本及特别需要。香港社会福利署推行的社会保障制度包括综合社会保障援助计划、公共福利计划、暴力及执法伤亡赔偿计划、交通意外伤亡援助计划及紧急救济。

3. 除税及福利后住户收入

（1）除税后住户收入。原本住户收入扣除薪俸税、物业税、差饷及地租后的余额。在计算除税后的住户收入时，需要关注每一个收入组在缴纳薪俸税、物业税、差饷及地租的状况及其对收入带来的影响，对组间收入差距的影响。

（2）除税及福利后住户收入。除税后的原本住户收入加上教育、房屋及医疗福利后的余额。

（二）税收政策对收入分配的影响

香港采取的是分类税制，包括利得税、薪俸税、物业税，这几项税收约占全部税收的75%。利税额的征收范围是任何经营业务的纯利润，税率均为15%；薪俸税的征收范围是任何个人的薪酬，在计算时，按具体情况对一部分人享有基本免税额，如已婚人士免税额、子女免税额、供养父母免税额和单亲免税额，税率按2%～25%累进，但最高不超过总收入的15%。

1. 征税对调节收入分配有一定的作用

征税对于缩小收入分配差距具有一定的影响，香港征税的变化趋势是从以最高收入阶层为主要征税者逐渐向中等以上收入阶层增加税负转变。

2. 低税率政策对调节收入分配的作用有限

尽管香港特区政府对最高收入阶层征税对于调节收入分配有一定的积极作用，但香港实行的是低税率政策，一般低于GDP的20%，远远低于发达国家和地区的35%的平均水平，由于税率低，政府的财政收入少，因此，香港缺少全面的社会保障系统，税收和社会福利对市民收入的调节能力有限。

香港当局负责的社会保障只是社会救济，不负责职工的养老、医疗、失业救济。劳工养老依据雇佣条例，由雇主发给一笔长期服务金，条件是服务满5年，长期服务金为服务1年可得1个月工资的2/3。香港没有新加坡式的中央公积金制度，但政府鼓励企业为雇员设立公积金计划。劳工医疗是由雇主负责医疗补助金，当局设立的公营医院收费低廉，但只提供基本的医疗服务，大多数人向私立医院求诊。劳工失业只规定有遣散费，建立破产欠薪保障基金，当局主要依靠第三产业的发展提供再就业的机会。

香港目前比较严重的老人贫困问题就与低税率制度有很大的关系。在被管制时期，香港一直缺乏完善的个人退休保障制度，全社会只有政府公务员等少数人可以享受退休保障，其他人则要依靠个人和家庭养老，这无疑加剧了老人贫困问题。香港回归祖国后，特区政府在2000年实行了"强积金"制度作为新的个人退休保障，但是这项制度要真正负起退休保障的使命至少要等到30年以后。

（三）福利制度对收入分配的影响

1. 住房制度

香港公共房屋建设的资金来源主要有两个渠道：一是政府通过免费拨地、拨出资本和低息贷款提供资助；二是房委会通过公屋及其附属商业楼宇出租、出售获得维护及兴建公屋所需的资金。与此同时，香港特区政府会针对不同收入的居民，采取不同的住房货币化补贴、降低贷款利率或对贷款利率进行补贴、延长贷款期限、减免购房水费等措施，并支持非营利机构开发面向中低收入群体的低成本住房等政策，保障了香港公共住房制度公平稳定地发展。另外，香港特区政府对公共住房的准入和退出都制定了复杂、严格的审查机制。对于租住公屋，现行的香港房屋政策规定，有关申请人只能享受一次福利政策。

2. 教育制度

香港教育制度对收入分配的影响呈现倒U状，中等收入群体获得的补贴最高，最高与最低两个群体获得的补贴较低。最低收入组以老年人为主，不是教育补贴的对象。

3. 医疗制度

香港医疗制度对于收入分配的影响呈现显著的正效应，即收入越低，获得的医疗福利越多，收入越高，获得的福利越低。

四　港府民生政策的经验与启示

香港收入分配的扩大主要是由于人口结构、产业结构和社会制度造成的，属于在经济持续发展过程中产生的结构性贫困和局部性贫困，它与一些发展中国家因经济落后或社会动乱而出现的普遍性贫困有根本不同，是一种丰裕社会的贫困。长期以来，香港坚持低税制、低福利、高发展的发展道路，鼓励自由竞争，奉行不干预主义，强调自由胜于平等，效率优于公平，这既培育了香港今日的繁荣和富庶，使之成为全球最自由的经济体和国际金融、贸易和航运中心，但无疑也为贫富悬殊和贫困问题埋下了隐患，这从近年来香港的收入分配呈现扩大的趋势略见一斑。香港的发展模式对于逐渐进入丰裕社会的中国内地具有经验教训和启示意义。

（一）可资借鉴的经验

1. 独具特色的社会救助制度

香港公共援助制度汲取了英国公共援助制度和英国贫困法的经验，集中救助那些最不能自助者，体现了西方补救型福利制度的特点，表现为保障水平较低、保障范围较窄，强调个人、家庭、市场和第三部门的作用，政府扮演最后帮助者的角色，救助对象主要是身心不健全者和在市场竞争中的失败者，以保障其基本生存需要。此外，受中国传统文化的影响，香港的社会救助又表现出东方儒家文化的特色，如重视社会关怀，鼓励好善乐施，强调个人独立、社会互助以及家庭责任。目前，香港的社会救助主要由综援计划、公共福利金计划、三个意外赔偿计划以及有关社会服务构成，它们分别承担不同的救助功能，具有各自特定的救助目标、救助对象、救助资格和救助形式。

综援救助计划是香港社会救助的核心，它旨在为经济上有困难、无法维持正常生活的人提供基本生活保障，属于"最后的安全网"。它无须供款，其救助资金主要来源于税收和政府拨款，其救助对象不分性别、年龄、残障或疾病，涵盖收入低于一定水平的各类贫困群体，如年老、永久伤残、健康欠佳、单亲、低收入、失业等。综援金额包括三个部分：标准金额、补助金和特别津贴。标准金额主要用于满足基本生活所需，不同类别的受助人均可享受。补助金主要面向高龄、伤残人士和单亲家庭，它分为长期个案补助金、单亲补助金和社区生活补助金。特别津贴主要用于应付个人和家庭的特别需要。除此之外，综援还包括两个特别计划：一是"自力更生支援计划"，旨在协助有劳动能力的受助人积极寻找工作，重返劳动力市场，它包括积极就业援助计划、社区工作和豁免计算入息。二是"综援长者广东及福建省养老计划"，目的是为符合申请资格，并且选择到广东或福建省养老的老年综援受助人提供现金援助。符合资格的申请人，每月发放一次标准金额，每年发放一次长期个案补助金，但不能再享受特别津贴和其他援助金。

公共福利金计划主要是为严重残疾人士和老人提供津贴，每月以现金津贴的形式支付，以应付他们的基本和特殊需要。公共福利金计划包括以下四类津贴：①普通高龄津贴：发给收入和资产没有超出规定限额的 65～69 岁老人。②高额高龄津贴：这个不受收入和资产限制，无须收入审查，统一发给全港 70 岁或以上的老人。③普通伤残津贴：发给丧失全部劳动能力的残疾人士，无须收入审查，但需要经医生证明为严重残疾。④高额伤残津贴：发给严重残疾人士，让他们在日常生活中有人不断照顾，无须收入审查。

三个意外赔偿计划分别是：①暴力及执法伤亡赔偿计划，为暴力罪行或执法行动中的受害人或死者遗属提供现金援助，无须经济审查。②交通意外伤亡援助计划，为交通意外的伤者或亡者遗属提供现金援助，无须经济审查。③紧急救济，主要是天灾人祸时给灾民的紧急救济，具有灾害救济的性质，如供应热饭和其他生活必需品，会根据情况发放救济金。

有关社会服务主要包括公屋、公共医疗和公共教育等方面的专项服务，它主要面向收入或财产低于一定水平的有需要的人士。公屋政策是香港特区政府最重要的社会政策，是香港特区政府给广大低收入阶层和贫困群体提供的一项重要社会福利。从财政支出的角度看，政府对公屋支出虽不及教育，但以影响的人数而言，公屋却凌驾于其他社会服务之上。公共医疗是政府通过医药局辖下的公立医院为广大低收入和贫困群体提供低廉的医疗服务。与私立医院相比，公立医院的收费相对低廉，许多项目属于象征性收费。除了公屋和公共医疗之外，政府不仅给予贫困家庭必要的各种教育补贴，如学杂费、课本费等，还通过教育统筹局在学生辅导、学生资助、课外活动、学生培训和再培训等方面提供支持，协助需要支援的贫困学生和青年。尽管这些社会服务并不一定专门针对贫困群体，而是涵盖更广义的低收入阶层，但是，收入低于一定水平且有需要的贫困家庭皆可获得相应的社会服务。

2. 多层次的住房社会保障制度

香港地少人多，是世界上人口最稠密的国家和地区之一。经过 50 多年的努力，香港的中低收入居民居住条件取得了很大的改善。目前，香港约有 1/3 人口居于公共租住房屋，另有两成购置了政府资助的自置居所。政府通过推行公共房屋计划，为中低收入居民提供适当的房屋，而只收取他们所能负担的楼价或租金。香港成为世界上公认的住房问题解决得比较好的地区。探讨香港公共房屋的成功经验，对于内地保障房制度建设大有裨益。

香港住房社会保障包括：公共租住房屋计划、租者置其屋计划、居者有其屋计划、长者安居乐计划、长者租金津贴计划、置业资助贷款计划，以及夹心阶层住屋等针对不同阶层居民、不同需求的计划。

（1）公共租住房屋。香港公租房申请资格由香港房委会规定，家庭月收入及总资产低于政府规定限额，家庭大部分成员在港住满7年且没有私人住宅物业，就有资格申请。公屋的分配实行轮候制，另外对于年满六十岁者，房委会有多种优先配屋计划，使得合资格的高龄人士可获缩短轮候时间或在配屋方面获得特别安排。

（2）居者有其屋和租者置其屋计划。1978年和1979年，房委会推出了"居者有其屋"和"私人机构参建居屋"计划，以远低于市场价格的折让价，售予租住公共房屋的住户，以满足中低收入家庭的置业需求，鼓励较富裕的公屋居民迁出租住房屋以给予更有需要的家庭。在建屋方式上，采取以房委会建房为主，与私人机构参建居屋相结合的方式，逐步推行公屋住宅商品化、市场化。租者置其屋计划是香港房委会于1998年开始推出的置业计划，目的是帮助辖下公共房屋的租户，以可负担的价钱购买现居的租住单位。

（3）"夹心阶层住屋"计划。自1993年开始，香港特区政府委托房屋协会推出"夹心阶层住屋"计划。新建房屋的价格低于香港市场价格，出售房屋的对象多是中低收入与高收入阶层之间的社会阶层，他们收入超过公屋或居屋申请资格，却又没有能力在私人住房市场置业的阶层。

（4）长者安居乐计划。香港房屋协会于1999年获政府拨地，开始推行长者安居乐计划，兴建长者安居乐屋苑，为中等收入长者提供集物业管理、健康护理、社交及康乐活动一站式服务，让他们颐养天年。

（二）对内地收入分配改革的启示

1. 经济发展不能自行消除贫困和不平等

一般认为，在经济发展初期，贫富差距和贫困问题恶化不可避免，然而从长期来看，随着经济向更高水平发展，贫富差距将逐渐缩小，贫困问题得到缓解。库茨涅茨倒 U 曲线据此提出了在经济发展过程中收入分配"先恶化，后改进"的命题。但是，香港的发展经验表明，经济发展并不一定能够有效改善收入分配状况、缓解贫困问题。香港作为一个被认为由市场创造发展奇迹的地区，而收入分配差距也进入世界最不平等国家或地区之列。这说明，库兹涅茨倒 U 假说并不是一个具有普遍意义的规律，它只是体现了工业化初期阶段，经济因素对收入分配造成的影响，然而，对收入分配产生影响的因素很多，这是库兹涅茨倒"U"假说难以被现实经验所证实的根本原因。

香港经验的启示是：经济增长不能自动消灭不平等，因此在发展问题上不能片面地追求经济增长，经济发展对于缓解贫困的作用不仅取决于社会财富的总量情况，还取决于社会财富的分配情况，一味追求经济增长并不会带来全民的共同富裕。为了改善国民收入分配状况，需要在社会保障、税收政策、产业政策以及体制机制等诸多方面不断进行改进。对于中国这样一个大国而言，如果忽视收入分配改善，重效率而轻公平，经济发展不仅不能从根本上缓解贫困，反而有可能催生不平等的经济、政治和社会结构，从而加剧贫困问题的恶化。

2. 关注产业结构变化所带来的新贫困问题

进入丰裕社会以后，全社会的收入水平得到提高，但这并不意味着贫困就可以消除。香港社会贫困的趋势以及发生原因给我们带来许多启示。长期以来，香港对贫困的关注在一些特殊人群上，如老人以及身心欠佳者，因此香港的综援人群以老人、残疾人和健康欠佳者为主，这些贫困者属于非适龄非健全劳动人口，过去对于这些人的救济加起来占到综援个案总数的 70% 左右。近年来受经济加速转型、结构性失业、人力资源错配和劳动力市场分化等因素的影响，失业、低收入者、单亲家庭人士等适龄健全贫困人口的数量大幅度增加，在贫困群体中所占比重越来越大，远超过前者。新形势下的扶贫制度和扶贫资金远远跟不上贫困者的速度，不可避免地带来许多社会矛盾。内地在城镇化进程中有大量的农村劳动力进入城市，他们受教育程度低，主要集中在对劳动技能要求不高的生产和服务部门，目前的收入较低，且缺乏社会保障，随着经济转型，产业结构调整和逐渐进入老年群体，他们中的许多将面临失业和生活处境艰难，因此这些人可以说是内地的潜在的贫困人口，如何应对丰裕社会的贫困问题，需要吸取和借鉴香港的经验和教训，加强制度建设，进行未雨绸缪。

3. 充分发挥政府调节收入分配的职能

香港特区政府以自由主义思想为其收入分配政策制定的哲学基础，对经济活动奉行的是最大支持、最少干预的主导政策，以期使社会经济活动的效能达到较高程度地释放。这种思想作用于收入分配政策方面就具有了如下特点：其一，维持低税率、简单而明确的税制；其二，维持严格的"用者自付"制度，以厘定各项收费，以期把税率保持在低水平；其三，量入为出，控制公共开支规模及增长率；其四，维持规模小而效率高的公营部门。很显然，这样一种政府管理模式在提高公营部门和私人部门效率方面都是有积极作用的，能够防范政府部门的寻租和公共资源管理方面的浪费，从而有利于资源的合理配置，给经济增长带来积极的影响。然而低税率是不利于充分发挥高收入群体和能力较强群体对社会贡献的作用，而且低税率所带来的低财政收入，也不利于政府运用再分配救济贫困，难以发挥政府在调整收入分配中的主导作用。对中国内地这样一个地域广阔、人口众多的国家单靠自由主义思想和市场的力量来调整收入分配是很难起到应有作用的，政府必须运用另一只手去弥补市场的不足，促进社会的公平和有序。

参考文献

曹云华：《香港的社会保障制度》，《社会学研究》1996 年第 6 期。

扶贫委员会：《综合社会保障援助计划健全人士综援个案数目——过往趋势和 2014 年的情况》，2005 年 6 月 28 日。

甘鸿鸣：《经济增长能带来共同富裕么——基于香港地区收入分配状况的研究》，《特区经济》2012 年第 5 期。

关浣非：《经济结构变化与香港经济增长》，《世界经济研究》2000 年第 5 期。

刘敏：《丰裕社会中的贫困——再论香港的贫困问题》，《兰州学刊》2011 年第 6 期。

刘祖云、刘敏：《香港的贫困及救助：从理论到现实的探讨》，《中南民族大学学报（人文社会科学版）》2009 年第 4 期。

〔美〕杰弗里·萨克斯：《贫穷的终结》，邹光译，上海人民出版社，2007。

〔美〕约翰·肯尼思·加尔布雷思：《富裕社会》，江苏人民出版社，2009。

世界银行：《2000 /2001 年世界发展报告：与贫困作斗争》，中国财政经济出版社，2001。

王坤、王泽森：《香港公共房屋制度的成功经验及其启示》，《住宅与城市房地产》2006 年第 1 期。

香港社会服务联会：《香港十等分收入组别住户占全港住户总收入的百分比及坚尼系数（1981 ~ 2001）》，《社会发展指数 2004 年发布会》，2004 年 7 月 26 日。

香港政府统计处：《2011 人口普查主题性报告：香港的收入分布》，2012 年 6 月，香港政府统计处网站，www. censtatd. gov. hk。

香港政府统计处：《2011 人口普查主题性报告：长者》，2013 年 2 月，香港政府统计处网站，www. censtatd. gov. hk。

香港政府统计处：《2011 人口普查主题性报告：单亲人士》，2013 年 2 月，香港政府统计处网站，www. censtatd. gov. hk。

香港政府统计处：《2011 人口普查主题性报告：少数族裔人士》，2013 年 6 月，政府统计处网站，www. censtatd. gov. hk。

张光南、陈新娟：《香港产业转移、就业结构与社会稳定》，《当代港澳研究》2009 年第 2 辑。

赵永冰：《香港个人所得税的比较及启示》，《中央财经大学学报》2002 年第 2 期。

中国发展研究基金会：《在发展中消除贫困：中国发展报告 2007》，中国发展出版社，2007。

Mok Tai Kee，*Eradication of Hong Kong Poverty*（Hong Kong：Joint Publishers Ltd.，1999）.

S. Chow and G. Papanek，Laissez – faire，Growth and Equity – Hong Kong，*Economic Journal*，91（6）（1981）：466 – 85.

Kuznets，Economic Growth and Income Inequality，*American Economic Review* Vol. 45，No. 1，（1955）：18 – 25.

澳门社会民生研究与启示

王蒲生[*]

一 澳门社会保障制度的现状

当今澳门的社会保障制度沿循"双线发展模式",即以社会保险和社会救助为两条主线,并辅之以社会其他福利项目。

社会保险主要是雇员遭遇困难不能正常工作时,由社会保障基金提供的各类补助和津贴。具体包括补助金、津贴和其他特别(紧急)给付。补助金分为养老金、残疾抚恤金、社会救济金。津贴分为失业津贴、疾病津贴、出生津贴、结婚津贴、丧葬津贴。

社会救助是在社会保障基金不足的情况下,社会工作局予以补充的一种经济援助方式,受保障对象是符合居澳年期限制及经济资格审查的贫困和缺乏其他保障的人士。具体包括一般性经济援助和偶发性经济援助,一般性经济援助分为老人援助金、单亲家庭援助金、贫困援助金。偶发性经济援助分为灾难性援助金、紧急援助金等。

其他社会福利服务,主要指与家庭问题、人际关系及人格成长等密切相关的各类服务,由政府和社会提供。如澳门公务员的福利统一由退休基金会发放。澳门所有居民均可在卫生司属下的卫生中心免费获得一般性医疗和诊断服务。其他社会福利服务具体由个人及家庭服务、儿童及青年服务、长者服务、康复服务、防治药物依赖服务、医疗服务构成。个人及家庭服务具体包括家庭服务中心、社区中心、临时收容中心。儿童及青年服务包括托儿所、儿童及青少年院舍、寄宿学校。长者服务具体包括省康中

---

*　王蒲生,清华大学深圳研究生院教授。

心、长者日间中心、安老院舍、家居照顾及支援服务。康复服务具体包括康复院舍、日间中心、辅助就业中心。防治药物依赖服务包括预防药物滥用服务、戒毒康复服务。

澳门于 2010 年基本建立起了具有澳门特色的双层式社会保障制度，第一层指社会保险，第二层是中央公积金。

澳门原有的社会保险制度仅覆盖劳动者，新保险制度则针对所有成年澳门居民。劳动者一般维持强制性参保，无工作者可以自愿参保。资金由政府财政拨款、投资收益及劳资按定额供款构成。新制度在给付水平方面，以养老金为例，旧有受益人可维持旧制度有供款 60 个月记录者即可领取全额养老金。其他，供款满 360 个月（30 年）者可全额取得给付。目前是每月 1700 澳门元，而必须符合至少最低供款 60 个月者方有权按比例领取。新制度的保障范围涵括七项福利保障项目，除社会保险基金支出中的最大项目养老金外，还有失业津贴、疾病津贴、殓葬津贴、出生津贴、结婚津贴、残疾金。

第二层中央公积金，由政府安排雇主和雇员共同供款并且强制执行，形式上还以不同方式支持、鼓励，成立雇员个人账户的储蓄养老保障制度，在覆盖范围上以 22 岁以上的澳门永久性居民为主要对象，不同于其他地方推行的公积金制度是以劳动者为对象，这样安排的目的，是借此账户分享特区的经济成果，藏富于民，让受益人有较宽裕的退休生活，在原有的社会保险上多一层保障。由于中央公积金专为养老而设，一般情况下，参与人到 65 岁才可以领取。若在 60 岁至 65 岁时申领，只发 75% ~ 99.4%。至于"退休"后能领取多少公积金，视个人退休前的账户积累和在此期间的投资回报而定。

澳门现有 65 岁以上人口约占总人口 8% 左右。自 2010 年推行"双层保障"制度以来，政府为居民在银行开户，每年存 1 万澳门元，如果当年政府财政有盈余还会按照一定比例为每个账户注资。按照这项政策，一个 21 岁的青年到 65 岁时，银行至少会有 40 多万澳门元的存款，特区政府希望这项政策让澳门老人能安享稳定晚年生活。

澳门政府施政报告中表明，会将一些短期计划如现金分享计划及医疗券等过渡到长期的中央储蓄制度的社会保障体系之中。这正体现了社会保障制度应可持续性长远发展。由比较单一的社会救助到双轨并行的社会保险加社会救助，再发展到现在的双层社会保障：社会保险、社会救助和中央公积金，澳门的社会保障体系趋于完善。从理论上来说，双层肯定要好于单层，制度的稳健性关键在于资金来源保证和收支平衡，政府对于社会保障的支持必须有其经济基础，除了赌权开放引资和发展旅游业，雇主和雇员适当提高对于社会保险的供款，并且强化管理使基金的增值能力得以提升，都为完善社会福利和社会保障创造了厚实的物质条件。

二 现金分享计划

现金分享计划是澳门特区政府于 2008 年起向澳门居民一次性发放现金的计划，目的是让居民分享经济发展成果。当年每个澳门永久性居民获发5000 澳门元，之后每年都发放，但金额会因经济、通胀和政府财政盈余情况而数额不同。[①]

1. 现金分享计划的发放对象

该计划的受惠对象是在一定限期内持有有效或可续期的澳门居民身份证居民。为协助落实现金分享计划，特区政府建立"现金分享发放辅助中心"，2008 年 7 月 1 日正式运营，该中心负责处理及协助有需求的居民解决收取款项和提供查询等服务。

2. 现金分享计划的发放方式

发放方式主要有两种，第一是银行转账，第二是邮寄划线支票。通过银行转账方式发放现金的对象包括：领取敬老金人士和领取社会工作局援助金人士；领取助学金的专上学生、领取直接津贴的教职员；领取退休金人士、领取抚恤金人士；公共行政部门人员。[②] 除了通过银行转账的对象外，其余具备资格的澳门居民，则通过邮寄方式获得划线支票。划线支票用平邮方式寄出，使受益人以最简单的方法能收到支票。年满十八岁的受益人所收到的支票抬头为受益人姓名；十八岁以下未成年受益人收到的支票抬头会列出以下内容：受益人姓名、母亲姓名和父亲姓名（支票可存入

---

① 澳门 2013 年度向 63 万多人发放现金 48.85 亿，腾讯新闻，2013 - 10 - 03。
② 《澳门现金分享计划每人 8000 每年还将收 12 红利礼包》，新闻资讯，2013 - 07 - 4。

受益人、受益人母亲或父亲的账户）。因为支票为划线支票，只可将支票存入抬头人的账户，所以即使其他人取得支票也无法兑现。现金分享计划的支票兑现期为三年。对于特殊情况，比如未获确定监护权的未成年人、无行为能力者，以及被处以保安处分和剥夺自由措施、接受刑罚的人士，则由社会工作局处理。

3. 现金分享计划实施情况

2008 年 5 月 23 日，澳门经济财政司司长谭伯源在同相关局级官员在澳门政府总部公布现金分享计划，只要在 2008 年 7 月 1 日具有澳门永久性居民身份的发放 5000 澳门元，而澳门非永久居民则发放 3000 澳门元，共拿出财政款项 20 多亿澳门元。澳门政府分别于 2008 年 7 月 4 日、10 日及 16 日以自动转账方式向有关受惠人发放到其账户。同时，现金分享计划中第一批划线支票在 7 月 14 日至 9 月 12 日以出生年份分阶段发放至相关受惠人员。

2008 年 11 月 11 日，澳门行政长官何厚铧在澳门立法会发表施政报告，他表示为了对抗金融海啸带来的压力和冲击，也为了让居民分享经济发展成果，澳门政府于 2009 年上半年发放一次性现金分享计划，并且原则上金额不会少于第一次现金分享计划中所发放的金额。何厚铧在 2009 年 4 月 16 日的立法会答问大会中表示永久性居民可获发 6000 澳门元，而澳门非永久居民则获发 3600 澳门元。2009 年 5 月中旬澳门政府现金分享计划款项发放工作正式开展。2011 年分别调整至 4000 澳门元及 2400 澳门元，2012 年分别涨至 7000 澳门元及 4200 澳门元。澳门特区政府统计暨普查局统计资料显示，2012 年澳门专业人员月工资总收入中位数约 2.4 万澳门元，服务、销售人员以及渔农业熟练工作者则为 7500 ~ 8500 澳门元。[①]

澳门特区 2013 年现金分享计划 7 月 2 日起正式实施，据 2013 年现金分享计划有关规定，凡 2012 年 12 月 31 日前持有有效或可续期的澳门特区居民身份证居民，均可获发现金。现金分享计划的发放形式有银行转账、邮寄划线支票两种。永久性居民及非永久性居民将分别获发 8000 澳门元及 4800 澳门元。截至 2013 年 9 月 30 日，澳门特区财政局已向 63 万多人发放了数额不等的现金。澳门特区政府 2013 年现金分享计划受惠的

---

① 张焕，中国广播网，2013 年 11 月 19 日。

永久性居民约 57 万人，非永久性居民约 6.8 万人，涉及财政开支约 48.85 亿澳门元。[①] 澳门特区行政长官崔世安宣布 2014 年澳门特区将继续实施"现金分享计划"，将向澳门永久性居民每人发放 9000 澳门元，非永久性居民每人发放 5400 澳门元，分别比 2013 年增加 1000 和 600 澳门元。[②]

4. 现金分享计划评价

在社会保障理论中，这样的政策安排被称为"社会津贴"，不论贫富，人人有份，属于普惠性的社会福利政策。不论穷人、富人都发同样的一笔钱，但是同样那一笔钱对每个人的边际效益不同，有些人其实并不需要这笔钱，对于澳门特区的这项社会福利政策，表面上看起来比较公正，社会津贴将待遇范围扩大到"全民享有"，追求的是"结果平等"，同时与社会救助制度相比，省去了社会救助制度中"家庭经济调查"这一程序，而"家庭经济调查"的"侮辱性"一直为激进的左翼人士所诟病。当然也节约了行政成本，对社会成员而言，领取社会津贴无须事先缴费，战后发达国家和地区经济快速发展时，这样的制度比较常见，随着各国社会经济发展的变化和对社会福利制度的认识日益加深，对这种"不分贫富，人人有份"的社会津贴制度批评的声音也日益高涨，批评的焦点集中在"边际效益"的问题上，对于穷人，这是及时雨，会帮助他们解决实际问题；而对于富人，则可有可无，不如取消发给富人的津贴，而把这些钱发给穷人更好。所以，"结果平等"其实造成了新的"不公正"，若单纯追求形式上的结果一律平等，也许会有碍事实上的公正；而若严格追求事实上的公正，结果反而难免不平等，实质上是对公共资源的不当运用。其实当代世界各国实施社会津贴制度都比较谨慎，通常缩小其适用范围局限于一些特定的困难群体，比如"老年津贴""残疾人津贴"。当然对发放标准也会有意加以控制，甚至只是"意思意思"主要是体现政府对民众道义上的关怀。例如香港的"老年津贴"，被港人揶揄为"生果金"（买饭后水果吃的钱），虽普遍发放但标准较低。

在某些社会、经济背景比较特殊的国家和地区，社会津贴是政府的一种再分配手段。澳门特区的社会经济发展也有其特殊情况。澳门兴盛的博

---

① 澳门 2013 年度现金分享今起发放，中国新闻网，2013 年 7 月 4 日。
② 《东方早报》，2013 年 11 月 22 日。

彩业，一方面使特区政府财政充裕，另一方面也对居民的生活产生了一定的影响，为平和社会心理而实施"现金分享计划"。同时，对澳门特区的整体社会福利制度有很大提升，对学生发放学习用品津贴、对年满 22 岁的永久性居民实行中央储蓄金制度、发放医疗券和电费补贴等。政府出资购买非营利组织实施的社会服务也很普遍。当然，充裕的政府财力是实施社会津贴制度的后盾。政府财政收入较好，人口不多，实施普惠性社会津贴制度的可能性更大。而不符合上述情况，社会津贴只能限于一些特殊人群。

　　澳门政府的补助方法在赢得羡慕的同时，也招来质疑：这样的福利方式能够走多久，是否值得其他地区借鉴？美国、新加坡，还有我国香港、台湾地区都有过类似的做法。在美国和香港是退税，在新加坡叫分红，我国台湾地区则是发消费券。都是政府拿钱，普惠百姓。① 我国内地，曾经也有过类似做法，在新中国成立 50 周年时，政府对所有体制内人员工资标准提高 30%、社会保障标准也提高 30%。这项政策对当时的退休人员、低保对象生活的改善作用明显。当然福利体系不应全面覆盖而应保基本需求，并且我国内地人口太多，有人认为不太具有借鉴意义。从方式上，就不如美国的退税来得简洁明快。但派发现金更具有全民参与分红的仪式感和政治意义。② 无论是澳门的现金分享，还是美国退税，大抵在社保诉求外，都还有一定的经济目的，或刺激消费，或舒缓高通胀压力。当然很多社保专家认为澳门普遍派发现金的行为，倒不如重点救助弱势群体。我们现在讨论现金分享时，立即联想到欧洲那些高福利国家。高福利在欧洲已经成为政府财政不能承受之重，在此情况下现金分享是奢谈。澳门 2014 年现金分享计划预计开支金额约 56.59 亿元。2014 年的特区预算收入估计约 1536.2 亿元，而现金分享计划的开支只占收入的一小部分，因此不会对特区政府的财政造成很大负担。③ 有专家认为，在政府财政储备多、民众面临通胀压力的情况下，派钱的确是皆大欢喜之举，也是舒缓民怨的一种途径，但不是民生改善长久之策。任何国家的保障体系，不论是医疗保障体系还是福利保障，其关键都应当是保低，而非普惠，保基本需求而非全面覆盖，只有在澳门这样的小面积地区才能在一定时期实施如此措施。就中国内地来

---

① 韩福东，华商报，2013 年 11 月 20 日。
② 韩福东，华商报，2013 年 11 月 20 日。
③ 韩福东，华商报，2013 年 11 月 20 日。

说，高税收，低保障，人口规模太大，且呈现社会阶层多元化，普通大众尚难直接享受经济高速发展下政府财政和国企发展的红利。在这种情形下，社会保障制度宜加大对弱势群体的救助，国企如果能够分红，不妨借鉴澳门人人有份的现金分享方式。

三 完善我国社会保障制度的启示

我国社会保障制度以国家本位主义为主要原则，即国家处于主导地位，多方共担责任。随着社会转型，以人为本的发展观提出要处理好经济发展与社会发展的关系，减少贫富悬殊差距过大、城乡差距明显等社会问题，对我国的社会保障制度建设具有推动和指导作用。[①] 我国社会保障制度是以城镇社会保险制度为主体的体系框架。目前形成了社会保险、社会救助、社会福利、社会优抚这四个主要内容。确立我国的社会保障模式，应尊重社会保障的演进规律，但更重要的是要立足于我国的国情。我国人口多，生产力水平较低，社会财富相对不足，社会结构仍然是二元体制，且已经进入老龄化社会，这些都加剧了实施社会保障的难度。借鉴国际和我国澳门特区经验，结合我国的具体情况，可以得出以下几点启示。

首先，完善的法律规范是推行社会保障制度的重要保证。社会保障是国家和社会依法对社会成员基本生活予以保障的社会安全制度。对国家来说，为公民提供社会保障是其应尽的义务；对公民而言，享受社会保障是其基本权利。社会保障制度以立法为基础。1985 年澳门颁布《公职人员退休基金法令》，确立了公务员退休实行公积金形式的制度。1989 年，澳葡政府颁布《社会保障基金法》。澳门政府的社会保障制度起步晚，但是却快速进入了法制化轨道，为社会保障制度的规范发展提供了法律的基础保障。但是目前我国社会保障的法制化程度低，存在不少问题。比如社会保障工作大多靠政策规定和行政手段推动，2011 年 7 月 1 日社会保障法才正式实施，但是相关配套法律仍然缺失，在社会保障方面发生争议进行仲裁或诉讼时，由于立法滞后，仲裁机构无法可依。并且我国基金管理分散，保险

---

① 苏璇：《粤港澳三地社会保障制度的比较研究》，广东外语外贸大学硕士论文。

基金被各地挪用和滥用的现象屡见不鲜，流失严重。因此社会保障相关法律需要进一步完善。

其次，效率与公平问题是社会保障的核心。不管是英国的国家保障式还是美国的自由保险式，还是回归后的澳门政府有明显的新保守主义福利观的取向，认为社会福利的发展，必须依赖经济发展成果，他们在处理公平与效率的问题上有各自的特色。这是我国社会保障在机制完善方面应该着重解决的问题。但是，目前我国在处理社会保障制度公平与效率关系方面还有待完善，比如农村的社会保障问题、进城务工人员等，还需要不断加强在公平性方面制度调整力度。这也涉及了政府和市场保障机制的主辅作用问题。英国主要采取的是政府保障机制，而美国采取的主要是市场机制，但目前各国采取各种措施以实现两者的有机结合。

社会保障制度的核心价值是社会公平，并不排斥效率，但效率是次要的价值目标只具有手段的意义。没有效率的持续提高就没有实现公平的物质基础，高效率有助于实现更高层次上的公平，而公平的增进也会为经济效率的提高创造稳定的外部环境，所以从长期来看公平与效率是统一的。但在短期内，效率的提高和公平的增进并非同步，任何一方的增加都会以对方的一定损失为代价。因此为了体现当前政府政策的价值取向，社会公平在社会保障制度的建设上应该放在首要位置，确保社会成员平等地享有基本权利的机会，从而保证公平及经济的健康发展。

再次，建立健全社会保障管理体系，提高基金管理水平。社会保障是一项关系社会稳定和经济发展的重要工作，涉及面广、政策性强。因此，应建立一套分工协作的管理系统，以保证社会保障工作的顺利进行。发达国家为我们提供了有益的经验，稳定社会保障财政，采用基金制管理保障基金，并发挥财政在社会保障中的主导作用。因为社会保障，它既是一个分配问题，也是一项政府行为，单靠市场机制无法完全实现，会出现"市场失灵"，因此需要国家财政参与分配和管理。建立一个规范、健全和完善的全国社会保障体系的很重要的一步就是改革我国的社会保障筹资模式。为了更好地筹集社会保障资金，完善我国社会保障体系，开征社会保障税成为不二选择。当前全球已有160多个国家征收社会保障税，并以此作为社会化保障体系的筹资主体。并且澳门的社会保障事业有着众多的民间社团和宗教组织的积极参与，整个福利事业多元化发展和多元化管理。这些民间机构更有利于适应社会的变化，有效地向社会提供服务，在政府引导下社会覆盖面越来越大。政府介入社会保障主要是解决"市场失灵"的问题，但也存在"政府失灵"，所以政府对社会保障的供给也不能完全介入。政府在多大程度上介入社会保障，往往受到政治体制、经济体制、政府政策目标、政府掌握的资源状况等因素制约。

最后，经济发展水平决定社会保障程度。社会保障在不同的国家、同一个国家的不同发展阶段，政府的政策可能有所不同，需要具体问题具体分析，根据实际情况进行调整。澳门政府在社会保障领域并非一步到位，政府渐进式地干预，逐步介入民间福利机构，现今澳门政府承担起社会保障的主要职责。不同的发达国家特别是"福利国家"，保障对象不仅遍及全民，保障项目还贯穿于人生全程全方位，而发展中国家提供的社会保障项目较少，这就要求采取渐进的观点，认清所处的发展阶段。我国目前仍处在并将长期处于社会主义初级阶段，要建立的社会保障制度，是要与社会主义市场经济体制相适应，所遇到的问题和困难也与其他国家不同，与实行资本主义制度、典型的微型地区的澳门更不同，微型国家与地区并非仅是巨型或大型国家的"迷你版"那般简单，微型国家与地区有其自身的独特性，其经验绝不能简单照搬。因为社会保障的水平带有很强的刚性，在当前，要坚持公平与效率相结合，避免社会保障水平过高、覆盖面过宽、超过国力负担的局面出现。

四　澳门的住房保障

联合国《经济、社会及文化权利国际公约》规定每个人都应该拥有住房，这是人的基本权利。如果有人因为经济收入低下而住不起房，政府有责任为其提供适当的住房，这是保障性住房政策的来由。住房问题与国家利益、社会公共利益和公民的切身利益息息相关。政府住房保障的政策选择是在一定的国家经济和资源背景下确定的。澳门在解决住房问题方面有特殊的经验，主要有经济房屋和社会房屋两大类。本章的重点在于澳门住房保障，同时也参照了新加坡、法国和美国的住房保障政策和制度，对于解决我国内地目前城市化进程中比较尖锐的住房问题起到对比借鉴的作用。

（一）澳门的经济房屋

2002 年以来，澳门的经济突飞猛进，赌权的开放不仅使得澳门出现了一片欣欣向荣的景象，而且带来了物价、房价的不断上涨。一个严重的民生问题就是"夹心阶层"置业困难。政府为了压制房价推出了各种措施，但鲜有成效，民众关注的目光则都聚集在经济房上。

1980 年澳门政府推出《经济房屋法律》，使中低产阶级的人士有机会购买价格受管制并低于私人地产商兴建的房屋，这些房屋小区设施齐备，包括学校、托儿所、活动中心及商铺等。1984 年澳门政府又推出《房屋发展合同》法例，缓解本地区房屋缺乏之情况，特别是缓解收入较低阶层对房屋的需求，辅助本地区建筑业发展，刺激增加房屋供应量，以符合本地区实际房屋需要和适应市民的购买能力。1993 年和 1995 年，政府分别对房屋政策做出调整与修正，制定第 13/93/M 号法令和第 26/95/M 号法令，对出售经济房屋的制度进一步做出明确规范，透过公开竞投的方式分配经济房屋。经济房屋的兴建自 1980 年开始至今共有单位数目约 28000 多个。①

1. 经济房屋的用途、级别和类型

经济房必须符合下列全部条件，一是分层制度的多层楼宇，由多个独立单位组成可供个人购买；二是月租和售价受到法律规定限制；三是水、电、去水渠等系统齐全；四是符合对房屋等级和类型所规定的特征；五是具备良好坚固耐用、清洁卫生、舒适等条件。并且是通过法律规定由地区行政当局、公益行政团体、地方自治机构、澳门教会、公共服务专营公司、房屋合作社营利企业及其他私法人建造或购置的。1990 年后，澳门本地建筑企业与行政当局签订房屋发展合同，承诺建造低价格之房屋，以回报行政当局给予之各种优惠及辅助。经济房仅供居住，另外地区行政当局可批准在房屋主要入口的一层有一个或多个独立单位，用以从事商业、自由及专门职业或供住户公益的其他服务。此外有关房屋的级别规定：一是每单位总实用面积不小于四十平方公尺及不超过一百平方公尺。二是每单位间格至少为两个最多为五个，此外应有厨房一个、厕所一个或两个。三是实用面积系指居住单位内全部间格连同附属部门包括厕所、走廊、贮物房及

---

① 澳门特别行政区房屋局资料，http：//www.ihm.gov.mo/cn/page/index.php？id=104。

壁橱等之总面积。经济房的类型可分为两类：第一类房屋——有厨房、卫生间及一无间格且面积不等之厅；第二类房屋——有厨房、卫生间、厅及一个或多个房间。

2. 经济房屋享有的优惠

经济房在以下六种情况中按照《经济房法》规定享有不同豁免税项优惠，①A 建造楼宇的准照；B 检验；C 入住许可证；D 在租金受限制期限内，所进行保养及修葺工程的准照。②经济房收益，享有豁免为期十年的都市房屋业钞；该期限为由发出入住许可证的翌月首日起计。期限告满后，房屋业钞之豁免将减为半数，直至租金受限制的负担期限终止，将由有关机关主动办理。③经济房享有豁免土地的转移税，自居住准照发出的翌月首日起，至居屋不得转让的责任生效届满前，居屋收益享有市区房屋税豁免。居屋不得转让的责任终止后，如该居屋仍属于第一手购买者或因其死亡而移转予未经法院裁判分居和分产的生存配偶，又或与第一手购买者居住至少一年的直系血亲卑亲属或尊亲属，则市区房屋税可获减半。④在豁免或暂时减免都市房屋业钞期限内所签立之经济房买卖契约，系豁免纯利税者。居屋建造准照及楼宇检验，豁免征收任何费用或税项。⑤在实施限制租金期间内，经济房亦享有下列税务优惠：A 免费办理房屋登记；B 减收签立买卖契约费用的半数；C 豁免租务合约的印花税。需要指出的是，上述全部的优惠只限于供居住用之经济房。⑥申请经济房津贴。澳葡政府在1986 年 1 月 4 日颁布的第 3/86/M 号法令关于在发展居屋合约范围取得自置居屋的津贴制度，所指的是申购人在购买经济房时，如申购人低于政府规定的收入线（以第 56/91/M 号训令为准），则政府对申购人给予一定的津贴。

3. 经济房屋的租赁

经济房屋的租赁是指政府以出租方式将经济房租给住客使用，从而实现社会效益，这里要区分的是经济房所有权人租赁方式不同，所取得的社会效益不同。

由于经济房屋实际上是一种社会福利，因而其租金为限制租金，即是说，租金不是由业主与住客商定，而是由政府确定；租金的制定、增加或调整都是一种行政行为。此外承租人也有资格上的限制，法律规定，家庭所有成员之总收入少于其有承租单位租金之四倍或高于其十倍者，不得以其名义或以第三者名义承租经济房屋。再者，限制租金经济房屋之出租由房屋局办理。①

随着时代的变化，社会房屋所逐渐取代了政府兴建的公共房屋，经济房的所有权则转让给有需要人士。消除木屋计划之中的僭建房屋的居民、临时收容中心及灾民中心的居民，是 20 世纪 80 年代至 90 年代中缺乏居住条件房屋的住户，经济房也为当时兴建基础设施而需要清拆的僭建房屋的居民、重建或修葺社屋工程影响的社会房屋租户提供价格相宜的房屋。

至 20 世纪 90 年代中期，清拆木屋与僭建房屋的计划差不多完成，于是，经济房屋计划出售的重点对象转向住满三年的社会房屋居民及合资格的经屋申请人。1999 年初澳门政府公布法令为社会房屋承租人购买原社会房屋单位的要求、出售社会房屋单位的定价方式等提供法律基础。② 澳门政府把一系列原作社会房屋用途的房屋转以经济房屋方式出售予承租人③，包含约 24 个不同地区的社会房屋，让原租户可购买自住的单位。

2001～2003 年房屋局除了把经济房屋分配予合资格的经屋申请人外，也让在社会房屋居住三年以上的居民及符合经济房屋资格的租户，也可购买当时落成的部分经屋。为配合经济房屋出售予低收入家庭，澳门政府在 1985～1986 年制定与经济房屋相关的法律/法令，包括可豁免部分税款及提供津贴。在税务优惠方面，成功购买经济房屋的家庭可在经济房屋转售期满前豁免市区房屋税，也可豁免首次物业转移税④。与申请社会房屋收入相若或低于申请社会房屋收入限制的家庭可获 6.25% 或 10% 楼价的津贴。⑤

1993 年和 1995 年，澳门政府为了适应社会发展需要，两次对房屋政策做出调整与修正，通过公开竞投的方式向合资格的申请人分配经济房，对出售经济房的制度进一步做出明确规范。

① 米健等著，黄汉强、吴志良主编《澳门法律》，中国友谊出版社，1996，第 326 页。
② 在 1999 年 1 月 28 日公布的第 4/99/M 号法令《订定作为按房屋发展合同回报之住房单位之分配制度》。
③ 1999 年 8 月 4 日由澳门总督办公室总督韦奇立签署的第 119/GM/99 号批示《许可澳门房屋司将该司财产之房屋出售予承租人》。
④ 1985 年 4 月 8 日刊登的第 1/85/M 号法律《按房屋发展合同兴建之房屋给予税务豁免及其他优惠》。
⑤ 1986 年 1 月 4 日刊登的第 3/86/M 号法令《购买房屋发展合同制度所建房屋的津贴制度》。

4. 经济房屋的申购条件及方式

经济房屋的转让只能由申购者申请购买,并且要通过在《澳门特别行政区政府公报》上通告的每六个月一次的竞投,竞投者必须符合前面所要求的条件。对于申购者如通过房屋局审查,还应透过呈交竞投报名表时之社会经济及居住状况之评分制度,进行排名。名次按得分总和依次递减排列,该得分从赋予每项问答特征之分数总和而取得。在一个最后得分相同之情况下,月人均收入较低者排列在前,如果仍出现相同的情况那么在本地区居住较长时间者排列在前从得分最高者中,按所选类型及地点分成之房屋数目而甄选。最后如果还有多余的房屋,应在每份名单内,甄选排名仅次于最后一名获甄选候选人群体。

5. 经济房屋所遵守的义务

经济房屋作为保障性住房,政府对经济房屋的所有权做出可不可转让的限制。第 41/95/M 号法令关于经济房管理所规范规定了经济房屋所遵守的义务。第一,缴纳有关独立单位因土地以租赁制度批出的对应的租金。第二,每月应缴纳管理费及有关楼宇共有部分的维修费。第三,在收取单位钥匙时,缴纳相当于管理费两倍的担保金用作管理基金,并在收取单位钥匙后一个月内,购买火灾保险,于订立合同或续签合同后 15 日内合同副本呈交楼宇共有部分管理部门。如不递交该副本,则须向楼宇共同部分管理部门缴纳由管理部门代为订立的火灾保险合同的保险费。第四,遵守管理部门为改善楼宇环境卫生等情况而订定的各项规定或指示。

(二) 社会房屋

澳门政府分别制定以购买低价房屋的经济房屋法律以及租住政府房屋的社会房屋法律,这一法律包含了社会房屋的定义及其分配原则,《社会房屋法律》自 1987 年 6 月 12 日后,经过第 89/88/M 号法令、第 172/90/M 号训令、第 58/91/M 号法令、第 30/96/M 号法令、第 50/98/M 号法令、第 112/99/M 号法令、第 6/2003 号行政法规、第 32/2003 号行政法规和第 25/2009 号行政法规修改。

社会房屋是指出租给经济状况薄弱且居住于澳门特别行政区的家团的所有权归本澳行政当局的房屋,家团指的是一群以婚姻、事实婚姻、血亲、姻亲及收养等为联系而共同生活的人。

社会房屋的申请由家庭中一名同时具备下列条件的家庭成员提出，该成员年满十八岁、在澳门特别行政区居留至少七年、为经济状况薄弱的家庭内的任一成员及其配偶。第一，自提交申请表期限结束之日起的前三年内，不得为或不曾为澳门特别行政区任何楼宇或独立单位的所有人或预约购买者，或澳门特别行政区任何私产土地的所有人或承批人。第二，自提交申请表的期限结束之日起至与房屋局签订租赁合同之日，不得为澳门特别行政区楼宇或独立单位的所有人或预约购买者，或澳门特别行政区任何私产土地的所有人或承批人。

社会房屋的分配服从适当性原则，即分配是要考虑房屋类型与家庭人数相符，从而避免出现房小人多或房大人少的情况。此外屋与家庭成员人数不符合的情况下为十人或十人以上的家庭分配两个或两个以上的单位。如发现家庭中有一个以上的家庭核心，那么在合理情况下，房屋局可按所确定的家庭核心数目分配在数量上与之相等的房屋。如有需要，房屋局同时可以将同一房屋分配给多个个人申请人，而该房屋由房屋局管理。如家庭中有疾病的成员，获分配的房屋类型可超出一般的规定，但是应与家庭的特殊情况相配合。例外情况如面临社会、身体或精神危机，又或遭受灾难亟须安置的个人或家庭，以社会互助为宗旨的机构或实体，或公共机关或实体。

社会房屋与经济房相比，主要区别在于主体、权利、义务的不同。经济房的申购者是中低收入人士，而社会房屋的租赁者是低收入人士。经济房是在社会福利政策下取得所有权，申购取得的。社会房屋则是由申请人向政府申请租赁社会房屋，享有以较低的租金租住社会房屋的权利。经济房购买者遵守的义务较少，是因申购者购买而取得经济房，所有权归购买者。

澳门房屋司会为贫困者、不具备购置和租赁私人房屋条件的居民提供临时房屋或社会房屋。并且设有专为独居老人、无依无靠的年长夫妻提供老人公寓。

（三）完善我国住房保障制度的启示

住房问题与国家利益、社会公共利益和公民的切身利益息息相关。通过解剖澳门经验，比较国际经验，得出了一些启示，政府住房保障的政策选择是在一定的国家经济和资源背景下确定的。虽然各国、地区的住房保障政策各有千秋，但都有些共性，值得借鉴。

第一，在保障性住房建设中，政府的兜底性责任必须做好。发达国家、地区的政府不管通过什么形式都承担起了保障性住房建设的责任，对保障性住房这一重大社会民生问题，积极有为担当。政府是顶层设计和政策制定者、推动者、管理者和监督者，即使在某些国家具体的工作交给市场和社会来做，但管理监督和主导地位不能放松。当然政府政策取向没有放之四海而皆准的唯一真理和正确模式，在具体的问题上要坚持实事求是原则，根据本国和本地区的情况具体安排执行。

第二，政府的决策不是静止不动的，而是因应各自时代条件和居民需求而不断变化的一个动态过程。他们的住房保障政策大概经历了两个阶段：在住房严重短缺的阶段，政府在生产环节直接干预住房市场的运行。当全国范围内住房短缺得到缓解，住房供求总量基本平衡，各国政府都实行各种政策以推动个人购房，提高住房的自有率。美国经历了从建房向市场化解决的过渡，并依赖其财税政策和金融支持等市场化手段。而新加坡则坚持了政府主导主管的思路。香港坚持两条腿走路，在公屋和居屋两个主要形式上，澳门坚持经济房屋和社会房屋政策互相支持。

第三，政府政策的公平性，"住房作为人类生存不可替代的必需品，人人都应享有合适的居住设施"观点已普遍被接受，政府倡导住房的公平政策，作为一国经济的宏观管理者，担负着促进社会全面发展和保障全体居民的基本权利实现的职责。发达国家和地区采取多种形式解决低收入家庭的住房问题。

第四，住房保障补贴的形式，主要有补贴需求和供给，美国主要是补需求，通过财政补贴和低税政策，使住房可以以较低的价格交易，从而实现其保障目的。新加坡和香港相似，主要是补供给，通过大量建设保障性住房，来实现其保障目的。政府向房地产企业提供财政补贴，同时对住房出租做出限制，必须以"成本租金"出租给家庭条件和收入符合规定的住户。

第五，发达国家基本上都已形成了比较完善的住房保障法律，这些国家以法律为依据成立专门的机构实施法律规定的各项保证措施，同时引导和规范其他经济主体的行为，鼓励其服务于住房保障的整体目标，从而保证住房政策落到实处。

第六，关于住房保障资金筹措的来源，利用市场、利用私人部门来解决公共问题。美国主要是住房抵押贷款，很大程度得益于其金融创新的成熟。新加坡主要靠住房公积金，实现投入的保障，并通过贷款进行回收，实现住房公积金的良性循环。德国则推行储蓄贷款模式，实现一般贷款和保障性住房贷款在成本上的区隔，从而体现金融的保障性功能。日本的官民结合金融，更注重使用民间资金。我国政府要积极探索融资渠道，通过商业设施配套等措施提供长期持续的资金支持。

第七，公共治理的观念，小政府、大市场、大社会的思维，将是未来观念主导，社会的事社会办，把社会保障做好，政府既要做好公共服务的职能，又不能过分依赖政府的力量，包办一切在长期的、大规模的保障性住房建设中将越来越难。保障性住房必须依赖社会各方的共同参与才能做好。要充分发挥政府协调和组织作用，充分吸纳各种社会资源参与和投入保障性住房建设和管理。

不同国家的人民都需解决一个共同的问题："住有所居"，不同国家也有各自的住房保障政策。国外发达国家和澳门相对于中国内地而言，市场经济发展成熟，政府对市场这只"看不见的手"一贯奉行"积极不干预"的政策，但在公民的房屋居住保障问题方面却未完全推向市场化，政府都负起了底线责任。他山之石，可以攻玉。借鉴国外和澳门的住房保障政策，关注我国住房保障领域的公平问题，解决中低收入家庭尤其有特殊困难的家庭的基本住房问题，建立科学合理的住房保障制度。中共十八大报告中指出：要加快推进保障性住房建设，建立市场配置和政府保障相结合的住房制度，加强保障性住房建设和管理，满足困难家庭基本需求。加快保障性住房建设，改善低收入居民的居住条件，对于改善民生、促进社会和谐稳定具有重要意义。

以深圳市为例，目前的住房保障并不能满足居民需求。调查显示，深圳居民，无论是非深圳户籍人群或是深圳户籍人群，对保障性住房的满意程度都比较低，居民对保障性住房不满意的占比为48.03%，满意的占比仅为9.95%。其中非户籍和低收入居民的诉求主要是消除户籍差异；户籍和高收入居民对保障性住房服务在信息公开透明、公平合理分配方面的改进和完善的实际需求较大。低收入人群对保障性住房的满意度高于高收入人群。低收入者则主要居住在公共租赁房中，高收入者主要居住在自有商品房中。低收入者认为最需要完善的是消除户籍差异，中、高收入者认为在信息公开透明和公平合理分配上更有待完善。并且与国内外先进城市和区域比较，目前深圳的房价偏高，2011 年房价收入比为 14%～15%，高于纽约、伦敦、新加坡和香港、澳门等国际大都市。

总之，我国城镇住房保障制度在一定程度上解决了城镇居民住房困难的问题，取得了一定成效，但在具体实施过程中也出现了不少问题，城镇住房保障制度缺乏强有力的金融、财税、土地等公共政策的支持；在运行管理机制方面存在农村住房保障未被纳入其中、保障对象界定不明、城镇保障性住房的准入和退出机制存在问题等。由于住房保障是一项系统工程，涉及方方面面，因此要完善城镇住房保障制度，建立健全法律法规、完善金融和财税政策等，以求能更好地解决城镇居民的住房问题，使得住房保障与城市发展相得益彰。

五　澳门的公共医疗卫生

（一）澳门公共医疗卫生服务的肇始与演变

澳门卫生医疗事业的发展历史悠久。16 世纪中叶，葡萄牙海军抵达澳门，使得澳门成为中国一个对外通商口岸，第一所欧式西医医院也在此诞生，西方医学在澳门服务长达四个多世纪。到 19 世纪后期才设立专门提供中医药治疗的医院，中医融合西方医学一道为普通大众服务。

在经济全球化的情况下，澳门医疗事业、居民健康逐渐受到更多外界因素的影响。为了回应世界卫生组织 1978 年发表的《阿拉木图宣言》，达到"21 世纪人人享有卫生保健"的全球目标，澳葡政府决心改革澳门的卫生医疗体系，引入新的服务和管理理念，建立一个具有福利性质的卫生医疗系统。澳葡政府在 1986 年 3 月 15 日宣布实施免费医疗政策，主要由澳门卫生司负责，内容是本澳所有居民都可以在卫生司下属的卫生中心得到免费的一般医疗和服务，10 岁以下的孩童、孕产妇、中小学学生、传染病人、公务员、贫困者和 65 岁以上的老人都可以享有卫生司的免费医疗服务。卫生司所管辖的社会福利处帮助病人解决经济、职业、家庭、心理和社会等问题，并且有需要的个案转介于劳工暨就业司、社工司和社会保障基金等处理。1994年起澳葡政府跟随葡萄牙代表团参加WHO（世界卫生组织）会议。澳葡政府获得了"第五十届世界卫生组织西太平洋地区会议"（1999年）的主办权。在此次会议上，澳门的卫生医疗系统被世界卫生组织评为西太平洋地区的先驱，受到高度赞扬评价，可以和澳大利亚和日本等先进地区媲美。由于我国自1946年7月已经是WHO的成员国，自1999年12月20日澳门回归祖国之后，澳门跟随中国代表团并以成员身份继续参加世界卫生组织会议。

就澳门的医疗保障制度来说，大体包括三部分内容：第一，全民免费；第二，部分公民享受的免费医疗；第三，由公共机构提供的初级保健。澳门的医疗卫生服务大体可分为政府和非政府两大类。政府方面有提供专科医疗服务的仁伯爵综合医院和提供初级保健的卫生中心。非政府方面可以分为接受政府和团体资助的医疗单位，如工人医疗所、镜湖医院等，还有各类私人诊所和化验所提供的医疗服务。①

（二）澳门现行的卫生医疗护理制度

澳门卫生医疗系统中提供医疗护理的模式、财政负担及收费标准是通过1986年3月15日颁布的第24/86/M号法令《医疗护理的取得》确立的，这个福利性的卫生体系为澳门社会带来前所未有的医疗保健服务。

该体系主要包含以下三个特色。首先，免费服务范围广泛，主要包括初级卫生保健免费服务，维护公共卫生、防止个人危险和社会危险的免费服务，以及为公职人员健康提供的免费服务。其次，专科卫生护理服务方面，凡是澳门居民接受医疗服务，只需支付应缴费用的70%；若由第三者承担费用，则缴付100%。但由于政府在公共卫生医疗上的支出预算压力过大，非澳门居民在公共卫生医疗系统辖下各机构接受服务者，需按现行法律规定缴付应缴金额的200%。最后，澳门从事私人卫生护理业务的个人或团体构成私人卫生医疗体系，需受经《医疗护理的取得》法令的规范，行政当局借着发出有关执照，达到有效监督该等业务的运作及发展之目的。

---

① 卞鹰、王一涛：《澳门医疗服务体系及其发展改革》，载《澳门蓝皮书》，社会科学文献出版社，2011，第179～193页。

澳门现行的医疗卫生制度主要有以下几个方面。

1. 社区卫生网络

回归前澳葡政府制定出一系列的措施来推行福利性卫生政策，在澳门各区设立卫生中心和卫生站，其中包括北区（即筷子基）卫生中心、东区（即塔石）卫生中心和氹仔卫生中心，还有隶属于北区卫生中心的巴坡沙（即台山）卫生站和隶属于氹仔卫生中心的路环卫生站。到 1991 年澳葡政府增设卫生中心，包括内港卫生中心、风顺堂区卫生中心和黑沙环卫生中心，并把巴波沙卫生站升格为卫生中心。1999 年 7 月和 12 月分别将筷子基卫生中心和氹仔卫生中心迁往同区新址，以满足就诊者的需要，形成了遍布澳门半岛、氹仔岛和路环岛初级卫生保健网络。

2. 私人医疗

澳门私人医疗活动非常活跃，遍布澳门各区，是社区卫生网络的补充，如由民间团体营办的镜湖医院，其运作费用主要由澳门卫生局承担。除本身的医疗服务外，还向公立医院提供补助性医疗服务，实行互补不足的非竞争性专科医疗护理服务。即政府向镜湖医院购买服务，这样的做法不但有助于降低公共卫生医疗系统提供服务的压力，还可以让市民有更多选择，达到便民利民之目的。

3. 发展中医药事业

考虑到社群对中医药之信赖，澳门政府对本地中医药事业日益重视，把有关中医药发展纳入年度施政方针之中，并于 2000 年在筷子基卫生中心增设了中医药服务，取得区内居民认同。提供中医药服务的最大机构是镜湖医院，同善堂慈善会也免费提供中医药服务。澳门政府 2002 年的施政方针中，提出了"研究中医药在澳门发展的可行性"，2003 年则强调"完善中医药管理法规"，并成立专项管理工作小组来落实法律草拟、药品名录、中药应用、质量鉴定等中药管理工作，同时资助澳门大学增设了中医药硕士学位，并拨出大量经费开展中医药研究。2004 年还在澳门举行了"2004 澳门国际中医药学术研讨会"。这些举措对于提升澳门在国际上中医药发展的地位起着积极的作用。

4. 医疗券计划

2009 年，澳门特区政府为了让公民更好地分享经济社会发展成果，首次推出了"医疗补贴计划"。政府向永久性居民发放医疗券，居民在私营医疗单位的诊疗费用可以用医疗券支付。该计划旨在鼓励居民重视个人医疗保健、补贴居民医疗开支、充分利用社区医疗资源、加强公私医疗机构的市场合作和推进医疗卫生服务多元化。医疗券不设找补，也不可以兑换成现金，一次性可以使用一张或多张。在医疗券计划实施中，八成以上的私人卫生单位也积极参与，并且私人单位经营环境也有所改善。可见该计划既有短期利益，也有提升整体医疗水平的长期作用。①

5. 加强疾病预防

在经历了登革热及 SARS 两类传染病的威胁之后，澳门社会才深深体会到卫生事业与其他社会事务关系密切，尤其与政治、经济、旅游和教育等紧密相连，不能单靠卫生机构及团体，而是要促成社会各界的通力合作。于是，澳门卫生当局于 2001 年 10 月 22 日正式成立了隶属于卫生局的疾病预防控制中心，将传统的"治疗、康复"功能，扩展到"预防、治疗、康复"三个方面。将疾病的威胁由过往的被动接招，改为主动出击，真正全面承担公共卫生职能。同时将预防和康复活动均在社区内进行，治疗仍在医疗机构内进行。而过去病人痊愈后大多留存医院里进行康复，这样的做法带来成本高、空间有限等难题，往往影响了病人痊愈后的康复。在提倡"预防、治疗、康复"三方面平衡发展的前提下，就要让资源更合理地分配，提高社区合作，使康复人士在其熟识的社区内康复，恢复其为社区一分子的身份，不被排斥，不受他人歧视。此外，鉴于预防工作的群体性，需要动员整个社会才能杜绝疾病的发生和蔓延，在群体的共同参与下，个人和集体的健康才能得以维持和保障，因此提高这项工作的成效，有赖于社会的各方配合。澳门政府为了激发全澳居民的健康意识，提出了比口号式的宣传更有效的"健康城市"申办计划，使市民更加关注和认同健康的重要性。

6. 妥善理财

澳门政府不但要使居民健康不受疾病而减损，还要转移卫生成本，从高昂的医疗费用移向低成本、高效益的健康保护工作。如果采用消极理财、短暂缩减运作开支的手段，固然能减低财务负担和压力，降低成本，但会

---

① 卞鹰、王一涛：《澳门医疗服务体系及其发展改革》，载《澳门蓝皮书》，社会科学文献出版社，2011，第 179~193 页。

使病人利益受损，得不偿失。如果在治疗方面不断地投入人力和物力，又会消耗巨大的社会资源。比较起来，强制购买医疗保险是降低政府和个人的医疗费用负担的合适办法，这不但给了居民更多的选择医疗机构的权利，同时把风险分摊到保险上，也有利于保险业的多元化发展。在经济滑落时期，澳门政府面对庞大公共医疗开支的重压，仍然坚持向全澳居民做出的承诺和肩负的社会义务，提供免费医疗，使澳门居民享受了卫生福利政策带来的好处，为澳门居民的健康做出了巨大努力。

7. 世界性与区域性共存的医疗卫生交流网络

澳门回归后在"一国两制"的前提下独立地与世界卫生组织联系和对话，直接互通信息，并且与中国内地各个相关部门有着紧密的联系和沟通。2002 年北京举行了首届"内地、香港、澳门三地卫生高层联席会议"，港、澳代表团出席了会议，会议对中国的医疗机构改革、社区卫生发展、农村卫生改革、疾病控制体制与卫生监督体制改革、入世对卫生事业的影响及对策，以及中医药发展等专题做出探讨。其后，第二届"内地、香港、澳门三地卫生高层联席会议"在澳门举行，探讨内容包括传染病控制的整体策略、中医药的交流和合作、医疗法规的监控及食品卫生监督与管理四个方面。

总之，澳门公共卫生医疗的发展，一方面紧随世界卫生组织制定的全球及区域政策，展开共同目标计划；另一方面鼓励和支持私人医疗个体和机构的参与，在不干预但给予援助的情况下，除了有利于私人医疗的持续发展外，又能配合现代公共行政的管理概念，收小政府、高效益之效，为澳门居民创造有利的健康生活条件。[①]

（三）完善我国医疗保障制度的启示

健康是人类社会发展的重要基石，是一切人类活动最基本的价值取向。各级政府对解决医疗问题高度重视，出台一系列政策和改革措施并不断加大投入。但当前医疗卫生服务与民众需求之间的矛盾依然尖锐。看病贵、看病难仍然是一大民生痼疾。究其原因，一是医疗资源总量不足。二是医

---

① 邓达荣：《澳门公共卫生医疗》，载《澳门人文社会科学研究文选：社会卷》，社会科学文献出版社，2009，第 261～282 页。

疗资源呈偏态分布，资源集中于经济繁荣区域和大医院，社区医疗没有发挥应有功能，表现出医院人满为患、社康清冷寥落的局面。三是公共医疗卫生体系不够完善。2014 年 3 月 5 日，国务院总理李克强在部署 2014 年新医改政策中，提出要扩大城市公立医院综合改革试点，健全分级诊疗体系，加强全科医生培养，推进医师多点执业，让群众能够就近享受优质医疗服务。因而如何完善公共医疗恒生服务，是今后医改和相关规划制定中的重要课题。

发达国家和地区医疗保障制度的改革演变和发展，给我国医疗保障制度的改革带来启示，指引我们尽量少走弯路。公共医疗保障制度中，澳门的医疗服务供给体系是包括公共和私人两部分，第一类是由社会组织或者私人提供的营利性或非营利性的医疗服务，包括接受政府和各类团体资助的医疗单位，如工人医疗所、镜湖医院、同善堂医疗所等。第二类是由澳门特区政府承办的医疗机构包括卫生局及属下的八间卫生中心所提供的全民免费的初级医疗保健和护理服务，仁伯爵综合医院提供的门诊服务，由仁伯爵综合医院、镜湖医院以及 2006 年成立的澳门科技大学医院共同承担的专科及住院治疗，是整个医疗系统的最高层次。而美国政府通过医疗资助、医疗照顾计划负责老弱病残等最需要帮助和保障的弱势群体，对于有自保能力的中产阶级，基本医疗保障则依靠个人，医疗保障制度没有覆盖全体国民、缺乏公平性。在我国内地，公共医疗保障制度正处于改革的进程中，我们也会面对公平性、覆盖是否全面、卫生资源分配均等化等各种问题。

第一，关于广泛性。我国是社会主义国家，医疗保障制度的改革应着眼于最大限度地满足人民群众的健康需求，建立与完善适应社会主义市场经济体制下的社会保障体系，在医疗改革中，在卫生资源配置公正、合理、及时的安排下，必须高度重视并切实保障广大民众的医疗权益，完善和扩大医疗保障制度的覆盖范围和提高保障水平，强调保障覆盖人群的普遍性，力争达到全民享有医疗保障的改革目标。在初级卫生护理层面上，澳门特区政府卫生局属下的卫生中心以及私人诊所担当了主要责任，而我国内地大家看病都集中于大城市大医院，加重了"看病难看病贵"的局面，这非常值得我们借鉴。

第二，关于公平和效率。这是医疗保障制度的两大基本目标。从国际比较的情况看，不同国家和地区的保障制度有不同的侧重，但总趋势是公平和效率目标的趋向融合。我国的医疗保障的公平性应体现在筹资的公平性和卫生服务可及的公平性上。前者主要指保费的缴纳不应该简单地一刀切，而是要考虑支付能力；后者指参保居民不论经济能力缴费水平高低，均能平等地根据卫生服务需要享受基本医疗服务。而效率目标的实现主要通过合理的个人费用负担比例和医保基金支付方式、支付范围的设置建立起费用约束机制，确保医疗机构提供与法律制度内各利益主体经济承受能力相适应的医疗服务。同时通过促进供方之间的有序竞争，实现提高效率的目标。

第三，公平是相对的、有差异的公平，医疗保障要向弱势群体倾斜。医疗保障制度要面对全体公民，对贫困人口和各类弱势人群的卫生服务需求适当地倾斜，这是各国在医疗保障立法过程中所坚持的原则。我国现阶段某些贫困和脆弱群体无力购买医疗保险和卫生服务，并陷入疾病贫困的恶性循环。如何解决这些弱势人群的健康问题，体现了国家对公民健康权利的责任和义务。

六　澳门的教育制度

1991 年澳门正式提出要实现免费教育的目标，从提出到落实经历了 4 年时间，于 1995 年通过规范《普及和倾向免费教育法例》后真正得以落实，此后获得免费教育的人数不断增加，教育范围不断拓宽，教育年限不断增长，至 2006 年，澳门已经建立了 15 年制的免费教育制度，澳门的免费教育包括免除学费、补充服务费和其他与报名、就读及证书有关的费用，免费的就读范围包括政府举办的公立学校和申请加入政府免费教育系统的私立学校，免费的年限从幼儿园起至高中 15 年时间，此外至 2007 年，私立学校中已有 80% 加入了免费学校行列，其中在收费学校就读的学生，澳门政府还通过津贴的方式对学生进行补贴。澳门的教育保障独具特色，实行的是以私立学校为主体的免费教育制度。

（一）免费教育

由于澳门的特殊历史背景，直到 20 世纪 70 年代末澳葡政府才开始过问华人社会的教育问题，目的在于延续葡萄牙文化的动机，力图通过免费教育的实施强迫澳门私立学校进行葡语教学。1983 年澳葡政府曾提出免费教育计划，并且动用 2 亿澳门元资助私立学校推行免费教育，前提是澳门私立学校同意教授葡文课程，因受澳门私立教学团体强烈抵制，免费教育一拖再拖。

在澳门回归之后由于澳门博彩业的高速发展，政府拥有充足的教育经费进行教育改革，加大了对免费教育的投入力度，免费教育的津贴得以扩充，免费教育的年限得以延长。1995 年《普及和倾向免费教育法例》宣布后，立即推行小学预备年级及小学六年的七年免费教育，两年后又将免费教育拓展至 11 年，包括了初中阶段，伴随着澳门学制体系的调整，2006 年则扩展至高中教育在内的 15 年免费教育。

在澳门免费教育与义务教育是一个不对等的概念，1991 年澳葡政府提出了实施免费教育的目标，1999 年澳门政府才制定出了义务教育制度，并且由于澳门政府财政能力的限制，只有公立学校的学生才能享受到免费的义务教育，澳门政府只对部分私立学校和部分教育年级实施教育津贴资助，大部分私立学校仍可以收取适当的杂费与补充服务费。虽然从 2006 年开始澳门政府将免费教育分别向下和向上延伸至幼儿教育阶段和高中教育阶段，但义务教育阶段只包括学生在 5 至 15 岁期间所接受的教育，一个很明显的区别是，免费教育包括 15 年，义务教育只有 10 年。

私立学校是澳门教育的办学主体，不同私立学校是以差别化的价格为基础通过提供差别化的服务来满足不同学生的教育需求，本质上建立在以市场和竞争为导向的基础上，各个私立学校的收费水平差别很大，其后政府统一私立学校收费，澳门政府采取了加入免费教育网的形式，由私立学校自主选择是否成为提供免费教育的学校，只能从政府处获得一定的津贴补助，不可以收取学生的学费、补充服务费或其他有关就学、证书方面的费用。因此，这正是澳门私立学校占基础教育体制的主体地位所决定的。

实施免费教育对于加入免费教育网络的私立学校来说，原来的学费、杂费与政府津贴变成了统一的免费教育津贴，学校的财政来源发生了变化，这同时意味着学校失去了对所提供的教育服务价格的定价权，在财政来源上完全依赖于政府的拨款。

（二）私立学校是澳门教育的办学主体

澳门 2006 年出台的《非高等教育纲要法》，确立了澳门私立学校在基础教育体系中的主体地位，是澳门特区政府的第一份教育发展的纲领性法令。私立学校占基础教育发展中的主体地位则是澳门教育的主动选择，不同于之前葡萄牙政府消极管制政策，它是以澳门社会以私立教育机制为核心，推进免费义务教育的积极举措。私立学校基础教育体系的主体，使得私立学校具有较强的公益性，承担了大多数学生的教育任务。根据澳门教育青年局的统计资料，2007～2008 年度，澳门 83 所学校当中，公立学校只有 13 所，学生人数为 3384 人，剩余的全部是私立学校，学生人数为 77439人，占学生人口总数的 95.81%。

以澳门政府免费教育为界限，可以将澳门的私立学校分为加入免费教育的私立学校和未加入免费教育的私立学校。根据澳门政府的最新资助办法，对未加入免费教育的私立学校进行全额的免费教育津贴资助，包括学生的学费、杂费和补充服务费，未加入免费教育的私立学校可以根据自己的办学需求和成本情况制定学费标准，并收取适当的其他费用。

（三）私校公助政策

澳门的私立学校类型几乎涵盖了私立办学团体的所有类型，如普及型私立学校、贵族学校、教会学校，从收费类型上看有收费学校，也有免费学校。私校公助的焦点问题如政府资助私校的比例、政府资助的监管、收费、公平、效率问题等几乎在澳门都有所体现。

与世界其他国家或地区的私立学校相比，澳门私立学校重要的区别就是在基础教育体系中的差异。在世界上大多数国家的私立学校无论是规模还是数量，与公立学校相比都处于边缘化的地位，只是在基础教育体制中充当补充或替补角色。澳门的私立学校则承担了绝大多数学生的受教育任务，成为澳门政府推行免费和义务教育政策的主力军，这使得私立学校和政府的合作成为必然，澳门政府对私立学校的资助力度和资助范围皆非其他国家或地区所能比拟。

澳门的教育事业兼顾免费和优质的教育目标的同时面临着巨大的教育压力，除了在形式上要有变化，在质量上也要有重大改进，私校公助还需艰苦的磨合与统整。单纯依靠市场力量，没有政府参与的私立教育体制很难提升教育的质量，相反会造成教育质量的整体低迷。澳门私立学校发展的历史经验表明在澳门特区政府的建立以及相关教育法令的不断完善下私校公助模式初步形成了以实现免费教育为特征的私立学校资助模式。

目前澳门绝大多数的私立学校都已经享受政府资助。主要可以分为三个方面。

1. 对私立学校的资助

（1）免费教育津贴。澳门政府对提供免费教育的私立学校发放教育津贴，在提供免费教育的私立学校就读的学生无须缴纳学费、补充服务费及其他报名、就读、证书方面的费用。免费教育津贴的发放时间，第一期发放时间为每年的7、8月，第二期发放时间为每年的2、3月。具体额度由澳门教育行政机构通过每年的教育预算情况来计算。从近几年的情况来看，澳门政府对教育的投入加大，免费教育津贴呈现增长趋势。

（2）学校发展基金。澳门成立教育发展基金会，为了配合本澳教育的改革，由非高等教育纲要法规规定以资助拨款的方式推动学校开展各类具有发展性的教育计划与活动。澳门非牟利私立学校是这一基金的主要对象，这里要区分的是非牟利和免费的概念，只要是不以牟利为目的的私立学校都可以申请该基金，不论是否提供免费教育。学校发展基金的范围十分广泛，绝大多数澳门私立学校都可以申请，主要包括品德教育、阅读推广、学校健康促进、咨询科技教育、融合教育、职业技术教育、语言学习、促进学生学习成功、科学教育、小班教育、艺术教育、课程/教学研究、创思教学、脱产培训/休教进修、学校社区化、家校合作、校舍修葺和设备更新、学生毕业旅行以及其他项目。此外，还对一些非教育人员如学校聘请的阅读推广人员、学校医护人员、资讯科技教育人员、余暇活动人员、实验室管理人员有工资方面的津贴。

（3）优化班师比或师生比资助津贴。澳门政府推出了优化班师比或师生比资助津贴项目，目的在于协助每一位学生获得学业上的成功，从而提升整体教育素质，为此从减轻私立学校教师的工作负担出发优化班级结构，使教师有能力更好地照顾在学习上存有差异的学生，进一步推进小班教学。该项目对于符合资助条件的非牟利私立学校进行奖励性资助，符合条件的每个班级每学年可以获得500000澳门元的奖励性津贴，包括幼儿教育、小学教育和中学教育各个年级阶段。

（4）税费豁免。澳门政府通过第 11/77M 号法律规定不牟利私立学校享受各项税费的豁免，其中还包括校产物业税。此外，政府还进行金钱上的援助，对租用楼宇用作教育用途的学校，金钱上的援助最高可以占到租金的 50% 以上。第 9/2006 号法律第 34 条也明确规定，澳门私立教育机构按照相关税务法例享受税费豁免，税收豁免也构成了政府公共投入的一部分。

2. 对私立学校教师的资助

（1）教师直接津贴。通过第 9/2006 号法律第 47 条规定政府需向不牟利私立教育机构的教学人员提供津贴，以促进其专业发展，受资助教师需要向教育暨青年局进行登记，教师直接津贴分三次拨给，具体发放时间为每年的 12 月、翌年 4 月和 8 月，这是一项澳门教育行政机构对任教于本地学制且属于不牟利私立学校的教师进行的资助。其中澳门政府还正在制定对私立学校的教师进行差别化资助的方案，按照教师的学历、是否具有师范教育经历、任课时数以及年资等因予以区分。虽然对私立学校教师提供直接津贴是澳门的一项传统做法，但随着时代的变化，近年澳门政府加大了对私立学校教师直接津贴的资助力度。以获得师范学历学士学位的教师为例，2003 年政府资助金额为每个月 1980 澳门元，2007 年为每个月 2500 澳门元，2008 年为每个月 4000 澳门元。

由于澳门公立学校的教师隶属于政府公务员系统，薪酬比一般私立学校教师的薪酬高一个水平，如一个普通公立学校教师的月薪能够达到 20000 澳门元或以上，而同等程度的私立学校教师薪酬只在 11000 澳门元左右。大程度上因为这样的悬殊差异，澳门政府加大对私立学校教师直接津贴的资助力度以缓解教育资源分配不等的问题。

（2）教师培训津贴。教师培训津贴是用于私立学校的在职教师提供培训，并有目的和有计划地对某些课程的就读者给予学费上的资助。教师培训津贴目的是促进教师专业发展水平，保证私立学校教师素质所提供的津贴。私立学校的教师还可以进行脱产进修或休教进修，在通过所在私立学校向澳门教育发展基金提出申请后由澳门教育发展基金以津贴的形式提供部分工资补贴及教师直接津贴，其中培训津贴资助额度最高可以达到 15000 澳门元。

3. 对私立学校学生的资助

（1）学费津贴。第 9/2006 号法律体现了澳门政府加大了学费津贴的力度，只要是持澳门居民身份证、未受惠于免费教育且就读于私立学校正规教育课程的学生都可以享受学费津贴，但是学费津贴的发放形式是直接付给相关私立学校，并不是发放给私立学校的学生本人，通过学费津贴抵偿学生部分的学费。

（2）学费援助。对家庭困难的学生澳门政府提供了学费援助，与学费津贴不同，澳门政府通过学生福利基金向未受惠于免费教育、存在经济困难的学生提供的学费援助，只要该学生满足政府规定的受资助条件就可以获得学费援助。一般为经济条件较为拮据的家庭，学费援助额幼儿至小学教育阶段为 4000 澳门元，初中教育阶段为 6000 澳门元，高中教育阶段为 9000 澳门元。学费援助的方式使家庭经济困难的学生能够有机会选择就读于未加入免费教育的私立学校，给了学生更多的选择余地以找到合适自己的学校，从而丰富了澳门的教育特色。

（3）学习用品津贴。经济困难的学生在购买学习用品如书本、校服、学习用具以及体育用品等时，可以得到学习用品津贴的协助。经济困难的学生在非牟利私立学校就读，不区分免费教育和非免费教育的学校，只要满足政府规定的受资助条件即可获得津贴，具体资助金额为幼儿与小学教育阶段每学年 1500 澳门元，中学教育阶段为每学年 2000 澳门元。

（4）毕业旅行津贴。毕业旅行津贴只针对高中毕业学生，受资助对象为所有私立高中毕业学生。澳门各大私立学校有学生毕业旅行的传统，为此澳门政府给予高中毕业学生该项社会福利，政府对旅行的费用进行部分补贴，具体额度按照旅途的长短和地点的不同而变化。如广东省境内的资助额为每生 300 澳门元，广东省境外的资助额为每生 600 澳门元。

（四）完善我国公共教育制度的启示

《国家中长期教育改革和发展规划纲要》在其战略目标部分指出要形成"惠及全民的公平教育，坚持教育的公益性和普惠性。保障公民依法享有接受良好教育的机会，建成覆盖城乡的基本公共教育服务体系，逐步实现基本教育公共服务均等化，缩小区域差距，努力办好每一所学校，教好每一个学生，不让一个学生因家庭经济困难而失学，切实解决进城务工人员子女平等接受义务教育问题，保障残疾人受教育权利。"规划纲要战略指导思想的提出，表明我国政府做出了建设以普惠和公平为主要特征的教育福利制度的郑重承诺。教育公平是社会公平的重要内容，是社会公平在教育领域的延伸，教育具有促进社会公平的功能：一方面在社会流动、社会分化中具有"筛选器"的功能；另一方面又具有"稳定器""平衡器"的功能，被视为实现社会平等"最伟大的工具"①。

教育公平的观念源远流长，我国的大思想家孔子在两千多年前，就提出朴素的"有教无类"思想，古希腊雅典的公民教育也体现了民主教育的思想。近代社会，新兴的资产、市民阶级要求把平等思想融入教育方面，寻求教育公平的途径。马克思在1886年提出"教育是'人类发展的正常条件'和每一个公民的'真正利益'"的教育平等性含义。② 研究教育公平或平等问题必须得研究教育机会均等，经历了起点均等论、过程均等论和结果均等论三个阶段。经济增长、技术进步、收入分配以及社会现代化等固然是人类追求的目标，但它们最终只属于工具性范畴，人的发展和人类福利才是目的。发展必须以人为中心，发展的最高价值标准就是公平与公正。

首先，国外大多数发达的市场经济国家和地区都承担起教育的国家责任，没有实行所谓的市场化，而我们作为社会主义国家更应建立教育资源配置的平衡机制，最大限度地整合平衡各种不同的利益要求，形成有效的利益平衡机制，保证绝大多数公民的需要和利益在教育政策中得到反映，以实现大多数人的教育公平，逐步缩小不同地区的教育水平差异。这样的利益平衡机制还是社会和教育的"安全阀"。继续完善实施九年义务教育或者考虑根据各地具体情况延伸到12年等。

其次，无论是在现实还是终极意义上，教育不公现象存在都是不正常的，因为它不符合现代教育公平以及社会公正的理念。教育政策的终极性目标是要保证教育的公益性和教育公平，建立弱势群体的补偿政策，加强补偿力度，持续增加国家义务教育经费的投入并加强监督。承认政府、市场、公民社会之间教育权力博弈的合法性，建立起三者之间公共教育权力的制衡机制。政府部门在今后所应努力去完善的一个基本方面，就是反省

---

① 朱家存：《教育均衡发展政策研究》，中国社会科学出版社，2003，第19~20页。
② 《马克思恩格斯论教育》，人民教育出版社，1979，第127页。

效率主义的主导倾向，强力推动教育公平。

最后，与市场中的私人商品和服务相比，教育活动和服务具有强烈的"外部性"。现代社会的国家和政府既是教育的最大供给者，又是主要的教育需求者和受益者。这就会导致政府一方面鼓励教育的正外部性生产，要求不断提高教育的质量和效率；另一方面，政府又要限制教育的负外部性生产，尤其是在主要由政府付费的义务教育阶段，要求尽可能降低教育的成本和提高教育的质量。这样，必然导致政府的教育政策对教育供求关系和价格机制保持强有力的干预。政府在公共教育资源有限的情况下，首先应当免费而强制地向社会每个成员提供最起码的教育服务，并要采取扶贫、帮困、助学、设立基金等措施来满足公民的最基本教育需要。其次，政府要限制对非基本教育的财政投入，允许非基本教育阶段适当收取学费，切实优先保障每个人接受最基本的教育。

总而言之，通过对以上国家或地区提供社会保障、住房、医疗和教育等民生服务的措施分析，我们可以看出以下情况。

1. 完善的法律法规设计作为制度保障

从国际上的成功经验可以看出，各国在推进民生公共服务的过程中，均有相应的法律法规作保证。如美国的《社会保障法》《就业训练合作法》《职业康复法》《残疾儿童教育法》《关于处于发展阶段的残疾人法案》《美国残疾人法》；日本的《偏僻地区教育振兴法》、《国民加速保险法》和《国民年金法》等。这些详尽具体的法律法规，具有鲜明的规范性和指导性。

2. 差异化服务满足不同需求

民生公共服务的对象是需求各异的公民，应根据不同地域、不同人群的实际需求提供差异化的公共服务，并提高服务效率。如美国的医疗制度主要依靠雇主或自行购买私人医疗保险来保障大多数人的基本医疗服务。此外早在1965年，美国就曾制定了专门针对老人和穷人的医疗补助计划，设立医疗保险及医疗补贴项目，以保证他们能享受到免费的最基本的医疗服务。医疗补助计划由联邦和各州合作制定，由州社会福利厅负责管理，各州自行规定州内公民享受医疗补助的条件及补助标准，而由州和地区（市、县）主管医疗卫生和福利的官员来负责支付这种补助金。为保证边远地区的农村居民同样享受基本医疗服务，美国政府还出台了一系列政策措施鼓励医生到边远地区为乡村民众服务，如医学院校毕业生到边远地区工作一段时间以后可以免除上学期间的学费等。

3. 注重资源共享提升民生服务水平

民生服务不是单靠财力投入就能提升的，虽然可以通过资金投入在不同区域提供同等水平的硬件设施，但优秀的教师和医生等资源往往是集中在发达地区的较高级别的学校和医院等机构，其他区域无法享受同质的教育和医疗服务。这样的问题必须通过机制创新解决。如美国义务教育城乡一体化，专门为教育工作划定学区为特别专区，实行独立管理，没有城乡之分。日本建立了公立小学间教师定期调换制度，要求教师约 7 年在同一县或市间更换一次学校，待遇不变，以保证学校教育水平的均衡发展。

4. 根据经济实力确立基本民生服务的起点

从世界各国的基本民生服务均等化的实施情况看，基本民生服务均等化的起点往往依其经济基础而确定。例如世界经济第一大国——美国依靠其经济实力，在全国范围实行 12 年义务教育，在其政策中规定凡在美国的适龄儿童，都享有接受义务教育的权利。英国政府统一出资保障全民享有一视同仁的医疗卫生服务。凡是英国居住的公民，无须取得保险资格，无论其在社区医院还是专门医院，均无须私人付费便可以得到医疗服务。

参考文献

澳门特区政府网站：社会保障基金，http：//www. fss. gov. mo/zh - hans。

郝雨凡、吴志良编《澳门经济社会发展报告》（澳门蓝皮书），社会科学文献出版社，2011。

E. J. Hooglund. *Land and Revolution in Iran* 1960 - 1980 , Texas, 1982.

热拉德·德·维利埃：《巴列维传》，张许苹、潘庆舲译，商务印书馆，1986。

Middle East Economic Digest (MEED)，18 September 1992.

http：//www. economywatch. com / econom ic - statistics / country /Libya.

王蒲生：《论英国地质学的职业化》，《科学学研究》2001 年第 3 期。

C. 罗伯特等：《英国史》，五南图书出版公司，1986。

李伟：《我国基本公共服务均等化问题研究》，经济科学出版社，2010。

杨道匡：《八六至八九年度澳门财政与税务》，载杨道匡主编《澳门经济评述》，澳门基金会，1994。

郭小东、杨道匡：《论澳门财政政策的作用和职能》，《澳门社会经济论集》，澳门理工学院，2004。

吕开颜、杨道匡：《澳门财政支出特点分析和建议》，《广东社会科学》2008年第6期。

邓玉华：《澳门社会保障制度建设》，载《澳门蓝皮书》，社会科学文献出版社，2011。

熊光前：《中国医疗保障制度模式选择》，硕士学位论文，天津大学，2004。

程晓明、叶露、陈文：《医疗保险学》，复旦大学出版社，2003。

乌日图：《医疗保障制度国际比较研究及政策选择》，博士学位论文，中国社会科学院研究生院，2003。

郑功成：《社会保障学》，商务印书馆，2000。

章晓懿：《社会保障：制度与比较》，上海交通大学出版社，2004。

叶炳权：《澳门社会保障制度》，《澳门人文社会科学研究文选：社会卷》，社会科学文献出版社，2009，第59~65页。原载林瑞光、郑亚洲《行政》总第46期，澳门政府行政暨公职司，1999年12月。

《澳门2013年度向63万多人发放现金48.85亿》，腾讯新闻，2013年10月3日。

《澳门现金分享计划每人8000每年还将收12红利礼包》，新闻资讯，2013年7月4日。

张玉亮：《国外政府公共服务均等化实践及其对我国的启示》，《当代经济管理》2010年第10期。

李伟：《我国基本公共服务均等化研究》，经济科学出版社，2010。

苏璇：《粤港澳三地社会保障制度的比较研究》，硕士论文，广东外语外贸大学，2014。

澳门特别行政区房屋局，http：//www。ihm。gov。mo/cn/page/index。php？id=104。

米健等著，黄汉强、吴志良主编《澳门法律》，中国友谊出版社，1996，第326页。

1999年1月28日公布的第4/99/M号法令《订定作为按房屋发展合同回报之住房单位之分配制度》。

1999年8月4日由澳门总督办公室总督韦奇立签署的第119/GM/99号批示《许可澳门房屋司将该司财产之房屋出售于承租人》。

1985年4月8日刊登的第1/85/M号法律《按房屋发展合同兴建之房屋给予税务豁免及其他优惠》。

1986年1月4日刊登的第3/86/M号法令《购买房屋发展合同制度所建房屋的津贴制度》。

阿列克斯·施瓦兹：《美国住房政策》，黄瑛译，中信出版社，2008。

卞鹰、王一涛：《澳门医疗服务体系及其发展改革》，载《澳门蓝皮书》，社会科学文献出版社，2011。

邓达荣：《澳门公共卫生医疗》，载《澳门人文社会科学研究文选：社会卷》，社会科学文献出版社，2009。

樊继答：《统筹城乡发展中的基本公共服务均等化》，中国财政经济出版社，2008。

"公共服务均等化"课题赴美加考察团：《加拿大和美国基本公共服务均等化情况的考察》，《宏观经济研究》2008 年第 2 期。

张侃、慕继丰、冯宗宪：《发达国家医疗保障制度的比较研究及启示》，《中国卫生资源》2003 年第 11 期。

吴文侃、杨汉清：《比较教育学（第二版）》，人民教育出版社，1999。

江赛蓉：《英国教育福利制度的变迁及其启示》，《外国教育研究》2012 年 7 月。

任强：《公共服务均等化问题研究》，经济科学出版社，2009。

U. S. Department of Education, Office of Planning, Evaluation and Policy Development, *ESEA Blueprint for Reform*, *Washington*, *D. C.*, 3 (2010).

朱家存：《教育均衡发展政策研究》，中国社会科学出版社，2003。

《马克思恩格斯论教育》，人民教育出版社，1979。

文化教育

香港政治人才培养现状分析

何建宗[*]

一 培养政治人才的必要性

香港于 1997 年回归祖国。随着行政长官和立法会的产生方式逐步民主化，香港对政治人才的需求大幅上升。虽然随着社交网络的兴起，年轻人参与即兴式的社会运动越来越容易，但真正愿意参政议政的人仍是寥寥可数。这固然有文化上的因素（中国传统家庭一般不鼓励子女从政），但政治作为一种职业，要与其他行业争夺人才，恐怕仍离不开三大因素：待遇、满足感和发展前景。在香港行政长官即将面临普选之际，香港政治人才的质与量是否足够，直接影响"一国两制、港人治港、高度自治"的顺利有效落实。

本研究的研究对象分为五类：政务官、副局长、政治助理、立法会议员及区议员。这五类人任职于行政机关、立法机关及区议会，基本上涵盖有志从政者可能的发展路径。而从一个界别转职到另一个界别的例子也不少。[①] 本文首先回顾香港政治人才发展的历史，然后利用实证数据对各类政治人才进行比较，分析不同政治岗位上的工作特点、人才背景、发展前景等。此外，本研究也通过对现任和前任的政治官员、立法会议员、区议员、青年党员和公务员进行访谈，在定量的数据分析基础上，提供定性的佐证。

二 香港政治人才培养的发展

有学者指出香港的政治人才得到进一步扩大和发展，经历两个主要时

---

[*] 何建宗，清华大学法学院访问学者。
① 如从政务官或立法会议会转到副局长，从区议员转到政治助理等。

期：第一次是港英政府推行代议政制。当时港英政府在立法局、市政局及区议会设立民选议席，由选举产生"代议士"。这些代议士有别于公务员的政务官团队，他们需要面对选民，提供政策建议及参与制定政策。20世纪80年代代议政制推行后至回归前夕，政党及政治人才的发展有如"雨后春笋"①。1997年回归后，按《基本法》的规定，立法会通过地区直选及功能组别方式产生60名议员；另外按《基本法》香港特区可以设立地区性咨询架构，至今香港立法会有70名议员，区议会有500多名议员。

第二次政治人才进一步扩大，重心转移至行政机关。特区政府在2002年推行政治委任制度及在2008年进一步扩大增设副局长和政治助理。上述制度改变以往政策制定、决策及执行都以"政务官"为核心的模式。增设政治问责团队后，政治行政逐步有更明确的分工；而且这使得政府的管治团队中可以向立法会、区议会及民间社会广纳政治人才，协助特区政府施政。

这两次全面扩大政治人才的时期，都让更多不同专长及专业的人才参与香港政治，然而不同研究都指出"政治—行政"制度不协调、行政立法关系不能调和、政治阶梯不明确、政治人才质素参差等批评。香港现时对于"问责制""政党发展""行政立法关系"等的研究甚多，但对于政治人才的培养方面则似乎有所忽略。

三　政治人才培养的模式

政治人才的培养一般通过政党培养和政商学"旋转门"方式来进行，由于各个地区的政治环境的差异，在具体培养方式上也有所区别。

（一）政党培养模式

在西方国家，物色和发掘政治人才的一个很重要的途径就是通过基层选区党组织、议会党团以及政党的外围组织来进行。西方政党的组织系统

---

① Joseph Y. S. Cheng, *Political Development in the HKSAR* (Hong Kong: City University of Hong Kong, 2001). Lau, Siu-kai (ed.), *The First Tung Chee - wah Administration: The First Five Years of the Hong Kong Special Administrative Region* (Hong Kong: The Chinese University Press, 2002).

大多是以选区来划分的，那些积极参加党组织活动的积极分子构成了选区党组织的核心力量，如在英国下议院的工党议员，一般来说曾经是选区党组织的党务干部；议会党团是党内精英掌握政治技巧、积累政治经验、培养人脉的重要场所。此外，形形色色的外围组织如青年组织、妇女组织、工会组织等也为西方政党储备政治人才奠定了基础。

简而言之，上述的发展思路实际上是以选举工程为发展核心，利用选举锻炼政治人才所需要的政治手腕、政策认知等。

（二）非选举的培养模式

除了上述的办法外，美国的"旋转门"机制是政治人才培养的另一途径。所谓的"旋转门"是指个人在公共部门和私人部门之间的双向流动机制。有研究发现，"旋转门"机制所带来的政府官员与智库之间的人际关系网使智库虽然在政府之外，但却与政府内部保持着密切的联系，这就使知识与权力得到了最有效的结合，也使智库成为政府培养和储备人才的港湾。[①] 目前香港对政治"旋转门"机制的研究甚少，但一些研究已经指出，在高官问责制落实了十多年，逐步浮现了一些制度性冲突，有待进一步处理。例如有研究指出，"问责制"的引入使司局之间的协调比以前更差。过去司局长由政务官担任，来自同一系统和背景，比较容易就冲突协调[②]。此外，笔者对香港"问责制"进行的实证研究显示，问责团队成员中有不少人原职于商界。这些原先来自专业界别的精英在离开政府后，由于各种离职后工作限制并不容易回到原来行业，这间接使得部分有意加入政府的人才却步[③]。

然而，无论是"政党培养模式"或"旋转门模式"，论者都较少能指出香港特区政府在"一国两制"下作为地方政府，如何在政治人才培养上考量应有的中央与地方关系。香港前中央政策组首席顾问，全国港澳研究会副会长刘兆佳教授是少数以"新政权建设"的进路考量"一国两制"下的

---

① 王莉丽：《美国智库的"旋转门"机制》，《国际问题研究》2010年第2期，第13～18页。
② Lam W. F.，"Coordinating the Government Bureaucracy in Hong Kong：An Institutional Analysis"，*Governance：An International Journal of Policy，Administration and Institutions*，Vol. 18，No. 4，October 2005（pp. 633 – 654）.
③ 何建宗：《对政治委任官员与公务员关系的比较研究及其对香港的启示》，全国港澳研究会委托课题，2014。

特区政府"管治班子"建设的学者。他认为，虽然香港实施了政治委任制度，但一个强大的领导班子还没有建立起来。"董建华的领导班子（司局长）内新旧建制势力并存，且以旧人（公务员和'前朝'重用的人）为多，到曾荫权时期更加入同情反对派人士。领导班子是利益与权宜的结合，难言有意识形态上的统一性及高度的相互信任。"当中原因很多，包括香港没有"执政党"和"管治联盟"、特首在挑选班子成员时没有绝对权力、领导班子成员以公务员和专业人士为主，缺乏群众基础和社会联系等。①

四 香港政治人才培养现况分析

为了更清晰展示现时各类政治人才的情况，本节集中对三类政治人才——政务官、副局长/政治助理、立法会/区议会议员进行介绍和分析，尤其着重分析制度的建立、人才的背景和近年面对的重大挑战。

（一）政务官

（1）政务官的架构与组成

现时政务官是香港公务员中担负领导责任的职系，统领着政策局和各政府部门的其他公务员。根据特区政府公务员事务局的资料，"政务职系人员是专业的管理通才，在香港特别行政区政府担当重要角色。他们会定期被派往各决策局和部门，以及各区民政事务处和驻外办事处，平均每两至三年调职一次。定期调任的安排，让政务职系的同事有机会涉猎公共政策中的不同领域，开阔视野，累积经验，掌握处理不同事务的技巧。"② 表1列出政务官的架构、职位举例、工资、平均年龄和人数③。

香港特区政府招聘政务官主要有三个途径：刚毕业的学士或硕士、具有数年政府以外经验的人士和其他职系的公务员，以第一类为主。正如其他公务员职系，政务官的晋升一般须先署任有关职务，表现满意以后才能正式出任该职。例如，政务主任平均在入职后第四或第五年起，安

---

① 刘兆佳：《回归15年以来香港特区管治及新政权建设》，商务印书馆，2012，第70~73页。
② 香港特别行政区政府公务员事务局，www.csb.gov.hk/tc_chi/grade/ao/425.html。
③ 公务员事务局：《政务职系名录2012》。

表 1　政务主任职级和其他基本资料（2012 年）

政务职级	首长级别	职位举例	工资（不含房屋和其他津贴）（澳门元）	平均年龄（岁）	人数（人）
甲一级政务官（Staff Grade A1）	D8	常任秘书长	224800～231550	54	15
甲级政务官（Staff Grade A）	D6	署长，驻京办主任	201950～207950	53	16
乙一级政务官（Staff Grade B1）	D4	副秘书长（1），规模较小的处长	180250～191250	51	23
乙级政务官（Staff Grade B）	D3	副秘书长，副署长	158850～173350	50	57
丙级政务官（Staff Grade C）	D2	首席助理秘书长，地区专员，助理署长	136550～149350	44	170
高级政务主任（SAO）	—	助理秘书长，助理专员	96150～103190	37	132
政务主任（AO）	—	助理秘书长，助理专员	43120～86440	28	186
总　　数					599

排他们署任高级政务主任的职位。他们在入职七年左右，会获考虑晋升至高级政务主任职级。表现杰出者，更有机会在较短时间内获晋升。一般而言，政务主任可以在 10～15 年内署任或出任丙级政务官（D2）的职位。

（2）政务官的背景分析

表 2 和表 3 列出各级政务官的性别、学历和就读学科的分布。

表 2　各级政务官的性别比例①

单位：%

职　级	男	女
甲一级政务官	60	40
甲级政务官	62	38
乙一级政务官	30	70

---

① 公务员事务局：《政务职系名录 2012》。

续表

职　级	男	女
乙级政务官	54	46
丙级政务官	42	58
高级政务主任	40	60
政务主任	49	51
总　计	46	54

表 3　各级政务官的最高学历①

单位：%

职　级	本　科	硕　士	博　士
甲一级政务官	47	53	0
甲级政务官	81	19	0
乙一级政务官	65	31	4
乙级政务官	47	53	0
丙级政务官	55	45	0
高级政务主任	51	49	0
政务主任	77	21	2
总　计	61.1	38.2	0.7

　　在性别比例方面，女性的人数普遍比男性多：差距最大的乙一级政务官更是七三之比。由于最高两个级别的政务官将陆续在未来十年左右退休，预计政务官"阴盛阳衰"的现象还会持续较长一段时间，而差距有机会进一步扩大。学历方面，政务官整体而言有 40% 左右拥有硕士学位。值得注意的是，硕士比例最低的反而是初入职的政务主任级别，只有21%。这反映了两个现象：首先，虽然年青一代拥有硕士学位日趋普遍，但硕士对于成功获聘政务官并没有多大帮助。此外，不少政务官在入职后修读兼职硕士学位，以提升自己的能力。从表 3 也可以看出，博士在政务官的比例相当低，在约 600 人的队伍当中只有 4 个。这固然反映了从殖民地时代一直提倡的英国式"通才"文官制度仍然不变，同时也印证社会人士对政务官的专业知识不足以应付日益复杂的社会问题的评价，有一定

---

　　①　公务员事务局：《政务职系名录 2012》。

道理。

(二) 政治委任：副局长及政治助理

（1）实施政治委任制度的背景

1997 年香港回归，按照基本法实施"一国两制"，"港人治港"，高度自治。基于稳定香港人信心和保持公务员士气的需要，行政机关除了由英国委派的港督改为由港人组成的选举委员会推选行政长官以外，由政务司以下的司、局、署等架构基本不变，大部分司局长留任并继续由公务员担任；这个状况自 2002 年第二届政府推出"政治委任制度"（又称"问责制"）后出现转变。

"问责制"的要点有：司局长和其他主要官员脱离公务员身份，任期与行政长官相同；有别于公务员，主要官员要承担政治责任，包括辞职；所有主要官员均向行政长官负责，而非各司长；局长以下设"常任秘书长"一职，由公务员担任；公务员不再参与最终决策。

问责官员主要负责制定政策，做出决定，以及争取公众对政策的支持，并从事所谓"政治工作"；而公务员则负责政策分析，推行政策，执行行政工作，提供公共服务等。

"问责制"的引入使作为香港特区之首，既向中央又向香港特区负责的行政长官可以更有效地实施其施政理念，问责官员之间可以成为紧密合作的团队，并更积极回应市民的需要。

2006 年 7 月，政府推出《进一步扩大政治委任制度咨询文件》，并在 2007 年 10 月发表《进一步扩大政治委任制度报告书》，决定增加两层（副局长和局长政治助理）政治委任官员。

副局长和局长政治助理从事的工作范围比较接近，主要工作对象是立法会、区议会、各政团、传媒、地区和专业组织等。副局长协助局长制定政策优先次序、进行跨局协调并代表政策局向公众发言，在局长出勤时署理局长的工作。政治助理则更着重了解社情民意、提供政治意见、联系不同界别的团体和人士、撰写讲词等。

（2）副局长和政治助理的组成分析

理想的政治委任官员，除了要深入认识其管辖的政策范畴外，还需要有着敏锐的政治触觉、良好的沟通技巧、广阔的人脉关系，才能有效进行

"政治工作"。"政治工作"虽然没有明确的定义，但在香港的政治环境下，至少包括以下四方面：游说立法会和区议会；联系有关政策的利益相关方，包括政党、利益团体、非政府组织、专业界别等；联系传媒；关注、分析和使用新媒体和网上媒体。

表4列出本届与上届的副局长和政治助理的上任年龄、学历与工作背景分析。年龄方面，无论是副局长或政治助理，年龄的跨度都比较大。副局长方面，上届主要是40多岁为主，本届是50多岁偏多。如果与同级的甲级政务官（平均54岁）比较，本届副局长的年龄是相若的。政治助理方面，两届都是以30多岁的偏多，但也有50岁以上的。两届年纪偏大的政治助理都任职保安局，由具有丰富纪律部队经验的前公务员担任，属于特殊情况。

表4 本届与上届政府副局长与政治助理入职年龄、学历与工作经验分析

项 目	上届（2008~2012年）		本届（截至2014年9月）	
	副局长（10人）	政治助理（9人）	副局长（11人）	政治助理（11人）
上任年龄（岁）				
20~29	0	1	0	2
30~39	2	6	1	7
40~49	7	1	2	1
50~59	1	1	7	1
60+	0	0	1	0
学历				
学士	4	2	1	0
硕士	4	7	9	10
博士	2	0	1	1
工作背景①				
专业/商界	4	1	3	3
传媒/公关	1	2	1	2
政策研究	1	2	1	1
政党	1	3	1	3
公务员/公营机构	3	1	5	2

① 个别官员的工作经验超过一个范畴，这里以上任前的工作分类。

学历方面，副局长拥有硕士或以上学历的从上届 60% 增至本届的 90%，政治助理本届全部具有硕士学位或以上。工作经验方面，无论是副局长或政治助理，基本上来自 5 个行业组合，这包括专业/商界、传媒/公关、政策研究、政党、公务员/公营机构等。这些背景都能符合他们的工作要求。副局长方面，来自专业/商界和公务员/公营机构的较多，政治助理方面则比较平均，来自 5 个行业组合的都有。

（3）副局长和政治助理的培养及挑战

在工作支援上，现时一个决策局内从事"政治工作"的实质上不只限于局长、副局长与政治助理三人，但身兼政治问责的官员，就只有三人。大多数被访者都认为现时提供予政治委任官员的资源十分不足。这主要是指没有足够的人手协助官员应付繁重的工作。与英美等西方国家不同，香港的政治委任官员并未能带同一批政府以外的人才加入其办公室。以局长办公室为例，大部分的人员来自公务员系统，包括政务官、行政主任、新闻主任等。在公务员未能直接协助副局长和政治助理的情况下，他们唯有尝试聘请非公务员职位，但也并非易事。

至于对政治官员的培训，据了解现在并没有系统的训练，也没有专职的部门负责。事实上，政治官员所需的技能是多方面的，包括所属的政策知识、应对传媒和演说、立法会的运作、网上媒体的运用，还有对基本法和"一国两制"方针的深入认识等。一个官员要全部精通所有技能是不可能的。因此，有系统的、具针对性的对政治官员的培训是刻不容缓的工作。

有关离职后工作安排，在访谈过程中不少副局长及政治助理都反映离职后的发展，是一个主要担忧。与局长一样，副局长和政治助理离职后一年内从事任何工作都要得到"前任行政长官及政治委任官员离职后工作咨询委员会"的同意，并公开有关结果。这也对他们构成压力。这对于吸引专业人士加入政府是不利的。

（三）选举产生：立法会议员与区议会议员

（1）立法会

现时立法会议员作为政治人才培养的平台而言，存在不少局限，影响了议员充分发展成具有多方能力的政治人才的机会。首先，由于选举制度的影响，立法会议员更着重自身的曝光率及知名度，多于其政策制定及凝聚民意的能力。由于香港立法会直选采用比例代表制，一个地方选区大约只需一成多选票，便能稳获一个议席。因此在现时 350 万名选民，却只划分5 个选区的安排下，大选区难以让议员深耕细作进行地区工作，这样只好依赖全港知名度及传媒曝光率来显示自身的政策影响力。其次，根据《基本法》第 74 条，议员的私人提案权受限，凡不涉及公共开支或政治体制或政府运作者，可由立法会议员个别或联名提出。但凡涉及政府政策者，在提出前必须得到行政长官的书面同意。

（2）区议会

区议会（District Council）前身是港英政府年代的区议会（District Board）。区议会是香港地区层次的议会，就地区事务向政府提供意见。香港18 个分区均有其区议会，现时有 507 名区议员，任期 4 年。18 区区议会可以向该区的民政事务专员反映地区情况、提供政策建议，并就区内各种问题提供意见；同时在获得拨款的情况下，审议及决定有关拨款的分配，以改善区内环境、文娱康乐及社区活动等。

由于区议会的功能和性质，区议员一直饱受以下几类批评。第一，欠缺全港性政策视野。由于区议会选区小（约 2 万名市民），在香港人口密集的居住环境中，区议会选区实际上也只是几条街道的住户人数。这令区议员的关心事务只流于区内的康乐、交通设施等。对于较大面积的区内经济发展，以至全港性政策则欠缺想法及远见。第二，质素参差不齐。由于区议会选区小，实际上要赢得议席，只需要在区内有一定知名度及建树。这使得区议会选举中少有提出区内政策建议，大多是比拼区内的知名度及人脉网络。第三，区议员工作福利化。区议会由于选区小，权力小。这令区议员的工作大多专注于为区内市民提供福利，例如物资派发或服务提供等。这令区议员难以成为锻炼青年政治人才的平台。

（3）立法会与区议会议员的组成分析

①男女比例（见表 5、表 6）。数据反映，男性在立法会及区议会一直处于多数，女性参政的情况在 2003 年后有所改善，但在最近两届选举中却没有进一步改善的趋势。其中，立法会议员的男女比例方面，越年轻的政党女性比例会较高。在区议会的男女比例上，数据反映男性一直维持在8 成左右的议席比例。女性在区议会议席中处于少数。

表5 2007 年及 2011 年区议会的男女比例①

单位：人，%

党 派	2007 总人数	男	女	2011 总人数	男	女
民建联	103	83	20	121	93	28
工联会	15	15	0	26	22	4
自由党	7	7	0	9	9	0
新民党	2	2	0	9	9	0
民主党	52	44	8	45	39	6
民 协	16	11	5	16	13	3
公民党	11	7	4	8	7	1
新同盟	7	7	0	8	8	0
街 工	3	3	0	5	5	0
其他党派/团体	137	113	24	131	106	25
独立人士	52	45	7	34	28	6
总 计	405	337 (83.2)	68 (16.8)	412	339 (82.3)	73

表6 2008 年及 2012 年立法会的男女比例②

单位：人，%

党 派	2008 人数	男	女	2012 人数	男	女
民主党	8	8	0	6	4	2
民建联	8	7	1	13	10	3
公民党	5	2	3	6	5	1
自由党	7	5	2	4	4	0
民 协	3	3	0	1	1	0
工联会	5	4	1	7	5	2
新民党	1	0	1	2	1	1
新同盟	—	—	—	1	1	0
其 他	23	20	3	30	28	2
整 体	60	49 (81.7)	11 (18.3)	70	59 (84.3)	11 (15.7)

---

① 选举事务委员会网页：http：//www. elections. gov. hk/dc2011/。

② 选举事务委员会网页：http：//www. elections. gov. hk/legco2012/。

②年龄老化及专业政治。根据过去两届立法会及区议会议员选任时的年龄分析，现时区议会议员的年龄平均在 46 岁左右，而立法会议员的年龄在 54 岁左右。香港的政治制度中相对国内及国外都较为扁平化，只有区议会及立法会两级选举，但区议会议员平均年龄为 46 岁。这比英国 2012 年国会下议院议员平均年龄 45 岁还高（见表 7、表 8）。

立法会及区议会议员的职业分析方面，香港的立法会议员中除了部分功能组别议员身兼其他职务外，大多直选议员都是全职议政；而在区议会，担任全职区议员的人数都低于五成，但连同从事相关政治工作（例如政策研究、公关、政党等）的议员，总数大约占六成。

上述数据反映两个情况，第一，现时香港区议员难以吸引青年有意参政人士视为一种志业；第二，立法会及区议会议员的年龄差维持在 10 岁，不少区议员任职 10 年以上。这间接显示缺少了足够的晋升阶梯。部分政党更出现极大年龄差，如新民党在 2012 年区议员平均年龄是 38.3 岁，但党内立法会议员平均年龄高达 61 岁；自由党区议员平均 43 岁；党内立法会议员平均为 60 岁。

表 7 立法会议员的平均年龄①

单位：岁

党 派	2008 年当选平均年龄	2012 年当选平均年龄
整 体	54.9	54.3
民主党	51.1	53.8
民建联	51.2	51.3
公民党	52	49.8
自由党	62	60
民 协	56.7	59
工联会	53.8	50
新民党	58	61

① 选举事务委员会网页，http://www.elections.gov.hk/legco2012/。

表 8　各届区议会议员的平均年龄①

单位：岁

党　派	2003 年	2007 年	2011 年
整　体	45.8	46.5	46.3
民主党	40.8	43.4	44.7
公民党	—	46.5	54.1
民　协	40.7	42.3	42.5
新民主同盟	—	—	35.8
民建联	47.9	46.9	45.2
工联会	—	—	39.2
自由党	46.1	47	43.4
新民党	—	—	37.3

（四）比较三类政治人才的发展空间

1. 薪酬待遇

比较现时三类政治人才的薪酬待遇，副局长及政治助理相对其他政治人才而言仍然是相对吸引的（见表 9）。副局长的薪酬大约是年薪 250 万港元；政治助理是约 118 万港元。立法会议员年薪约 109 万港元；区议员年薪只有约 30.8 万港元。

表 9　选举产生及政治委任官员的薪酬

单位：港元

任职途径	经选举产生		政治委任	
年　薪	立法会议员：约 109 万		局长：约 358 万	
	区议会议员：约 30.8 万		副局长：约 250 万	
	社区主任：约 9.6 万 ~ 21.6 万		政治助理：约 118 万	

资料来源：民政事务局区议会薪津独立委员会网页及立法会有关网站，http：//www. legco. gov. hk/general/chinese/members/remuneration. htm。

比较三者而言，立法会及区议会议员的薪酬明显低于另外两者。为了

---

① 选举事务委员会网页，http：//www. elections. gov. hk/legco2012/。

让选举产生的政治人才质素有所提升，有意见认为应该增加议员的薪酬。在 2012 年立法会的酬金及工作开支偿还款额小组委员会上，曾提出将议员薪酬由每月 73000 港元，提升至 141000 港元①。但有关建议被不少学者和舆论反对，其中反对理由包括现时立法会议员的民意支持度低，加薪会引来市民不满等；另外也包括认为议员考勤记录欠佳。有关建议最后被撤回。

2. 培养机制

一个明确的晋升阶梯直接影响政治人才的发展前景，因此不论是在政府内，或是在选举制度内，是否能系统地建立一个培养机制很大程度上影响青年政治人才是否愿意从事政治工作。

（1）政务官和政治委任官员

比较三类政治人才的培养机制，政务官明显比政治委任官员及议员更完善。政务官作为公务员职系的一部分，制度参照英国的白厅模式（Whitehall Model），有清晰的资历阶梯及公开招聘制度（见表1）。这对于吸引有意加入政务职系的青年人而言是很大的诱因，展示了一个良好的发展前景及晋升阶梯。

相反，政治委任官员方面，香港推行政治委任副局长及政治助理才 7 年，实在难以断言发展前景如何，但根据与现届及上届的副局长及政治助理的访谈中发现，他们大多都对于发展前景不寄厚望。副局长及政治助理的晋升阶梯，直至现时为止并没有清晰可见的机制。

从制度安排上发现，现时政治助理与副局长之间明显出现断层。以过去两届问责团队为例，上届副局长入职时的平均年龄大约在 40～49 岁；本届副局长在 50～59 岁；然而两届的政治助理上任时年龄只有 30～39 岁，本届更有 2 名只有 26 岁及 27 岁的政治助理，工作资历尚浅。

副局长与政治助理的年龄差，反映了制度内缺少资历阶梯；若然要把政治团队制度化及专职化，协助行政长官及取代公务员负责主要政治决策，就更有必要明确其政治资历阶梯，让后来者看到发展前景。

（2）政党培养机制

政治官员及政务官可以通过一个制度内的培养机制来让政治人才历练及晋升；但对于选举产生的政治人才而言，则需要渐进的选举层级及党内机制进行培养。

---

① 立法会（2012）：《立法会议员的酬金及工作开支偿还款额小组委员会 2 月 7 日会议记录》。

党内培养机制，当中包括如何发展及招募青年从政人士加入。在政党培养模式中，青年党员在政党的选举工程、政策倡议及政党事务中可以累积其政策游说经验、社会动员、公众知名度等。除此以外，也只有通过政党的培养及支援，才有可能让青年从政者全职地参与政治；与此同时，党内通过寻求执政或议席来扩大政治空间，让更多青年党员有参政的机会，维持党内团结及纪律。

据了解，不同政党都积极开拓青年党员网络。其中在青年党员发展较出色的，例如，青年民建联、自由党青年团及民主党的"民主青年"等。这些政党都通过发展青年团，加速党内年轻化，并解决在议会中青黄不接的问题。例如前青年民建联主席张国钧已成为党内副主席，盛传将取代党内前辈出选 2016 年立法会；民主党的青年党员罗健熙，也在短时间内跃升为党内领导层及副主席。

（3）旋转门机制

香港回归二十年中，经历了 5 届立法会选举，4 届区议会选举。曾经当选区议会及立法会、后来加入至特区政府问责团队内的，现时只有 6 人。由于样本数量较少，难以归纳成效如何。不过从访谈政务官的过程中发现，政务官普遍认为一些具有专业政治及选举经验的人士进入政府，其人际网络及公众知名度在很大程度上能有助推动政策（见表 10）。

表 10 具有选举经验的现届或上届政治委任官员

官 员	年龄（岁）	过去当选议席	现任问责团队职位
张炳良	62	立法局选举委员会议席	运输及房屋局局长
陆恭蕙	59	立法局港岛中议席 立法会港岛区席	环境局副局长
陈岳鹏	33	南区区议会议席	政制及内地事务局副局长
陈茂波	60	立法会会计界议席	发展局局长
刘江华	58	立法会新界东议席 沙田区议会民选议席	民政事务局局长
陈百里	38	观塘区议会民选议席	商务及经济发展局政治助理

一个健全的"旋转门"制度不仅可以通过选举累积民意支持度而进入政府，也应该鼓励官员退出政府参与全港性议会选举，接受选举洗礼来增

加其政治能量和能力。在回归后多届选举中，只有 2 位前问责官员：前政务司司长陈方安生及前保安局局长叶刘淑仪在离开政府后参与选举。他们两人首次参选都获得较高的得票率。两人在该届的议员民意支持度得分都一直高居前三。由于样本数量少的关系，难以断言与其公务员出身有关，但无可否认作为政治历练及发展空间的角度而言，应鼓励一些有意投身选举政治的政务官离开政府，参与选举。

有关五种政治人才的背景和发展路径比较见表 11。

表 11　五种政治人才的背景和发展路径比较

	产生办法	平均年龄	学历分布	入职方法	年薪（港币）	福利	晋升职级	培养方法
政务官	面向社会，公开招聘	政务主任：28 岁 甲一级（D8）：54 岁	本科以上	政府招聘考试选拔	约 52 ~ 270 万不等	享有各种公务员福利，按加入政府年份而异	由政务主任至首长级 D8 共 7 个级别。政务官的晋升一般须先署任有关职务，表现满意以后才能正式出任职位	有清晰的资历阶梯及公开招聘制度，培养机制完善
副局长	公开招聘（自 2012 年起）	约 40 ~ 60 多岁	本科以上，硕士为主	遴选委员会挑选，向行政长官建议	约 250 万	每年 22 天假期，没有房屋津贴和约满酬金	相当于首长级第六级（D6）；上级为局长	没有系统的训练，也没有专职的部门负责
政治助理	公开招聘（自 2012 年起）	约 30 ~ 45 岁	本科以上，硕士为主	遴选委员会挑选，向行政长官建议	约 118 万	每年 22 天假期，没有房屋津贴和约满酬金	政治助理晋升至副局长例子只有一个	没有系统的训练，也没有专职的部门负责
立法会议员	地方分区直选及功能组别选举产生	50 多岁	本科以上，硕士为主	选举产生	约 109 万	享有医疗津贴和任满酬金	不适用	地方直选和功能组别议员各有不同培训方式
区议会议员	地方选区以"单议席单票制"和"票多者胜"的方式选出	40 多岁	数据不全	选举产生	约 30.8 万	享有医疗津贴和任满酬金	在与其他政党竞争之余，也要在党内获取支持或协调方能晋升参与更高级别的选举	两层选举阶梯：区议会、立法会

五 结语

全国人大常委会在 2014 年 8 月 31 日对香港 2017 年行政长官选举做出庄严的承诺，确定了香港普选的方向，"一人一票"普选行政长官将成为香港政治制度的一部分。面向这个终极目标，香港需要有充足的政治人才储备，应付即将到来的政治环境及管治需要。

本研究首先整理有关"政治人才"的相关文献，为作为一国两制下特别行政区的香港的政治人才下定义，并对五类人才（政务官、副局长/政治助理、立法会议员/区议员）的历史发展、组成、背景和培养机制进行深入的比较分析。

深港高等教育合作的创新机制研究

杨君游*

高等教育合作是深港区域合作中的重要组成部分。加强深圳与香港在高等教育领域的合作，借助香港拥有国际认可度高的优质教育资源与经验，有利于解决深圳高速发展形成的对高等教育的迫切需求，提升深圳高等教育的国际化水平，加快深圳构建国家教育综合改革示范区的进程。这不仅会对深圳高等教育的发展起到积极的推动作用，同时会对全面推进深港两地的紧密合作，推进深港一体化发展，具有重要的意义。另外，从人才需求来看，无论是香港的持续稳定发展，还是深圳的产业结构调整和二次创业，都需要有一批高质量的人才队伍，深港两地的高等教育合作是一种互利共赢的选择，而合作的体制创新则是必须要走出的一步。

一 深港高等教育合作的进展

1997 年香港回归，深港高等教育合作开始起步。经过深港两地政府和社会各界近 20 年来的不懈努力，深港高等教育合作获得较大进展，合作的机制逐步建立并不断健全和完善，合作的领域不断扩大和拓展，合作的内容不断丰富和充实，合作的基础不断巩固和加强，合作的层次也在不断地提升和深化。目前，深港两地的高等教育合作，已进入一个全面深化和务实合作的新阶段。

（一）合作机制基本建立并逐步完善，政策层面不断推进

在内地和香港特区政府的高度重视下，深港高等教育合作已被纳入深

* 杨君游，清华大学港澳研究中心副教授。

港合作的整体框架之中，经过多年的实践探索，已基本建立起两地高等教育合作的机制。近20年来，从国家战略层面、粤港合作层面、深港合作层面、深港教育主管部门层面均基本建立起合作协调机制，涉及扶持与指引深港两地高等教育合作的政策不断出台，为深港两地教育合作中体制机制的创新起着重要的保障作用。

1. 国家战略层面

2004年7月，在广州召开的第一届泛珠江三角洲区域教育发展合作会议上，"9+2"地区的教育行政首长，共同签订了一份《关于加强泛珠三角区域教育交流合作的框架协议》。紧接着，《内地与香港关于相互承认高等教育学位证书的备忘录》也在7月由国家教育部部长和香港特区教育统筹局局长在北京签署，这两份文件的签署，拆除了两地高等教育合作中存在的一个最大的门槛，这对深港两地高等教育合作起到了重要的推动作用。2009年年初，国务院批复《深圳市综合配套改革总体方案》，方案中明确指出要加强与港澳和国外教育特别是高等教育合作，引进港澳和国外知名学校来深圳合作办学。

2. 粤港区域合作层面

2010年4月，广东省政府和香港特区政府正式签署《粤港合作框架协议》，协议中明确表示支持双方高等学校合作办学，双方同意在落马洲河套地区共同规划以高等教育为主的跨界人才培育与知识科技交流区。

3. 深港两地区域合作层面

2007年5月，深圳市政府与香港特区政府签署《"深港创新圈"合作协议》，其中包含两地高等教育的合作。2008年11月，深港两地政府教育行政部门签署《教育合作协议》，双方拟定建立定期交流的合作机制。

随着两地高等教育合作协调机制的建立显示出政府对深港高等教育合作愈加重视的趋向，政府的自觉主导作用在逐步增强，相关政策的出台和协议的签订，为深港高等教育合作的机制创新提供了支撑。

（二）合作领域不断拓展和深入，模式和途径趋向多元化

在深港两地高等教育合作的初期，由于合作基础、合作意愿等多种因素，双方合作的领域主要集中于合作进行人才培训上，合作的模式和途径也比较单一。比如在20世纪末和21世纪初，深圳大学曾与香港高校合作招

收过自费本科生；深圳职业技术学院也曾与香港高校联合举办过职业教育短训班和文凭证书班；深圳大学城各高校也曾与香港高校合作，合作开办过研究生课程班等；香港科技大学也曾于 2002 年在深圳开设过 MBA 课程班。随着深圳高校数量的增多和水平的提升，两地高等教育合作经历了从一元走向多元，从一般合作走向战略伙伴合作的转变。深港高等教育合作的领域在不断拓展和深入，合作的水平和层次在不断提升，合作的模式和途径也在不断丰富和多元化。

深港两地在高等教育合作方面一直不断进行途径和模式上的创新探索，主要集中在以下四个方面。

1. 联合培养

简单地说，就是整合深港两地高校的优质资源，在人才培养方面开展高层次的合作。如清华大学深圳研究生院与香港中文大学联合培养金融财务硕士（FMBA）、物流供应链管理硕士等；北京大学深圳研究生院与香港城市大学联合培养微电子学与固体电子学专业博士研究生，与香港大学联合培养金融学硕士。

2. 学术交流

深港两地高校的学术交流主要体现在三个方面。一是深港两地高校在师资上的交流与共享。深港两地紧相毗邻，方便进行多种形式的师资交流与共享实践。如深圳大学城清华、北大、哈工大等高校研究生院均与香港各高校开展了师资交流，包含互派访问学者、互聘客座教授或兼职教授，互相引进对方优秀人才来校任教，互相聘请专家担任学术带头人等形式。二是研究生的交流，包括组团赴对方地区访问，参加研讨会、辩论赛、参加培训等多种形式。三是共同举办学术会议或学术论坛。

3. 科研合作

深港两地高校的科研合作主要体现在三个方面。一是课题研究、项目的合作。二是共建实验室和研究中心，以此为基础开展科研合作。如 2004 年成立的深圳北京大学香港科技大学医学中心。三是跨境产学研合作。如 1999 年香港科技大学与北京大学、深圳市政府合作成立的深港产学研基地。目前，香港有 6 所大学均在深圳设立了分支机构，开展科研活动。香港中文大学、科技大学、理工大学、城市大学均落户高新区，依托深圳虚拟大学园，与深圳高校建立紧密的合作关系，开展以科研课题开发、科技成果转化、咨询等为主的产学研合作，以及开展研究生层次以上的继续教育。

4. 合作办学

香港中文大学与深圳大学于 2011 年 7 月签署《筹建香港中文大学（深圳）的协议》，开始筹建香港中文大学深圳校区。2014 年 4 月获得教育部批准，当年即实现预期招生 313 名，2015 年在校学生数超过 1000 人。深港高校合作办学的成功启动具有一种标志性的意义，它标示着吸引以香港院校为主导的合作办学将为我国高等教育体制改革、建立国际通行的现代大学制度探索出了一条新路子，也就是引入香港高等教育的模式并进行本地化。香港中文大学（深圳）采用的是香港中文大学的管理方法和学术评估体系，管理体制实行理事会领导下的校长负责制，其教学模式和学生管理方法（包括采用的书院制的培养模式）也与香港中文大学是相同的。这种以香港高校本地化为突出特色的合作办学，将香港高校先进的教学模式和研究资源带到深圳，与深圳雄厚的产业基础及完善的市场机制相结合，很有希望开拓出一条具有深圳特色、实施跨越式发展，以提升源头创新能力并实现产业化为路向的教育科研模式。

从深港高等教育合作整体发展进程来看，深港两地之间的高等教育合作既可以说是办学方针与办学理念的借鉴、教育理念的渗透，也可以说是深港两地之间教育资源的共享、教育信息的交流、教育成果的互认过程。在两地高等教育合作的过程中，还可以通过广泛的产学研合作、合作办学等举措，通过多方式、多途径的高等教育合作，产生出叠加效应。总之，利用香港的优势，利用中央的优惠政策，整合两地的创新资源，创新思维，不断寻求两地高等教育合作的新途径和新方法，逐步走向政府主导、校际交流与合作、校企联合等多元化合作模式，是深港两地高等教育合作的发展趋势和路线选择。

二　深港高等教育合作中的障碍分析

在深港一体化发展的推动之下，深港两地高等教育合作虽然不断取得新的进展，但也必须看到，由于历史原因以及双方高等教育发展程度的不同，以及两地间存在的制度差异、法律差异、文化差异，以及观念差异等诸方面的原因，两地在高等教育合作中，还是存在不少模式、机制、法律、文化等方面的障碍和问题，如何在体制和机制的创新中寻求解决之道，还有很多事情要做，尚有很大的探索空间。

（一）缺乏整体性规划和制度化安排

由于长期以来深港区域合作的重心在经贸领域，因此深港高等教育合作还是远远落后于深港经济合作的步伐。深港两地的高等教育合作，虽然已初步建立起合作协商的框架机制，但尚缺乏整体性的规划和制度性的安排，尤其是缺乏对规范、程序、举措的具体安排。双方在经贸、科技、旅游等领域所签订的合作协议均非常具体，具有很强的实操性，而在高等教育领域的合作所出台的政策及签订的协议，往往仅是合作构想或意向，缺少详细的总体规划和实施举措，操作上难度很大。比如2008年11月深港两地教育行政部门签署的《教育合作协议》，应该属于可执行层面的协议，但这份协议实质上仍是一份框架和意向协议，由于对深港高等教育合作并没有做出整体的规划和实施的措施安排，因此也就难以对深港高等教育合作起到明显的提升和带动作用。

（二）相关法规和政策障碍仍然存在制约作用

按照相关法律法规和政策规定，深港两地的高等教育合作属于中外合作办学的范畴，而国家对中外合作办学则是有明确限制的。《中外合作办学条例》第62条就规定："外国教育机构、其他组织或者个人不得在中国境内单独设立以中国公民为主要招生对象的学校及其他教育机构"，该条例的第59条的规定是："香港特别行政区、澳门特别行政区和台湾地区的教育机构与内地教育机构合作办学的，参照本条例的规定执行"，从《中外合作办学条例》的这两项规定可以看出，在法律上排除了香港高校在深圳独立办学的可能性，只能是与内地高校合作办学，但合作办学中涉及管理体制、法律体系等相关问题，则存在如何衔接和合法性问题。此外，对两地高校的合作方式、学生权益、教育投资和知识产权的保护等也缺乏相应的立法。

比如，深圳市政府于2004年就与香港科技大学签订了合作协议，计划在深圳筹建香港科技大学研究生院。香港大学也曾于2008年向深圳市政府提出过在深圳独立办学的诉求，但这两个项目因为受制于合作办学法律规定的限制，迄今依然进展不大。香港中文大学的来深办学，采取与深圳大学合作办学的方式获批，其实现的各种制度是否与相关法条相悖，还要在实践中以观后效。

（三）制度和体制的差异性尚待顺畅衔接

深港之间在政治、经济和文化等制度上互不相同，在社会制度、意识形态方面存在显著的差异性，而这种差异性将不可避免地体现在高等教育领域。这种社会制度的差异性是短期内难以消除的，同时，这种差异性对教育体制的影响也是根本的、长期的。教育体制包括教育行政管理体制、学分制度、资历框架和质量保证体系等多个方面的内容。根据国外高等教育合作的经验，这些教育制度又是开展高等教育合作的基础。因此，加强深港两地高等教育合作，一个非常重要而又非常困难的任务是要消弭融合差异性方面，尽快实现两种不同的教育制度和管理体制之间的顺畅衔接。

深圳高校教育行政管理主要是单向的行政管理。学校是教育行政部门的基层单位，大到学科设置、师资队伍、招生人数，小到课程设置、课时分配等问题，都是由教育行政部门统一规定的。而香港高校教育行政管理是以宏观政策指导为主，政府专注于宏观方面的调节，而学校则由学校董事会负责具体的经营管理。学校作为一个有机的社会组织，其内部管理体制需要与一定社会制度相适应，深港两地的高等教育合作，是在两种根本不同的社会制度和管理体制下进行的，有时一些看似内部管理体制方面的问题，比如职称评聘制度、科研管理制度、招生、编制等体制层面的改革和创新，实际上依靠学校自身是难以做出根本的、有效的调整的。这种制度和体制的差异性及如何实现顺畅的衔接，将是两地高校合作办学中所要面对和解决的新问题。

三 创新深港高等教育合作机制的对策建议

当前，深港两地高等教育合作进入了一个全面深化务实合作的新阶段，需要在机制框架、制度创新、风险防范、法律保障等方面实现新的突破、新的提升，从而为深港区域一体化的实质性进展提供体制和机制的保障。

（一）健全合作的实施机制

目前，深港高等教育合作正逐步由自发性、民间性、局部性合作走向有计划、官方化、全方位的合作。随着深港高等教育合作日益紧密和深化，以及合作领域的不断拓展，第一，需要在粤港合作的大框架下建立深港两地之间常态化、长效性的沟通协调机制，通过深港两地政府直接协调的方式，对两地高等教育合作工作进行统筹协调，破解存在的障碍和问题。第二，需要建立政府指导下的高效、规范、稳定的工作机制，以确保关于两地高等教育合作的各项政策、协议、举措得以执行实施。具体措施为设立深港高等教育合作工作组，由双方教育行政主管部门派员组成，负责沟通两地高等教育合作的规划与决策，探讨两地高等教育合作的进展和实施计划，推进两地高等教育合作的专题计划、专项任务，交流高等教育合作方面的信息。第三，还需要建立起权威性且具有评判仲裁功能的督导机制，以督导推进高等教育合作协议中有关项目、备忘录和意向书的落实，并对相关项目进行效益评估。督导工作会议每年定期召开，两地政府要有高层参加，除了检讨和总结前期双方确定的合作项目外，还应提出未来一年双方的合作项目，以签署协议的形式确定每个项目的政策和资金保障，确保深港高等教育合作稳定、持续、深入地进行。

（二）建立合作的风险防范机制

深港两地的高等教育合作是一种在"一国两制"背景下，是一种突破旧有模式、机制，甚至法律制度的创新探索，同时又是既有竞争又有合作关系的深港两地有关利益主体之间的一种合作，因此，利益、障碍、矛盾、问题会纠缠在一起，各式各样的风险也可能会随时面临，比如，合作协议不完备方面的风险；知识产权方面的风险；文化差异方面的风险等；为此，双方在高等教育的合作中应增强风险防范意识，加快建立健全风险防范机制，加强风险防范的预案和管理工作，以便尽可能地降低双方在合作中可能遇到的风险，确保双方在高等教育领域里的合作能够顺利推进。具体措施有：政府在签订协议时要有审慎的审核机制，并慎重选择合适的合作对象；注重加强对两地高等教育合作主体行为的硬约束和软约束；建立深港两地高等教育合作的信息平台。

（三）完善合作的利益分配机制

区域间的高等教育合作，有社会需求，有战略需要，有政治因素，但从深层的动因来说，依然是一种利益驱动关系。而且随着深港高等教育合作的深入开展，不同的利益主体都会提出自己各自的诉求，各种利益分配上的问题也会或迟或早地浮出水面。当然，这里所说的利益不仅是指狭义上的经济上的利益，还包括了专利、成果归属权等其他物质利益，以及个体知识能力的提升，文凭、名誉、声望等非物质利益。处理好深港高等教育合作中的利益分配关系，关键是要建立和完善合作的利益分配机制。这种利益分配机制应遵循互惠互利、平等合作、利益与风险挂钩、公开透明化和利益补偿等原则，使各方面的利益诉求能够协调、平衡并得到相对合理的满足。

（四）建立健全合作的激励机制

激励机制的设计可分为政府和高校两个层面。政府层面上，首先要进一步出台鼓励合作、减少合作障碍的政策，激励方方面面支持高等教育合作的积极性。同时对积极推进深港高等教育合作的部门和领导的政绩评价也应通过量化的指标予以认可。再者，对社会各界支持合作办学的行动和举措应予以支持和褒奖。高校层面上的激励机制主要包括三个方面的内容：首先是提供支持，给参与两地高等教育合作的教学和科研人员提供时间、信息、经费，以及实验设施等方面的支持。其次是在政策上要有一定的倾斜，将参与深港高等教育合作的教学和科研人员的实绩，以适当的标准和比例折合计算出全时工作量，作为晋升职称和工资级别、获得奖励的条件之一。最后是对积极参与和支持深港高等教育合作的校友及社会各界人士要给予一定的名誉和宣传。

（五）探索合作的管理体制

深港两地虽然同属一个中国，但由于香港的特殊性，深港高等教育合作需要在"一国两制"的框架下进行，因此，解决"一国两制"下的高等教育合作问题，就需要对现行的教育体制和管理体制进行改革，从而为两地高等教育合作提供相对宽松的政策环境和快速发展的契机，并不断夯实合作优势，使两地高等教育合作上升到深层次、全面、长期发展的层面。教育体制和管理体制的改革，既是深港高等教育合作的需要，也是教育国际化发展的一种必然趋势。

管理体制上的改革，需要与教育创新结合在一起。从高校的层面上，当然不能完全照搬香港的模式，但是必须面对香港高校的管理模式，采取能够借鉴就尽量借鉴的态度，尽量消减深港两地高等教育合作中体制方面的障碍。由于香港高校的国际化程度较高，因此深圳高校在与之进行交流与合作时，需要做到真正面向未来，在教学、科研、管理等方面努力与国际接轨，与国际上公认的标准进行对接和靠拢，认真地接受国际上通行的标准的检验和审视，接受来自外界的监督检查与批评，如果能以这种学习提高的态度来真诚地与对方进行合作，相信两地高校在高等教育领域的合作就会越来越深入。从政府层面上，政府积极地帮助搭台，统一合理的政策扶持，是两地高等教育实现有效合作的前提之一。为此，两地政府应从相关政策的制定和优化方面，为两地高等教育合作提供尽可能的支持和便利。在两地高等教育合作中碰到体制方面的障碍和难题时，尽可能地通过两地政府的协作和沟通，为深港高等教育合作创建良好的办学机制，建立和完善有关制度和实施细则，创造宽松和良好的深港高等教育深度合作的环境。

（六）开拓合作的创新机制

深港两地的高等教育合作，从路向上来看，是利用深圳的创新资源，中央的优惠政策，吸引香港优质的教育资源来深合作办学，从而在合作共赢中解决双方的需求问题。那么，在合作中深圳如何发挥自己的创新优势，选择好突破口，在体制创新上开拓新路，就成为一个非常重要的问题。

国务院批复的《深圳市综合配套改革总体方案》再一次鲜明提出，深圳要充分发挥经济特区的"窗口"和"试验田"作用，争当科学发展的示范区，改革开放的先行区，粤港澳合作的先导区。由此，深港两地政府应当携起手来，加强与国家有关部委、广东省政府的沟通与协调，以《珠江三角洲地区改革发展规划纲要》赋予深圳的历史使命为契机，努力争取国家将深圳列为"国家教育改革示范区"，努力争取国家对深港高等教育合作，尤其是香港高等教育优质资源进入深圳给予特殊政策支持和制度安排。

广东省政府和香港特区政府于 2010 年 4 月正式签署的《粤港合作框架协议》中，明确表示双方同意在落马洲河套地区共同规划以高等教育为主的跨界人才培育与知识科技交流区，以此为依据，应当将机制创新的突破口选择在河套地区，将这一连接深港两地的重要空间充分利用起来，联手打造高等教育合作区，打造高等教育体制机制创新的实验区，为我国教育体制和机制的改革创新，为中外合作办学探索经验，开拓新路。

参考文献

国务院研究室课题组：《推进粤港教育合作发展——建立粤港澳更紧密合作框架研究报告之八》，《珠海市行政学院学报》2012 年第 1 期。

深圳市政府办公厅：《关于全面推进深港教育合作的报告》，《内部情况通报》第 32 期，2009 年 7 月 6 日。

全国教育科学规划领导小组办公室：《"粤港澳高等教育合作机制研究"成果报告》，《大学（学术版）》2012 年第 4 期。

刘颖：《深圳视阈下的深港高等教育合作研究》，《继续教育》2013 年第 6 期。

刘颖：《深港高等教育合作的多元基础与时代价值》，《特区实践与理论》2010 年第 2 期。

陈华：《粤港澳高等教育合作的前景、障碍与突破》，《高等教育研究（成都）》2009 年第 4 期。

林金辉、翁海霞：《我国内地与香港地区高等教育合作办学的特殊性及可持续发展》，《中国高教研究》2010 年第 3 期。

香港智经研究中心：《港深教育合作研究报告》，2009。

唐高华：《深港高等教育合作 SWOT 分析与审思》，《深圳信息职业技术学院学报》2013 年第 4 期。

颜辉：《深港合作中的高等教育发展》，《特区实践与理论》2010 年第 1 期。

港澳媒介生态研究

金兼斌　戴　佳　卢　嘉　曾繁旭　张荣显[*]

一　香港的媒介生态现状

（一）香港报业

在中国近代报业的发源和发展过程中，香港占据着不可忽视的位置。对于香港报业发展的阶段分期，此前的研究者有着不同的划分方法，如按照年份分阶段、以"二战"为界分期等。李少南在《香港的中西报业》中提到的一种分期方法是按照办报主旨的不同，分为"精英时期"、"党派报业"和"社经报业"三个阶段（李少南，1997）。

目前，香港已经形成了多家报业集团上市公司，包括较为出名的星美出版集团、东方报业集团、新报报业、星岛新闻集团、南华早报报业集团等（陈昌凤，2007）。这一市场化的转变也可以看作香港报业从原先的"文人办报"或"个人办报"到"商人办报"的变化。

尽管竞争形势变得严峻，但到进入90年代为止，香港报业还处在一种相对平衡的状态，精英报纸、大众化报纸等不同类型的报纸都有自己的读者群和势力划分。然而到了1995年，《苹果日报》的出现迅速打破了这种局面，利用煽情的内容和低价战搅动起了香港报业整体的大竞争。

在报业竞争激烈化的过程中，近年来香港还出现了免费报纸，即民众可以免费领取的报纸（主要为日报），多在地铁站、快餐店、商业区等人流量大的地点派发。香港的第一份免费日报是瑞典免费报纸集团"地铁国际"

* 金兼斌、戴佳、卢嘉、曾繁旭、张荣显，清华大学新闻与传播学院。

在 2002 年创办的《都市日报》，主要包括本港和国内国际新闻以及娱乐性副刊，于 14 个月后就达到收支平衡并随后很快盈利（庄太量、陈少敏，2012）。在《都市日报》成功地吸引下，不久，星岛日报集团、香港经济日报集团、壹传媒等传统报纸集团也纷纷进入免费报纸市场，至 2011 年香港已经多出了《头条日报》、《AM730》、《英文虎报》、《晴报》和《爽报》5 家免费报纸。2011 年 5 家中文免费日报的平均每日发行量达到 300 万份左右，可以和传统收费报纸分庭抗礼。

（二）香港的广播电视业

目前香港的广播电台有三家，分别是政府官方的香港电台和民间资本的商业电台、新城电台，三家电台共有 13 个频道。

香港电台（RTHK，俗称"港台"）拥有三家电台中最多的 7 个频道，是隶属香港特区政府的一个独立部门。在 80 年代以后，香港电台已逐渐从原先政府的宣传渠道转型为类似 BBC 的公营电台，由专门的委员会管理，电台由政府出资经营，接受赞助和捐款，但不得播放商业广告，旨在保持公正立场，坚持新闻独立，对公众负责（钟大年，2002）。

在电视业方面，香港目前主要有免费无线电视、收费有线电视和卫星电视三种电视服务。本地免费电视分别为长期存在的两家——香港电视广播有限公司和亚洲电视有限公司，以及于 2013 年底新近获取牌照的奇妙电视和香港电视娱乐；三家持牌的收费有线电视包括香港有线电视有限公司、电讯盈科媒体有限公司（NOW 宽频电视）及无线网络电视有限公司（原无线收费电视有限公司）；卫星电视包括凤凰卫视、华娱卫视等。

近年来香港电视自身的软实力和在大众文化领域的影响力却陷入了较为尴尬的境地。相比于网络文化的丰富多元，电视台在节目制作和策划上的创新能力却日渐贫乏，很多节目或剧集都是移植自其他媒体或国外类似节目的创意。例如，近年来一些电视节目所使用的艺人或元素都是先在电台、电影等其他媒介中衍生走红的，如"无厘头"文化，香港电视已不再是大众文化的领导者，而是退居成为被动的追随者（梁丽娟，2003）。

（三）香港的网络和新媒体

香港新闻网站主要由两类经营者组成，一为门户网站，二为传统媒体。

在门户网站的部分，Yahoo 香港新闻拔得头筹，提供来自主流媒体的实时消息，包含《明报》、《星岛日报》、东方电视、BBTV（香港宽带）等。在传统媒体的部分，香港的各主要报刊都已于 90 年代建立了自己的门户网站，且其中很多网站都包含了丰富的内容。例如明报网站就包含即时新闻、财经、健康、教育等多个领域，还设置了视频板块，为用户提供多元化服务。此外，东方报业集团挟香港第一大报的优势，在互联网上延续领导的角色，受到广大网民的认同。

顺应移动上网和智能手机的流行，香港各媒体也都推出了适于移动阅览或视听的手机平台应用（APP）。纸质媒体中，《文汇报》《明报》等均推出了针对 iphone 和 ipad 的客户端。而广播电视媒体中，无线电视台、香港电台等也都推出了多种不同的移动终端应用。如香港电台就拥有多种不同的 APP，包括集合音乐节目的 RTHK CUBE，适合平板电脑阅读新闻的 RTHK PRIME，作为随身版电台的 RTHK ON THE GO，以及城市论坛流动版的 RTHK THUMB 等（陈譓懿，2013），为用户提供了丰富的选择。

香港的媒体乃至政府部门也积极使用社会化媒体。在媒体使用方面，香港电台、《明报》、无线电视台等媒体都在 YouTube、Facebook 和 Twitter 上有自己的主页和账号，其中香港电台和《明报》等还有不同频道或版块的区分。媒体在网络平台上发布节目信息或新闻资讯，以及上载往期节目和新闻视频等，在进行自我宣传的同时，为用户提供更加便捷的获取信息方式，从而扩展形成更为立体化的资讯服务（徐慧娜，2012）。

除此之外，社会化媒体也越来越多地与传统媒体及其从业者相联系，不仅作为新闻信息发布和传播的平台，同时也成为传统媒体取材的来源之一。在社会化媒体逐渐成为传统媒体信息来源之一的同时，传统媒体也通过其固有的传播能力及范围进一步扩大了社会化媒体对于现实社会的影响（Lee，2012）。

二 澳门的媒介生态现状

1999 年澳门回归中国之后，澳门媒体与中国内地的联系更加密切。多年来，澳门媒体不断适应本土需要，并与中国内地、香港和台湾媒体及受众进行日益频繁的互动；在此过程中，澳门媒体不断发展和演进。

（一）澳门的报业

目前，澳门共有日报 16 家，周报 10 家。除了《澳门观察报》是教会报纸外，其余都是私营报纸。其中中文日报 10 家：《澳门日报》《华侨报》《大众报》《市民日报》《新华澳报》《星报》《正报》《现代澳门日报》《壕江日报》《赛狗秩序表》。葡文日报 3 家：《澳门今日》《澳门论坛日报》《句号报》。中文周报 10 家：《讯报》《澳门脉搏》《澳门文娱报》《时事新闻报》《体育周报》《澳门观察报》《澳门商报》《捷点资讯》《澳门会展经济报》《力报》。英文日报 3 家：《澳门邮报》《澳门每日时报》《Business Daily》。葡文周报 1 家：《号角报》。

在澳门的报业中，《澳门日报》一马当先。《澳门日报》是澳门读者最多、社会影响最大的中文日报。澳门报业 2009 年的广告总量 7 亿多澳门元，而《澳门日报》占整个澳门报业 3/4 左右的广告份额。

《澳门日报》能获得这样的成就，得益于澳门的多元文化生态与多元化的媒介生态。《澳门日报》信息渠道多，报道面广，印刷质量好，受到了广大澳门市民和广大游客的欢迎，使得《澳门日报》不仅稳居澳门报业销量的第一把交椅，还发行到香港、珠海、广州、上海、北京等地，每日发行量约 10 万份。

在澳门，葡文报纸的读者市场远低于中文报纸。澳门的葡文印刷传媒，即使是最畅销的报纸，日销量都不超过 200 份。但是葡人和土生葡人以及其他团体还是尽力维持这些报刊的运行。澳门回归后新创刊了两份英文报纸，已有稳定的读者群（甘险峰，1998）。

澳门的报纸都是私营报纸，其中有不少是家族式的经营，随着时间推移，创业的老一辈报人年事已高，接班人问题日益突出。有些原先出名的报纸，现在逐渐失去吸引力与竞争力。有些报纸较为注重接班人才的培养，同时又提拔了一批青壮年报人，这样就保证了报纸的可持续发展。

为了支持社会民主和多元发展，澳门当地主管部门自 2002 年制定政策，向定期刊物发放官方补助，以加强信息权在政治及经济影响下的独立性。一张私营报纸，只要是日报或周刊、连续注册出版五年以上，广告篇幅不超过总篇幅的 60%，就可以申请政府资助。同时，政府也资助专业培训、提升专业资格等方面的计划（尹德刚，1998）。

香港的《东方日报》《明报》《星岛日报》《太阳报》《信报》以及免费报纸《头条日报》和《新报·今日澳门》版等在澳门也有一定的市场（莫继严，2009）。

（二）澳门的电视产业

当下澳门电视业存在公营机构和私营机构同在、本地资本与外地多方资本并存的局面，无线、有线、卫星各类型播出系统健全，本土新闻及国际资讯均有所提供（本段内容主要参见谭天，2010；林玉凤，2009；林宝林，1999）。

我们回顾澳门电视业的发展历程时发现，1999年不仅是澳门回归之年，也是澳门电视媒体市场转折之年。从1984年至1999年的15年间，澳门只有澳门广播电视股份有限公司唯一一家机构进行电视节目的制作和无线播放。

回归前夕，澳葡政府分别发放了卫星电视和有线电视牌照，电视技术的发展以及播放渠道的增加，使澳门电视产业有了更加广阔的发展空间。澳门本地电视系统中，仅有澳广视（澳门广播电视股份有限公司的简称）一家进行无线播出的局面成为历史。

卫星电视的发展不仅能够提高澳门的国际传播能力，而且能增加行业收入和就业岗位。同时，也可以使澳门居民有更多渠道接受外界信息，创造出一个更为自由的信息环境。澳门宇宙卫星电视有限公司成为回归之前澳葡政府颁予卫星电视牌照的唯一机构。自回归以来，为推动澳门传播事业的发展、增强澳门传媒的产业实力、提高澳门电视自身的话语权，特区政府多次强调开放卫星电视业务。

2000年起，特区政府对卫星电视的经营采取全面开放政策，澳门电视市场上一时间卫星电视机构纷纷成立，卫星频道竞相播出。这些卫星频道各有内容定位，各有目标群体，在丰富广大受众电视荧幕的同时，更借由卫星传送渠道为澳门形象的国际传播开辟了新道路。

回归之后，澳门电视市场的新进力量还有有线电视运营机构。1999年4月22日，澳门有线电视股份有限公司获得澳葡政府发出的第一个有线电视特许专营牌照，为期十五年。澳门有线电视股份有限公司由葡萄牙电讯公司、澳门广播电视有限公司、大西洋银行、澳门宇宙卫星电视有限公司等机构投资 4.5 亿澳门元成立，由葡萄牙电讯公司的代表负责项目管理。

"一国两制"方针指导下成功实现的澳门回归，使得海内外电视媒体提高了对澳门的关注和兴趣。无论回归之际各电视播出机构进行的大量直播报道，还是中国内地、香港等地电视制作机构以澳门题材陆续创作的长篇电视连续剧，抑或从国家级电视台到省市电视台制作播出的一系列有关澳门的电视纪录片，都将澳门的历史和当下、生活在澳门的人们、发生在澳门的故事在广大华人世界乃至非华语世界中予以前所未有地频繁呈现。

回归之后，主权归属的变化、经济的持续增长、社会的逐步稳定以及全球化进程的进一步深化等诸多因素，使得澳门的文化认同也随之出现较大变化，澳门民众对中华文化为基础的国家认同感有所提升，为澳门电视带来了新增的传播空间，也推动了澳门电视与内地电视的合作。

（三）澳门的网络与新媒体

根据张荣显博士的《澳门互联网使用现状统计报告》（2011 年），在调查实施的首个十年里，澳门地区网络与新媒体的使用状况呈现出以下特点。

（1）网络使用进入平稳发展阶段。澳门互联网使用已经进入平稳发展状态，如考虑抽样误差，上网率徘徊在七成左右。各类人口特征中，以男性（70%）、18～24 岁（100%）、学生（97%）、大学本科（98%）、未婚（92%）、家庭收入较高的 2.4 万元以上（86%）人士的上网率最高。不过，把网民按年龄划分，40 岁以上的网民的上网率较上年有所下降，显示年龄较大的网民有流失的迹象。

（2）移动上网无处不在，日显其重要性。移动式的无线上网逐渐成为澳门网民联网的主流，近半网民加入移动上网行列（45%），移动上网族群无论在个人特征、网上工具使用，以及对互联网的态度上都与只以固定方式上网的网民存在显著的差异。

把网民按上网的联网方式及上网工具细分，结果发现，会用"手提电脑和手机"无线上网的网民的网上社交、娱乐、信息获取都较其余群体活跃。此外，会用"手提电脑和手机"无线上网的网民对于互联网作为娱乐（56%）、信息（66%）、沟通（67%）的来源是重要的比率亦显著高于其他类型的网民，另外，他们认为互联网在生活中是重要的比率（78%）亦显著高于其他网民。

（3）轻巧工具应用增长迅速。轻巧的工具亦造就了移动上网的发展，近年以台式电脑上网的百分比逐渐下降（87%），相反，以可移动性较高的手提电脑（39%）及手提电话（13%）来上网的百分比则有所上升，亦有少部分网民使用平板计算机（如 Ipad）上网（2%）。

（4）网上活动多元频繁。网民的网上活动多元，部分网上工具的使用率较高，互动分享类的包括即时通信软件使用（58%）、论坛（38%）、社交网站（59%）；娱乐类包括网上游戏（52%）、视频网站（50%）、上传下载图片（51%）；信息获取包括使用搜索引擎（82%）、网上新闻（80%）、看他人的博客（49%）、写博客（17%）、微博（11%）、维基百科（40%）。

（5）社交网站备受宠爱，工具整合成新趋势。社交网的宗旨之一就是把社交生活搬到网上去，作为生活的一部分，六成有使用社交网的网民用其了解朋友的近况（65.9%）、玩游戏（29.8%）、看照片（28.1%）、与在线朋友即时通信（27.2%）等。社交网结合其他工具展现出新的势力，社交网站将即时通信、分享影片等网络旧有功能整合后，极大地满足了网民在该类网站中的沟通社交需求。另外，社交圈即时互动，亦可以发动事件，或邀请朋友加入不同的群组，对网民的社交及不同层面的生活都带来不同程度的影响，不容忽视。

参考文献

中文专著：

李少南：《香港的中西报业》，载王庆武《香港史新编（下册）》，三联书店（香港），1997。

梁丽娟：《电视文化与港人身份变迁》，载李少南《香港传媒新世纪》，中文大学出版社，2003。

刘澜昌：《香港在一国两制下的新闻生态》，秀威资讯科技股份有限公司，2008。

谭天等：《港澳台广播电视》，暨南大学出版社，2010。

尹德刚：《澳门大众传媒现状与发展方略》，载吴志良、杨允中等编《澳门2002》，2002。

钟大年：《香港内地传媒比较》，中国广播电视出版社，2002。

中文期刊：

陈昌凤：《香港报业十年回眸》，《中国报业》2007 年第 7 期。

陈譞懿：《香港广播网络平台的开发与利用》，《中国广播》2013 年第 12 期。

甘险峰：《澳门报业管窥》，《记者摇篮》1998 年第 12 期。

李宝林：《澳门广播电视的特征》，《新闻战线》1999 年第 11 期。

林玉凤：《社会变迁下的澳门传媒发展》，《国际新闻界》2009 年第 12 期。

莫继严：《从"资讯外借"到产业内驱澳门华文传媒业的当下困境及未来发展》，《新闻爱好者》2009 年 6 月（上）。

徐慧娜：《香港媒体网站发展概况》，《图书情报工作》2012 年第 3 期（56）。

尹德刚：《澳门大众传媒现状与前瞻》，《新闻记者》1998 年第 7 期。

庄太量、陈少敏：《探讨香港中文免费报纸的市场》，香港电台传媒透视，2012，http：//rthk. hk/mediadigest/20120214_ 76_ 122836. html（2012）。

其他中文资料：

张荣显：《澳门互联网使用现状统计报告》，2011。

《澳门广播电视股份有限公司策略发展工作小组报告（2010）》，http：//portal. gov. mo/portal － frontend/loadfile？ id ＝/20101007_ 184831_ 294。

英文文献

Lee，FrancisL. F.，News from YouTube：Professional Incorporation in Hong Kong Newspaper Coverage of Online Videos，*Asian Journal of Communication* 22（2012）：1 – 18.

港澳媒体生态中文化心理基础

叶静婷　彭凯平[*]

一　引言

媒体存在于语言、文化、政治、经济多重因素的生态体系之中，其宣传内容和形式一般根据国家的现行政策，引领社会潮流与主题，包括排除与大众观念不一致信息等，所以了解媒体生态对了解港澳文化有关键的作用。本文研究内容着眼于发现港澳媒体生态的特点，如语码夹杂现象（即语言种类使用不唯一），再对这些特点所反映的深层文化心理作进一步研究。

港澳地区作为中西文化交汇之地，其媒体传播具有跨文化传播的特点，文化差异和多元文化协同影响就成为制约有效传播的重要因素。因此，运用跨文化心理的角度和理论研究探析港澳媒体生态是一种有益的尝试。港澳媒体不管在报道形式和内容上都与内地媒体有着较大的区别，然而，随着两岸合作交流的增加，信息沟通上难免会出现文化差异和冲突，而媒体引领社会的潮流与主题，若希望信息更有效地交流，必要从文化心理的角度出发。运用文化心理的角度分析媒体传播，能让传播者以一种新的视角理解对外传播，为传播提供更好的分析视角和理论依据。

（一）跨文化报道差异

1. 内地语境的报道形式

媒体存在于语言、文化、政治、经济多重因素的生态体系之中，其宣

---

* 叶静婷、彭凯平，清华大学心理学系。

传内容和形式一般根据国家的现行政策，引领社会潮流与主题。当今世界正在经历快速、深刻的发展和变化，各国之间的交流也日益加深。媒体作为对外和对内宣传国家形象和国家政策的重要途径，在其中起到了重要的作用。媒体的传播属于上层建筑，意识形态的范畴，当然应该服务于经济基础，贯彻非常强烈的国际战略意图。

考虑到国家和集体的利益，内地媒体在进行报道时往往从这些角度考虑问题，同时，其报道的内容又受到国家意志的影响，比如在报道重大突发事件时。对内地媒体而言，重大突发事件尤其是灾难性事件的公开报道，一直处于相对被动的状态。遇到重大事情发生，我们的媒体平常已经习惯于按照上级的指示来采访和选择主题，很多突发事件的报道，要么语焉不详，闪烁其词，没有公众想获知的信息；要么言不及要，避重就轻，不披露大众关注的核心内容；要么发布范围受到严格限制，甚至干脆不公开报道。没有上级的指示，媒体主动采访重大事件的情形不多。太多的限制往往使媒体形成一种本能反应：一旦出现突发事件，媒体就会反复斟酌和掂量，从而延误采访报道的时机。比如，对2003年"非典事件"的报道不及时导致群众出现各种恐慌，以及各种流言的广泛传播，甚至使得基本生活用品（食盐、食用油）短期内出现哄抢现象。

但是，随着国家的发展和对外交流的扩大，上述媒体报道的现象已开始有所缓解。比如，对2008年汶川地震的报道。汶川大地震的报道信息发布之快，内容之丰富和全面，展现人性的深刻性，都是历史上少见的。从整体上来看，虽然报道初期略显凌乱，但报道的主题意识、阶段意识都较清晰地体现出来。这也可以看到我们内地的新闻报道在坚持国家利益的前提下，其报道的时效性已在逐步提高。

2. 港澳报道文化

受西方文化和价值观的影响，港澳媒体在报道中往往会抢占报道的制高点。他们往往反应迅速、报道规模大、报道力度强、信息的公开程度较高。这种报道的特点尤其在重大突发事件中起着重要的作用，一方面，大量的信息利于人们对目前的处境有一个明确和清晰的认识，进而减少人们的恐慌和社会的不稳定性；另一方面，全面及时的报道利于境外媒体对我们目前处境的报道，减少了由于二次报道导致的沟通不畅，尤其是有利于维护国家或政府在境外媒体中的形象。

此外，港澳媒体在报道中并不像内地新闻报道一样严肃，他们给听众一种聊天的感觉，从而能够增加听众的参与度，比如，凤凰卫视，这也与西方文化的个人主义的价值观相一致。相比于内地新闻媒体来说，港澳的新闻媒体的形式往往比较多样化，它有以下几种类型。即时现场型评论节目，是指在新闻现场直播过程中，记者或评论员在直播现场即时发表评论，或者在演播室内，评论员对正在发生的新闻事件发表意见的节目形式，这种形式的评论不仅仅能传播最新最快的新闻，更重要的是不仅告诉你是什么，而且告诉你为什么，新闻事件的意义如何。在表达方式上该形式的节目内容充实，信息丰富，节奏明快，充满动感和创意，是个既有个性，也有独到见解的节目。谈话型评论节目主要是主持人与时事评论员针对当天最热门的新闻话题，从不同角度对事件进行分析，做出权威评论。这种形式的节目是将新闻"节目"化，即是对一个新闻话题进行深入思考，传递不同角度不同人群对同一新闻事件的看法和表述。新闻述评是集新闻报道和新闻评论于一体的评论节目，兼有新闻报道和新闻评论的特点，但评与述的结合并不意味着评和述的比重相等，重在评论。此外还有以辩论的形式为传播观点的电视论坛类节目，比如，《时事辩论会》，该节目的结构是，每次由主持人设定一个时事热点话题，从内地、香港或海外邀请"名嘴"参与，由多位背景各异、领域不同的嘉宾站在相反的立场上进行激辩，互相争抢话题、表达观点，形成热烈的现场争辩气氛；场外观众通过网络论坛和短信投票的互动形式即时参与争论，发表意见。观众在不同观点撞击的火花中洞悉事件的不同角度，对事件的真相本质会有更透彻的了解。

3. 报道方式不同所造成的沟通不畅

由于中国和世界上有些国家在政治体制、意识形态、国家利益和文化传统上有很大的不同，因此不可避免地，中国人和外国人在有些问题上存在信息、知识、态度、情感和行动上的差异。同时，由于文化和价值观的差异，导致内地和港澳或西方媒体对中国的媒体宣传或报道存在一定的差异，从而也就产生一些误解。在宣传中国文化时，我们往往认为传统的东西是美妙的、博大精深的，而现在的文化受到了外来文化的侵蚀，根基薄弱，因而更多地强调我们文化中的传统内容。但是，人们忽略了一点，文化是心理的产物，它可以用不同的方式来诠释和表达，它是为满足现代人的心理需求而创造出来的，而且这种作为满足需求的事物，往往比一般的事物显得更加的美好。其次，我们认为对外宣传和对内宣传在本质上是一样的，可以用同样的范式进行媒体报道，但是这样往往会低估社会观念、价值观念和团体认同感等心理上的差异，从而导致内地和港澳或西方国家的沟通不畅。

西方的普通民众对中国文化的印象到底是什么样的呢？我们为什么总觉得西方人对中国的历史和现实缺乏足够的了解？为什么妖魔化中国的敌意宣传能够在西方国家占据大的市场呢？我们很容易将这些现象归纳于意识形态的不同，义愤填膺地咒骂人家敌视和妖魔化中国，这样的斗争精神可能让我们觉得很痛快，也许还能赢得国内的网民的欢呼。但是这种斗争的结果，仍然只是国内一片拥护，而在对外宣传上一筹莫展。如何有效地进行对外宣传中国文化，是每一个负责任的中国人在跨文化沟通时应该考虑的问题。

（二）语码转换及语码混杂现象

"语码"（code）是一个中性术语，社会语言学家用它来定义语言或语言的任何一种变体，它是没有谱系关系的两种语言或同一种语言的两种变体，是相对于另外一种符号而独立存在的符号系统，之所以说它中性，就是因为它不像方言（dialect）、语言（language）、标准语（standard variety）、语域（register）、皮钦语（pidgin）、克里奥尔语（creole）等术语一样，多少带有点感情色彩和社会偏见（兰萍，2003），它的中性使其具有很大的实用价值。

"语码转换"（code-switching）是指人们在同一次对话或交谈过程中，由一种语言或变体换成另一种语言或变体的现象。如下列这句话："老妈，这鸡腿真是香贡贡。"在这个句子中，"香贡贡"为闽南语，其他为普通话，这种情况就叫"语码转换"。它有三种基本形式：一种是句子内部的语码转换，即句子中间夹杂着另一种语言或变体的词语或短语；另一种是句子间的语码转换，即句子与句子间的语言或变体的转换；还有一种是段落间的语码转换，即段落间语言或变体的转换。

20世纪70年代后期以来，语码转换现象日益受到人们的重视。人们从各个角度开展了对语码转换的研究：有语法学方法的句内语码转换（Intra-sentential Code-switching）研究，有社会语言学方法的揭示社会因素和语言结构关系的语码转换研究，有会话分析方法的通过对会话序列的研究说明其具体演绎过程及功能的语码转换研究，有心理语言学方法的理解语码转换或混码过程中的思维的研究等。中国学者高军、戴炜华也从社会语言学因素的角度，通过实例对语码转换的语法结构以及它作为一种社会语言学现象所表现出来的特征进行了分析，并对语码转换与双语、第一语言摩擦等语言接触现象进行了比较。于国栋采用语用学方法对语码转换进行了动态研究，并提出语码转换的顺应（adaptation）模式。

1. 心理语言学对语码转换问题的研究

心理语言学方向对语码转换的研究主要是对语码转换过程中操双语者或多语者的思维活动进行研究。心理语言学者们认为社会语言学对语码转换的解释只停留于表面的解释，过于简单，而结构语言学对语码转换的研究又只局限于表面结构，没有独立理据与语言结构本质方面的研究成果相联系，因此他们一直试图寻找一种固定的模式来解释说明人们进行语码转换时的内在机制，但到目前为止，这方面的研究者较少，也没有提出比较完善的一种模式，主要代表人物有：Clyne（1957，1991），Ping Li（1996），Dina Belyayeva（1997）。Clyne 最有影响的理论是激发理论（triggering）和省力原则（principle of lease effort）；Ping Li 主要是研究口语语码转换的识别，但没有提出心理学模型来解释语码转换；而 Dina Belyayeva 的概念结构绘图模式（the model of conceptual structure mapping）将语码转换视为一种表述策略问题，指出由于表述不成功产生的语码转换，既受结构因素影响，又受经验因素影响。该理论影响颇广，是心理语言学对语码转换问题研究的典范，下面就对 Dina Belyayeva 的理论进行详细的阐述。

Dina Belyayeva 的概念结构绘图模型的前提机制是带有扩展激活性的关联网存储系统，可以参考认知心理学中 Collins 提出的扩展激活性理论（1975）等实验结果，这一概念结构是指一套以知识为基础的结构系统，如构架（frames）、范围（domains）和纲要（schemas）等，用来容纳一种语言的概念知识和所有词项，它反映该语言特殊的词汇表达模式，一个具体的概念结构的形成由一系列因素决定，包括学习者的理解观察能力、概念习得过程中的社会—语用背景以及可用的语言手段等，由于这些因素的稳定共现，才能决定概念结构形成过程中的主要倾向，而这一倾向能使某一语言共同体的所有成员拥有高度和谐一致的概念结构。当然，概念结构内部的不稳定也与上述各因素的变化有关，也与个人记忆中个别结构因素的牢固程度有关，这种牢固程度是由其在整个结构形成过程中的总出现率和短期内出现在上下文中的突出性决定的（谭冬玲，2000）。

Dina Belyayeva 的概念结构绘图模式以"绘制地图"式的比喻，对双语表达的模式加以描绘，当两个概念结构绘制踪迹出现不一致时，就会产生"亏空现象"，而由于第一语言的概念结构出现词项亏空，而在第二语言又存在对应的表达词项，该概念就从第一语言投射到第二语言上，并运用第二语言的词项来弥补亏空，这样就导致了语码转换，双语"亏空现象"出现的原因在于现实对话的背景与概念习得时及初次使用该概念时的背景错误的搭配，因此，在结构和经验因素不协调程度较高的范围内，语码转换出现率较高，即当双语者激活的概念在第一和第二语言中词语表现（概念结构）不一致且出现的背景（经验因素）无交替之处时，语码转换的可能性最大，这表明，结构因素和经验因素值的高低以及两者相互作用的程度可以用来衡量双语表达中语码转换的可能性。

Dina Belyayeva 还用了词语相关性评估实验来估测概念结构绘图模式提出的在交叉条件下语码转换的分布情况。这一模型成功地揭示了结构和经验因素对语码转换的影响，但它只解释了语码转换的交际弥补策略，并没有解释其他因素对语码转换的影响，因此还是不全面。

2. 语码转换的社会语言学因素

语码转换者通常是流利的双语者，而且他们运用一种语言的能力优于运用另外一种语言的能力。双语或混合语中存在一个合乎规范的连续体，语码转换即是其中之一，合乎规范性和说话人的动机这两种因素将语码转换和连续体内的其他等级区分开来。

从结构方面看，语言摩擦（language attrition）和语码转换在双语连续体中相邻同一会话可以既表现出语码转换又显示出语言摩擦的特征。语言摩擦出现在某些操双语者的讲话中，具体表现为这些操双语者的一种语言能力正逐渐减弱，不能正确使用该种语言的语法结构或词汇。语言摩擦现象通常发生在成年人移民身上，如果他们不再使用第一语言，就不能使用正确的语法结构表达信息，这时，语码转换就成为必需的会话策略。

尽管从结构角度讲，语码转换是一统一现象，然而不同的社会集团使用的语码转换模式并不相同，这是由于社会心理语言学因素的差异而产生的优先（preference）的生成现象。

港澳自开埠以来，一直就是一个华洋杂处的地方，英语和粤语同时被认为是香港人事实上的母语。当代社会，新事物、新概念层出不穷，信息技术革命冲击社会各个领域，这就使得语言的变化比起过去任何时代都要复杂得多。在香港这个多元种族、多元文化、多元语言的社区内，人们的交际圈更为宽广。语言环境的复杂，一方面为语言运用提供了许多便利，另一方面也造成了语言表达上的一些特殊现象，即在同一文本中掺杂几种不同的语言或方言成分，形成"语码夹杂"（code – mixing）的语言体式。

港澳语言中普遍存在"语码夹杂"的现象，其使用范围已从个人谈话领域延伸至公众传播媒体中。据搜集的语料，无论是娱乐消遣性的快讯还是严肃正规的新闻报章，都不时可以见到这种语言表达方式。港澳媒体语言中的"语码夹杂"现象大致可分为如下三种类型：中文中夹杂英文语词；中文中夹杂有方言（粤方言）语词；中文中夹杂有英文和方言语词。

语码夹杂现象是港澳地区多元文化之间接触、碰撞、交融在语言上的反映，陈原先生将粤方言中掺杂有英文语词称为"语言马赛克"现象。粤方言处于人们日常交际语言中的强势地位，人们长期接受母语粤方言的语言习惯，形成一套以母语为思维和交际的语言特点和表达方式，这势必导致方言现象融入香港的书面语体中。近年来，中英混合语似有愈演愈烈之势，这就有必要对其背后的成因进行一番探讨。

从社会心理而言，"人类并非单独地生活在客观世界里，也不像一般人所理解的那样孤独地生活在社会活动的时间里，而是严格地受特定语言这一各自社会的思想表达手段的支配。""我们经常借助自己所使用的语言在自己的意识中也在别人的意识中塑造自己的形象。"香港是远东地区一个强有力的金融中心和贸易中心，作为国际通用语的英语在香港是"高位语言"，对个人求职就业、自身发展极为重要，甚至成为衡量一个人社会地位高低的标准。港澳人英语程度较高，这就为随意置换两套语系代码提供了可能性。专业人士夹用外文语码，往往是因客观所需，本族语中"空符号"的出现，尤其是一些专业性极强的术语，需要直接引用外文原词才能求其达意。"语言，像文化一样很少是自给自足的。交际的需要使说一种语言的人和说邻近语言的或文化上占优势的语言的人发生直接或间接接触。交际可以是友好的或敌对的。可以在平凡的事务或交易关系的平面上进行，也可以是精神价值——艺术、科学、宗教——的借贷或交换。"萨丕尔在七十多年前所写下的这一段论断，精辟地阐述了语言之间"借贷"或"交换"的必要性。对于大多数港人而言，中文中夹用英文既易于表达，又容易理解，且其特具的欧化风格，使得这种语用体式成为社会流行时尚。

港澳媒体中的这种语码混杂的现象一方面是受西方文化的影响，另一方面反映了人们在信息交流和传播中的经济原则。

（三）文化心理的思考

1. 价值观的影响

价值观是个体或社会所追求的一种特定的行为方式和存在状态的一种持久的信仰。它是文化的核心，是任何文化领域中的人们行为的规则思维的方式、认知的准绳、处世的哲学、演绎推理的模式评价。因此，在语言及媒体报道中，无处不体现出价值观的存在。

以政治、伦理为本位的价值取向，导致了中国传统文化及其价值观具有以下几个总体性的特征。第一，注重人的内在修养，关注社会政治和现实人生，而忽视对外在客观规律尤其是自然规律的研究和探索。第二，在重视伦理和政治的特点中，还存在一种片面化的倾向，那就是只重王权、国权而忽视民权，只强调人的义务而忽视人的权利和人的主体地位，否定人的自由个性的发展。第三，中国传统文化强调整体，崇尚和谐统一，把和谐视为最高价值原则。第四，由倡导群体利益、整体概念，中国传统文化形成了注重整体思维和实用理性的价值取向。第五，儒家以仁义道德为价值信念，以成仁取义为价值理想的思想传统，使中国传统文化形成了重家族、重血缘的家庭伦理本位的价值观（赵玉华，2000）。

西方文化及其价值观具有以下几个特征。第一，西方文化价值观的主流是为自我满足而奋斗的精神。西方文化张扬个性，强调维护个人利益，注重独立自主发挥个人潜力，强化个人权利意识。个人主义是一切行为的准则，自我实现是人生的最高需求和目的，独立是实现自我的最有效手段，人权神圣不可侵犯，是实现自我的保障。第二，西方文化特点是强调个人价值，即主张个人独立，强调个人主动性、个人主义是西方文化的核心。个人主义具有多重性和复杂性，他们相信自己能够拯救自己；寻求自我表达，强调个人尊严，注重个人隐私，个人的权利不可剥夺；人的力量无限，崇尚竞争，适者生存。在西方社会，人们普遍将个人自由和个人权利视为实现自我价值的积极表现，"个人主义"作为这一精神的概括，被赋予积极意义。每个人都尽量体现个性化的自我，个人自信，自我肯定，自由表达内心情感而不受外界约束，公开发表不同见解。第三，合理的利己主义、功利主义、实用主义和存在主义及私有制经济使人们在交际中形成了以自我为中心、个人至高无上等观念。因此，西方人外向，求独立，求功利，主张人类改造自然、性本恶。这些思想观念的形成与他们所处的自然、社会环境有直接的关系。西方大多数国家处于开放的海洋型地理环境，工商业、航海业发达，自古希腊时期始就有注重研究自然客体、探索自然奥秘的传统。人们思维的对象倾向于外界，人们希望重新认识自然、改造自然、征服自然，寻求外部世界对人最有价值的东西，为己所用（赵燕霞，2008）。

随着现代高科技的发展，尤其是传播通信技术和交通技术的进步，互联网的普及和经济全球化的进程，人们日益感觉到全球性时间和空间的紧缩，不同社会、文化以及不同地区的人们产生了相互交往的强烈愿望。然而，价值观却在这种跨文化交际中起到了重要的作用。

媒体报道的话语有别于其他的文本，媒体报道中的叙事不是简单的故事讲述，它涉及的不仅仅是语言层面上的内容，实际上是特定政治、经济、历史、文化环境下的传播交流。它不仅受国际关系和国家政策的影响，还受到人们价值观的影响。不同的价值观影响着媒体对事情的叙述和表达方式，从而影响着读者或听众对该事件的观点和看法。内地注重群体的利益、和谐的生活环境的价值观，因而在报道时会把这种价值观潜移默化地传达给观众，进而影响人们对事情的看法。那些破坏集体利益的人的不法行为更容易激起群众的不满和怨恨。因而，人们也就学着从不同的角度出发去维护集体的利益。相反，港澳受西方文化的影响，在新闻报道时往往强调的是个人价值的实现，对于同一事件，允许人们发表不同的看法，同时，对于那些能激发人们好奇心的事情特别偏爱。但是随着港澳的回归，与内地的关系越来越密切，其媒体报道必定也会受这种和谐理念的影响，为推动中国的和谐发展和维护国家统一做出贡献。

2. 思维方式的影响

思维方式是个人选择评价和组织外界刺激的过程，即将外界刺激转化为个人体验的过程。一个民族的思维方式不仅影响个人的交际形式，同时还会影响其他民族的反应。西方文化认为思想观念和现实世界之间存在直接的联系，高度重视理性和逻辑推理，相信只要遵循正确的逻辑步骤就能寻找到真理。而在中国文化中佛教就不认为理性和逻辑能寻求到真理，认为寻求真理最好的办法是静默、沉思、等待，真理会自然而然地显现。

思维方式的差异表现在人们生活中的各个方面，比如文学创作、电影制作、子女教育方式等。同时，在语言上的反应，尤其是通过媒体所传达的语言信息也表现了这种思维差异。中国这种强调整体的、集体的思维方式，使得媒体在报道时更多的从国家、集体的角度进行问题的描述和宣传，相反，西方媒体的报道则凸显出个人在这个事件中的作用。由于港澳在回归以前更多地受西方文化的影响，因而，这种思维方式的影响也表现在了媒体报道中，从而使得内地和港澳的媒体报道存在一定的差异。内地媒体在报道时考虑的是国家和集体的利益，因而会凸显国家在一些事件中的影响力，从而维护国家和集体的利益，潜移默化地影响群众的认知和思维方式，让群众更多地服从于国家意志，而缩小个人的利益。港澳媒体的这种西方化的思维方式，则是基于事实的突出个人价值的报道，比如，某个政府官员贪污腐败，则会跟踪报道其一系列的不法行为，让群众对其有更深的认识，同时，也让群众看到政府透明的决策和行政方式。

此外，这种思维方式的不同也影响着港澳和内地新闻媒体的转型和节目制作。受西方分析性思维的影响，港澳媒体在节目的编排和制作时，更多考虑的是群众的需求，顺应受众心理需求进行调整，用大民生视角构建公共领域意识，提供更丰富深刻的社会热点信息，满足民众更多的社会表达及参与权，担当社会各群体沟通桥梁。"在吃喝拉撒、油盐酱醋茶之外，公民生活囊括了权利表达、权利实现、社会互动、社会参与、公民自治、文化自觉等无比丰富的内容，民生新闻应该把镜头更多地给予这些更为本质的生活领域"。由于新媒体的发展，观众可以通过选择、点播、发表评论实现与节目的互动。网络、手机等新媒体成为民生新闻推广节目、与受众互动的重要渠道。这无疑使节目的影响力扩大，受众面得以拓宽，促进节目品牌的可持续发展。在这方面，虽然内地媒体也在改进，但其发展步伐还是远远落后于港澳媒体。其关键问题就在于这种思维方式的差异，整体的思维方式强调的是和谐统一，如果不同的声音都通过媒体进行传播和交流，在一定程度上会影响国家的稳定和安全，因而，从这一个角度上看，内地媒体并不会像港澳媒体采取同样的报道措施。同时，在新闻传播上，内地可能容易犯过分强调"政治挂帅"的毛病，港澳则可能经常罗列、堆砌一些事实材料。

3. 个人主义—集体主义的影响

个体主义价值观强调个人价值的主体性，个人与集体的相互依赖性较弱，认为个人价值至高无上，反对权威、宗教国家社会及任何其他外在因素以任何形式干涉和阻挠个人发展在个体主义文化中，社会是一个由个人组成的集合，因此在个体主义价值观的文化中，注重的是个人的个性独立、自主权利竞争个人成就以及情感的公开表达，主张个人凭借自己的聪明才智、知识技能和勤奋努力，按照自己的意愿和理想取得财富、进步、地位和成就，往往以个人成就作为评价一个人的重要标准。个体主义这个术语最早来自欧洲人对法国大革命及其思想根源、启蒙运动思想的普遍反应，西方的个体主义源自基督教精神的理性原则及对个人自主的追求，根植于以英国哲学家洛克为代表的哲学传统，美国总统杰斐逊起草的独立宣言中提出，要维护天赋人权，人人生而平等的权利，也反映了个体主义的要求（吴净，2012）。

集体主义，是主张个人从属于社会，个人利益应当服从集团民族阶级和国家利益的一种思想理论，是一种精神。中国的传统文化主要是儒家文化，在这一思想影响的基础上，形成了中国的集体文化价值观，集体主义的核心是强调集体是价值的主体，集体利益高于个人利益，个人意识服从集体意识。儒家思想认为个人的存在是融于社会中的，通过将个人融合和消弭于集体之中来实现其自我的价值以及公共的目标。"一人得道，鸡犬升天"，"一人获罪，罪诛九族"，"天下兴亡，匹夫有责"以及"倾巢之下，安有完卵"均体现了集体对于个人存亡兴衰的重要性（吴净，2012）。

西方文化中的英雄强调的是个人主义，依靠自己的努力去获得成功。自力更生、我行我素是他们奉行的方式。与之相反，东方的文化强调的是集体主义，它更多地强调人如何适应社会环境，而不是强调个人的独立性。因而在媒体报道中这种价值取向也表现得淋漓尽致。比如，西方的商业广告宣传就很强调个人的独特性，IBM 的广告词强调"与众不同的思想"，房地产公司的广告强调"选择自己的视野"。马库斯和她的韩国学生，对韩国的商业广告进行分析，发现很多韩国广告的卖点都是强调集体主义和历史文化。例如，某人参的广告就标榜自己是"千年一品"，这样的广告美国人是做不出来的，因为一千年一成不变的东西肯定是有问题的、不健康的。但在亚洲国家，这样的广告会很有效果，因为依赖自我强的人，很容易因自己团体的光辉历史而感到自豪。在中国，不少广告都采用了古装形象，因为我们中国人也是以我们的历史为骄傲的。在国外，以历史人物为形象的广告很少，如果有，也往往是嘲弄和搞笑的对象。她们还发现，韩国的广告通常都会有大家庭的形象，而美国的广告经常出现的是没有家庭束缚的、单身的美女俊男，这都反映了个人主义和集体主义对人类行为的影响。

二　港澳新闻媒体概况

港澳两地的媒体业包括诸多方面，比如出版业、报业、广告业、电视业、电影业，但港澳的出版业和报业作为各媒体行业中发展历史最为悠久的行业，在整个中国近代媒体发展史上起着举足轻重的作用，出版物和报纸较大的发行量一方面决定了其对港澳当地的思想文化和社会价值观所能带来的深入影响，另一方面也较为全面地展示了港澳媒体生态和港澳的文化特色。因此我们选取了出版业和报业两个行业，来展现港澳媒体的发展情况及现有媒体生态。

（一）香港媒体生态概况

1. 出版业

香港出版业的诞生与发展一直都与祖国内地有着密不可分的联系。在历史上，一方面大多数内地书籍出口时需要在此转口，而另一方面，来自海外的英文书籍如想进入中国市场，也需要在这里入关。但虽然身为书籍出入口的重要枢纽，香港本地的印刷业、出版业却并不发达。一直到了20世纪40年代早期，香港本地出版的书籍仍然以标点小说、历书、医药书籍为主。40年代末期，大量的内地移民陆陆续续向南搬迁到香港，这之中有不少来自上海的移民都是手握技术与资金的企业家。他们将先进的纺织技术带到了香港，刺激了香港经济的发展，贸易额开始增加。而一直沉寂的香港出版业也随着这股强大的移民浪潮和经济发展新浪潮逐渐兴旺起来。

"一九四九年以后，从上海、广州迁来一些印刷厂。特别是上海来的印刷厂，不仅壮大了香港的印刷力量，也把上海先进印刷技术以及资金带到了香港。""一九四九年至一九五三年初左右，上海、广州等地陆续有出版界人士来港，带来了大批书籍及纸型，开设出版和经销机构。"有了来自内地的资金与技术，加上香港本地人口剧增所提供的不断扩大的阅读市场，香港的图书出版活动终于开始呈现蓬勃发展的劲头。

20 世纪五六十年代的香港，人口持续增长，经济迅速发展，社会对知识的需求水平快速提升，使得不仅中文出版社雨后春笋般出现，众多知名的外国出版机构，如朗文出版公司、牛津大学出版社、麦美伦出版公司、联邦出版社、海涅漫出版社、时代教育出版社，也先后进入香港的英文图书市场。当时，中文书籍仍然主要由内地进口，尤其是中小学的中文教科书。而大部分学校的英文教科书都来自朗文、牛津或者海涅漫基于英国原版教材的改编版本。60 年代中期，内地"文化大革命"影响波及香港，内地来书基本绝迹。这为图书出版界的出版物本土化提供了机会，也使得台湾的图书开始大量流入香港市场。

进入 70 年代之后，香港出版逐步走上正轨，渐渐成为出版物流通的共同市场。1977 年，港英当局撤销了试行了二十余年的印刷机管理制度，印刷机拥有者不再需要向警方申报所在地点及业务记录，这给香港的印刷业提供了更加宽松的出版自由空间。至 70 年代末期，香港印刷厂增至 1880 家，比 60 年代末期的 650 家增加了 189%。同时，由于香港印刷成本低、品质优良且运输便利，再加上香港人的信誉度普遍较高，一些欧美的大型出版机构纷纷在香港设立了地区总部。1978 年 12 月，中共十一届三中全会确定了邓小平的改革开放路线，而作为当时中国与西方沟通的第一窗口，香港成为改革开放政策下最先获益的地区。长期封闭的内地此时急需大量来自海外的先进信息，而一直处于开放状态的香港便成为最佳输出地，香港的图书出版业也随之受惠。另外，内地博大精深的文化资源以及遍布全国的出类拔萃的人才也为香港出版业出版高质量的图书提供了支援与保障。

踏入 80 年代，香港三联书店、香港商务印书馆等出版社先后出版了一系列宣传中国文化的丛书，在海外书市广为流通，对于中华传统文化的宣传起到了十分积极的作用。出版这些书时，出版社的内地合作单位负责出版供应内地市场的简体字版，香港的合作单位则负责出版繁体字版以供应港台市场。这种合作方法使得资源得到了最大化利用，也提高了香港出版社在内地的知名度，为其拓展了内地的市场。80 年代中期，"九七"归期确定后，香港出版界加强宣传国家的概念，在图书的销售活动中，加强对于中华文化及包含港澳台的"大众化"概念的宣传。在这期间，中国政府在《联合声明》中对于维护香港原有制度的诚意以及内地市场的日趋广阔，都有力推动了香港出版业的发展。

1990 年，第七届全国人民代表大会通过的《香港特别行政区基本法》明确规定"香港居民享有言论、新闻、出版的自由"，极大地稳定了香港投资者的信心，保证了社会稳定，促进了经济发展，同时也维护了香港的自由出版生态。1994 年，香港出版总会成立。这是因应"九七"回归而成立的香港最大与最具权威性的出版行业团体。1996 年，香港成为全球第四大印刷及出版中心，印刷业成为支撑香港制造业的重要支柱。

1997 年的回归为香港出版业带来了诸多挑战，挑战之一来自香港本地，经过长期高速发展之后的出版业内部竞争加剧，挑战之二来自内地，改革开放让紧邻香港的珠三角地区迅速崛起，逐渐成为香港的竞争对手，挑战之三来自亚洲，回归后不久香港就经历了席卷亚洲的金融风暴，泡沫经济从顶峰跌到了谷底。而回归后不久，中国加入世界贸易组织，扩宽了中国的印刷出版市场，但对于香港出版业来说，并非好事——香港一直拥有的中国对外窗口的优势将逐渐削弱。2003 年，为了确保"一国两制"的顺利实行，帮助香港早日脱离遭亚洲金融风暴重创后的困境，香港特别行政区财政司司长梁锦松与中国商务部副部长安民分别代表香港特别行政区政府和中央人民政府，在香港签署了《内地与香港关于建立更紧密经贸关系的安排》（简称 CEPA）协议，为香港出版商与出版机构进入内地发展提供了诸多便利。

对于香港出版业的兴盛史和发展现状，香港出版总会会长陈万雄做了简单的总结：具一定规模的出版社将以专业、专精为基础跨地域发展，并特别重视内地市场的长远部署，以香港为基地、以"大中华出版"为目标的企业格局已形成。在未来"大中华出版"的竞争格局中，相信香港若干出版机构能屹立其中，并有很好的发展机会。

2. 报刊业

香港在中国近代报业史上具有十分重要的地位。在第一次和第二次鸦片战争期间，香港一直处于中国近代的报业中心，19 世纪 60 年代以后，这种中心地位才被上海所取代。1857 年，《孖剌报》（Daily Press）在香港创刊，成为中国境内的第一张日报。除此之外，香港报刊业还有多个"中国第一"的纪录，如 1881 年创刊的至今仍是香港英文大报的《南华早报》是中国境内现存的历史最悠久的报纸，英国传教士麦都思 1853 年在香港创办的《遐迩贯珍》则是最早使用铅印的中文报刊，也是中国最早的收广告费的中文报刊，而 1874 年在香港创刊，日后成为宣扬资产阶级民主革命思想重要阵地的《循环日报》则是中国报刊史上第一张中文政论报纸。抗日战争爆发前夕，上海不少报纸及报刊业从业人士南迁香港，使香港成为宣传抗日救国的舆论阵地。1941 年 12 月 15 日，香港被日军攻陷，此后的三年零八个月中，所有 11 家香港报纸都处于占领军政府报道部的监管之下，并被日军以白纸供应不足为借口，合并为五家报纸：《香港日报》《南华日报》《华侨日报》《香岛日报》《东亚晚报》。八年抗战胜利结束后，内地进入内战时期，中国共产党及进步社团将香港变成舆论斗争的宣传阵地。

新中国成立之后，整个五六十年代，香港报业仍处于国共分野的状态中。1949 年新中国成立之际，以《大公报》《文汇报》、新华社香港分社为核心的左派舆论宣传阵地已经形成。1954 年，中新社又在香港成立境外的最大分社，将香港作为辐射全球的新闻宣传基地。这样，在新中国成立不久，就在香港建立了以报刊、通讯社为核心的新闻宣传阵地。在香港壮大的同时，港英政府对此十分戒备，担心这样的宣传会影响英国在香港的管治。在这段东西方冷战的时期，香港报业中，也有不少亲国民党、亲台湾的报纸。此时，国民党在香港的政治宣传旗舰报纸是《香港时报》。

中国内地 60 年代初，人民生活极度困难，社会矛盾激化，给香港的包括报业在内的诸多行业带来了巨大的冲击和影响，激发了政治性报刊的出现。

70 年代香港的报业仍然持续发展。在这个时期，不少港人更加关心国事，加上十分宽松的出版环境和自由言论的空间，香港政论期刊大量涌现。除了政论月刊以外，1977 年 4 月，《信报》的姊妹刊《信报财经》创刊，重点关注中国经济动态，说明中国经济的发展前景已经引起了香港媒体的注意。改革开放之后，中国成为国际传媒关注的焦点，香港作为外媒获取中国信息的最佳窗口，加上本身"九七"问题的聚焦力，以及宽松的新闻环境，香港在 20 世纪 70 年代末期逐渐成为亚太地区的新闻中心。

之后的"九七"回归过渡期，"中英之争"成为报刊长盛不衰的新闻焦点，同时，"中国事务"的报道，"中国因素"的分量日益增加。内地的新闻是 80 年代的香港各家日报必不可少的内容。中国版的设立，为不少自内地南迁的知识分子提供了进入香港报业的机会。一般而言，香港的新闻工作者以本地人为主，中文报界的工作语言以粤语为主，但那时凡是有中国版的地方就有普通话，因为编采人员大多都来自内地。

进入 90 年代之后，中英两国就香港的政治安排产生了激烈的争论，这些争论成为贯穿整个 90 年代过渡期的报纸头条新闻。这一时期还有四个特点，一是报业的竞争更加激烈，报纸加剧淘汰，亲台报系和晚报先后退出了历史舞台；二是大量的香港记者进入内地采访，个别人士因为不了解内地的法律而被捕，显示了两地不同的新闻环境；三是《苹果日报》创刊，滥用新闻自由，掀起煽情的歪风，但同时也引进了西方的现代报刊编辑技巧，影响力远播台湾海峡两岸；四是香港开始进入网络时代，传统报纸受到极大冲击。90 年代初期，中文港报销量《东方日报》居首，《成报》第二，《天天日报》第三，《新报》第四，《明报》第五。到 90 年代末期，《东方日报》仍然居首，创刊不久，走煽情路线的《太阳报》却挤进了前三，可见后二者的影响力。

进入 21 世纪之后，香港仍然是一座新闻出版事业十分发达的资讯城市。但不可否认的是，香港新闻出版界依然承受着由资讯科技发展带来的转型痛苦。中文报纸减价战、亚洲金融风暴，以及新兴的网络报纸，都让一度在经济泡沫下蓬勃发展的香港报业再难恢复当年的元气。新闻从业人员锐减的同时，入行门槛升高。众多老牌报纸相继倒闭或走上下坡路，一蹶不振。给传统的报业雪上加霜的是，制作成本低、依靠广告收入生存的免费日报出现在了香港的大街小巷。至此，香港报坛基本形成收费报纸与免费报纸共存的格局。扣除中国日报社在香港出版的《中国日报》，在市面流通的日报一共十七份，其中十五份中文报纸，两份英文报纸；十三份收费报纸，四份免费报纸。其中，绝大部分都属上市公司所有，商人主政。

（二）澳门媒体生态概况

1. 出版业

澳门的近代史与香港一样，都是被殖民的历史。但不同的是，澳门被殖民的时间远远长于香港。1557 年，葡萄牙人登陆澳门，向当时的明朝政府谎称借地晾晒被海水浸湿的物资，之后便长留不去，于是澳门变相地成为中国最早的西方殖民地。至 1999 年中共中央人民政府收回澳门主权，葡萄牙在澳门的殖民统治绵延了四百四十二年，比香港受殖民的时间长了三百多年。不同于香港的是，殖民澳门的葡萄牙自开始殖民统治时，便已经是一个没落的帝国，海上霸权早已被大不列颠帝国夺去。加上澳门的城市规模与一水之隔的香港难以匹敌，二者又都是粤语方言区，因此在整个殖民地时期，强势的香港报业，以及其后起的电视事业，都对澳门的媒体传播事业造成了消极影响，澳门本就狭窄的传播市场几乎被香港垄断。因此澳门报业、出版业等媒体传播事业的发展比起香港，都略略逊色。但仍然不可忽视的是，在中国近代史上，澳门是最早经历中西方文化冲突与融合的前沿阵地。也就是说，澳门是中国近代出版业和报业的启蒙摇篮。最早到中国进行传教活动的一批传教士，都是由澳门进入内地进而传播西方文化的。只是到了第一次鸦片战争以后，澳门的桥梁地位才逐渐被香港所替代。

葡萄牙人开始对澳门的殖民后，在澳居住的葡人逐渐增多，有一部分是宣传西方宗教文化的传教士，一部分则是往来于澳门和东南亚的商人。这些人的移居使得澳门的经济逐渐繁荣，葡萄牙得以成为欧洲与中国内地之间关系的开拓者。19 世纪初，伦敦布道会传教士约翰·马礼逊由伦敦转道纽约，最后来到澳门，并由此进入广东进行传教活动。1807 年，马礼逊传教士在澳门编纂出版了中国首部外文辞典《英华辞典》。1832 年，另一位传教士麦都思在澳门设立石印所印刷中文书籍。1900 年，澳门政府成立印刷署，负责出版官方刊物。但随着香港的开埠，澳门出版业逐渐没落。到20 世纪 40 年代，澳门还是只有十多家印刷厂，且大部分都是家庭作坊，规模较小。

80 年代是澳门印刷出版业的重要发展期。80 年代早期，印刷厂陆续淘汰了旧的活版机，引入新式胶印机。同时，"九九"回归议题也推动了澳门图书出版业的发展。但香港的影响仍旧不容忽视，面对香港出版业在技术、信息、人才等多方面的优势，加上本地市场狭窄的劣势，澳门的图书出版业只能作为报纸的附属业务缓慢发展。如《华侨报》利用已有的编辑力量和印刷设施，在 80 年代中后期出版了《澳门问题》《澳门旅游地图》《澳门经济年鉴》《葡籍及非葡籍护照的使用功能》等多种工具书。《澳门日报》也创办了"星光出版社"与"澳门日报出版社"，成为澳门出版界的中坚力量。回归之后的主要出版物便是澳门特别行政区政府每年出版《澳门年鉴》，全面而权威地记录澳门的最新历史。总的来说，澳门的出版业一直都处在香港出版业的阴影之下。相较而言，澳门报业的发展更具可圈可点之处。

2. 报刊业

与出版业相同，澳门的报业也在中国近代史上具有开创性的作用。上文提到过的马礼逊传教士在由澳门进入广东后，雇用了后来成为近代中国首位报人的梁发，转战马六甲海峡，于 1815 年出版了最早的中文近代刊物《察世俗每月统纪传》。1822 年，葡萄牙人在澳门创立了公认的中国境内最早的近代报纸，葡文周报《蜜蜂华报》，拉开了中国近代报业的帷幕。1828 年，中国首份中文近代报刊《依泾杂说》（中英对照）在澳门面世。

第一次鸦片战争爆发前夕，林则徐聘用梁发的儿子梁进德组织翻译班子，专门翻译从澳门买来的外文报纸，出版被视为中国境内近代中文报纸雏形的《澳门新闻纸》，以了解西方的情况。这时，中国境内出版的所有报刊都集中在澳门和广州两地，鸦片战争爆发前，包括中国境内第一份英文报纸《广州记录报》在内的英文报纸都从广州撤到了澳门，造就了澳门近代报业的短暂繁荣。鸦片战争之后，香港成为西方窥视中国的新窗口，澳门的报业发展速度减缓。直至中国近代资产阶级革命期间，澳门报业才重新焕发了光芒。在这期间，孙中山通过办报的方式宣传资产阶级民主革命思想，澳门则正是他办报活动的起始地。1890 年，他在澳门的《澳报》（日报）上首次发表政论文章《致郑藻如书》；1893 年，他直接参与澳门《镜海丛报》编务，宣传革命思想。戊戌变法开始前，维新党人康有为、梁启超在澳门创办了《知新报》，与上海的《时务报》遥相呼应，鼓吹维新变法。

自辛亥革命之后至日本侵华以前，澳门报业有过一个蓬勃发展的时期。多份报纸相继创刊，且开始以"栏"为单位编排报纸。当局为了控制报纸言论而开始发放的津贴实际上令报业因获得额外的资源而得以发展。抗战期间，受日军驻澳特务的控制，澳门报业转入低潮期。其间，澳门中文报人积极支持抗战，宣传抗战思想，组织募捐活动。1941 年 12 月，太平洋战争爆发，日本加强了对澳门的特务控制，《澳门日报》《平民报》《新声报》《民生报》《大众报》《朝阳日报》先后停刊。战后，澳门报业逐步复苏。与香港一样，澳门在新中国成立初期也是国共两党报人的必争之地。"澳门左右两派报纸阵线分明，政治性小报风靡一时，其中有左派的《新园地》，也有亲台的右报《群与力》。"

面对来自内地的极左压力，葡澳政府选择了放任自由。因此，70 年代的澳门一定程度上成为中国政府的"解放区"，中共中央政府在澳门具有相当大的影响力。加上此时葡萄牙国内政局动荡，澳门出现了长达三年的自由期。至此，"爱国主义"成为澳门中文报业主流，媒体大部分对于中国政府都采取友好及支持的态度，不存在反对派报纸。这就是在大众传播及媒体领域，澳门与香港的最大不同之处，也是为何回归之后澳门政局一直相对平静稳定。

进入 80 年代，葡澳当局对中国政府的愈加服从及改革开放给澳门发展注入的新动力使得澳门报业迎来了新的发展期。这一时期，大批内地移民涌入澳门，不仅提高了生育率和人口素质，还间接强化了澳门报业的"爱国主义"因素，同时还为报业提供了人才资源和阅读市场。《澳门日报》、《华侨报》和《大众报》分别是这一时期的澳门报纸销量前三名，它们的旧貌换新颜和持续发展都是那一时期澳门报业历史特点的最好体现。除此之外，1986 年，中葡两国政府开始就中国政府对澳门恢复行使主权开始谈判，由于对于主权的回收，双方早就达成了非正式的共识，因而相较于中英谈判，中葡谈判进行得十分顺利。回归大事大局已定，人心思归，社会安定，不少新兴中文报刊就在此时乘势而起。以1989 年创刊的《华奥邮报》为例，他们的宗旨便是"积极参与澳门过渡期各项工作的舆论宣传"，报道本地时事为主，兼顾海峡两岸的重大新闻。

进入 90 年代，澳门报业开始跨入互联网时代。《澳门日报》1997 年在网上开设简繁体的电子版，成为全澳首张上网报纸，将澳门报纸融入了全球资讯网络之中。之后，各大报纸纷纷开设网络版，令以前局限于弹丸之地的澳门报业出现了向外的张力。

1999年12月19日，3000多位中外记者汇聚澳门，报道回归盛事，成为澳门新闻史上浓墨重彩的一笔。随着中华人民共和国国旗的冉冉升起，澳门正式回归祖国，它的大众传播事业也进入了一个新的纪元。由于中国政府推行"一国两制"方针，澳人治澳，资本主义制度基本不变，左派报纸独大的局面也基本不变，因此政权过渡比较顺利。回归前后，澳门报纸的一大特点就是摆脱了香港的影响，头条基本上都以当地社会新闻为主，完成了本土化进程。同时，《澳门日报》等澳门报纸奉行传统的严肃路线，拒绝过度煽情，版面十分干净。整体而言，澳门报纸重视社会责任，在坚持了新闻自由的同时又不滥用自由，为社会带来了积极影响和亲和力。

三　港澳媒体与内地媒体的差异

（一）港澳媒体与内地媒体在报道方式上的差异

港澳两地由于历史原因，自开埠以来就是一个多元文化并存的社会，一直就是一个华洋杂处的地方，英语和粤语同时被认为是香港人事实上的母语。而对于澳门来说，虽说正式的官方语言是葡语，但是多语化共享的现象与香港是类似的。这样的文化系统与内地大部分地区所享有的在一定意义上是存在差异的，不同文化所习惯的表达方式，常用的成语、谚语和格言，所熟悉的语调、语速，以及欣赏的风格都是不一样的。因此不同语言的使用会下意识地影响到人的行为和思维方式。Michael Ross（2002）研究发现中国的香港人和加拿大的华人，在分别使用中文和英文回答问题时，他们的手势、表情，甚至对自我的认识都会不同。因此，欲要了解一个地区文化对心理的影响，前提是了解这个地区的语言使用以及表达特点。

显然，文化的影响源远流长，除了以上提到的语言表达之外，还会在某种程度上反映了地区思维的文化差异，这种差异在媒体报道形式上也会有所体现，这种媒体报道方式的差异实际上反映的是深度水平的心理差异。港澳媒体的报道风格更偏向西方人的表达方式，先谈细微处，再谈宏大的部分，断而再立足于具体的内容，最后再以几个代表人物的评论以作结尾，尤其以报道对事件的反对意见居多，在表达方式上会凸显反对内容的意见。而内地媒体更着重用伟大而激动的言辞，如"世界同庆"，"举国同欢"等言辞，而在港澳媒体上则十分罕见，在报道方式上，则习惯于先谈宏大的部分，或以某位领道人的讲话来开展报道内容，在评论方面也倾向于报道赞同内容的报道。总的来说，在阅读港澳媒体时，读者可以清楚看到撰稿人的态度，或就事件而言所诱发的情绪特质，相反，在阅读内地媒体时，很难捕捉到新闻所引起的情绪涟漪。

（二）港澳媒体报道的对比

香港和澳门作为两个特别行政区，其大众传播或者说媒体事业都与内地有着较大的差别。首先，两地的媒体业发展都源于西方殖民国家的殖民统治，因此不管是香港媒体还是澳门媒体，从一开始就扮演着中西方文化桥梁的角色，既是内地接收海外信息的"进口商"，也是西方国家探视中国发展情况的"出口商"。其次，两地均长时间处于西方资本主义国家殖民统治之下，较内地更多地接收来自西方的思想文化，在媒体行业中十分看重新闻自由、言论自由。

虽然港澳媒体共同点颇多，都在中国近代媒体发展史上扮演了重要的角色，但历史背景的不同还是给二者带来了一些细微的差别。首先，香港的媒体业自被迫向英国开埠才开始发展，一直有着深深的英式烙印，而澳门媒体业的产生虽然也始自开埠，即葡萄牙的"借地"，但其自身在地理上的不利因素以及葡萄牙的没落都使澳门媒体行业发展速度较慢。香港开埠之后，则完全挤占了澳门报业、出版业等行业的市场，同时，正如香港媒体极具英式"风味"，19 世纪之后澳门的媒体业一直带着浓厚的香港气息，这种气息直到 20 世纪 80 年代才逐渐消失。其次，大不列颠帝国在很长一段时间内都扮演着世界霸主的角色，对香港的统治较为严苛，思想文化渗透较为深入，使得即便在回归之后，香港媒体中也有一些较为激进的资本主义思想残余，换言之，香港媒体业与中央政府以及内地媒体的关系并不十分紧密。澳门则不同，葡萄牙自登陆澳门时，就已辉煌不再，进入 19 世纪、

20 世纪之后，对澳门的统治更是越来越宽松，甚至由于葡萄牙国内的政局动荡而几乎处于"无为"的状态，因此，爱国思想在澳门媒体中较香港媒体更根深蒂固，使得当下的澳门媒体一直以宣扬爱国、团结大众、传递亲和力为己任，并与内地保持亲密的关系。

较高的新闻及言论自由度一直是港澳媒体引以为傲的一点，也是港澳两地媒体的最大特点。但任何不加以限制的自由，任何跨过了应有的限度的自由，都会转变为激进和暴力。这就使得港澳媒体自身的特点具有了两面性。一方面，较高的自由度可以使港澳媒体较为自由、开放地报道新闻、出版刊物、上映电影或是直接表达立场；另一方面，这种高度自由又可能滋生激进、偏激，增加社会的不安定因素。相比而言，澳门的媒体对于言论和新闻自由的自由度把握得更为合理。

（三）语码混杂报道特点的存在与原因分析

根据我们对两地报纸的统计分析，发现语码混杂现象确实普遍存在于港澳的报纸材料当中，在内地的媒体体系中，认为这种现象的出现是不正式、随意的言语，一般而言，在正式场合中是不会使用这样的语言。然而，我们却发现，港澳媒体即使在报道严肃、正式的话题，例如报道完国家领导人讲话后的评论时也出现语码混杂。另外，我们还对各个版面进行了比较，结果发现两地的报道均存在语码夹杂的现象，并且在报道本地民生、娱乐新闻时现象更为普遍。然而，在报道内地以及国际等与港澳市民生活距离相对遥远的新闻时现象呈现更为稀少。对此，我们对源新闻材料进行了深入的分析，发现内地、国际新闻多是转载或翻译而来，它们与本地媒体生态的报道形式结合较少，致使语码夹杂现象在这两类型新闻中存在较少。

港澳媒体这种报道特点可能由两部分原因造成的：两地词汇语义差别以及深层文化原因。词汇语义差别主要在于：第一，缺少对应词。有些事物或者概念在一种文化中存在，而在另外一种文化中却找不到相对应的词汇。比如，粤语中有"阿茂整饼"，若翻译成阿茂在做饼，听者可能会觉得莫名其妙。而事实上，用"没事找事"就可以代表这个词的意思。第二，同一概念不同意义。有些概念在粤语和普通话中都存在，而且表面上看来似乎是同一事物或概念，但是实际上，它们是完全不同意义的。在两种语言都有"杀你"的词汇，然而在粤语使用上，这个词汇还代表了"成交"的意思。第三，派生词的意义相差大。在不同的文化背景中，有些词汇的基本意义大致相同，但是其派生出来的意义区别可能很大，不同的文化内涵会使人产生不同的联想。粤语中对于"讲数"一词就很难在普通话中找到适当的词汇，在多数的情况下，会译成"谈判"，这样是不能准确地表述原意的，因为"讲数"是一个带有贬义色彩的词汇：争端双方（或再加上中间人）进行谈判，尤指不合法社会组织、团体间的此类谈判（《粤语发音词典》）。此外，这个词也包含了讨价还价的意思，在深入了解了这个词的内涵后，以"谈判"作为这个词的翻译显然是不恰当的。由此可见，语言作为文化的一部分，受文化的影响很大。语言反映了一个地区的特征，不仅包含着该地区的历史和文化背景，同时也蕴藏着该民族对人生的看法、生活方式及思维方式。而港澳媒体在报道新闻时，会以他们更习惯、娴熟的语言来反映看待事物、观察世界，以至于反映港澳居民的社会思想、习惯和行为。

而在深层文化方面，我们知道语码混杂现象无疑会带来沟通、融入的不便，沟通的障碍、歧异所带来的误会致使产生团体、地区、民族之间的争议及不和。港澳媒体与内地媒体的差异表面上可能只是表达方式、接受信息、相互沟通的差异，然而我们推测可能存在更深层次的社会心理因素，如价值观，个人主义—集体主义等文化心理因素所形成的差异。这些因素影响了媒体表达方式，然后其又影响了人们的生活方式。比如集体主义—个人主义是反映价值体系差异的其中一个维度，主要反映在行为的中心是个人还是团体。主要涉及这个文化是强调个人成就、自主性、独立性，还是强调团体的成就、相互的依赖和人际关系。强烈的个人主义文化把个人的重要性排在了首位，相对而言，在这些文化的个体间人际关系较松散，强调个人主义的价值观念的文化包括，西方的一些国家如美国、丹麦、德国、意大利等。而团体主义文化则强调集体和社会的重要性，比较容易维持和保护亲密的自然亲属关系。团体主义文化相对而言，对家庭的重要性和对家庭成员的责任感强调就非常多。作为一个典型的集体主义文化的国家，我国一直宣扬集体主义文化精神，强调对社会奉献、热爱集体、大公无私、个人服从集体。但是，文化从来不是静止的，而是随着时间而发展变化的。而港澳是华洋杂处、中西文化交汇的地方，那么个人主义和集体主义文化取向也会发生相应的变化,虽然港澳具有集体主义文化的背景,但是由于种种历史原因,两地亦深受西方文化的影响,均被打上了西方文化的烙印。就像前文提及,文化作为一个意义系统,从各个方面来影响甚至主导着我们的生活,而语码混杂现象可能是其中一个表现,对港澳市民而言,他们更为强调个人主义,在媒体表达方式上可能更注重保留特有的形式,具体表现为凸显自我与他人媒体的区别,因此,语码混杂的语言表达是具有重要的文化心理的意义。

我们居住在一个互相联系、互相依赖的社会中,与港澳的交流访问工作和贸易逐渐成为我们生活不可或缺的部分。在推行国家政策方面,需要事先对当地居民心理进行了解、深入,并通过媒体作为媒介来宣传以及执行有关国家的现行政策,只有准确掌握港澳市民的文化心理,才能达成在两个不同文化之间、国家与地区之间的有效沟通。

参考文献

戴辉娟:《凤凰卫视新闻评论节目研究》,南昌大学硕士学位论文,2009。

董葵:《浅论媒体报道5·12地震的特点和对传媒未来的影响》,《科技传播》2009年第8期。

高军、戴炜华:《语码转换和社会语言学因素》,《外国语》2000年第6期。

兰萍:《语码转换的社会意义》,《西南民族学院学报》2003年第5期。

李虹、程平:《论个体主义与集体主义对跨文化交际的映射》,《牡丹江教育学院学报》2008年第2期。

彭凯平、王伊兰:《跨文化沟通心理学》,北京师范大学出版社,2009。

皮特·科德:《应用语言学导论》,上海外语教育出版社,1983。

谭冬玲:《语码转换的心理语言学分析》,《外语学刊》2000年第2期。

王静:《香港媒体语言中的语码夹杂现象》,《常熟高专学报》2000年第5期。

吴净:《个体主义与集体主义——多元视角下中西方文化对比》,《科教文汇》2012年第20期。

邢福义:《文化语言学》,湖北教育出版社,1991。

于国栋:《语码转换的语用学研究》,《外国语》2000年第6期。

于金刚:《中西价值观差异与跨文化交际能力培养》,《科技信息》2011年第3期。

赵峰:《中西方文化的价值观差异探析》,《科技信息》2011年第29期。

赵燕霞:《透视中西方价值观的差异》,《山西高等学校社会科学学报》2008 年第 11 期。

赵玉华:《中国传统文化及其价值观的总体特征解析》,《山东大学学报》2000 年第 1 期。

Bentahila, A. & Davies, The Syntax of Arabic – French Code – switching, *Lingua* 59 (1983).

Gardner – Chloros, P. Code – switching in Relation to Language Contact and Convergence, G. Lüdi. Edvenir. *Bilingue – parler Bilingue* (Tübingen: Niemeyer, 1987).

Myers – Scotton, C. M. and Jake, J. L., Matching Lemmas in a Bilingual Language Competence and Production Model: Evidence from Intrasentential Code – switching, *Linguistics* 33 (1995).

Myers – Scotton, C. M. Duelling, Common and Uncommon Ground: Social and Structural Factors in Code – switching, *Language in Society* 22 (1993c).

Myers – Scotton, C. M. Duelling, *Languages: Grammatical Structure in Code – switching* (Oxford: Oxford University Press, 1993a).

Nisbett R, Peng K, Choi I, Norenzanai A, Culture and System of Thought: Analytic and Holistic Cognition, *Psychological Review* 108 (2001).

Peng K, *Naïve Dialecticism and its Effects on Reasoning and Judgment About Contradiction* (Doctoral Dissertation, University of Michigan, Ann Arbor, 1997).

Watters, K, *Diglossia, Linguistic Variation, and Language Change in Arabic*, M. Eid. Perspectives on Arabic Linguistics Ⅷ (Amsterdam: Benjamins, 1994).

Ross, M., Xun, W. E., & Wilson, A. E., Language and the Bicultural Self. *Personality and Social Psychology Bulletin* 28 (8) (2002).

Ji, L. J., Nisbett, R. E., Zhang, Z., Is it Culture or is it Language? Examination of Language Effects in Cross – cultural Research on Categorization, *Journal of Personality and Social Psychology* 87 (1), (2004).

Norenzayan A., Smith E. E., Kim B. J., Nisbett, R. E. Cultural Preferences for Formal Versus Intuitive Reasoning, *Cognitive Science* Vol. 26 (5) (2002).

Fernald, A., & Morikawa, H. Common Themes and Cultural Variations in Japanese and American Mothers' Speech to Infants, *Child Development* 64 (1993).

Nisbett, R. E., Peng, K., Choi, I., & Norenzayan, A. Culture and Systems of Thought: Holistic Versus Analytic Cognition, *Psychological Review* 108 (2001).

Peng, K., Nisbett, R. E. Culture, Dialectics, and Reasoning About Contradiction, *American Psychologist* Vol. 54 (9) (1999).

Rodgers, J. S., Williams, M. J., Peng, K. Cultural Differences in Expectations of Change and Tolerance for Contradiction, *A Decade of Empirical Research* Vol. 14 (3) (2010).

Rodgers, J. S., Boucher H. C., Mori, S. C., Wang, L., Peng, K. The Dialectical Self – concept: Contradiction, Change, and Holism in East Asian Cultures., *Personality and Social Psychology Bulletin* Vol. 35 (1) (2009).

Miller, K. F., Smith, C. M., Zhu, J., Zhang H. Preschool Origins of Cross – National Differences in Mathematical Competence: The Role of Number – Naming Systems, *Psychological Science* Vol. 6 (1) (1995).

Fiske, A. P., Kitatama, S., Markus H. R., Nisbett R. E, *The cultural matrix of social psychology*, 1998.

Markus, Hazel R.; Kitayama, Shinobu (1991). Culture and the self: Implications for cognition, emotion, and motivation, Psychological Review, Vol. 98 (2).

清华大学港澳台籍本科生学业成就与满意度研究

钟　周[*]

内地高校港澳台学生人才培养质量反映了所属高校整体的人才培养质量。这需要首都高校统筹系统协调从教学科研到管理后勤，从招生、教学、学生管理和服务到升学与就业的人才培养的全过程，从而使高校内部各基层统战部门都能为统战工作服务，为港澳学生的个体和群体发展提供充足的支持和保障。在理念和实践上，结合港澳学生的实际情况，清华大学本着"趋同存异"的管理原则和"因材施教"的培养原则，积极培养与内地高度认同、爱国奉献的新一代港澳台籍高水平人才，这是对内地高校，特别是高校港澳人才培养的重要目标，也是高校统战工作的一项重要任务。本选题是一项由教育（人才培养）使命和政治（统战）使命共同驱动、以问题为导向的基础应用型研究，具有双重研究价值：既研究首都高校港澳本科生人才培养的"质量标准是什么"（标准的构成内容），也研究相关"质量标准为什么"（支撑和判断标准的标准）；既致力于为内地高校提出一套行之有效的港澳本科人才培养质量评价标准，也为高等教育研究探索一种新的特殊类别人才培养的质量观。

一　数据分析：港澳台籍本科生学业成就

要了解港澳台籍学生的学习情况，不仅要关注其客观的成绩排名、获奖情况等数据，更要侧重考察其主观感知到的学习收获以及其在教育出口

---

* 课题负责人：钟周，清华大学教育研究院副教授；课题组主要成员：唐杰、于涵、张莞昀、董力、赵志刚、詹逸思、钟晃钱、郭琳汇、蔡晶磊。

上的升学与就业规划及其实际结果，这样才能比较全面地反映情况。

学生在班上成绩排名、论文发表情况以及获得奖学金/学术科研奖项的情况，从客观上反映了其学业成就。本章第一部分将港澳台籍学生的学业成就与清华大学整体平均水平进行比较，来说明港澳台籍本科生客观方面的学业成就到底怎么样。

学生自我报告的教育收获，升学与就业的生涯规划与毕业生实际选择的结果，从主观方面，从广义的角度，较为全面地反映了港澳台籍本科生的学业成就。本章第二部分将港澳台籍本科生自我报告的教育收获指标得分与清华大学整体平均水平进行比较，并且统计了在校生的升学与就业规划，以及近三年本科毕业生的实际选择结果，从主观方面来说明港澳台籍本科生的学业成就怎么样。

（一）客观的学业成就

1. 学习成绩

根据第 Q16 题（与同班级/专业的同学相比，您上学期的成绩属于？）的统计结果，作图 1：港澳台本科生学习成绩分布。可以看出，港澳台本科生在专业内/班级内的成绩相对靠后，共有 77.8% 的同学成绩排在后 50%。

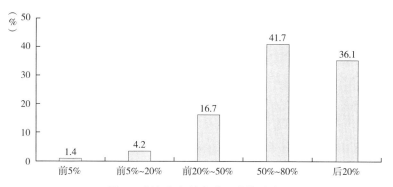

图 1　港澳台本科生学习成绩分布

2. 论文发表情况

根据调查问卷 A16：以下哪些活动是您已经做了的，或者打算在毕业之前做的中 B 选项"向专业学术期刊/学术会议等投稿"，与清华数据对比，可以得到如下结论，如图 2 所示。

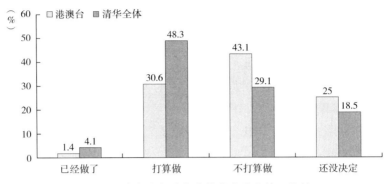

图 2　港澳台生与清华全体发表论文情况比较

在"打算做"和"不打算做"这两个选项上，港澳台群体与清华平均水平的选择呈现相反的结果。有三成的港澳台生打算向专业学术期刊/学术会议等投稿，而清华平均的比例接近五成；有四成多的港澳台生选择"不打算做"，而清华平均比例只有不到三成。已经向学术期刊或会议投稿的两个群体占比都是个位数；有四分之一的港澳台生"还没决定"好是否投稿，而一般清华人的比例所占比例不足五分之一。总体而言，共计68.1%的港澳台生选择"不打算做"或者"还没决定"，高于47.6%的清华普遍水平。可以推论，相比清华人的普遍水平，更大比例的港澳台生对在本科学习期间产生学术科研成果并不感兴趣，或者兴趣还不明朗，或者行动力不够。

3. 获奖情况

获奖情况在这里包括校级奖学金获得情况，以及参加与学习学术相关的比赛的获奖情况。调研结果发现，推免入学的香港籍本科生大学四年100%获得3万元李兆基奖学金，不再参与教育部奖学金评选。澳门籍与台湾籍本科生可以参评教育部"台湾、港澳和华侨奖学金"和"清华之友—宝钢台湾、港澳学生奖学金"的评选。根据清华大学2013年度两个奖项的评选结果，澳门与台湾同学的获奖比例都比较高，将近七成的澳门本科生与将近六成的台湾本科生可获奖。相比港澳台生，2013年度清华本科生获得校级常规奖学金（即不含新生入学奖学金）的一般获奖比例是36.5%，而包括新生奖在内的获奖比例为34.2%，远远低于港澳台生的获奖比例。

关于参加与学习学术相关的比赛的获奖情况，由于不太容易穷尽比赛与奖项，且不好定义获奖孰优孰劣及比较的权重，因此本研究的调查问卷在此选项上并未设置。根据港澳台办公室老师提供的 2012 年调研结果，某澳门同学参加"北京市大学生测绘比赛"获一等奖；某香港学生参加全国英语大赛获得三等奖，华北地区一等奖；某香港学生参加 6 所高校医学院新生创新设计大赛三等奖等，据此能够对港澳台学生获奖情况窥见一斑。

（二）主观的学业成就

1. 自我报告的教育收获比较分析

自我报告的教育收获指标的构成题项全部来源于第 A23 题：大学的学习生活是否使你在以下方面得到提高？将具体 15 个题项分为三个分析维度，可将 A 与 B 题项概括为知识收获，C—K 题项概括为能力获取，L—O 题项概括为价值观收获。如表 1 所示。

对两个群体在自我报告的教育收获指标得分、三个分析维度的得分以及各个维度子题项的得分进行差异检验，结果如表 2 所示。

表 1　自我报告的教育收获构成题项与分析维度

分析维度	子题项
知识收获	A 广泛涉猎各个知识领域
	B 深厚的专业知识与技能
能力收获	C 良好的口头表达能力
	D 良好的书面表达能力
	E 组织领导能力
	F 熟练运用信息技术的能力
	G 批判性思维
	H 与他人有效合作
	I 解决现实中的复杂问题
	J 自主学习
	K 数字和统计信息的分析能力

续表

分析维度	子题项
价值观收获	L 认识自我 M 确立、明晰个人人生观、价值观 N 明确自己未来的发展规划 O 理解不同群体的文化和价值

表 2　港澳台与清华平均教育收获指标的差异分析

指标	港澳台			清华全体			T 值	效果量（es）
	样本量	均值	标准差	样本量	均值	标准差		
自我报告的教育收获	72	57.10	17.35	1055	60.99	17.09	1.870	0.23
1. 知识收获	72	63.43	21.96	1055	63.85	20.99	0.167	0.02
A	72	62.04	25.21	1055	64.33	25.42	0.741	0.09
B	72	64.81	26.17	1055	63.38	24.85	-0.472	-0.06
2. 能力收获	72	54.06	18.97	1055	59.35	17.83	2.423 *	0.29
C	72	44.44	27.41	1054	53.42	26.08	2.815 **	0.34
D	72	54.63	29.76	1055	52.83	27.05	-0.543	-0.06
E	72	44.44	26.24	1053	52.07	27.45	2.288 *	0.28
F	72	54.63	27.01	1054	64.04	25.63	3.004 **	0.36
G	72	58.33	28.94	1054	60.66	26.70	0.711	0.08
H	72	55.09	29.16	1054	65.09	24.56	2.840 **	0.37
I	72	54.17	25.90	1053	57.77	25.71	1.150	0.14
J	72	68.06	31.86	1054	71.03	26.31	0.775	0.10
K	72	52.78	26.09	1051	57.15	26.99	1.333	0.16
3. 价值观收获	72	54.06	18.97	1055	63.27	22.66	0.904	0.11
L	72	61.57	28.89	1054	67.08	26.72	1.682	0.20
M	72	56.94	30.87	1054	64.86	28.21	2.291 *	0.27
N	72	55.56	27.97	1054	59.74	28.53	1.206	0.15
O	72	68.98	27.59	1055	61.36	27.46	-2.278 *	-0.28

就自我报告的教育收获总得分来看，港澳台生报告的教育收获低于全体本科生的平均水平，但 T 检验结果显示并不显著。由于港澳台生样本量与全体本科生抽样样本量差别很大，着重需要计算效果量，效果量检验值为 0.23，由于绝对值大于 0.2，判断二者存在现实意义上的教育收获差异，即港澳台生自我报告的教育收获显著低于全体本科生的平均水平。

从两个群体在自我报告的教育收获的三个分析维度的平均分来看，港澳台生求学过程中能力收获与价值观收获得分低于清华全体，而就知识收获而言，两个群体的得分几乎没有差别。

对两个群体在三个维度的得分差异进行检验，发现在知识收获方面，港澳台生与清华平均水平不存在统计学意义上的差异；能力收获方面，港澳台生的收获显著低于清华平均水平；价值观收获方面，港澳台生与清华平均水平不存在统计学意义上的差异。

从三个收获维度的 15 个子题上来看，港澳台生在"良好的口头表达能力"、"组织领导能力"、"熟练运用信息技术的能力"、"与他人有效合作"以及"确立、明晰个人人生观、价值观"上的收获显著低于清华平均水平；在"理解不同群体的文化和价值"方面的收获显著高于清华平均水平。

2. 升学与就业的规划与结果

（1）在校生的升学与就业规划

由于问卷面对的是还未确定毕业去向的在校生，所以相关题目设置为多选题，最多选择 3 个选项。统计数据显示，同学们更为倾向的升学就业选择是出国/跨境升学、回生源地就业、在内地就业以及本校升学。

（2）近三年本科毕业生的升学与就业选择

由于数据获取有限，此处本研究只搜集到了 2010 年、2012 年与 2013 年香港与澳门籍本科生毕业去向的信息。本数据统计中的跨境升学仅指有 2 名澳门籍毕业生去香港读研，并未出现其他方向的跨境升学流动。回生源地升学，几乎全是香港籍本科生回香港升学，仅有 1 名法学院的澳门籍本科生选择回澳门大学法学院深造。图 3 展示了部分港澳籍学生的升学与就业选择规律，有更多的学生倾向于回生源地就业，第二选择是本校升学或者出国升学。

对比在校生的打算和毕业生的实际去向，发现出国/跨境升学以及回生源地就业是港澳台籍学生们的主流选择。研究者从访谈结果中也得到了验

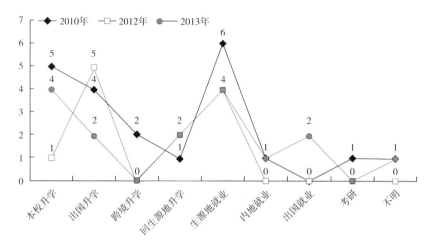

图3 近三年清华大学港澳本科毕业生去向统计

证，许多学生有深造的想法，但是出国/跨境升学受到申请情况不确定性的影响，即便选择出国跨境升学的学生，最终也倾向于回到生源地就业。

回生源地就业符合国家与清华大学对港澳台生的培养期望，我们希望在内地重点高校就读的港澳台学生成为港澳台地区未来的建设者和管理者，作为内地与其家乡的文化桥梁，为港澳台地区繁荣稳定发展和祖国统一大业做出贡献。

二 数据分析：港澳台籍本科生满意度

（一）在校满意度指标得分

港澳台生整体满意度来源于题项Q12：总体来说，您对在清华大学的求学经历满意吗？选项包括非常不满意、不满意、满意以及非常满意。

总体而言，69.44%的港澳台本科生对求学经历整体表示满意，有13.89%的表示非常满意，整体满意度高达83.33%。这表明，绝大多数的港澳台本科生对求学经历表示满意。具体情况详见图4。

调查问卷的A33题：您对就读大学的以下方面是否满意？以及A34题：是否会向他人推荐清华大学？共同构成了学生在校满意度指标。

从图5可知，就在校满意度指标整体得分而言，两个群体的满意度得分均超过60分，即都达到满意，但是相对而言，港澳台生在校满意度低于清

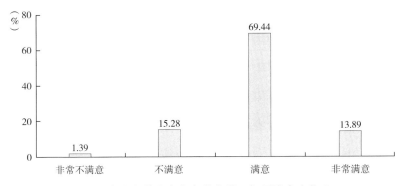

图4 清华大学港澳台本科生学习经历满意度状况

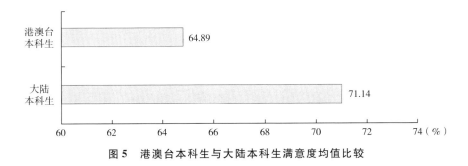

图5 港澳台本科生与大陆本科生满意度均值比较

华大学本科生平均水平。

下面具体分析一下满意度指标各个子题项的得分状况，题项如表3。

表3 在校满意度调查子题项一览

您对就读大学的以下方面是否满意？							
	1 非常不满意			7 非常满意			
	1	2	3	4	5	6	7
A33A 整体就读经历							
A33B 在学期间的学术经历							
A33C 在学期间的社交经历							
A33D 学习硬件条件（教室、图书馆、实验室、网络等）							
A33E 学习风气和学习氛围							
A33F 课程质量							
A33G 教师的教学水平							

<table>
<tr><td colspan="8" align="right">续表</td></tr>
<tr><td colspan="8">您对就读大学的以下方面是否满意?</td></tr>
<tr><td></td><td colspan="4">1 非常不满意</td><td colspan="3">7 非常满意</td></tr>
<tr><td></td><td>1</td><td>2</td><td>3</td><td>4</td><td>5</td><td>6</td><td>7</td></tr>
<tr><td>A33H 二次选择专业的机会</td><td></td><td></td><td></td><td></td><td></td><td></td><td></td></tr>
<tr><td>A33I 求职就业指导</td><td></td><td></td><td></td><td></td><td></td><td></td><td></td></tr>
<tr><td>A33J 个人在校期间整体的收获和成长</td><td></td><td></td><td></td><td></td><td></td><td></td><td></td></tr>
<tr><td>A34 是否推荐其他学生来清华学习</td><td>1</td><td></td><td>2</td><td>3</td><td>4</td><td></td><td>5</td></tr>
</table>

对港澳台生与清华平均水平在满意度指标上各个子题项得分均值进行比较,可得到图6。

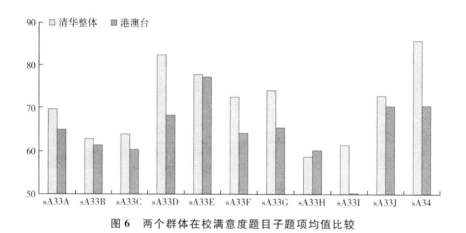

图 6　两个群体在校满意度题目子题项均值比较

从图 6 可以看出,港澳台生满意度最高的三个选项的得分均过 70 分,他们最满意清华大学的学习风气和学习氛围,最满意个人在校期间整体的收获和成长,也愿意推荐其他学生来清华学习。

（二）在校满意度的比较分析

表 4 显示,港澳台生整体满意度显著低于清华平均水平（T = 2.89,p < 0.01,es = 0.36）。因此,尽管有八成多的港澳台生对在清华的求学经历表示满意,但是和清华平均水平相比,仍然是相对不满意的一个群体。

对两个群体的构成在校满意度指标的各子题项的得分进行差异检验,

发现与清华整体相比，港澳台生对学习硬件（教室、图书馆、实验室、网络等）满意度、对课程质量满意度、对教师的教学水平的满意度以及求职就业指导的满意度没能达到平均水平，对清华的推荐程度也不够平均水平。详见表4。

表4　港澳台生的在校满意度差异分析

项　　目	港澳台			清华整体				
	样本量	均值	标准差	样本量	均值	标准差	T 值	效果量(es)
整体满意度	72	64.89	17.109	1052	71.149	17.829	2.89 **	0.36
A33A	72	65.05	23.09	1051	69.82	24.09	1.632	0.20
A33B	72	61.34	23.87	1048	62.88	24.66	0.513	0.06
A33C	72	60.42	25.09	1050	63.89	23.77	1.195	0.14
A33D	72	68.52	26.62	1051	82.45	22.15	4.338 ***	0.57
A33E	72	77.31	23.95	1051	77.89	24.26	0.196	0.02
A33F	72	64.12	20.49	1052	72.69	22.78	3.106 **	0.40
A33G	72	65.51	23.46	1051	74.06	22.84	3.067 **	0.37
A33H	72	60.19	26.02	1046	58.70	28.15	−0.435	−0.05
A33I	72	50.23	26.02	1048	61.37	23.55	3.855 ***	0.45
A33J	72	70.60	22.81	1049	72.91	23.01	0.824	0.10
A34	72	70.49	20.69	1053	85.75	21.65	5.806 ***	0.72

（三）质性研究的结果与解释

港澳台生自我报告的教育收获总得分上与清华整体水平并无显著差异，但是在满意度上却显著低于清华平均水平，当然相对低的得分，并不代表不满意，只是说明没有更满意。从定量分析的结果来看，港澳台生的不满意集中在学校硬件上，以及没有得到有效的就业指导。由于经济、文化与教育背景的差异，作为清华人中的特殊群体，港澳台生感知到的学习硬件条件（教室、图书馆、实验室、网络等）、课程质量、教师的教学水平都不够理想。但从访谈来看，表达不满意的同学基本很少，大家对学校诸多的生活学习条件都表示了满意，对清华踏实谦逊的校风表示认可。

从选择推荐清华的同学的理由中可以分析出，大家普遍认可清华的培养质量。他们认可清华大学良好的学习氛围、学术声誉、校园文化、学业挑战度以及提供的成长空间。认同清华大学的同学，甚至有主动宣传的愿望与实际行动。

根据对港澳台学生管理办公室老师的访谈结果，港澳台生总体而言关心国家大事，关心港澳台的发展，并积极组织活动宣传港澳台文化和发展情况，他们认同学校主流文化，对"自强不息、厚德载物"校训，"行胜于言"校风，"严谨求实勤奋创新"学风和学校取得的成就引以为豪。

三　数据分析：比较视角下的港澳台本科生学习特征

（一）六大学习诊断指标得分的比较分析

第二部分的研究发现，港澳台生自我报告的教育收获在得分上显著低于清华平均水平，整体满意度虽然达到了80%，但在校满意度仍然低于清华平均水平。因此我们需要对两个群体进行学习诊断的比较分析，以把握港澳台生的学习特点与规律，进而提出改善与提升港澳台生教育体验的政策建议。

对比两个群体的学习诊断六项指标上的得分均值，发现港澳台本科生在"高阶学习"和"反思与整合学习"这两个指标上的得分高于清华平均水平；在"数量推理"与"合作性学习"这两个指标上的得分与清华平均水平差不多；在"生师互动"与"互动质量"上的得分低于清华平均水平，详情如图7所示。

（二）六大学习诊断指标得分差异检验与相关解释

检验结果如表5所示，与清华平均水平相比，港澳台更多进行了高阶学习，更多地进行了反思与整合学习；但港澳台生的生师互动相较于清华平均水平而言显著不足，总体的互动质量也显著低于清华平均水平。

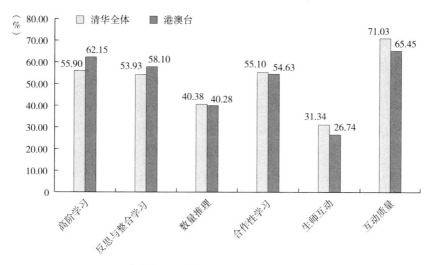

图 7　港澳台本科生学习诊断六大指标得分均值比较

表 5　六大学习诊断指标得分差异检验

项　目	港澳台本科生得分			清华平均水平得分			T 值	效果量（es）
	样本量	均值	标准差	样本量	均值	标准差		
高阶学习	72	62.15	20.79	1052	55.90	19.21	−2.66**	−0.31
反思与整合学习	72	58.10	16.72	1054	53.93	16.27	−2.10*	−0.25
数量推理	72	40.28	21.78	1051	40.38	23.17	0.038	−0.00
合作性学习	72	54.63	20.07	1057	55.10	19.00	0.204	0.02
生师互动	72	26.74	15.73	1057	31.34	17.06	2.228*	0.28
互动质量	72	65.45	16.94	1055	71.03	18.14	2.538*	0.32

（三）补充研究结论以及质的解释

从客观的成绩上来看，港澳台生排名比较靠后。质化研究结果发现，与内地本科生在高中教育背景的差异，导致港澳台生比较不适应内地的学习环境，与身边的大陆同学的学习成绩上有不小的差距。

但从国家政策层面上来讲，为了进一步鼓励和支持更多的港澳台地区学生来祖国大陆普通高校和科研院所学习，增强他们对祖国的认同感，激励他们勤奋学习、努力进取，港澳台学生在奖学金的评选上受到特别的照顾，因此尽管他们的考试成绩不够好，但是奖学金获得的比例高出内地生很多。

在主观感知的学业成就上，港澳台生与清华平均水平相比在自我报告的教育收获上得分显著较低。自我报告的教育收获来源于对学生学习性投入的分析。在学习投入上港澳台生花费的时间与精力并不比其他同学少。港澳台籍本科生很清楚地意识到自己在学业成绩上与其他内地同学有不小的差距，但是他们仍然积极主动乐观地看待，不断调整自己，努力进取，甚至花费更多的时间与精力，这也许能够解释他们在某些学习诊断指标上的收获能够显著高于清华平均水平。他们在高阶学习、反思与整合学习等指标上的得分优于清华平均水平。他们认为自己的学习更为强调将概念、理论或方法运用于实际问题或新的情境中；更为强调了解某个观点、经验或推理思路的构成，以对其进行深入分析；更为强调评价某观点、结论或信息来源。他们做作业是更擅长融合不同观点，更经常反思并评价自己的学习，更频繁地将自己的学习与社会问题相联系。

本文综合学习诊断结果，认为港澳台生经历过了清华大学较为繁重的学业压力之后，相较于从前的自己，有相对更大的提升空间，他们在自我报告的教育收获上并不逊色于清华平均水平。

港澳台办公室的调研材料显示，港澳台本科生学生总体学习态度积极努力，有少部分同学进入高年级后成绩进入前三分之一。大部分学生毕业时与自己比都有了长足的进步。总结内容与问卷调查的结果基本吻合。

A3 同学认为港澳台生的学业成绩比较落后，主要是因为对大环境的不适应："我觉得大多数同学都不是真的学不好也不是有多不满意，是因为不适应大环境，这边很多东西和自己原来接触的太不一样了。"而港澳台办公室的调研也显示：由于基础和学习方式等不适应（学生反映进度快，量大，辅导跟不上），加上语言和文字适应需要一段时间，同学们一般反映出第一个学年的学业比较困难挂科较多，主要课程是数学、物理等基础课程。

1. 入学动机

本文对入学动机问题进行了问卷调查与访谈，见图 8。可以看出港澳台生来清华读书的最主要的两个动机是体验内地的社会与文化，从新的文化角度认识自己和自身的能力。他们也认可在清华大学能够建立新的友谊和人际关系网，增加在自己生源地工作的机会或竞争力，以及在清华所学的

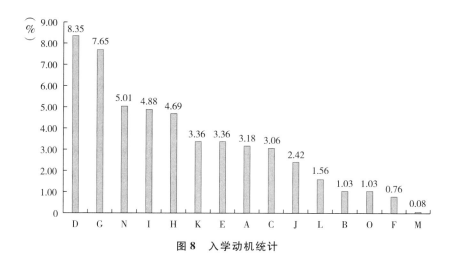

图8 入学动机统计

专业的学术地位高。

2. 求学适应

港澳台在清华求学的过程中表现出了诸多的不适应，根据访谈的总结，这种不适应主要由高中教育的差距而导致。港澳台地区的高中教育没有内地重视基础，重视考试，给学生很多的自由，而来清华大学就读的其他大陆同学都是各省市万里挑一的尖子生，经历过学业上的磨炼，相比起来，能够适应更为艰深的大学课程的学习。

而跨文化差异的因素对学生学业甚至生活交往的影响比较小。根据港澳台办公室的工作总结，港澳台学生入学后与大陆学生同住，绝大部分同学与大陆同学相处很好，少部分同学在生活习惯和处事方式上有一些不适应，经过班干部和辅导员的沟通也能及时解决。

3. 对学校特殊培养相关政策的反馈

（1）对国情考察活动的反馈

大部分的受访者认为国情考察课像是一次免费的旅游活动，具体的考察内容已经记不大清楚，但是利用这次机会，感受了大陆文化，见识了祖国的大好河山，文化古迹，和一群人在一起建立了友谊，这说明国情考察活动较好地发挥了其价值与作用。

（2）对中国国情与文化课程的反馈

国情与文化课的课程设置如表6所示。

表 6　中国国情与文化课程设置

主讲教师	课程内容
李稻葵/张陶伟/李宏彬	《中国经济概况》
朱育和	《民族复兴与中国模式》
吕建强	《中国音乐赏析》
彭林	《中国文化》
尚刚	《元朝青花与时代文化》
林泰/韩冬雪	《国家基本政治制度》
吕舟	《中国建筑欣赏》
武元子	《书法文化漫谈》
赵景勃	《中国戏曲赏析》
王晓潮	《宗教文化与宗教知识》
刘丹	《心理学与生活》
邱耿钰	《中国陶瓷艺术》
王娟	《中国民俗与文化》
孙学峰	《中国外交》
黄奕华	《中国民族民间舞概况》
港澳台办公室老师	收集课程意见与反馈

本文访谈的受访者均认为此课程的开设很有必要，但是课程内容需要进行调整。

（3）对导师制的反馈

大部分同学对导师制没有概念，知道有这样的制度，但是实际上却没能感受到实际的效果。其实港澳台办公室出台这一政策的初衷十分好。但具体到下面各个院系，执行力度可能就没办法控制。而且老师乐不乐意指导一位本科生，主要是和教师的教育理念与个人素质有关，有的导师再忙都能抽空与学生交流，有的导师常常很难联络到。

四　结论与建议

（一）结论

针对本课题的两个主要问题，本文结论如下：

问题一：清华大学港澳台籍本科生学习怎么样？与清华全体本科生的平均水平相比，他们的学习有哪些特点？形成这些特点的原因有哪些？

学业成就。从客观呈现的学业成就上来看，港澳台本科生在专业内/班级内的相对成绩集中在后 50%；相比清华平均水平，对科研的追求较弱；受到政策照顾，港澳台生获奖学金的比例在 60% 左右，高于清华平均水平的 30% 左右。尽管港澳台在校生数量很小，但是仍然有部分优秀的同学在多种学术学业活动中崭露头角。从自我汇报的学业成就上来看，港澳台生自我报告的教育收获总分显著低于清华内地本科生的平均水平，且这种差异存在统计学意义。这种差距主要表现在能力收获与价值观收获上，而在知识收获上，港澳台生达到清华的平均水平。港澳台生的就业规划与实际就业结果保持一致，多数同学回生源地就业，这符合国家与清华大学对港澳台生的培养期望。

学习特征。通过六大指标的学习诊断，发现港澳台本科生在"高阶学习"和"反思与整合学习"这两个指标上的得分显著高于平均水平；而在"生师互动"与"互动质量"上的得分显著低于平均水平。在综合质性方面，港澳台同学的学习态度整体积极向上，乐观进取。他们其实也在学业上投入了大量的时间与精力，有自己的学习特点，在高阶学习与反思整合学习上的进步正说明了他们的特点。可能由于生师互动不够，活动质量不高，港澳台生付出的努力被部分抵消，在学业成就上没有得到足够的成长回报。综合考虑，本文对港澳台生取得的学业成就表示肯定。

问题二：清华大学港澳台本科生的在校满意度如何？与清华大学全体本科生的平均水平相比，有哪些不同？形成这些特点的原因有哪些？

学业满意度。总体而言，80% 的港澳台生对在清华大学的学习经历表示满意，但与清华平均水平的满意度相比，港澳台生仍然存在显著差距。港澳台生较为满意清华大学的学习风气和学习，个人在校期间整体的收获和成长，但是对学习硬件条件、课程质量、教师教学水平，特别是对求职就业指导的满意度显著低于平均水平。相比之下，质性研究显示，港澳台生对清华整体表示满意，特别是高度认可清华严谨的学风以及教学质量与教师水平。量化和质性研究发现的差异显示，一方面访谈研究样本很少，可能出现偏差。另一方面，港澳台生的相对"不满意"的原因主要是个体自我对学习的不适应程度较高，主要不满在于生师互动频度与质量，这体现了他们对教师指导和辅导的较大需求以及需要进一步培养自主学习能力。另外，在访谈研究和自我学习评价的文本资料研究显示，港澳台学生在自我发展定位上并未完全比拼考试成绩，而是更注重个性发展、素质教育、兴趣培养和社会实践活动能力。

综上所述，港澳台生来清华读书的最主要的两个动机是体验内地的社会与文化，从新的文化角度认识自己和自身的能力。港澳台生在清华大学的不适应主要表现在求学适应问题上，并不存在明显的跨文化适应问题。港澳台生对国情考察活动表示欢迎，通过活动见识了祖国的大好河山，了解了内地文化；他们对中国国情与文化课程感兴趣，但是认为需要缩减自己已经比较熟悉的中国传统文化内容，增加政治制度比较、高等教育制度比较等他们不熟悉的课程。港澳台生对导师制不甚了解，导师制实际上并未发挥帮助的作用。结合前文研究结论，港澳台生的生师互动质量显著较低，可能导师制没有发挥作用也是其中的一个重要原因。

（二）政策建议

1. 特别关注生师互动质量：落实导师制

数据显示，港澳台生的生师互动指标显著低于清华平均水平，而从访谈中也发现港澳台生由于学业上的"自卑"而不敢跟老师有更多的交流。港澳台办公室最初推动设立导师制，就是考虑了港澳台生需要与有丰富经验的老师有更多沟通交流的实际情况。但由于种种原因，这项非常好的政策没有落到实处。

因此，希望港澳台生管理部门能够继续推动与落实这项政策，在新生入学的时候及时为他们指派能够提供热心指导与帮助的学术导师或者教育管理者导师，并实时跟进学生对与导师沟通交流是否有效的反馈，以及时修正促进生师互动的方法与策略。从在学经验上来看，港澳台生属于弱势群体，他们认为自己在就业上也没有得到及时有效的指导。为他们指派导师，不是为他们赋予比大陆本科生"优越"的权利，而是为了给他们提供及时有效的指导，让他们能够迅速适应清华大学的学习环境与学习氛围，及时调整学习策略，遇到问题时获得及时的解决建议，让港澳台生不掉队，不被孤立，真正地融入清华大家庭中。

2. 建立更为全面的学生互助机制与手段

建立"老生"帮"新生"的"正式"组织。最理解港澳台同学学习水平与生活习惯的是他们自己的师兄师姐，内地同学和老师没有与他们相同的生活经历，尽管能够给予他们部分的帮助，但是效果仍然不够理想，因为不能够完全体会对方真实的感受。港澳台学生管理者可以帮助推进更为系统的经验积累和分享活动，推动他们成立 2～3 人为单位的互助小组，除了他们私下的非正式的交流，也应以正式组织的形式，推动一些有组织有针对性的学业辅导、信息共享和心理辅导等活动。

支持港澳台学生组积累与制作更为全面的入学手册与学业生活攻略。现有的港澳台学生组制作的新生入学手册虽然已经包括了签证攻略、衣食住行攻略、选课攻略、社交等建议，但仍显简陋。建议每年有选择地邀请优秀毕业生提供学习总结，制作内部学习生活经验交流分享手册。通过历届毕业生在学经验的贡献与积累，帮助港澳台学生提供更为丰富的经验与借鉴。

3. 加强港澳台生学习与发展追踪数据库建设和研究

建议管理部门进行追踪调查，建立个人学期总结档案，发现港澳台生真正不适应的地方，发现港澳台生区别于内地同学的学习特点，有针对性地帮助他们提升学业成就，提升满意度。这样的方法相比每学期一次的新生座谈会，或许更为有效。建议学校在学校层面建设港澳台在学学生数据库与毕业生调查数据库，进行数据的追踪与积累，以更好地做好学生管理工作。做好跟踪调研，能够帮助学校掌握更为全面的港澳台学生学习过程与结果信息，通过科学的评价研究不断改进个性化的培养方案，为这一特殊群体提供更加有针对性的指导与帮助。随着港澳台籍学生入学规模的扩大，持续的数据积累和分析能够更为全面系统地跟踪评价港澳台本科生培养的长期效果，以及港澳台生培养对于国际化人才培养和建设世界一流大学的意义。

4. 改革国情教育课程与活动的内容形式

建议每次国情活动以及课程结束之后请参与的同学提交活动总结或者反馈，或者请大家及时做调查问卷。搜集大家对活动与课程的看法与意见，新学期及时做出调整。以免花费很大代价办了活动开了课程，学生却收效不多，甚至不够满意。只有改革国情教育课程与活动的内容与形式，才能让港澳台学生群体受到更高质量的国情教育，才能达成学校对港澳台生的培养期望。

（三）研究不足与未来研究建议

本研究存在如下不足，期望能够在后续研究中不断改进和提高。

（1）没有跨年数据追踪研究。如果本研究能够持续更长的时间，如有两年或更长时间的问卷追踪，则一些量化结论或许能够得到更为合理的处理与解释。（2）本研究的问卷访谈是在研究早期做的，当时的访谈问题结构化不强，尽管起到了发现与聚焦研究问题的作用，但是为后期研究结论能够提供的补充解释支撑作用不够全面。（3）本研究反映了两个方面港澳台生在清华就读的教育结果，但是难免有不够聚焦的问题，如果时间精力能够允许就其中一个教育结果问题进行前期问卷调查——识别结构性问题——第一批访谈（识别具体问题）——调整问卷设计——追踪访谈，相信本研究能够呈现更为深入细致的研究结论。

综上所述，本课题研究对于未来继续开展相关主题的研究建议如下。

（1）港澳台学生管理相关部门可以与清华大学教育研究院"中国大学生学习与发展追踪研究项目"组讨论开展合作的可能性，在识别了港澳台学生学习特点之后，针对港澳台生设计文化适应性更强的调查问卷。（2）感兴趣的研究者可以增加对在内地就读的港澳台研究生群体甚至交换生群体的研究，以使改善港澳台生的管理工作有更为丰富的数据参考。（3）本研究最初设想通过质性研究方法对港澳台本科生在清华就读的情况进行一个全面的展示，采用扎根理论一步步构建理论，聚集研究问题。无奈时间精力有限，而质性研究所需的时间较多，研究成果是否可得也具有较大的难以预见性，因此在研究的中后期，研究者及时修改了研究策略，加入了从调查到分析相对更为可控的定量研究方法，虽然更快地得到了研究角度与结论，但却留下了研究遗憾，期待后继者采用质性研究方法运用扎根理论做出特别的研究成果。

参考文献

Astin A. W., Student Involvement: A Developmental Theory for Higher Education, *Journal of College Student Personnel* 25（4）（1984）.

Astin A. W. , *What Matters in College? Four Critical Years Revisited* (Jossey – Bass, 1993).

Adam C. Carle. David Jaffee. Neil W. Vaughan. Douglas Eder. , Psychometric Properties of Three New National Survey of Student Engagement Based Engagement Scales: An item Response Theory Analysis, *Res High Education* 50 (2009).

Chickering A. W. , Gamson Z. F. , Seven Principles for Good Practice in Undergraduate Education, *AAHE Bulletin* (1987).

Coates H. , Development of the Australasian Survey of Student Engagement (AUSSE), *Higher Education* 60 (1) (2010).

Drew P. Y. , Watkins D. , Affective Variables, Learning Approaches and Academic Achievement: A Causal Modelling Investigation with Hong Kong Tertiary Students, *British Journal of Educational Psychology* 68 (2) (1998).

Eileen. Rollefson. M. , Extracurricular Participation and Student Engagement. Education Policy, Issues: Statistical Perspectives (1995), http://nces. ed. gov/pubs95/ 95741. pdf. 2009 – 9 – 1.

Gary R. Pike, The Dependability of NSSE Scales for College and Department – level Assessment, Research in Higher Education 47 (3) (2006).

Gary R. Pike. George D. Kuh. , A typology of Student Engagement for American Colleges and Universities, Research in Higher Education 46 (2) (2005).

Gonyea R. M. , Self – reported Data in Institutional Research: Review and Recommendations, New Directions for Institutional Research 127 (2005).

Krause K. L. , Coates H. , Students' Engagement in First – year University, Assessment & Evaluation in Higher Education 33 (5) (2008).

Kuh. G. D. , Assessing What Really Matters to Student Learning. Change 33 (3) (2001).

Liu W. C. , Wang C. K. J. , Kee Y. H. , et al. , College students' motivation and learning strategies profiles and academic achievement: a self – determination theory approach, Educational Psychology (2013) (ahead – of – print).

Lizzio A. , Wilson K. , Simons R. , University students' perceptions of the learning environment and academic outcomes: implications for theory and practice, Studies in Higher education, 27 (1) (2002).

Ogenler O. , Selvi H. , Variables Affecting Medical Faculty Students' Achievement: A Mersin University Sample, IRANIAN RED CRESCENT MEDICAL JOURNAL (IRCMJ) 16 (3) (2014).

Pace C. R. , Measuring the quality of student effort, Current Issues in Higher Education 2

（1）（1980）.

Pace C. R. , Measuring the Quality of College Student Experiences. An Account of the Development and Use of the College Student Experiences Questionnaire, 1984.

Pace C. R. , The Credibility of Student Self – Reports. Los Angeles: Center for the Study of Evaluation, University of California, 1985.

Pace C. R. , The Undergraduates: A Report of Their Activities and College Experiences in the 1980s, Los Angeles: Center for the Study of Evaluation, UCLA Graduate School of Education, 1990.

Pace C. R. , Kuh G. D. , College Student Experiences Questionnaire: CSEQ, Indiana University Center for Postsecondary Research and Planning, School of Education, 1998.

Pascarella E. T. , College environmental influences on learning and cognitive development: A critical review and synthesis, Higher education: Handbook of theory and research 1 （1）（1985）: 1 – 61.

Pascarella E. T. , Terenzini P T. , How College Affects Students: A Third Decade Of Research（Jossey – Bass Higher & Adult Education）Author: Ernest T. Pas, 2005.

The National Survey of Student Engagement: Conceptual and EmpiricalFoundations, http: //onlinelibrary. wiley. com/doi/10. 1002/ir. 283/pdf.

Tinto V. , Dropout from higher education: A theoretical synthesis of recent research, Review of educational research 45 （1）（1975）: 89 – 125.

Tinto V. , Leaving college: Rethinking the causes and cures of student attrition, 1987.

Tinto V. , Leaving college: Rethinking the causes and cures of student attrition. University of Chicago Press, Chicago, IL, 1993.

蔡喆:《民族认同感与国家自豪感——粤港澳大学生的比较研究》,《高教探索》2015 年第 2 期。

任艳妮:《新时期在高校大学生群体中开展统战工作的路径探析》,《湖北省社会主义学院学报》2015 年第 2 期。

陈媛、潘振婷:《非侨校港澳台学生教育管理问题及策略研究》,《湖北经济学院学报（人文社会科学版）》2014 年第 12 期。

黄佳淑:《港澳台学生的教育与管理现状, 问题及改进对策——以福建师范大学为例》,《佳木斯教育学院学报》2014 年第 3 期。

林贤桂:《高校港澳台学生教育管理探析》,《科教导刊》2014 年第 20 期。

郑芬、陶思亮、成琳等:《大陆高校台港澳大学生思想状况及对策》,《思想理论教育》2012 年第 23 期。

汪海鹰、王磊:《港澳台海外统战工作中的多元认同问题研究》,《中央社会主义学院学报》2007 年第 3 期。

刘志强：《港澳籍大学生心理特征及教育对策》，《东南学术》1996 年第 4 期。

陈向明：《质性研究方法与社会科学研究》，教育科学出版社，2012。

陈丽新、张海峰、朱林燕等：《港澳台侨与大陆大学生学习风格差异研究》，《高教探索》2009 年第 6 期。

曹长清：《大学生区域流动视野下的大陆台湾学生》，《华东师范大学》，2009。

董力、王又玫、黄贺生：《发挥高校资源优势，培养港澳台地区高层次人才——清华大学港澳台学生工作情况研究与分析》，《新世纪新阶段高校统战工作理论与实践》，北京工业大学出版社，2007。

房保俊：《本科教学质量学生满意度调查研究》，《华中科技大学》，2008。

顾秉林、胡和平：《百年清华　永创一流——清华大学建设世界一流大学的认识与实践》，《中国高等教育》2011 年第 9 期。

克里斯汀·仁、李康：《学生发展理论在学生事务管理中的应用——美国学生发展理论简介》，《高等教育研究》2008 年第 29（003）期。

黄在委、柴可夫：《新形势下港澳台学生教育管理的思考》，《浙江中医药大学学报》2007 年第 31（3）期。

何丽明：《港澳台侨学生国情教育探讨》，《现代商贸工业》2009 年第 21（12）期。

蒋华林、李华等：《学习性投入调查：本科教育质量保障的新视角》，《高教发展与评估》2010 年第 4 期。

孔国忠：《学生学业成就归因倾向及其效应的研究》，《阴山学刊：社会科学版》2005 年第 15（1）期。

赖章荣：《港澳学生在内地高校求学的适应性研究》，《中国成人教育》2010 年第 21 期。

李莹、岑文、成志雄：《港澳台侨大学生的教育和管理探讨》，《教育评论》2012 年第 4 期。

李玉芝、赵裕春：《评价学业成就的方法》，光明日报出版社，1987。

李晗蓉：《阶层背景对大学生学业成就影响的研究》，《北京电力高等专科学校学报》2009 年第 6 期。

鲁子问：《国内外学习成效研究进展分析》，《英语教师》2009 年第 6 期。

罗燕、海迪罗斯、岑逾豪：《国际比较视野中的高等教育测量——NSSE－China 工具的开发：文化适应与信度、效度报告》，《复旦教育论坛》2009 年第 7（5）期。

罗燕、史静寰、徐文波：《清华大学本科教育学情调查报告——顶尖研究型大学的比较》，《清华大学教育研究》2009 年第 10 期。

刘世闵、曾世丰：《NVivo10 在台湾质性研究中的位置与批判》，《台湾教育评论月刊》2013 年第 2 卷（4）期。

郭玉霞、刘世闵、王为国、黄世奇等著，郭玉霞主编《质性研究资料分析：NVivo 8 活用宝典》，台北：高等教育文化事业有限公司，2009。

罗燕、史静寰、涂冬波：《清华大学本科教育学情调查报告 2009》，《清华大学教育研究》2009 年第 10 期。

迈尔斯、休伯曼：《质性资料的分析：方法与实践（第 2 版）》，重庆大学出版社，2010。

穆怀容、程刚：《大学生学习适应性研究综述》，《辽宁行政学院学报》2005 年第 6 期。

麻桑：《就读于上海高校的港澳台大学生的跨文化适应》，硕士论文，上海外国语大学，2009。

裴娣娜：《教育研究方法导论》，安徽教育出版社，1994。

祁汉泉、陈友文：《港澳台和华侨学生爱国主义教育问题探讨》，《现代哲学》1995 年第 3 期。

权朝鲁：《效果量的意义及测定方法》，《心理学探新》2003 年第 2 期。

施佳欢：《我国台湾地区高校学习成效评估的新动向》，《高校教育管理》2012 年第 6 期。

史静寰、文雯：《清华大学本科教育学情调查报告 2010》，《清华大学教育研究》2012 年第 1 期。

孙睿君、沈若萌、管浏斯：《大学生学习成效的影响因素研究》，《国家教育行政学院学报》2012 年第 9 期。

文雯、史静寰、周子矜：《大四现象：一种学习方式的转型——清华大学本科教育学情调查报告 2013》，《清华大学教育研究》2014 年第 3 期。

孙艳艳、郑鹏辉、刘金定等：《港澳与内地大学生学习风格量表的设计与开发》，《湖北函授大学学报》2012 年第 10 期。

陶龙泽：《大学生学业成就的性别差异研究》，《合肥教育学院学报》2003 年第 20（1）期。

吴丽华、罗米良：《以学生学习成效为主的美国高校评估模式之借鉴》，《教育探索》2009 年第 5 期。

吴越：《大学生学习策略与认知方式、学习风格、学习动机以及学业成就关系的研究》，硕士论文，陕西师范大学，2004。

王纾：《研究型大学学生学习性投入对学习收获的影响机制研究——基于 2009 年"中国大学生学情调查"的数据分析》，《清华大学教育研究》2011 年第 8 期。

王丽霞：《学生参与视角下的本科生教育质量研究》，《兰州大学》，2013。

王雁飞、李云健、黄悦新：《大学生心理资本，成就目标定向与学业成就关系研究》，《高教探索》2012 年第 6 期。

威廉：《维尔斯曼 》，《教育研究方法导论》1997 年第 7 期。

北京市港澳台侨学生教育管理研究会：《邂逅北京：台湾学生北京求学记》，中国人民大学出版社，2012。

岳小力：《基于学生参与经验问卷调查的高等教育评价新途径——美国 NSSE 的理论与实践》，复旦大学高等教育研究所，2009。

余伯俊、陈诗诗：《在穗高校港澳生国家认同感调查与分析》，《教育教学论坛》2012 年第 31 期。

张鲁晶：《大学生满意度模型构建与影响因素分析》，《首都经济贸易大学》，2010。

张卓：《澳台学生进入国内大学的现状与分析》，《中国人民教师》2005 年第 4 期。

张欣亮：《上海港澳台学生管理工作理论研究——"四维一体"分析框架的探索》，《现代基础教育研究》2012 年第 6（2）期。

张劲英、孙凯：《高校学生学业成就评价研讨——兼评国内外研究与实践》，《现代教育管理》2013 年第 10 期。

张宏如、沈烈敏：《学习动机，元认知对学业成就的影响》，《心理科学》2005 年第 28（1）期。

郑芬、陶思亮、成琳等：《大陆高校台港澳大学生思想状况及对策》，《思想理论教育（上半月综合版）》2011 年第 12 期。

衷克定：《SPSS for Windows 数据统计分析工具应用教程》，北京师范大学出版社，2008。

周炎根、桑青松、葛明贵：《大学生自主学习，成就目标定向与学业成就关系的研究》，《心理科学》2010 年第 1 期。

邹峰：《大学生研究性学习满意度评价研究》，《大连理工大学》，2010。

《中国教育年鉴：2011》，人民教育出版社，2011。

图书在版编目(CIP)数据

港澳发展研究 / 乌兰察夫主编；清华大学港澳研究
中心编 . --北京：社会科学文献出版社，2017.10
（清华大学港澳研究丛书）
ISBN 978 - 7 - 5097 - 9378 - 7

Ⅰ. ①港…　Ⅱ. ①乌…　②清…　Ⅲ. ①"一带一路"
－国际合作－关系－区域经济发展－香港 ②"一带一路"
－国际合作－关系－区域经济发展－澳门　Ⅳ.
①F127.658 ②F127.659

中国版本图书馆 CIP 数据核字（2017）第 227953 号

· 清华大学港澳研究丛书 ·

港澳发展研究

编　　者／清华大学港澳研究中心
主　　编／乌兰察夫

出 版 人／谢寿光
项目统筹／陈　颖
责任编辑／陈　颖

出　　版／社会科学文献出版社·皮书出版分社 (010)59367127
　　　　　　地址：北京市北三环中路甲29号院华龙大厦　邮编：100029
　　　　　　网址：www. ssap. com. cn
发　　行／市场营销中心 (010) 59367081　59367018
印　　装／三河市尚艺印装有限公司

规　　格／开　本：787mm×1092mm　1/16
　　　　　　印　张：23　字　数：368 千字
版　　次／2017 年 10 月第 1 版　2017 年 10 月第 1 次印刷
书　　号／ISBN 978 - 7 - 5097 - 9378 - 7
定　　价／98.00 元

本书如有印装质量问题，请与读者服务中心（010 - 59367028）联系